Kurzlehrbücher
für das juristische Studium

Kamanabrou
Vertragsgestaltung

Vertragsgestaltung

Ein Studienbuch

von

Dr. iur. Sudabeh Kamanabrou

o. Professorin an der Universität Bielefeld

5., neubearbeitete Auflage, 2019

C.H.BECK

www.beck.de

ISBN 978 3 406 73046 7

Wilhelmstraße 9, 80801 München
Druck und Bindung: Druckhaus Nomos
In den Lissen 12, 76547 Sinzheim

Satz: Jung Crossmedia Publishing GmbH
Gewerbestraße 17, 35633 Lahnau

Umschlaggestaltung: Martina Busch, Grafikdesign, Homburg Saar

Gedruckt auf säurefreiem, alterungsbeständigem Papier
(hergestellt aus chlorfrei gebleichtem Zellstoff)

Vorwort

Die traditionelle Juristenausbildung orientiert sich seit jeher am Staatsdienst, insbesondere am Leitbild des streitentscheidenden Richters. Geht es in den Rechtsfällen, die im Studium zu lösen sind, um einen Vertrag, dann steht dieser Vertrag meist als unveränderliches Datum fest; gestritten wird über die Auslegung oder Anwendung des Vertrags oder die Erfüllung, Schlechterfüllung oder Nichterfüllung der Vertragspflichten. Die Aufgaben der Rechtsberatung und Vertragsgestaltung spielen in der traditionellen Juristenausbildung eine untergeordnete Rolle.

Seit einiger Zeit nimmt die universitäre Ausbildung aber auch diese Aspekte der juristischen Tätigkeit in den Blick. Veranstaltungen zur Vertragsgestaltung treten neben die klassischen Vorlesungen und geben Studierenden einen Einblick in die interessenorientierte, rechtsgestaltende Arbeit, die insbesondere für die Tätigkeit des Anwalts oder Unternehmensjuristen prägend sein kann. Für Studierende eröffnet diese Perspektive eine neue Sicht auf das Recht und lässt sie erkennen, dass vertiefte Rechtskenntnisse nicht nur im Streit um gestörte Vertragsbeziehungen eine Rolle spielen, sondern auch erforderlich sind, um Störungen zu vermeiden oder zumindest vorausschauend zu regeln.

Vor diesem Hintergrund verfolgt dieses Buch das Ziel, Studierende und Rechtsreferendare an die Vertragsgestaltung heranzuführen. Es soll als Leitfaden in Anwalts- und Unternehmenspraktika ebenso dienen wie als Begleitlektüre zu Lehrveranstaltungen und als Anleitung zum Selbststudium. Mit dem Ausscheiden meines Co-Autors aus dem Autorenteam hat sich der Inhalt des Buches verändert. Die fachliche Expertise für die Gestaltung internationaler Verträge lag allein beim Kollegen *Abbo Junker,* weshalb dieses Kapitel mit dieser Auflage entfällt. Stattdessen wurde ein neues Kapitel zu Schenkungsverträgen aufgenommen. Die Neuauflage ist auf dem Stand vom 15.3.2019.

Für wertvolle Hilfe danke ich neben *Arne le Dandeck* und *Katja Schwarze* besonders *Gerrit Horst,* der wesentlich an der Gestaltung des neuen Kapitels zum Schenkungsrecht beteiligt war, *Mark Püttmann,* der die Überarbeitung federführend betreut hat, und *Philipp Schröder.*

Bielefeld, im März 2019 *Sudabeh Kamanabrou*

Inhaltsverzeichnis

Abkürzungsverzeichnis

a. E.	am Ende
a. F.	alte Fassung
ABl.	Amtsblatt
Abt.	Abteilung
AcP	Archiv für die civilistische Praxis
ADAC	Allgemeiner Deutscher Automobil-Club
AEUV	Vertrag über die Arbeitsweise der Europäischen Union
AG	Aktiengesellschaft
AGB	Allgemeine Geschäftsbedingungen
AiB	Arbeitsrecht im Betrieb
AktG	Aktiengesetz
Anm.	Anmerkung
AnwBl	Anwaltsblatt
AP	Arbeitsrechtliche Praxis
ArbGG	Arbeitsgerichtsgesetz
ArbZG	Arbeitszeitgesetz
Art.	Artikel
AT	Allgemeiner Teil
Aufl.	Auflage
BAG	Bundesarbeitsgericht
BauGB	Baugesetzbuch
BaySchlG	Bayerisches Schlichtungsgesetz
BB	Betriebs-Berater
BC	Bilanzbuchhalter und Controller
Bd.	Band
Bde.	Bände
Begr.	Begründer, Begründung
BeschFG	Beschäftigungsförderungsgesetz
BetrAVG	Gesetz zur Verbesserung der betrieblichen Altersversorgung
BetrVG	Betriebsverfassungsgesetz
BeurkG	Beurkundungsgesetz
BewG	Bewertungsgesetz
BFH	Bundesfinanzhof
BGB	Bürgerliches Gesetzbuch
BGBl.	Bundesgesetzblatt
BGH	Bundesgerichtshof
BGHZ	Entscheidungen des Bundesgerichtshofs in Zivilsachen
BKR	Zeitschrift für Bank- und Kapitalmarktrecht
BNotO	Bundesnotarordnung
BR-Drs.	Bundesrats-Drucksache
BSG	Bundessozialgericht
BStBl	Bundessteuerblatt
BT	Besonderer Teil
BT-Drs.	Bundestags-Drucksache
BUrlG	Bundesurlaubsgesetz
BWNotZ	Zeitschrift für das Notariat in Baden-Württemberg
bzw.	beziehungsweise
ca.	circa
CR	Computer und Recht

d. h. . . . . das heißt
DB . . . . Der Betrieb
ders. . . . . derselbe
dies. . . . . dieselben
DNotZ . . . . Deutsche Notar-Zeitschrift
Dr. . . . . Doktor
DRiG . . . . Deutsches Richtergesetz
Drs. . . . . Drucksache
DStR . . . . Deutsches Steuerrecht

e. G. . . . . eingetragene Genossenschaft
e.V. . . . . eingetragener Verein
EDV . . . . Elektronische Datenverarbeitung
EFZG . . . . Entgeltfortzahlungsgesetz
EG . . . . Europäische Gemeinschaft
EGBGB . . . . Einführungsgesetz zum Bürgerlichen Gesetzbuch
EGZPO . . . . Gesetz betreffend die Einführung der Zivilprozessordnung
Einl. . . . . Einleitung
ERA . . . . Einheitliche Richtlinien und Gebräuche für Dokumenten-Akkreditive
ErbStG . . . . Erbschaftsteuer- und Schenkungsteuergesetz
ErfK . . . . Erfurter Kommentar zum Arbeitsrecht
EStG . . . . Einkommensteuergesetz
etc. . . . . et cetera
EU . . . . Europäische Union
EWG . . . . Europäische Wirtschaftsgemeinschaft
EWiR . . . . Entscheidungen zum Wirtschaftsrecht

f. . . . . folgende
FamFG . . . . Gesetz über das Verfahren in Familiensachen und in den Angelegenheiten der freiwilligen Gerichtsbarkeit
FamRZ . . . . Zeitschrift für das gesamte Familienrecht
ff. . . . . fortfolgende
Flst. . . . . Flurstück
Fn. . . . . Fußnote

GBl. . . . . Gesetzblatt
GBO . . . . Grundbuchordnung
GbR . . . . Gesellschaft bürgerlichen Rechts
geb. . . . . geboren
gem. . . . . gemäß
GewO . . . . Gewerbeordnung
GmbH . . . . Gesellschaft mit beschränkter Haftung
GmbH & Co. KG Gesellschaft mit beschränkter Haftung und Compagnie Kommanditgesellschaft
GmbHG . . . . GmbH-Gesetz
GmbHR . . . . GmbH-Rundschau
GNotKG . . . . Gerichts- und Notarkostengesetz
GrEStG . . . . Grunderwerbsteuergesetz
GStB . . . . Gestaltende Steuerberatung
GV. NRW . . . . . . Gesetz- und Verordnungsblatt für das Land Nordrhein-Westfalen
GVBl. . . . . Bayerisches Gesetz- und Verordnungsblatt

h. M. . . . . herrschende Meinung
HGB . . . . Handelsgesetzbuch
HRB . . . . Handelsregister Abteilung B
Hrsg. . . . . Herausgeber
Hs. . . . . Halbsatz

i. d. R. .... in der Regel
i. S. d. .... im Sinne des
i. S. v. .... im Sinne von
i. V. m. .... in Verbindung mit
i. w. S. .... im weiteren Sinne
IHK .... Industrie- und Handelskammer
Ing. .... Ingenieur(in)
InsO .... Insolvenzordnung

JA .... Juristische Arbeitsblätter
Jura .... Juristische Ausbildung
JuS .... Juristische Schulung
JustG NRW ..... Justizgesetz Nordrhein-Westfalen
JZ .... Juristenzeitung

Kap. .... Kapitel
Kfz .... Kraftfahrzeug
KG .... Kommanditgesellschaft
KostO .... Kostenordnung
KSchG .... Kündigungsschutzgesetz

LAG .... Landesarbeitsgericht
lfd. .... laufende
lit. .... litera
Lkw .... Lastkraftwagen
Ltd. .... Limited

m. w. N. .... mit weiteren Nachweisen
MDR .... Monatsschrift für Deutsches Recht
MediationsG .... Mediationsgesetz
MitbestErgG .... Mitbestimmungsergänzungsgesetz
MitbestG .... Mitbestimmungsgesetz
MittBayNot ..... Mitteilungen des Bayerischen Notarvereins, der Notarkasse und der Landesnotarkammer Bayern
MMR .... MultiMedia und Recht
MoMiG .... Gesetz zur Modernisierung des GmbH-Rechts und zur Bekämpfung von Missbräuchen
MontanMitbestG Montanmitbestimmungsgesetz

NachwG .... Nachweisgesetz
Nds GVBl ...... niedersächsisches Gesetz- und Verordnungsblatt
NdsSchlG ...... niedersächsisches Schlichtungsgesetz
NJ .... Neue Justiz
NJW .... Neue Juristische Wochenschrift
NJW-RR .... NJW-Rechtsprechungs-Report
nm .... Nanometer
NotBZ .... Zeitschrift für die notarielle Beratungs- und Beurkundungspraxis
Nr. .... Nummer
NZA .... Neue Zeitschrift für Arbeitsrecht
NZA-RR .... NZA-Rechtsprechungsreport
NZFam .... Neue Zeitschrift für Familienrecht
NZG .... Neue Zeitschrift für Gesellschaftsrecht
NZI .... Neue Zeitschrift für das Recht der Insolvenz und Sanierung

OHG .... Offene Handelsgesellschaft
OLG .... Oberlandesgericht

Pkw	Personenkraftwagen
PreisklG	Preisklauselgesetz
qm	Quadratmeter
RdA	Recht der Arbeit
Rn.	Randnummer
RNotZ	Rheinische Notar-Zeitschrift
s.	siehe
S.	Satz, Seite
S. A.	Société anonyme
SchiedsVZ	Zeitschrift für Schiedsverfahren
SGB	Sozialgesetzbuch
sog.	sogenannt(e/n)
TVG	Tarifvertragsgesetz
u. a.	und andere, unter anderem
UG	Unternehmergesellschaft
UK	United Kingdom of Great Britain and Northern Ireland
UKlaG	Gesetz über Unterlassungsklagen bei Verbraucherrechts- und anderen Verstößen
UmwG	Umwandlungsgesetz
vgl.	vergleiche
Vorbem.	Vorbemerkung
WM	Wertpapier-Mitteilungen
WuM	Wohnungswirtschaft und Mietrecht
z. B.	zum Beispiel
ZEV	Zeitschrift für Erbrecht und Vermögensnachfolge
ZfIR	Zeitschrift für Immobilienrecht
ZGS	Zeitschrift für das gesamte Schuldrecht
ZInsO	Zeitschrift für das gesamte Insolvenzrecht
ZIP	Zeitschrift für Wirtschaftsrecht
ZKM	Zeitschrift für Konfliktmanagement
ZNotP	Zeitschrift für die Notarpraxis
ZPO	Zivilprozessordnung
ZZP	Zeitschrift für Zivilprozess

Literaturverzeichnis

Aderhold/Koch/Lenkaitis, Vertragsgestaltung, 3. Aufl. 2018

Armbrüster/Preuß/Renner, Beurkundungsgesetz und Dienstordnung für Notarinnen und Notare, Kommentar, 7. Aufl. 2015 (zitiert: *Armbrüster/Preuß/Renner/Bearbeiter*)

Bamberger/Roth/Hau/Poseck, BeckOK BGB, 49. Edition. (zitiert: BeckOK-BGB/*Bearbeiter*)

Bauer/Krieger/Arnold, Arbeitsrechtliche Aufhebungsverträge, 9. Aufl. 2014 (zitiert: *Bauer/Krieger/Arnold,* Aufhebungsverträge)

Baumbach/Hopt, Kommentar zum Handelsgesetzbuch, 38. Aufl. 2018 (zitiert: *Baumbach/Hopt/Bearbeiter*)

Baumbach/Hueck, Kommentar zum GmbHG, 21. Aufl. 2017 (zitiert: *Baumbach/Hueck/Bearbeiter*)

Baur/Stürner, Sachenrecht, 18. Aufl. 2009

Beck'sches Formularbuch zum Bürgerlichen, Handels- und Wirtschaftsrecht, 13. Aufl. 2019 (zitiert: Beck'sches Formularbuch/*Bearbeiter*)

Beyer, Salvatorische Klauseln, 1988

Birk/Desens/Tappe, Steuerrecht, 21. Aufl. 2018

Breidenbach, Mediation – Struktur, Chancen und Risiken von Vermittlung im Konflikt, 1995 (zitiert: *Breidenbach,* Mediation)

Breidenbach/Henssler (Hrsg.), Mediation für Juristen, 1997 (zitiert: *Breidenbach/Henssler,* Mediation)

Brox/Walker, Allgemeines Schuldrecht, 42. Aufl. 2018

Brox/Walker, Besonderes Schuldrecht, 42. Aufl. 2018

Bühring-Uhle/Eidenmüller/Nelle, Verhandlungsmanagement, 2. Aufl. 2017

Bülow, Recht der Kreditsicherheiten, 9. Aufl. 2017 (zitiert: *Bülow,* Kreditsicherheiten)

Canaris, Handelsrecht, 24. Aufl. 2006

Cialdini, Die Psychologie des Überzeugens, 8. Aufl. 2017 (zitiert: *Cialdini,* Überzeugen)

Dornbusch/Fischermeier/Löwisch (Hrsg.), Fachanwaltskommentar Arbeitsrecht, 9. Aufl. 2019 (zitiert: *Dornbusch/Fischer/Löwisch/Bearbeiter*)

Döser, Vertragsgestaltung im internationalen Wirtschaftsrecht, 2001 (zitiert: *Döser,* Vertragsgestaltung)

Eisenhardt/Wackerbarth, Gesellschaftsrecht I, Recht der Personengesellschaften, 16. Aufl. 2015

Erbacher, Grundzüge der Verhandlungsführung, 4. Aufl. 2018 (zitiert: *Erbacher,* Verhandlungsführung)

Erfurter Kommentar zum Arbeitsrecht, 19. Aufl. 2019 (zitiert: ErfK/*Bearbeiter*)

Erman (Begr.), Bürgerliches Gesetzbuch, Handkommentar, 15. Aufl. 2017 (zitiert: *Erman/Bearbeiter*)

Faßbender/Grauel/Ohmen u. a., Notariatskunde, 19. Aufl. 2017 (zitiert: *Faßbender/Bearbeiter*)

Fikentscher/Heinemann, Schuldrecht, 11. Aufl. 2017

Fischinger, Arbeitsrecht, 2018

Fisher/Ury/Patton, Das Harvard-Konzept, 2018

Gottwald/Haft (Hrsg.), Verhandeln und Vergleichen als juristische Fertigkeiten, 2. Aufl. 1993 (zitiert: *Gottwald/Haft,* Verhandeln)

Grunewald, Gesellschaftsrecht, 10. Aufl. 2017

Grziwotz/Heinemann, Beurkundungsgesetz Kommentar, 3. Aufl. 2018

Gsell/Krüger/Lorenz/Reymann, beck-online.GROSSKOMMENTAR (zitiert: BeckOGK/*Bearbeiter*)

Haft, Verhandlung und Mediation – Die Alternative zum Rechtsstreit, 2. Aufl. 2000 (zitiert: *Haft,* Verhandlung)

Haft/Schlieffen (Hrsg.), Handbuch Mediation, 3. Aufl. 2016

Heckschen/Heidinger, Die GmbH in der Gestaltungs- und Beratungspraxis, 4. Aufl. 2018 (zitiert: *Heckschen/Heidinger/Bearbeiter*)

Heidel (Hrsg.), Steuerrecht in der anwaltlichen Praxis, 4. Aufl. 2011 (zitiert: *Heidel/Bearbeiter*)

Heidel/Pauly/Amend (Hrsg.), AnwaltFormulare, 9. Aufl. 2018 (zitiert: *Heidel/Pauly/Amend/Bearbeiter*)

Henssler/Willemsen/Kalb (Hrsg.), Arbeitsrecht Kommentar, 8. Aufl. 2018 (zitiert: HWK/*Bearbeiter*)

Heussen, Anwalt und Mandant, 1999 (zitiert: *Heussen,* Anwalt)

Heussen/Pischel (Hrsg.), Handbuch Vertragsverhandlung und Vertragsmanagement, 4. Aufl. 2014 (zitiert: *Heussen/Bearbeiter,* Handbuch)

Hromadka/Maschmann, Arbeitsrecht, Bd. 1, 7. Aufl. 2018

Junker, Grundkurs Arbeitsrecht, 17. Aufl. 2018

Kamanabrou, Arbeitsrecht, 2017

Kilian/Sandkühler/vom Stein, Praxishandbuch Notarrecht, 3. Aufl. 2018 (zitiert: *Kilian/Sandkühler/vom Stein/Bearbeiter*)

Kindler, Grundkurs Handels- und Gesellschaftsrecht, 8. Aufl. 2016

Klunzinger, Grundzüge des Gesellschaftsrechts, 16. Aufl. 2012

Köhler, BGB Allgemeiner Teil, 42. Aufl. 2018

Kornexl, Vertragsgestaltung 1.0, 2008 (zitiert: *Kornexl,* Vertragsgestaltung)

Krause, Arbeitsrecht, 3. Aufl. 2015

Krüger/Hertel, Der Grundstückskauf, 11. Aufl. 2016 (zitiert: *Krüger/Hertel,* Grundstückskauf)

Kübler/Assmann, Gesellschaftsrecht, 6. Aufl. 2006

Kunkel, Vertragsgestaltung, Eine methodisch-didaktische Einführung, 2016

Langenfeld, Grundlagen der Vertragsgestaltung, 2. Aufl. 2010 (zitiert: *Langenfeld,* Vertragsgestaltung)

Larenz, Lehrbuch des Schuldrechts, Erster Band, Allgemeiner Teil, 14. Aufl. 1987 (zitiert: *Larenz,* Schuldrecht I)

Larenz, Lehrbuch des Schuldrechts, Zweiter Band: Besonderer Teil, 1. Halbband, 13. Aufl. 1986 (zitiert: *Larenz,* Schuldrecht II/1)

Larenz/Canaris, Lehrbuch des Schuldrechts, Zweiter Band: Besonderer Teil, 2. Halbband, 13. Aufl. 1994 (zitiert: *Larenz/Canaris,* Schuldrecht II/2)

Lerch, Beurkundungsgesetz, Kommentar, 5. Aufl. 2016

Looschelders, Schuldrecht Allgemeiner Teil, 16. Aufl. 2018

Looschelders, Schuldrecht Besonderer Teil, 13. Aufl. 2018

Löwisch/Caspers/Klumpp, Arbeitsrecht, 11. Aufl. 2017

Lutter/Hommelhoff, GmbH-Gesetz, Kommentar, 19. Aufl. 2016 (zitiert: *Lutter/Hommelhoff/Bearbeiter*)

Lwowski/Fischer/Langenbucher (Hrsg.), Das Recht der Kreditsicherung, 10. Aufl. 2017 (zitiert: *Lwowski/Fischer/Langenbucher/Bearbeiter*)

Maschmann/Sieg/Göpfert, Vertragsgestaltung im Arbeitsrecht, 2. Aufl. 2016

Medicus/Lorenz, Schuldrecht I – Allgemeiner Teil, 21. Aufl. 2015

Medicus/Lorenz, Schuldrecht II – Besonderer Teil, 18. Aufl. 2018

Medicus/Petersen, Allgemeiner Teil des BGB, 11. Aufl. 2016

Medicus/Petersen, Bürgerliches Recht, 26. Aufl. 2017

Münchener Anwalts Handbuch Arbeitsrecht, 4. Aufl. 2017 (zitiert: MAH ArbR/*Bearbeiter*)

Münchener Handbuch zum Arbeitsrecht, Bd. 1, 4. Aufl. 2018 (zitiert: MünchHandbuch-ArbR/*Bearbeiter*)

Münchener Handbuch zum Gesellschaftsrecht, Bd. 3, 5. Aufl. 2018 (zitiert: MünchHandbuch-GesR/*Bearbeiter*)

Münchener Kommentar zum Bürgerlichen Gesetzbuch, Bde. 2, 3, 8. Aufl. 2019, Bde. 7, 10, 7. Aufl. 2017, Bd. 12, 7. Aufl. 2018 (zitiert: MünchKomm-BGB/*Bearbeiter*)

Münchener Kommentar zum GmbH-Gesetz, Bd. 1, 3. Aufl. 2018 (zitiert: MünchKomm-GmbHG/*Bearbeiter*)

Münchener Kommentar zum Handelsgesetzbuch, Bd. 5, 4. Aufl. 2018 (zitiert: MünchKomm-HGB/*Bearbeiter*)

Münchener Kommentar zur Zivilprozessordnung, Bd. 1, 5. Aufl. 2016 (zitiert: MünchKomm-ZPO/*Bearbeiter*)

Münchener Vertragshandbuch, Bd. 1, 8. Aufl. 2018 (zitiert: MünchVertragshandbuch-GesR/*Bearbeiter*),

Münchener Vertragshandbuch, Bd. 5, 7. Aufl. 2013, Bd. 6, 7. Aufl. 2016 (zitiert: MünchVertragshandbuch-BGB/*Bearbeiter*)

Musielak (Hrsg.), Kommentar zur Zivilprozessordnung, 15. Aufl. 2018 (zitiert: *Musielak/Bearbeiter,* ZPO)

Musielak/Hau, Grundkurs BGB, 15. Aufl. 2017

NomosKommentar zum Arbeitsrecht, Bd. 1–3, 2016, (zitiert: NK-GA/*Bearbeiter*)

NomosKommentar zum Bürgerlichen Gesetzbuch, Bd. 2/1, 3. Aufl. 2016, Bd. 6, 2. Aufl. 2015 (zitiert: NK-BGB/*Bearbeiter*)

Oetker, Handelsrecht, 7. Aufl. 2015

Palandt (Begr.), Kommentar zum Bürgerlichen Gesetzbuch, 78. Aufl. 2019 (zitiert: *Palandt/Bearbeiter*)

Ponschab/Schweizer, Kooperation statt Konfrontation, 2. Aufl. 2010 (zitiert: *Ponschab/Schweizer,* Kooperation)

Preis, Arbeitsrecht Individualarbeitsrecht, 5. Aufl. 2017 (zitiert: *Preis,* Individualarbeitsrecht)

Preis, Grundfragen der Vertragsgestaltung im Arbeitsrecht, 1993 (zitiert: *Preis,* Vertragsgestaltung)

Preis (Hrsg.), Der Arbeitsvertrag – Handbuch der Vertragspraxis und -gestaltung, 5. Aufl. 2015 (zitiert: *Preis/Bearbeiter,* Arbeitsvertrag)

Prütting, Sachenrecht, 36. Aufl. 2017

Rehbinder, Vertragsgestaltung, 2. Aufl. 1993

Reinicke/Tiedtke, Bürgschaftsrecht, 3. Aufl. 2008

Reinicke/Tiedtke, Kaufrecht, 8. Aufl. 2009

Reinicke/Tiedtke, Kreditsicherung, 6. Aufl. 2018

Reithmann/Albrecht, Handbuch der notariellen Vertragsgestaltung, 8. Aufl. 2001 (zitiert: *Reithmann/Albrecht/Bearbeiter*)

Ring/Klingelhöfer, AGB-Recht in der anwaltlichen Praxis, 4. Aufl. 2017 (zitiert: *Ring/Klingehöfer/Bearbeiter,* AGB-Recht)

Risse, Wirtschaftsmediation, 2. Aufl. 2019

Rittershaus/Teichmann, Anwaltliche Vertragsgestaltung, 2. Aufl. 2003 (zitiert: *Rittershaus/Teichmann,* Vertragsgestaltung)

Röhricht/v. Westphalen (Hrsg.), Handelsgesetzbuch, Kommentar, 4. Aufl. 2014 (zitiert: *Röhricht/v. Westphalen/Bearbeiter*)

Saenger, Gesellschaftsrecht, 4. Aufl. 2018

Schachner, Rechtsformularbuch für den Mittelstand, 4. Aufl. 2001 (zitiert: *Schachner/Bearbeiter*)

Schmidt, Gesellschaftsrecht, 4. Aufl. 2002

Schmidt, Handelsrecht, Unternehmensrecht I, 6. Aufl. 2014

Schmittat, Einführung in die Vertragsgestaltung, 4. Aufl. 2015 (zitiert: *Schmittat,* Vertragsgestaltung)

Schreiber, Sachenrecht, 7. Aufl. 2018

Schröder, Der sichere Weg bei der Vertragsgestaltung, 1990 (zitiert: *Schröder,* Sicherer Weg)

Schulz von Thun, Miteinander reden 1: Störungen und Klärungen, 48. Aufl. 2010 (zitiert: *Schulz von Thun,* Störung)

Staab/Staab, Kreditvertrags- und Kreditsicherungsrecht, 1. Aufl. 2014 (zitiert: *Staab/Staab,* Kreditsicherungsrecht)

Staudinger (Begr.), Kommentar zum Bürgerlichen Gesetzbuch mit Einführungsgesetz und Nebengesetzen, 1993ff. (zitiert: *Staudinger/Bearbeiter*)

Stoffels, AGB-Recht, 3. Aufl. 2015

Ulmer/Brandner/Hensen, AGB-Recht, 12. Aufl. 2016 (zitiert: *Ulmer/Brandner/Hensen/Bearbeiter*)

Vieweg/Werner, Sachenrecht, 8. Aufl. 2018

Waltermann, Arbeitsrecht, 19. Aufl. 2019

Weber/Weber, Kreditsicherungsrecht, 10. Aufl. 2018

Weiler, Schuldrecht Allgemeiner Teil, 4. Aufl. 2017

Wellenhofer, Sachenrecht, 33. Aufl. 2018

Weller/Prütting, Handels- und Gesellschaftsrecht, 9. Aufl. 2016

Westermann/Staudinger, BGB-Sachenrecht, 13. Aufl. 2017

v. Westphalen, Allgemeine Verkaufsbedingungen, 8. Aufl. 2016

Wieling, Sachenrecht, 5. Aufl. 2007

Windbichler, Gesellschaftsrecht, 24. Aufl. 2017

Winkler, Beurkundungsgesetz, Kommentar, 18. Aufl. 2017

Wolf/Lindacher/Pfeiffer, AGB-Recht, Kommentar, 6. Aufl. 2013 (zitiert: *Wolf/Lindacher/Pfeiffer/Bearbeiter*)

Wolf/Neuner, Allgemeiner Teil des Bürgerlichen Rechts, 11. Aufl. 2016 (zitiert: *Wolf/Neuner,* BGB AT)

Wurm/Wagner/Zartmann, Das Rechtsformularbuch, 17. Aufl. 2015(zitiert: *Wurm/Wagner/Zartmann/Bearbeiter*)

Zankl, Die anwaltliche Praxis in Vertragssachen, 1990 (zitiert: *Zankl,* Vertragssachen)

Zöllner/Loritz/Hergenröder, Arbeitsrecht, 7. Aufl. 2015

§ 1. Einführung in die Vertragsgestaltung

Literatur (siehe auch das Verzeichnis der abgekürzt zitierten Literatur, S. XVII): *Ahlers,* Rechtsberatende Praxis im juristischen Studium, in: Festschrift Sigle, 2000, S. 453; *Brambring,* Einführung in die Vertragsgestaltung, JuS 1985, 380; *Eiden,* Vertragsgestaltung in Klausur und Praxis, JuS 2014, 496; *Henssler,* Haftungsrisiken anwaltlicher Tätigkeit, JZ 1994, 178; *Höhn/Weber,* Planung und Gestaltung von Rechtsgeschäften, 1986; *Hommelhoff,* Anwälte im Streckbett der Richterausbildung, in: Festschrift Sigle, 2000, S. 463; *Hommelhoff/Hillers,* Zur Methodik kautelarjuristischer Arbeitsweise – Der Werkstattwagen, Jura 1983, 592; *Hommelhoff/Teichmann,* Zu einer Methodik der Kautelarjurisprudenz in der Universitätsausbildung, in: Der Fachanwalt für Steuerrecht im Rechtswesen – Festschrift 50 Jahre Arbeitsgemeinschaft der Fachanwälte für Steuerrecht e. V., 1999, S. 537; *Horn,* Neuverhandlungspflicht, AcP 181 (1981), 255; *Kanzleiter,* Der Blick in die Zukunft als Voraussetzung der Vertragsgestaltung, NJW 1995, 905; *Kunkel,* Vertragsgestaltung, 2016; *Krafka/Seeger,* Autonome Vertragsgestaltung, ZNotP 2011, 445, ZNotP 2012, 15; *Langenfeld,* Einführung in die Vertragsgestaltung, JuS 1998, 33, 131, 224, 321, 417, 521, 621; *Martinek,* Die Lehre von den Neuverhandlungspflichten – Bestandsaufnahme, Kritik – und Ablehnung, AcP 198 (1998), 329; *Meins,* Die Vertragsverhandlung, 2. Aufl. 1993; *Ramm,* Die Vertragsgestaltung im Examen, Jura 2011, 408; *Rawert,* Rechtsgestaltung durch Private, in: *Hof/von Olenhusen* (Hrsg.), Rechtsgestaltung – Rechtskritik – Konkurrenz von Rechtsordnungen ... Neue Akzente für die Juristenausbildung, 2012, S. 58; *Rehbinder,* Vertragsgestaltung, 2. Aufl. 1993; *ders.,* Die Rolle der Vertragsgestaltung im zivilrechtlichen Lehrsystem, AcP 174 (1974), 265; *Reithmann,* Kautelarjurisprudenz und Vorsorgende Rechtspflege, in: Festschrift 125 Jahre bayerisches Notariat, 1987, S. 159; *Rittershaus,* Forum – Anwaltsorientierte Juristenausbildung, JuS 1998, 302; *Scharpf,* Vertragsgestaltung im Zivilrecht – Die Wahl des sicheren Weges bei der Vertragsgestaltung, JuS 2002, 878; *Schmittat,* Einführung in die Vertragsgestaltung, 4. Aufl. 2015; *ders.,* Das Vorsorgeprinzip in der Vertragsgestaltung – Zu Grundlagen und Grenzen, RNotZ 2012, 85; *Teichmann,* Vertragsgestaltung durch den Rechtsanwalt – Grundzüge einer Methodik der zivilrechtlichen Fallbearbeitung, JuS 2001, 870, 973, 1078, 1181, JuS 2002, 40; *ders.,* Der „relativ" sicherste Weg in der Vertragsgestaltung, in: Festschrift für Rainer Kanzleiter, 2010, S. 381; *Walz,* Mediative Vertragsgestaltung durch Notare, DNotZ 2003, 164; *Harald Weber,* Methodenlehre der Rechtsgestaltung, JuS 1989, 636; *Zawar,* Neuere Entwicklungen zu einer Methodenlehre der Vertragsgestaltung, JuS 1992, 134 (unter Mitwirkung von *Friedrich Arend*); *Zugehör,* Die neue Rechtsprechung des Bundesgerichtshofs zur zivilrechtlichen Haftung der Rechtsanwälte und steuerlichen Berater, WM 2010, Sonderbeilage 1.

Die juristische Ausbildung ist bis zum ersten Staatsexamen sehr stark am **Berufsbild des Richters** orientiert. Andere Berufsfelder, in denen nach der Ausbildung der größte Teil der Juristen tätig wird, erschließen sich oft erst nach dem Studium durch „Anlernzeiten" in der Praxis des jeweiligen Berufs.[1] So kam der 62. Deutsche Juristentag in Bremen 1998 zu dem Beschluss: „**Rechtsberatung und Rechtsgestaltung** spielen in der Juristenausbildung eine zu geringe Rolle."[2] Erst in neuerer Zeit wird zunehmend auch schon in der Ausbildung Wert auf die Vermittlung von Fähigkeiten gelegt, die in der Praxis allgemein, aber insbesondere auch in rechtsberatenden Berufen vorausgesetzt werden. Eine wichtige Rolle in dieser Entwicklung spielt die zum 1. 7. 2003 in Kraft getretene Reform in der Juristenausbildung,[3] in deren Rahmen § 5 a III 1 DRiG ergänzt wurde. Während vor der Änderung lediglich festgelegt war, dass der Inhalt des Studiums die rechtsprechende, verwaltende und rechtsberatende Praxis zu berücksichtigen habe, ist nunmehr ein zweiter 1

---

[1] *Ahlers,* in: Festschrift Sigle, 2000, S. 453 (454); *Heussen,* Anwalt, S. 32 ff.; *Hommelhoff,* in: Festschrift Sigle, 2000, S. 463 (464 ff.); *Rittershaus,* JuS 1998, 302 (304). Zur Bedeutung der Perspektive des Vertragsjuristen in der zweiten Staatsprüfung und typischen Klausurkonstellationen *Ramm,* Jura 2011, 408.

[2] Verhandlungen des Zweiundsechzigsten Deutschen Juristentages, Band II/2, 1998, S. N 239. Auch *Rawert,* in: Hof/von Olenhusen (Hrsg.), Rechtsgestaltung – Rechtskritik – Konkurrenz von Rechtsordnungen ..., 2012, S. 58 ff. fordert die verstärkte Vermittlung von Methoden und Kenntnissen der Rechtsgestaltung.

[3] Zur Reform *Fischer,* AnwBl. 2003, 319; *ders.,* ZZP 119 (2006), 39; *Kessler,* JA 2003, 712.

Halbsatz angefügt worden, der die Vermittlung der für die genannten Bereiche erforderlichen Schlüsselqualifikationen wie „Verhandlungsmanagement, Gesprächsführung, Rhetorik, Streitschlichtung, Mediation, Vernehmungslehre und Kommunikationsfähigkeit“ verlangt. Diese Anforderungen sind – mehr oder weniger intensiv – auch durch die Landesgesetzgeber und die Fakultäten umgesetzt worden.[4]

2 Eine stärkere Anwaltsorientierung ist insbesondere deshalb angebracht, weil die rechtsberatenden Berufe einen Großteil des juristischen Arbeitsmarkts ausmachen.[5] Dagegen nehmen die Justiz und die öffentliche Verwaltung lediglich einen geringen Teil der Juristen auf. So hat der Wissenschaftsrat 2002 festgestellt, dass 75 % der Absolventen den Anwaltsberuf ergreifen.[6] Weitere 15 % der Absolventen werden in Unternehmen und Verbänden tätig und übernehmen dort größtenteils ebenfalls rechtsberatende Aufgaben.[7] Lediglich 10 % der Absolventen ergreifen eine Tätigkeit in der öffentlichen Verwaltung oder der Justiz. Eine Trendwende ist bisher nicht ersichtlich.[8] Vor diesem Hintergrund soll das vorliegende Werk in einen wichtigen Bereich der Rechtsberatung einführen: Es behandelt die Vertragsgestaltung, verstanden als ziel- und zukunftsgerichtete Ordnung von Lebensverhältnissen mit Mitteln des Vertragsrechts.[9] Ein Buch zur Vertragsgestaltung kann praktische Erfahrungen im Umgang mit Mandanten und ihren Regelungswünschen nicht ersetzen. Es kann aber einen ersten Einblick in ein Tätigkeitsfeld außerhalb des Richteramts geben.

I. Dezisionsjurisprudenz – Kautelarjurisprudenz

3 Für die richterliche Tätigkeit ist die Bewertung feststehender Fakten charakteristisch. Dem Richter wird ein abgeschlossener Sachverhalt unterbreitet, anhand dessen er die Rechtsbeziehungen zwischen den Parteien beurteilt.[10] Soweit der Sachverhalt streitig ist, muss der Richter nach den Regeln des Beweisrechts entscheiden, welche Sachverhaltsschilderung der Entscheidung zugrunde zu legen ist. Man spricht von Rechtsanwendung oder **Dezisionsjurisprudenz.**[11] Die Gegenbegriffe, die die Tätigkeit des

[4] Einen Überblick bietet *Becker-Eberhard,* NJ 2004, 389.

[5] Streitschlichtende Tätigkeiten und außergerichtliche Rechtsberatung machen 70–75 % des Gesamtspektrums anwaltlicher Dienstleistungen aus, *Hommelhoff/Teichmann,* in: Festschrift 50 Jahre Arbeitsgemeinschaft der Fachanwälte für Steuerrecht e. V., 1999, S. 537 (537 f.).

[6] Wissenschaftsrat, Empfehlungen zur Reform der staatlichen Abschlüsse, Drs. 5460/02, abrufbar unter: http://www.wissenschaftsrat.de/download/archiv/5460-02.pdf, S. 19 f. (zuletzt abgerufen am: 4.3.2019).

[7] Wissenschaftsrat, Empfehlungen zur Reform der staatlichen Abschlüsse, Drs. 5460/02, abrufbar unter: http://www.wissenschaftsrat.de/download/archiv/5460-02.pdf, S. 19 f (zuletzt abgerufen am: 4.3.2019).

[8] Vgl. *Kunkel,* Vertragsgestaltung, S. 12.

[9] *Rehbinder,* AcP 174 (1974), 265 (266) spricht von der „Gestaltung von privaten Lebensverhältnissen mit den Mitteln und in den Grenzen des Rechts“; *H.P. Westermann,* AcP 175 (1975), 375 (376) von der „vorausschauenden Planung und Gestaltung von Rechtsverhältnissen“.

[10] *Aderhold/Koch/Lenkaitis,* Vertragsgestaltung, § 2 Rn. 14; *Kanzleiter,* NJW 1995, 905; *Küttner,* RdA 1999, 59; *Langenfeld,* Vertragsgestaltung, Kap. 2 Rn. 1; *Rittershaus/Teichmann,* Vertragsgestaltung, Rn. 143; *Wolf/Neuner,* BGB AT, § 39 Rn. 5.

[11] *Langenfeld,* Vertragsgestaltung, Kap. 2 Rn. 1; *Rehbinder,* Vertragsgestaltung, S. 1; *Rittershaus,* JuS 1998, 302 (303); *Sontheimer,* JuS 1999, 872 (872 f.); *Wolf/Neuner,* BGB AT, § 39 Rn. 5; *Zawar,* JuS 1992, 134 (134 f.).

Vertragsjuristen kennzeichnen, sind Rechtsgestaltung und **Kautelarjurisprudenz:** Der Vertragsjurist (Kautelarjurist) wird gestaltend tätig, indem er mit den Mitteln und in den Grenzen des Rechts Lebensverhältnisse für die Zukunft ordnet.[12]

Der Richter hat die Aufgabe, einen abgeschlossenen Sachverhalt anhand rechtlicher Normen zu „beurteilen“, indem er eine verbindliche Entscheidung trifft (Rechtsanwendung, Dezisionsjurisprudenz). Der Vertragsjurist hat die Aufgabe, den Willen des Mandanten so umzusetzen, dass in der Zukunft die gewünschten Rechtsfolgen eintreten und unerwünschte Folgen ausbleiben (Rechtsgestaltung, Kautelarjurisprudenz).

Der Vertragsjurist arbeitet – anders als der Richter – mit veränderbaren Tatsachen: Der Blick des Vertragsjuristen ist in die Zukunft gerichtet.[13] Das Recht setzt er als Instrument ein, um die Beziehungen zwischen den Parteien zu ordnen.[14] Allerdings ist die Tätigkeit des Vertragsjuristen in der Rechtsanwendung nicht frei. Zum einen ist er an das zwingende Recht gebunden: Die gewählten Gestaltungsmöglichkeiten muss der Rechtsanwender darauf überprüfen, ob sie sich mit **zwingendem Recht** vereinbaren lassen. Zum anderen muss der vertragsgestaltende Jurist feststellen, welche **dispositiven Normen** auf die zu regelnden Fragen anwendbar sind, um auf dieser Grundlage zu prüfen, in welchen Punkten sich im Parteiinteresse eine abweichende Gestaltung anbietet. Insofern kann man Vertragsgestaltung als eine besondere Form der Rechtsanwendung begreifen.[15] 4

Der notwendige Blick auf das zwingende Recht darf nicht dazu führen, dass der Vertragsjurist seinen Rat allein darauf beschränkt, was alles nicht möglich ist.[16] Innerhalb der rechtlichen Rahmenbedingungen muss der Vertragsjurist vielmehr **Gestaltungsmöglichkeiten entwickeln** und bestrebt sein, die Interessen seines Mandanten möglichst weitgehend zu verwirklichen. 5

II. Zweckverwirklichung und Störfallvorsorge

Der Vertragsjurist (Kautelarjurist) wird sich bei der Vertragsgestaltung zwei Fragen stellen. Zum einen wird er überlegen, wie der Vertrag ausgestaltet sein muss, damit der Erfolg eintritt, den die Parteien erstreben. Zum anderen hat er zu erwägen, durch welche Umstände die ordnungsgemäße Abwicklung des Vertrags möglicherweise ver- 6

[12] *Franzen,* Anwaltskunst, 3. Aufl. 2001, S. 241; *Hommelhoff,* in: Festschrift Sigle, 2000, S. 463 (472); *Rehbinder,* AcP 174 (1974), 265 (286); *Wolf/Neuner,* BGB AT, § 39 Rn. 5.

[13] *Kanzleiter,* NJW 1995, 905; *Küttner,* RdA 1999, 59; *Langenfeld,* Vertragsgestaltung, Kap. 2 Rn. 1; *Ramm,* Jura 2011, 408 (409); *Teichmann,* in: Festschrift Kanzleiter, 2010, S. 381 (390). Ein anschauliches Beispiel zu den unterschiedlichen Perspektiven findet sich bei *Teichmann,* JuS 2001, 870 (873 f.).

[14] *Aderhold/Koch/Lenkaitis,* Vertragsgestaltung, § 2 Rn. 15 f.; *Rehbinder,* AcP 174 (1974), 265 (291); *Rittershaus/Teichmann,* Vertragsgestaltung, Rn. 12. Zu den unterschiedlichen Entscheidungsprogrammen des Anwalts und des Richters *Teichmann,* JuS 2001, 973 (974 ff.).

[15] *Rehbinder,* Vertragsgestaltung, S. 1 f.

[16] *Rittershaus,* JuS 1998, 302 (304) legt dem Mandanten die Worte in den Mund: „Ich will nicht wissen, warum es nicht geht, sondern wie es geht!“ Hierzu auch *Rittershaus,* in: Hommelhoff/Müller-Graff/Ulmer, Die Praxis der rechtsberatenden Berufe, 1999, S. 12.

hindert werden könnte. Diesen Hindernissen muss der Kautelarjurist möglichst vorbeugen.[17] Dementsprechend enthalten Verträge Klauseln, die der Zweckverwirklichung dienen, und Regelungen, die zur Störfallvorsorge aufgenommen werden.[18] Man kann in diesem Zusammenhang auch von Erfüllungsplanung und Risikoplanung sprechen.[19] Die Begriffe „Zweckverwirklichung" und „Störfallvorsorge" sind jedoch treffender: So umfasst z. B. das Gestaltungsziel der Zweckverwirklichung mehr als nur die Erfüllung der Vertragspflichten. Im Einzelnen lassen sich die beiden Grundaufgaben der Vertragsgestaltung wie folgt konkretisieren:

7 Bei der **Zweckverwirklichung** stehen die Sachziele der Parteien im Vordergrund. Die Frage lautet: Wie muss der Vertrag formuliert sein, damit das eintritt, was die Parteien wollen? Die Zweckverwirklichung ist nicht unbedingt auf positive Erfolge gerichtet. Eine Partei kann auch das Ziel verfolgen, Nachteile – etwa steuerlicher oder haftungsrechtlicher Art – zu vermeiden. Die Kontrollfrage für einen Gegenstand der Zweckverwirklichung lautet, ob das Geplante wahrscheinlich ausgeführt werden muss, damit der Vertrag erfolgreich abgewickelt werden kann.[20]

8 Bei der **Störfallvorsorge** geht es hingegen darum, möglichen Risiken vorzubeugen. Wenn eine vertragliche Regelung nach dem gewöhnlichen Verlauf der Dinge nicht benötigt wird, um den Vertrag erfolgreich durchzuführen, sondern erst zum Zug kommt, wenn ein Problem auftritt, gehört sie in den Bereich der Störfallvorsorge. Eine Kernkompetenz des vertragsgestaltenden Rechtsberaters besteht darin, Störungen bei der Vertragsabwicklung zu erahnen und diese Eventualitäten in rechtlich geordnete Bahnen zu lenken.[21]

Vertragsbestimmungen, die der Zweckverwirklichung (Erfüllungsplanung) dienen, sollen es den Parteien ermöglichen, ihre mit dem Vertrag verfolgten Sachziele zu erreichen. Klauseln, die der Störfallvorsorge (Risikoplanung) dienen, sollen die Parteien gegen Risiken bei der Vertragsabwicklung absichern, indem sie für Vertragsstörungen Vorsorge treffen.

9 Die Störfallvorsorge ist insbesondere für den Fall der Unmöglichkeit, des Verzugs oder der Schlechterfüllung einer Leistung sinnvoll.[22] Da das dispositive Gesetzesrecht Regeln für die Risikoverteilung bei Leistungsstörungen enthält, ist eine vertragliche Regelung häufig nicht erforderlich.[23] Sie kann aber wünschenswert sein, um den Parteiinteressen besser Rechnung zu tragen. Dabei kommen sowohl vom dispositiven Recht **abweichende Regelungen** als auch das dispositive Recht lediglich **ergänzende Klauseln** in Betracht. Eine Abweichung vom dispositiven Recht ist z. B. gegeben,

[17] *Reithmann/Albrecht/Reithmann,* Vertragsgestaltung, Rn. 23ff.; *Schmittat,* Vertragsgestaltung, Rn. 185; *Zankl,* Vertragssachen, Rn. 295.

[18] Begriffe nach *Langenfeld,* Vertragsgestaltung, Kap. 3 Rn. 8, 15ff.

[19] *Küttner,* RdA 1999, 59; *Rehbinder,* Vertragsgestaltung, S. 4; *Schmittat,* Vertragsgestaltung, Rn. 185. *Rittershaus/Teichmann,* Vertragsgestaltung, Rn. 261ff. benutzen diese Begriffe aus aufbautechnischen Gründen ein wenig anders als die zuvor genannten Autoren.

[20] *Rehbinder,* Vertragsgestaltung, S. 4, 21–30.

[21] *Küttner,* RdA 1999, 59; *Langenfeld,* Vertragsgestaltung, Kap. 3 Rn. 15; *Rehbinder,* Vertragsgestaltung, S. 4, 30ff.; *Zankl,* Vertragssachen, Rn. 296f.

[22] *Zankl,* Vertragssachen, Rn. 301ff.

[23] *Reithmann,* in: Festschrift 125 Jahre bayerisches Notariat, 1987, S. 159 (182).

wenn § 286 III BGB abbedungen wird, sodass Verzug auch bei einer Entgeltforderung nur unter den Voraussetzungen des § 286 I, II BGB eintritt. Um eine Ergänzung des dispositiven Rechts handelt es sich, wenn die Parteien die Rügefrist des § 377 HGB konkretisieren.

Beispiele: „§ 286 III BGB kommt nicht zur Anwendung. Der Schuldner gerät nur in Verzug, wenn die Voraussetzungen des § 286 I, II BGB erfüllt sind."

„Die Rügefrist gem. § 377 HGB beträgt drei Tage."

Neben den Störungsquellen, die allgemein zu berücksichtigen sind, wie z. B. Nichterfüllung oder Schlechterfüllung, bergen manche Verträge ein vertragstypisches Konfliktpotential.[24] Bei Grundstücken besteht z. B. die Gefahr, dass sie mit öffentlichen Lasten aus der Zeit vor dem Erwerb des Käufers belastet sind. Bei erbrechtlichen Rechtsgeschäften, die nicht die gesetzlichen Erben begünstigen, drohen Konflikte mit den gesetzlichen Erben.[25] 10

Zweckverwirklichung und Störfallvorsorge gehen ineinander über; sie lassen sich nicht scharf trennen. So bewirkt z. B. die genaue Vereinbarung der Lieferzeit einer Sache oder der Übergabemodalitäten eine entsprechende Risikoverteilung im Störfall. Die erfüllungsorientierte Regelung hat zugleich risikoverteilende Wirkung.[26] 11

Beispiel: Bauträger B errichtet für A ein Haus. Er verspricht vertraglich, dass das Haus spätestens zum 3.6.2019 bezugsfertig ist. Diese Regelung hat A sich ausbedungen, da er zu diesem Zeitpunkt seine alte Wohnung, die bereits weitervermietet ist, räumen muss. Das Risiko der Verspätung trägt in diesem Fall B. Wenn nichts anderes geregelt ist, greifen die gesetzlichen Regelungen des Verzugs ein. A kann z. B. gem. den §§ 280 I, II, 286 BGB die Kosten für eine vorübergehende Unterkunft und für die Lagerung seiner Möbel verlangen. Als vertragliche Regelung käme eine Klausel über pauschalierten Schadenersatz oder eine Vertragsstrafenregelung in Betracht.

Gegenbeispiel: Bauträger B gibt ein solches Versprechen nicht ab. In diesem Fall trägt A das Risiko der verspäteten Fertigstellung des Hauses.

III. Denkschritte der Vertragsgestaltung

Die Vertragsgestaltung durchläuft, wie jeder kreative Prozess, verschiedene Stadien. Das Ziel ist der ausformulierte Vertrag.[27] Die Denkschritte kann man folgenden Schlagworten zuordnen: 12

- Informationsgewinnung
- Rohentwurf des Vertrags
- (hypothetische) Rechtsanwendung
- Anwendung von Gestaltungskriterien
- Bewältigung von Zielkonflikten
- Vertragsverhandlungen
- Belehrung und Beratung
- Erstellung der Vertragsurkunde

[24] *Rittershaus/Teichmann,* Vertragsgestaltung, Rn. 282; *Zankl,* Vertragssachen, Rn. 337 ff.

[25] *Zankl,* Vertragssachen, Rn. 338 f.

[26] *Rehbinder,* Vertragsgestaltung, S. 5.

[27] Zur Arbeitsweise des Vertragsjuristen im Verlauf *Brambring,* JuS 1985, 380 (381 ff.); *Hommelhoff/Hillers,* Jura 1983, 592 (593 ff.).

13 Diese Denkschritte, die im Folgenden näher vorgestellt werden, werden nicht in einer festen Reihenfolge durchlaufen. Sie stehen vielmehr in **Wechselwirkung** zueinander, sodass einzelne Phasen oft mehrmals absolviert werden.[28] So können die Informationen des Mandanten zu Beginn der Vertragsgestaltung unvollständig oder ungenau sein. Die vorläufige Rechtsanwendung und ein Rohentwurf des Vertrags zeigen dann, in welchen Punkten weiterer Informationsbedarf besteht. In welcher Reihenfolge und wie oft der Kautelarjurist die einzelnen Denkschritte hinter sich bringt, hängt vom Einzelfall ab. Bis auf die Phase der Verhandlungen, die die Parteien möglicherweise allein durchführen, sind jedoch vom Vertragsjuristen alle Stufen zumindest einmal zu bewältigen.

14 Für die Pflichten des Juristen bei der Vertragsgestaltung gibt es keine einheitliche **Rechtsgrundlage.** Soweit es um die Beurkundung von Rechtsgeschäften geht, ergeben sich für den Notar die wesentlichen Pflichten aus § 17 BeurkG. In dieser Vorschrift werden ausdrücklich die Willensermittlung, Belehrung und Niederschrift angesprochen.[29] Weitergehende Pflichten hat der Notar, wenn er sich gem. § 24 I BNotO gegenüber den Parteien zur Beratung und Betreuung verpflichtet hat.[30] Ferner trifft ihn unabhängig von besonderen Beratungs- und Betreuungspflichten eine aus § 14 BNotO abgeleitete allgemeine Betreuungspflicht.[31] Im Wesentlichen die gleichen Pflichten treffen den Anwalt aufgrund des mit dem Mandanten abgeschlossenen Geschäftsbesorgungsvertrags und den Vertragsjuristen im Unternehmen aufgrund seines Arbeitsvertrags.

1. Informationsgewinnung

15 **a)** Am Anfang der Vertragsgestaltung steht die Informationsgewinnung. Sie bezieht sich auf gegenwärtige und zukünftige **tatsächliche Umstände,** die für die konkrete Vertragsgestaltung relevant sind.[32] Die **rechtlichen Rahmenbedingungen** zählen dagegen zur Rechtsanwendung, auch wenn man sich über sie „informieren" muss.[33] Der Kautelarjurist muss in erster Linie die Ziele und Interessen seines Mandanten kennen,[34] daneben aber auch die tatsächlichen Umstände in den Blick nehmen, auf deren Basis der Vertrag entstehen wird.[35] Bei der Vergewisserung über die tatsächlichen Rahmenbedingungen ist zu berücksichtigen, dass die derzeitige Sachlage möglicherweise zum Vorteil des Mandanten für die Zukunft umgestaltet werden kann. Der Sachverhalt ist für den Vertragsjuristen – anders als für den Richter – nicht unveränderlich: Während der Richter grundsätzlich in der Vergangenheit liegende,[36] tatsächliche Umstände rechtlich würdigt, die er i. d. R. nicht beeinflussen kann, hat der vertragsgestal-

[28] *Aderhold/Koch/Lenkaitis,* Vertragsgestaltung, § 4 Rn. 1; *Rittershaus/Teichmann,* Vertragsgestaltung, Rn. 134, 176; *Rehbinder,* Vertragsgestaltung, S. 6; *Schmittat,* Vertragsgestaltung, Rn. 12.

[29] Ausführlich *Winkler,* BeurkG, § 17 BeurkG Rn. 3ff.; *Keim,* Das notarielle Beurkundungsverfahren – Methodik und Praxis, 1990.

[30] *Rehbinder,* Vertragsgestaltung, S. 59; *Reithmann/Albrecht/Reithmann,* Vertragsgestaltung, Rn. 169ff.

[31] Siehe dazu unten § 6 Rn. 25.

[32] *Harald Weber,* JuS 1989, 636 (640f.) spricht von der „Sammlung der regelungsbedürftigen Punkte".

[33] So auch *Aderhold/Koch/Lenkaitis,* Vertragsgestaltung, § 4 Rn. 7.

[34] *Ahlers,* in: Festschrift Sigle, 2000, S. 453 (458); *Schmittat,* Vertragsgestaltung, Rn. 17ff.; *Teichmann,* JuS 2001, 973 (977); *Zankl,* Vertragssachen, Rn. 270ff.

[35] *Kunkel,* Vertragsgestaltung, S. 51; *Schmittat,* Vertragsgestaltung, Rn. 22.

[36] Ausnahme: Prognoseentscheidungen; z. B. bei der Beurteilung einer krankheitsbedingten Kündigung. Dazu *Junker,* Grundkurs Arbeitsrecht, Rn. 366f.

tende Jurist die Möglichkeit, den Parteien Vorschläge für die Veränderung der aktuellen Sachlage zu machen.

Im Regelfall beginnt die Vertragsgestaltung damit, dass die Ausgangssituation und die Ziele der Parteien ermittelt werden.[37] Im Anschluss an die **anfängliche Informationsgewinnung** werden die Problemfelder abgesteckt, die gesetzliche Ausgangslage ermittelt und erste Gestaltungsmöglichkeiten erwogen. Daraus ergibt sich oft zusätzlicher Informationsbedarf. Auch die Belehrung über rechtliche Folgen einer bestimmten Gestaltungsmöglichkeit kann zu neuen Informationen über den Willen des Mandanten führen, wenn der Mandant sich über bestimmte Folgen nicht im Klaren war.[38] 16

b) Der Vertragsjurist darf sich nicht darauf beschränken, die **Interessen seines Mandanten** durchzusetzen. Er muss auch die **Interessen der anderen Partei** in seine Überlegungen einbeziehen, da der Vertragsschluss bei einer einseitigen Gestaltung insgesamt scheitern kann. Ein Vertrag wird letztlich nur erfolgreich sein, wenn beide Parteien ihre Ziele verwirklichen können.[39] Ferner können sich aus der Sphäre der anderen Partei Erfüllungshindernisse ergeben, gegen die sich die Mandantschaft im Interesse einer störungsfreien Abwicklung des Vertrags absichern muss. Insbesondere in familien- und erbrechtlichen Angelegenheiten können darüber hinaus die Interessen (oder Gefühle) Dritter zu berücksichtigen sein.[40] 17

Informationen über die Interessen der anderen Partei sind auch bei **Vertragsverhandlungen** nützlich.[41] Je genauer die eine Seite weiß, was die andere Seite unbedingt erreichen oder vermeiden möchte, desto besser kann sie darauf eingehen. Sie kann bereits vor der ersten Verhandlung die Grenzen des Erreichbaren grob abstecken, eigene Zugeständnisse vermeiden und möglicherweise durch ein scheinbares Zugeständnis ein echtes Entgegenkommen der anderen Partei erreichen.[42] 18

Beispiel: A ist bei der B-AG als Leiterin der Presseabteilung beschäftigt. Nachdem es bereits mehrfach Differenzen über die Präsentation des Unternehmens in der Öffentlichkeit gegeben hat, geht A aus der Sicht der B-AG eines Tages endgültig zu weit: Gegenüber der Presse kaschiert sie einen Fehlschlag im Unternehmen nicht („Wir haben Erfahrungen gesammelt …"), sondern kritisiert die Verantwortlichen. Die B-AG will sich von ihr trennen. Wenn Sie auf Seiten des Unternehmens die Trennung gestalten sollen, ist es für Sie wichtig, ob die B-AG eine Kündigung vermeiden möchte, z. B. weil sie im vergangenen Jahr bereits zwei Pressestellenleiter entlassen hat. Dieser Umstand führt bei Verhandlungen um einen Aufhebungsvertrag zu einer gewissen Verhandlungsschwäche (Argument der A: „Dann kündigen Sie doch, wenn Ihnen meine Abfindungsforderung zu hoch ist"). Die Situation stellt sich anders dar, wenn auf der anderen Seite A ein Interesse an einer baldigen Vertragsbeendigung hat, da sie eine neue Stelle in Aussicht hat, die sie kurzfristig antreten muss (Argument der B-AG: „Nur unter diesen Bedingungen ist eine kurzfristige Aufhebung des Arbeitsverhältnisses aus unser Sicht möglich").

---

37 *Kunkel,* Vertragsgestaltung, S. 49; *Rittershaus/Teichmann,* Vertragsgestaltung, Rn. 131, 223ff.; *Schmittat,* Vertragsgestaltung, Rn. 17f.

38 *Teichmann,* JuS 2001, 973 (978f.).

39 *Aderhold/Koch/Lenkaitis,* Vertragsgestaltung, § 3 Rn. 2; *Rehbinder,* Vertragsgestaltung, S. 13; *Rittershaus/Teichmann,* Vertragsgestaltung, Rn. 289; *Schmittat,* Vertragsgestaltung, Rn. 24f.

40 Zur Vertrags- bzw. Testamentsgestaltung siehe *Scholz/Kleffmann/Doering-Striening,* Praxishandbuch Familienrecht, Stand September 2018; *Krenzler,* Vereinbarungen bei Trennung und Scheidung, 5. Aufl. 2013; *Nieder/Kössinger,* Handbuch der Testamentsgestaltung, 5. Aufl. 2015. Zur Gestaltung von Kinderwunschverträgen bei Samenspenden *Moes,* FamRZ 2018, 1553. Ausführlich zur Berücksichtigung von Drittbeziehungen *Schmittat,* Vertragsgestaltung, Rn. 108.

41 *Aderhold/Koch/Lenkaitis,* Vertragsgestaltung, § 4 Rn. 6.

42 *Bauer,* NZA 1994, 578 (579).

19 c) Informationsbedarf besteht auch über **künftige Störungsquellen.** Während die Parteien vor allem ihre Sachziele im Auge haben, muss der Vertragsgestalter auch die Störfallvorsorge bedenken und die erforderlichen Informationen sammeln.[43]

Beispiel: A verkauft Entkalkungsgeräte in Gebieten mit hoher Wasserhärte (kalkhaltiges Leitungswasser). Gegen ein zusätzliches Entgelt schließt er die Geräte in den Wohnungen seiner Kunden an. Diese Arbeiten lässt er i. d. R. durch einen seiner Angestellten erledigen. Da es in letzter Zeit beim Anschluss von Geräten häufiger zu Sachschäden in den Wohnungen der Käufer gekommen ist, möchte A sich AGB erstellen lassen, in denen seine Haftung für seine Angestellten eingeschränkt wird. Über weitere Regelungen hat sich A keine Gedanken gemacht. Der Vertragsgestalter muss beispielsweise zusätzlich bedenken, ob für A ein Eigentumsvorbehalt von Interesse ist. Das hängt davon ab, ob A die Geräte auf Rechnung liefert und einbaut (dann ist der Eigentumsvorbehalt sinnvoll) oder ob er die Entkalkungsgeräte nur gegen vorherige Bezahlung abgibt (dann ist ein Eigentumsvorbehalt überflüssig). Diese tatsächlichen Umstände muss der beratende Anwalt ermitteln.

Am Anfang der Vertragsgestaltung steht die Informationsgewinnung. Der Vertragsjurist ermittelt die Ziele und Interessen der Parteien und verschafft sich einen Überblick über mögliche Störungsquellen.

2. Rohentwurf des Vertrags

20 **a)** Die Vertragsgestaltung verläuft dynamisch von der ersten Problemdefinition bis zum Vertragsentwurf. Während sich einfache Standardverträge aus sich selbst entwickelten oder in der Literatur veröffentlichten Vorlagen ohne intensive Überlegungen ermitteln lassen, erfordern komplexe Regelungsmaterien häufig systematisches Vorgehen auf unbekanntem Terrain. Zunächst sind anhand der ersten Informationen die tatsächlichen und rechtlichen **Regelungsprobleme** festzustellen.[44] Diese ergeben sich aus dem Zusammenspiel der Interessen und Ziele des Mandanten und aus den tatsächlichen und rechtlichen Hindernissen. Darauf folgt eine Grobbeurteilung der **Gestaltungsmöglichkeiten.**[45] Oft lassen sich schon jetzt kollidierende Ziele erkennen, die in eine Rangfolge gebracht werden müssen. Unpassende Gestaltungsmöglichkeiten können durch systematisches Vorgehen frühzeitig verworfen werden.

21 Vor der Prüfung der rechtlichen Rahmenbedingungen – der Rechtsanwendung – kann aber i. d. R. nur ein **Rohentwurf** erstellt werden, da erst die Rechtsanwendung alle Gestaltungsmöglichkeiten und -grenzen aufdeckt. Der Rohentwurf ist eine Grobgliederung des Vertrags, die alle regelungsbedürftigen Punkte umfasst. Diese „Checkliste" wird anhand des Gesetzes, der Rechtsprechung und der Literatur abgearbeitet, um die Gestaltungsmöglichkeiten auszuloten. Da dem Vertragsgestalter nicht alle regelungsbedürftigen Fragen auf einmal einfallen werden, ist bei den weiteren Denkschritten darauf zu achten, ob zusätzliche Punkte zu dem Rohentwurf hinzukommen. Im Laufe der Gestaltung kann sich auch ergeben, dass klärungsbedürftige Fragen gesetzlich zufriedenstellend geregelt sind, sodass sich eine vertragliche Regelung erübrigt.

22 **b)** Der Kautelarjurist muss nicht jede Vertragsgestaltung von neuem angehen, als ob es sich um den ersten Vertrag dieser Art handelte. So wie das dispositive Recht einheitliche Regeln für bestimmte Vertragstypen aufstellt, gibt es standardisierte Vertragsklau-

[43] *Rittershaus/Teichmann,* Vertragsgestaltung, Rn. 284.
[44] *Kunkel,* Vertragsgestaltung, S. 51; *Rehbinder,* Vertragsgestaltung, S. 18.
[45] *Rehbinder,* Vertragsgestaltung, S. 19; *Zankl,* Vertragssachen, Rn. 281.

seln für wiederkehrende Gestaltungssituationen (z. B. für den Ausschluss der Gewährleistung beim Kauf einer Altbauwohnung).[46] Für viele Vertragstypen (nicht nur die im BGB geregelten) gibt es in der Literatur **Musterverträge,** die den verschiedensten Gestaltungssituationen gerecht werden.[47] So sind z. B. **Vertragsmuster** für gewerbliche Mietverträge anders ausgestaltet als Muster für private Mietverträge, ein Garagenmietvertrag enthält andere Schwerpunkte als der Mietvertrag über eine Etage in einem Bürohochhaus und Kaufverträge über bewegliche Sachen bedürfen einer anderen Gestaltung als Kaufverträge über Immobilien. Eheverträge können– je nach den Lebensumständen der Ehepartner – die unterschiedlichsten Inhalte haben.[48]

Die kautelarjuristisch entwickelten Vertragsmuster werden in der Praxis wie dispositives Recht genutzt.[49] Vertragsklauseln und Standardverträge finden sich in zahlreichen **Formularhandbüchern.**[50] Zu den bekanntesten einschlägigen Sammlungen zählen – die folgende Aufzählung ist nur beispielhaft und erhebt keinen Anspruch auf Vollständigkeit – das einbändige **Beck'sche Formularbuch zum Bürgerlichen, Handels- und Wirtschaftsrecht** (13. Aufl. 2019), das **Münchener Vertragshandbuch** (Bd. I: Gesellschaftsrecht, 8. Aufl. 2018; Bd. II: Wirtschaftsrecht I, 7. Aufl. 2015; Bd. III: Wirtschaftsrecht II, 7. Aufl. 2015; Bd. IV: Wirtschaftsrecht III, 8. Aufl. 2018; Bd. V: Bürgerliches Recht I, 7. Aufl. 2013; Bd. VI: Bürgerliches Recht II, 7. Aufl. 2016) und die **Heidelberger Musterverträge** (diverse Einzelwerke). 23

Vertragsmuster helfen dem Vertragsjuristen, einen Rohentwurf für seine Gestaltungsaufgabe zu entwickeln. Dabei leisten insbesondere Formularhandbücher in der Praxis wertvolle Dienste.

Der Vertragsjurist, der Vertragsmuster benutzt, verringert die Gefahr, regelungsbedürftige Fragen zu übersehen.[51] Andererseits bergen Musterverträge das Risiko, ein **unpassendes Vertragsmuster** auf den Fall anzuwenden oder einen einschlägigen Mustervertrag unkritisch zu übernehmen. Die Auswahl des passenden Vertragsmusters kann insbesondere bei atypischen Konstellationen Schwierigkeiten bereiten. Selbst wenn man ein passendes Muster gefunden hat, darf es nicht den Blick auf zusätzlich oder abweichend zu regelnde Fragen des eigenen Sachverhalts verstellen.[52] Zu Recht wird deshalb zur Vorsicht im Umgang mit Vertragsmustern gemahnt.[53] Sie sollten lediglich als ergänzendes Hilfsmittel zur Vertragsgestaltung herangezogen werden. 24

[46] *Reithmann/Albrecht/Reithmann,* Vertragsgestaltung, Rn. 42ff.; *Zankl,* Vertragssachen, Rn. 291; *Zawar,* JuS 1992, 134 (136f.).

[47] *Schmittat,* Vertragsgestaltung, Rn. 61, 250ff.; *Wolf/Neuner,* BGB AT, § 39 Rn. 25ff.

[48] Ausführlich *Brambring,* Ehevertrag und Vermögenszuordnung unter Ehegatten, 7. Aufl. 2012; *Langenfeld/Milzer,* Handbuch der Eheverträge und Scheidungsvereinbarungen, 8. Aufl. 2019.

[49] *Rehbinder,* Vertragsgestaltung, S. 50.

[50] Einführend *Anschütz,* NJW 1999, 1092; *Rittershaus/Teichmann,* Vertragsgestaltung, Rn. 298a ff.; *H. Weber,* JuS 1989, 818 (822f.). Siehe auch Formularbuch Recht und Steuern, 9. Aufl. 2018; *Hopt,* (Hrsg.), Vertrags- und Formularbuch zum Handels-, Gesellschafts- und Bankrecht, 4. Aufl. 2013.

[51] *Aderhold/Koch/Lenkaitis,* Vertragsgestaltung, § 4 Rn. 100; *Rehbinder,* Vertragsgestaltung, S. 103; *Rittershaus/Teichmann,* Vertragsgestaltung, Rn. 299ff.

[52] *Rittershaus/Teichmann,* Vertragsgestaltung, Rn. 312f.; *Schmittat,* Vertragsgestaltung, Rn. 257.

[53] *Rehbinder,* Vertragsgestaltung, S. 104; *Rittershaus/Teichmann,* Vertragsgestaltung, Rn. 312; *Schmittat,* Vertragsgestaltung, Rn. 257; *Teichmann,* JuS 2001, 973 (980).

3. Rechtsanwendung

25 **a)** Die Vertragsgestaltung dient der Rechtssetzung zwischen den Parteien. Die Parteien können ihre Beziehungen nur im Rahmen des geltenden Rechts ausgestalten; es dient einerseits als Vorrat von Gestaltungsmöglichkeiten in Form dispositiver Regeln, andererseits begrenzt es – als zwingendes Recht – die Gestaltungsmöglichkeiten der Parteien.[54] Der Kautelarjurist muss prüfen, welche Normen des **dispositiven Rechts** anwendbar sind, und ob eine abweichende Regelung notwendig und sinnvoll erscheint.[55] Die Grenzen des **zwingenden Rechts** kann die Vertragsgestaltung nicht überschreiten. Ein Problem der Vertragsgestaltung liegt darin, dass das gewünschte Rechtsgeschäft verschiedenste Rechtsgebiete (z. B. neben dem Zivilrecht das Steuerrecht oder das Baurecht) berühren kann. Alle Berührungspunkte müssen berücksichtigt werden.[56]

Beispiel: Wenn A ein Grundstück mit einem Neubau kauft, um dort eine Gaststätte einzurichten, spielen neben Fragen der Eigentumsübertragung und der Zahlungsmodalitäten steuerliche Erwägungen ebenso eine Rolle wie öffentlich-rechtliche Gesichtspunkte. Zu letzteren gehören z. B. Fragen der Erschließung, des Bauordnungsrechts (Nutzungsmöglichkeit des Gebäudes) und der Gefahrenabwehr (Gaststättenerlaubnis).

26 **b)** Bei der Rechtsanwendung, die auf die Ausarbeitung eines Vertrags zielt, handelt es sich um eine **hypothetische Rechtsanwendung:**[57] Es besteht i. d. R. noch kein Konflikt zwischen den Parteien, vielmehr soll mögliches Konfliktpotential erkannt und von vornherein ausgeräumt werden. Der vertragsgestaltend Tätige muss mögliche Streitfälle vorhersehen, ihre – hypothetische – rechtliche Lösung planen und an Alternativen denken.[58] Er kann die verschiedenen Gestaltungsmöglichkeiten mit ihren rechtlichen Konsequenzen durchspielen, die günstigste Variante aussuchen und dabei, anders als der Richter, auch Gegebenheiten für die Zukunft anpassen. So werden z. B. bestimmte gesellschaftsrechtliche Rechtsformen mit Blick auf das Steuerrecht ausgewählt.

Der Vertragsjurist ist an die Grenzen des zwingenden Rechts gebunden. Vom dispositiven Recht weicht er ab, wenn dies aufgrund einer hypothetischen Rechtsanwendung sinnvoll erscheint.

27 Den Zusammenhang von Rechtsanwendung und Bewertung der Parteiinteressen verdeutlicht der folgende Fall:

Beispiel: A ist sich unschlüssig, ob er ein Multi-Fitness-Center erwerben möchte. Händler B, der ihm verschiedene Modelle vorgestellt hat, hofft, dass A von den muskelbildenden Möglichkeiten einer solchen Kraftstation (Dip-Station, Schrägbrett, Latzug etc.) begeistert sein wird, wenn er es erst einmal zu Hause in Gebrauch nehmen kann. Wie kann B den Kaufentschluss des A fördern? – Wenn es B nicht gelingt,

---

[54] *Medicus/Petersen,* Allgemeiner Teil des BGB, Rn. 466, 470; *Rehbinder,* Vertragsgestaltung, S. 42 f.

[55] *Ahlers,* in: Festschrift Sigle, 2000, S. 453 (458); *Rittershaus/Teichmann,* Vertragsgestaltung, Rn. 242 f.; *Teichmann,* JuS 2001, 973 (978); *Harald Weber,* JuS 1989, 818 (819 f.).

[56] *Rehbinder,* Vertragsgestaltung, S. 43; *Sontheimer/Kollmar,* Vertragsgestaltung und Steuerrecht, 3. Aufl. 2017, Rn. 3; *Wolf/Neuner,* BGB AT, § 39 Rn. 7 ff.

[57] *Rehbinder,* Vertragsgestaltung, S. 43 ff.; *Rittershaus/Teichmann,* Vertragsgestaltung, Rn. 256.

[58] *Heussen,* Anwalt, S. 4; *Langenfeld,* Vertragsgestaltung, Kap. 2 Rn. 29; *Rehbinder,* Vertragsgestaltung, S. 44; *Schmittat,* Vertragsgestaltung, Rn. 59; *Wolf/Neuner,* BGB AT, § 39 Rn. 9.

den A doch noch zu einem „normalen" Kaufvertrag zu bewegen, sind mehrere Gestaltungen denkbar, um ohne Preisnachlass einen Kaufanreiz zu schaffen:

aa) B könnte A anbieten, die Anlage bei ihm zu Hause unverbindlich zur Probe aufzustellen. Die **Aufstellung zur Probe** bietet sich für B an, wenn er davon ausgehen kann, dass A durch die Gebrauchsmöglichkeit auf den Geschmack kommen wird. Nachteilig für B ist jedoch, dass A keine Bindung eingeht. B trägt damit das Risiko, dass es trotz seiner Bemühungen nicht zum Abschluss eines Kaufvertrags kommt. Zudem können B möglicherweise Nachteile entstehen, weil die Anlage nicht mehr unbenutzt ist. Andere Kunden könnten dadurch vom Kauf abgehalten werden oder zumindest einen Preisnachlass verlangen. 28

bb) Dieselben Nachteile bestehen bei einem **Kauf auf Probe** (§ 454 BGB). Bei einem Kauf auf Probe ist die Wirksamkeit des Kaufvertrags aufschiebend bedingt durch die Billigung der Ware seitens des Käufers (§ 454 I 2 BGB). Die Billigung steht im freien Belieben des Käufers (§ 454 I 1 BGB). Während der Billigungsfrist ist er völlig ungebunden. Auch ist der Gefahrübergang auf den Zeitpunkt der Billigung hinausgeschoben,[59] sodass bis dahin B die Gefahr trägt. Zudem kann erst im Fall einer Weiterbenutzung nach der Nichtbilligung eine Nutzungsentschädigung verlangt werden.[60]

cc) In Betracht kommt ein **Mietvertrag mit Kaufoption** (Mietkauf).[61] Gegenüber einem unverbindlichen Test oder einem Kauf auf Probe hat diese Lösung den Vorteil, dass B jedenfalls eine Nutzungsentschädigung für die Zeit erhält, während sich die Anlage bei A befindet. Allerdings bleibt bei dieser Gestaltung zunächst noch offen, ob die Kaufoption ausgeübt wird. Die Abwicklung dieses Vertrags ist zudem für B aufwendiger als die Abwicklung eines Kaufvertrags. B muss z. B. den Mietzins einnehmen und verbuchen, mit A eine Vereinbarung über die Wartung der Anlage treffen und sich mit ihm über Sorgfaltspflichten beim Gebrauch der Anlage verständigen. 29

dd) Denkbar ist ferner ein Kauf, bei dem B dem A ein vertragliches Rücktrittsrecht einräumt. So ist zwar die Bindung des A nur locker. Für den Fall des Rücktritts kann B von A aber immerhin eine Nutzungsentschädigung für den Gebrauch des Multi-Fitness-Centers verlangen.

ee) Am besten steht B, wenn er A zu einem **Kauf mit Umtauschvorbehalt** bewegen kann. Dabei handelt es sich um einen unbedingten Kauf, bei welchem dem Käufer eine Ersetzungsbefugnis zugestanden wird.[62] Aus welchem Bestand der Käufer die Ersatzsache auswählen darf und wie sich ihr Preis zum Preis der ursprünglich gekauften Sache verhalten muss, unterliegt der Parteivereinbarung. Durch den Kauf mit Umtauschvorbehalt entsteht – anders als bei einem Kauf auf Probe oder einem unverbindlichen Test – eine unbedingte vertragliche Bindung des Käufers, der jedenfalls eine Sache abnehmen muss. Auch der Gefahrübergang, der sich nach den §§ 446, 447 BGB richtet, gestaltet sich für den Verkäufer günstiger. Gegenüber der mietvertraglichen Lösung ist ein Kauf mit Umtauschvorbehalt für B ebenfalls günstiger, da er auf jeden Fall Ware an A absetzt und keine längerfristigen Bindungen zwischen den Parteien entstehen. Ein Interessenvertreter des B würde daher dem B nahelegen, das Verkaufsgespräch auf diese Lösung zu lenken.

c) Der Vertragsjurist hat eine **instrumentale Sicht des Rechts.** Er benutzt es zur optimalen Gestaltung der Rechtsbeziehungen zwischen den Parteien.[63] Sein Ziel ist nicht die Verwirklichung eines objektivierten Ideals der Gerechtigkeit, sondern eine interessengerechte Gestaltung, die an den Bedürfnissen der Parteien orientiert ist.[64] Dabei spielt die Auswahl des sicheren Weges eine erhebliche Rolle. Besonders deutlich zeigt sich die instrumentale Sicht beim Umgang mit dem dispositiven Recht, das vom Vertragsjuristen nur übernommen wird, wenn keine bessere (interessengerechtere) vertragliche Gestaltung möglich ist.[65] 30

---

59 *Palandt/Weidenkaff,* § 454 BGB Rn. 11.
60 *Staudinger/Mader/Schermaier,* § 454 BGB Rn. 32.
61 *Palandt/Weidenkaff,* Einf. vor § 535 BGB Rn. 30.
62 *Palandt/Weidenkaff,* Vorbem. zu § 454 BGB Rn. 3.
63 *Rittershaus/Teichmann,* Vertragsgestaltung, Rn. 212.
64 *Rehbinder,* Vertragsgestaltung, S. 46 f.; *ders.,* AcP 174 (1974), 265 (265 f.); *Brambring,* JuS 1985, 380 (381).
65 *Rehbinder,* Vertragsgestaltung, S. 47; *Küttner,* RdA 1999, 59 (59 f.); *Zawar,* JuS 1992, 134 (138 f.).

4. Anwendung von Gestaltungskriterien

31 Bei der Vertragsgestaltung bieten sich meist mehrere Regelungsmöglichkeiten an. Die Auswahl unter ihnen hängt von den Bewertungsmaßstäben ab, die man der Vertragsgestaltung zugrunde legt. Diese Maßstäbe legt der Vertragsgestalter nicht autonom fest, sondern in Rückkopplung mit den Vorstellungen des Mandanten.[66] Während der vertragsgestaltende Jurist zu allgemeinen Wertungskriterien tendiert, wird der Mandant eher fallbezogene Nützlichkeitsüberlegungen anstellen.[67] Zu den allgemeinen Wertungsmaßstäben der Vertragsgestaltung gehören das Gebot des sicheren Weges und das Postulat der Konfliktvermeidung; ferner muss der Vertragsjurist über Methoden der Konfliktlösung und die Bewältigung von Unsicherheiten nachdenken.

a) Gebot des sicheren Weges

32 Die Vertragsgestaltung ist letztlich nur erfolgreich, wenn das Ergebnis vor der Rechtsordnung Bestand hat. Eine interessante juristische Konstruktion, die von den Gerichten nicht anerkannt wird, dient den Interessen des Mandanten nicht; im Gegenteil droht ein (teil)unwirksamer Vertrag, ihm Nachteile zu bescheren. Neben dem bloßen Bestand des Vertrags kommt es auch darauf an, spätere Auslegungszweifel und Rechtsstreitigkeiten zu vermeiden. Diesem Ziel gilt das **Gebot des sicheren Weges.**[68] Der Vertragsgestalter sollte unter mehreren Gestaltungsmöglichkeiten diejenige auswählen, die am sichersten zu dem gewünschten Erfolg führt.[69] Dazu gehört auch eine möglichst eindeutige Formulierung des Parteiwillens; die Informationsgewinnung spielt daher auch in dieser Phase eine Rolle.

33 Gegen **unerkannte Rechtsprobleme** kann man keine Vorkehrungen treffen. Aber auch die Vorsorge gegen **erkannte Rechtsprobleme** ist nicht immer einfach. Vergleichsweise sicher ist die Vertragsgestaltung, wenn ein Problem in der höchstrichterlichen Rechtsprechung und in der Literatur übereinstimmend gelöst wird. In diesem Fall kann der Vertragsjurist davon ausgehen, dass die bisherige Lösung auch in seinem Fall anerkannt wird. Schwieriger stellt sich die Gestaltungsaufgabe bereits dar, wenn höchstrichterliche Rechtsprechung und Literatur divergieren. In diesem Fall hat der Vertragsjurist sich grundsätzlich an der höchstrichterlichen Rechtsprechung zu orientieren.[70] Allerdings ist stets die Möglichkeit einer Rechtsprechungsänderung zu berücksichtigen.[71] Eine solche Änderung ist weniger wahrscheinlich, wenn die höchstrichterliche Rechtsprechung erst kürzlich bestätigt wurde und das Gericht dabei die Argumente der Literatur ausführlich gewürdigt und zurückgewiesen hat. Dagegen ist eine Rechtsprechungsänderung eher in Betracht zu ziehen, wenn die höchstrichter-

[66] *Teichmann,* in: Festschrift Kanzleiter, 2010, S. 381 (385 ff.).

[67] *Rehbinder,* Vertragsgestaltung, S. 20.

[68] *Höhn/Weber,* Planung und Gestaltung von Rechtsgeschäften, 1986, S. 78 f.; *Rehbinder,* Vertragsgestaltung, S. 23; *Reithmann,* in: Festschrift 125 Jahre bayerisches Notariat, 1987, S. 159 (175 ff.); *Reithmann/Albrecht/Reithmann,* Vertragsgestaltung, Rn. 35 ff.; *Rittershaus/Teichmann,* Vertragsgestaltung, Rn. 197; ausführlich dazu *Teichmann,* in: Festschrift Kanzleiter, 2010, S. 381.

[69] *Henssler,* JZ 1994, 178 (182); *Küttner,* RdA 1999, 59 (60); *Ramm,* Jura 2011, 408 (409); *Wolf/Neuner,* BGB AT, § 39 Rn. 12.

[70] *Köhler,* in: Festschrift 125 Jahre bayerisches Notariat, 1987, S. 197 (204); *Rittershaus/Teichmann,* Vertragsgestaltung, Rn. 204.

[71] *Rittershaus/Teichmann,* Vertragsgestaltung, Rn. 205.

liche Entscheidung älteren Datums ist und eine Auseinandersetzung mit den Ansichten aus der Literatur noch nicht stattgefunden hat.[72]

Besondere Probleme stellen sich dem Vertragsgestalter, wenn eine für den Vertrag erhebliche Rechtsfrage höchstrichterlich nicht geklärt ist. Dann muss der Vertragsjurist eine möglichst **fundierte Voraussage** über die zu erwartende Haltung des zuständigen obersten Gerichts treffen.[73] Man kann ihm aber keine Sorgfaltspflichtverletzung vorwerfen, wenn er eine fundierte Prognose über den künftigen Fortgang der Rechtsprechung abgibt und die Rechtsprechung sich später anders entwickelt.[74] In solchen Fällen helfen den Parteien möglicherweise **salvatorische Klauseln,**[75] damit bei Unwirksamkeit eines Vertragsteils zumindest die übrigen Regelungen Bestand haben. Hier zeigt sich, dass das Gebot des sicheren Weges auch in haftungsrechtlicher Hinsicht von Bedeutung ist. Dem Vertragsjuristen werden umfassende Kenntnisse des Gesetzes und der höchstrichterlichen Rechtsprechung abverlangt.[76] 34

Der Vertragsjurist folgt dem Postulat des sicheren Weges. Seine Vertragsgestaltung soll sich – soweit möglich – an der höchstrichterlichen Rechtsprechung orientieren.

I. d. R. entspricht eine möglichst **sichere Vertragsgestaltung** dem Interesse der Parteien. Aufgrund der **speziellen Gegebenheiten** im Einzelfall kann jedoch eine zügigere oder günstigere Variante Vorrang vor der sichersten Gestaltung haben.[77] Das gilt insbesondere, wenn die Parteien aufgrund langjähriger Vertragsbeziehungen oder aus Image-Gründen Rechtsstreitigkeiten ohne Rücksicht auf den Vertragstext vermeiden.[78] Ein solches außervertraglich motiviertes Verhalten findet sich vor allem bei gewachsenen Vertragsbeziehungen zwischen Unternehmen. 35

b) Postulat der Konfliktvermeidung

Die Konfliktvermeidung ist ein wesentlicher Aspekt der Störfallvorsorge.[79] Konflikte werden durch eine ordnungsgemäße Erfüllung des Vertrags vermieden. Die ordnungsgemäße Vertragserfüllung lässt sich mit Hilfe von Anreizen, Sanktionen und Sicherungsmitteln erreichen. Kann **eine Partei** sich insoweit mit einseitigen Regelungen durchsetzen, gewinnt sie für den Fall einer Vertragsverletzung der **anderen Partei** eine günstigere Position, ohne das Risiko bei eigenen Vertragsverletzungen zu erhöhen. Auch im Bereich der Störfallvorsorge wird aber die „mächtigere" Partei die Interessen des Vertragspartners berücksichtigen müssen, damit er nicht vom Vertragsschluss absieht.[80] 36

72 *Köhler,* in: Festschrift 125 Jahre bayerisches Notariat, 1987, S. 197 (202f.).
73 *Henssler,* JZ 1994, 178 (180); *Köhler,* in: Festschrift 125 Jahre bayerisches Notariat, 1987, S. 197 (204).
74 *Rehbinder,* Vertragsgestaltung, S. 26f. Zur ex ante-Perspektive *Kanzleiter,* NJW 1995, 905 (910); *Reithmann,* in: Festschrift 125 Jahre bayerisches Notariat, 1987, S. 159 (175). Ausführlich zur Rechtsprechungsprognose durch den Notar *Köhler,* in: Festschrift 125 Jahre bayerisches Notariat, 1987, S. 197.
75 Siehe dazu unten Rn. 50–51.
76 *Kunkel,* Vertragsgestaltung, S. 52f.; *Rehbinder,* Vertragsgestaltung, S. 26f.
77 *Teichmann,* in: Festschrift Kanzleiter, 2010, S. 381 (396).
78 *Rehbinder,* Vertragsgestaltung, S. 25; *Zankl,* Vertragssachen, Rn. 450ff.
79 *Rehbinder,* AcP 174 (1974), 265 (288); *Reithmann/Albrecht/Reithmann,* Vertragsgestaltung, Rn. 26ff. Vgl. auch *Reithmann,* in: Festschrift 125 Jahre bayerisches Notariat, 1987, S. 159 (181f.).
80 *Rehbinder,* Vertragsgestaltung, S. 32.

37 **aa)** Einen **Anreiz** für die ordnungsgemäße Vertragserfüllung können die Parteien z. B. durch eine **Vorleistungspflicht** schaffen. Um die Gegenleistung zu erhalten, muss die vorleistungspflichtige Partei zunächst ihre eigene Leistung erbringen. Die vorleistungspflichtige Partei wird auf diesem Wege angehalten, den Vertrag ordnungsgemäß zu erfüllen.[81]

Beispiel: „Der Kaufpreis wird zwei Wochen nach Lieferung der Ware fällig."

38 **bb)** Eine **Sanktion** für den Fall der nicht ordnungsgemäßen Vertragserfüllung kann z. B. in einer Vertragsstrafenregelung bestehen. Eine **Vertragsstrafe** wird aufgrund eines Versprechens gem. § 339 BGB geschuldet; sie wirkt als Druckmittel auf den Schuldner.[82] Er wird angehalten, die Leistung pünktlich zu erbringen. Außerdem dient die Vertragsstrafenregelung dazu, dem Gläubiger den konkreten Schadensnachweis zu ersparen.[83] Sie fördert also die ordnungsgemäße Durchführung des Vertrags und erleichtert die Abwicklung im Störfall.[84] Verspricht der Schuldner die Vertragsstrafe für den Fall, dass er die Leistung nicht oder nicht ordnungsgemäß erfüllt, so ist die Vertragsstrafe gem. § 339 S. 1 BGB verwirkt, wenn der Schuldner in Verzug kommt. Nach der Konzeption des BGB ist die Vertragsstrafe verschuldensabhängig. Die Parteien können aber abweichend von dieser Grundregel eine verschuldensunabhängige Vertragsstrafe vereinbaren.[85]

39 Da eine Vertragsstrafe für den Schuldner erhebliche finanzielle Folgen nach sich ziehen kann, sieht das Gesetz zugunsten von Nichtkaufleuten diverse **Schutzmechanismen** vor.[86] Nach § 309 Nr. 6 BGB ist eine vorformulierte Vertragsstrafenabrede zu Lasten des Kunden unwirksam, wenn sie für den Fall der Nichtabnahme, der verspäteten Abnahme, des Zahlungsverzugs oder der Lösung vom Vertrag gelten soll. Allerdings gilt diese Vorschrift gem. § 310 I 1 BGB nicht gegenüber Unternehmern. Weiterhin kann eine unverhältnismäßig hohe Vertragsstrafe gem. § 343 I BGB auf Antrag des Schuldners durch Urteil herabgesetzt werden. Diese Norm gilt gem. § 348 HGB nicht gegenüber Kaufleuten.

Beispiel: A verspricht B die Lieferung von 1 000 Mobiltelefonen zum 15.10.2019. B befürchtet, dass ihm bei späterer Lieferung ein Teil des Weihnachtsgeschäfts entgeht. Deshalb ist ihm sehr daran gelegen, dass A pünktlich liefert. Eine Vertragsstrafenregelung für den Fall der verspäteten Lieferung sanktioniert vertragswidriges Verhalten des A und hält ihn so zur ordnungsgemäßen Vertragserfüllung (pünktliche Lieferung) an. Eine solche Regelung kann z. B. lauten: „Hält der Verkäufer den Liefertermin schuldhaft nicht ein, hat er dem Käufer für jeden Kalendertag, um den der Termin überschritten wird, eine Vertragsstrafe in Höhe von 500 € zu zahlen."

40 **cc)** Ein **Sicherungsmittel** für die ordnungsgemäße Vertragsdurchführung ist z. B. die **Auflassungsvormerkung** beim Grundstückserwerb, in ihren Voraussetzungen und

[81] *Zankl,* Vertragssachen, Rn. 383.

[82] *Fikentscher/Heinemann,* Schuldrecht, Rn. 141; *Langenfeld,* Vertragsgestaltung, Kap. 4 Rn. 28 ff.; *Medicus/Lorenz,* Schuldrecht I, Rn. 577; *Köhler,* Vereinbarung und Verwirkung der Vertragsstrafe, in: Festschrift Gernhuber, 1993, S. 207; *Weiler,* Schuldrecht Allgemeiner Teil, § 9 Rn. 23.

[83] *Langenfeld,* Vertragsgestaltung, Kap. 4 Rn. 28 ff.; *Palandt/Grüneberg,* § 339 BGB Rn. 1; *Schmittat,* Vertragsgestaltung, Rn. 167; *Weiler,* Schuldrecht Allgemeiner Teil, § 9 Rn. 23.

[84] *Zankl,* Vertragssachen, Rn. 683 ff.

[85] *BGH* vom 28.1.1997 – XI ZR 42/96, WM 1997, 560; *BGH* vom 28.9.1978 – II ZR 10/77, BGHZ 72, 174 (178 ff.).

[86] *Larenz,* Schuldrecht I, S. 377 ff.; *Medicus/Lorenz,* Schuldrecht I, Rn. 580 ff.

Wirkungen geregelt in den §§ 883, 885 BGB. Der Käufer eines Grundstücks wird gem. § 873 I BGB erst Eigentümer, wenn er in das Grundbuch eingetragen wird. Zwischen dem Abschluss des Kaufvertrags und der Eintragung des Käufers als Eigentümer in das Grundbuch vergehen allerdings i. d. R. einige Monate. In dieser Zeit kann der Veräußerer des Grundstücks den Eigentumserwerb des Käufers verhindern, indem er das Grundstück an einen Dritten veräußert. Wird der Dritte vor dem Käufer in das Grundbuch eingetragen, kann der Käufer zwar Schadensersatzansprüche gegen den Veräußerer geltend machen; Eigentum an dem Grundstück erwirbt er aber nicht.[87] Wird zugunsten des Käufers eine Auflassungsvormerkung in das Grundbuch eingetragen, ist er nach § 883 II BGB gegen Zwischenverfügungen des Veräußerers gesichert: Die Zwischenverfügungen sind unwirksam, soweit sie den Anspruch des Käufers vereiteln oder beeinträchtigen würden.[88]

Beispiel: A verkauft ein Grundstück an B. In den notariellen Kaufvertrag wird folgende Klausel aufgenommen: „Der Verkäufer bewilligt unwiderruflich die Eintragung einer Auflassungsvormerkung für den Käufer."

Konflikte versucht der Vertragsjurist durch Anreize, Sanktionen und Sicherungsmittel zu vermeiden. Beispiele sind Vorleistungen (Anreiz), Vertragsstrafen (Sanktionen) und Vormerkungen (Sicherungsmittel bei Immobiliargeschäften).

Zwischen Konfliktvermeidung und Konfliktlösung stehen Regeln über die **Vertragsbeendigung.**[89] Die Beendigung des Vertragsverhältnisses kann z. B. durch die Aufnahme einer Befristung oder einer auflösenden Bedingung in den Vertrag erfolgen. Für den Fall einer Kündigung können Kündigungsgründe und –fristen geregelt werden. 41

Beispiel: In einem Vertrag über die Miete von Geschäftsräumen heißt es: „Ein wichtiger Grund für eine außerordentliche Kündigung ist insbesondere gegeben, wenn
1. eine der Parteien gegen die in § 18 niedergelegte Konkurrenzklausel verstößt,
2. der Mieter auch nach einer schriftlichen Abmahnung des Vermieters die vereinbarten Ladenöffnungszeiten nicht einhält."

c) Methoden der Konfliktlösung

Im Rahmen der Störfallvorsorge werden häufig **Konfliktlösungsmechanismen** vereinbart. Vor allem bei langfristigen Vertragsbeziehungen greift die Praxis auf Schiedsverfahren, Schlichtungsverfahren oder Mediation zurück. Diese Methoden der Konfliktlösung dienen dazu, Verfahren vor staatlichen Gerichten zu vermeiden und Streitigkeiten möglichst schnell und effizient beizulegen. 42

aa) Das Recht der **Schiedsvereinbarungen** ist in den §§ 1025 ff. ZPO geregelt. Die Vertragsparteien können gem. den §§ 1029, 1030 ZPO insbesondere Streitigkeiten über vermögensrechtliche Ansprüche der Entscheidung eines Schiedsgerichts unterwerfen.[90] Die Vereinbarung muss nach § 1031 ZPO in nachweisbarer Form getroffen 43

[87] *Baur/Stürner,* Sachenrecht, § 20 Rn. 1 f. (mit einem anschaulichen Beispiel).
[88] Einzelheiten bei *Schreiber,* Sachenrecht, Rn. 393 ff.
[89] *Rehbinder,* Vertragsgestaltung, S. 34; *Zankl,* Vertragssachen, Rn. 427 ff.
[90] Zur Veränderung gegenüber dem alten Recht *Habscheid,* JZ 1998, 445 (447); *Lörcher,* DB 1998, 245 (246).

werden. Erhebt eine der Parteien Klage in einer Angelegenheit, die Gegenstand einer Schiedsvereinbarung ist, ist gem. § 1032 I ZPO die Klage auf Rüge der anderen Partei hin grundsätzlich abzuweisen (Einrede der Schiedsvereinbarung). Der Schiedsspruch wirkt zwischen den Parteien wie ein rechtskräftiges gerichtliches Urteil (§ 1055 ZPO). Er kann nur unter engen Voraussetzungen mit einem Aufhebungsantrag gem. § 1059 ZPO gerichtlich angefochten werden.[91]

44 Schiedsgerichte haben gegenüber staatlichen Gerichten den **Vorteil,** dass die Angelegenheit schneller entschieden werden kann, weil es nur eine Instanz gibt. Außerdem haben die Parteien Einfluss auf die Besetzung des Schiedsgerichts und können Personen mit besonderer Sachkunde auswählen. Schließlich wird durch das nicht öffentliche Verfahren die Vertraulichkeit der Angelegenheit gewahrt, was für die Parteien von erheblicher Bedeutung sein kann. Besondere Vorzüge ergeben sich ferner bei grenzüberschreitenden Handelsstreitigkeiten, weil freie Orts- und Sprachenwahl besteht (§§ 1043, 1045 ZPO) und prozessuale Gestaltungsfreiheit herrscht (§ 1042 III ZPO). **Nachteilig** schlagen allerdings –insbesondere bei niedrigen Streitwerten – die höheren Kosten des Verfahrens zu Buche.[92]

45 **bb)** Nur in wenigen Bereichen sind in Deutschland **Schlichtungsverfahren** gesetzlich vorgesehen. Die Ausgestaltung des Verfahrens bleibt also den Parteien überlassen. Häufig werden durch Parteivereinbarung Dritte, z. B. sog. Claims Agents in Streitigkeiten über die Abwicklung von Großprojekten in der Bauwirtschaft, in die Verhandlungen einbezogen, die den Parteien die Einigung erleichtern sollen.[93] In einigen Bundesländern – z. B. in Bayern, Niedersachsen und Nordrhein-Westfalen – sind vor bestimmten amtsgerichtlichen Verfahren Schlichtungsverfahren obligatorisch durchzuführen.[94] Das berührt allerdings die Vertragsgestaltung nur am Rande.

46 Exemplarisch sei nur das BaySchlG vorgestellt. Als Schlichtungsstellen kommen gem. Art. 3 I 1 BaySchlG in Betracht: Rechtsanwälte, soweit sie nicht Parteivertreter sind, Notare oder dauerhaft eingerichtete Schlichtungsstellen der Kammern, Innungen, Berufsverbände oder ähnliche Institutionen i. S. v. § 15a III EGZPO. Im nicht öffentlichen Schlichtungsverfahren erörtert der Schlichter gemeinsam mit den Parteien Lösungsmöglichkeiten für den Streit. Zeugen und Sachverständige können gehört werden, wenn dadurch das Verfahren nicht unverhältnismäßig verzögert wird (Art. 10 BaySchlG). Bleibt der Schlichtungsversuch erfolglos, wird den Parteien eine entsprechende Bescheinigung ausgestellt, die bei Klageerhebung vorzulegen ist (Art. 4 I 1 BaySchlG). Die Gebühren für das Schlichtungsverfahren belaufen sich auf 50–100 € (Art. 13 II BaySchlG). Einigen sich die Parteien, wird gem. Art. 12 3 BaySchlG auch eine Regelung über die Verteilung der Kosten getroffen. Kommt es nicht zu einer Einigung, zählen die Schlichtungskosten zu den Kosten des anschließenden Rechtsstreits.

---

[91] Zu den Aufhebungsgründen *Habscheid,* JZ 1998, 445 (449); *Junker,* Deutsche Schiedsgerichte und Internationales Privatrecht (§ 1051 ZPO), in: Festschrift Sandrock, 1970, S. 443 (447 ff.).

[92] Umfassend zu Vor- und Nachteilen MünchKomm-ZPO/*Münch,* Vorbem. zu § 1025 ZPO Rn. 88 ff.

[93] *Meins,* Vertragsverhandlung, S. 105; *Rehbinder,* Vertragsgestaltung, S. 34.

[94] Zum genauen sachlichen Anwendungsbereich der jeweiligen Landesgesetze siehe Art. 1 BaySchlG vom 25.4.2000 (GVBl. S. 268), § 53 JustG NRW vom 26.1.2010 (GV. NRW. S. 30); § 1 NdsSchlG vom 17.12.2009 (Nds. GVBl. S. 482).

Eine besondere Form des Schlichtungsverfahrens ist das **Ombudsmannverfahren.** Auch bei diesem Verfahren, das ursprünglich aus dem schwedischen öffentlichen Recht stammt, hilft ein unabhängiger Dritter den Parteien bei der Konfliktlösung. Im Privatrecht dient das Ombudsmannverfahren zur Schlichtung von Meinungsverschiedenheiten zwischen bestimmten Unternehmen und ihren Kunden. Anders als bei der Mediation wenden sich also nicht beliebige Parteien an den Dritten (den Ombudsmann), sondern nur Angehörige einer bestimmten Personengruppe, z. B. Privatkunden von Banken. Ombudsmänner hat in Deutschland z. B. der Bundesverband deutscher Banken bestellt.[95] Privatkunden privater Banken können sich mit Problemen aus ihrer Geschäftsbeziehung an einen der zwei Ombudsmänner wenden, ohne dass ihnen Kosten entstehen. Allerdings wird der Ombudsmann nicht tätig, wenn bereits ein gerichtliches Verfahren anhängig ist oder die Staatsanwaltschaft eingeschaltet wurde. Die Entscheidung des Ombudsmanns ist für den Kunden unverbindlich, für die Bank ist sie bis zu einem Streitwert von 10 000 € verbindlich. Aufgrund dieser Teilverbindlichkeit wird das Bankenombudsmannverfahren unterhalb der Streitwertgrenze von 10 000 € als Mischverfahren zwischen einem Schiedsverfahren und einem Schlichtungsverfahren angesehen.[96] 47

cc) Wenn Dritte an bloßen Schlichtungsgesprächen beteiligt sind, handelt es sich um die Gestaltungsform der **Mediation.** Mediation findet statt, wenn ein neutraler Dritter in einen Konflikt eingeschaltet wird, um die Parteien bei ihren Verhandlungen zu unterstützen. Wesentliches Merkmal der Mediation ist, dass der Mediator keine Entscheidungskompetenz besitzt. Daher bietet sich dieses Verfahren insbesondere dann als Konfliktlösungsmechanismus an, wenn die Parteien an einer einvernehmlichen Lösung interessiert sind. Da Mediation nicht nur zur Konfliktlösung in bestehenden Vertragsbeziehungen, sondern auch außerhalb von Vertragsbeziehungen, bei Vertragsverhandlungen oder sonstigen Verhandlungen eingesetzt werden kann, handelt es sich bei der Schlichtung unter Beteiligung Dritter nur um eine von mehreren Formen der Mediation.[97] 48

Als Vorsorgemaßnahme für den Fall, dass bei der Vertragsabwicklung ein Konflikt auftritt, können Schieds- oder Schlichtungsverfahren vorgesehen werden; auch eine Vereinbarung über Mediation ist möglich.

d) Bewältigung von Unsicherheiten

Der vertragsgestaltende Jurist stößt zwangsläufig auf tatsächlich oder rechtlich unsichere (unklare) Zustände. Sie können im Bereich der Störfallvorsorge, aber auch bei der Zweckverwirklichung zum Tragen kommen. 49

aa) Der Umgang mit **rechtlichen Unsicherheiten** gehört in den Bereich der Störfallvorsorge. Rechtliche Unsicherheit besteht für den Vertragsjuristen insbesondere, wenn er eine zukünftige Rechtsprechung prognostizieren muss.[98] Ist eine Vertragsklausel un- 50

---

[95] Das Verfahren ist in der Ombudsmann-Verfahrensordnung der privaten Banken geregelt. Ausführlich zur Rechtsnatur dieses Verfahrens und zu Reformvorschlägen *v. Hippel,* Der Ombudsmann im Bank- und Versicherungswesen, 2000, S. 25 ff.

[96] Noch zum alten Streitwert *v. Hippel,* Der Ombudsmann im Bank- und Versicherungswesen, 2000, S. 111.

[97] Siehe zur Mediation unten § 2 Rn. 43–46.

[98] Siehe dazu oben Rn. 33 f.

wirksam, erklärt § 139 BGB „im Zweifel" den gesamten Vertrag für nichtig. Diese Rechtsfolge entspricht häufig nicht dem Interesse der Parteien.[99] Sie können durch **salvatorische Klauseln** dafür sorgen, dass der Vertrag so weitgehend wie möglich aufrechterhalten wird.[100] Salvatorische Klauseln treten zum einen als **Erhaltungsklauseln** auf. Sie bewirken, dass § 139 BGB bei Nichtigkeit einer Vertragsklausel keine Anwendung findet, sondern der Vertrag im Übrigen erhalten bleibt.[101]

Beispiel für eine Erhaltungsklausel: „Sollte eine dieser vertraglichen Regelungen unwirksam sein oder werden, so sollen die verbleibenden Regelungen wirksam bleiben."[102]

51 Salvatorische Klauseln können zum anderen als **Ersetzungsklauseln** ausgestaltet sein.[103] Während Erhaltungsklauseln die Frage offen lassen, welche Regelung an die Stelle der unwirksamen Vertragsklausel tritt, versuchen Ersetzungsklauseln, diese Frage zu beantworten. Sie können vorsehen, dass die Vertragslücke durch Auslegung gefüllt wird, dass Neuverhandlungen zwischen den Parteien stattfinden sollen,[104] oder dass eine einseitige Neuregelungsbefugnis einer Partei oder eines Dritten besteht.[105] Bei einseitigen Neuregelungsbefugnissen ist § 315 BGB zu beachten: Die bestimmungsberechtigte Partei hat die Grenzen des billigen Ermessens zu wahren. Möglich sind ferner Klauseln, die bereits eine Ersatzregelung enthalten.[106] Erhaltungs- und Ersetzungsklauseln sind grundsätzlich zulässig.[107] Bei Ersetzungsklauseln ist darauf zu achten, dass der Ersetzungsmechanismus hinreichend bestimmt ist.

Beispiel für eine Ersetzungsklausel: „Sollte eine dieser vertraglichen Regelungen unwirksam sein oder werden, so ersetzen die Parteien diese Regelung im Wege der Neuverhandlung."

52 **bb)** Im Laufe einer Vertragsbeziehung können nicht nur rechtliche, sondern auch **tatsächliche Veränderungen** eintreten. Solche Veränderungen liegen in der Sphäre einer Partei (z. B. Ausscheiden eines wichtigen Mitarbeiters) oder werden durch externe Faktoren hervorgerufen (z. B. starker Energiekostenanstieg).[108] Wenn der Vertragsjurist keine Vorsorge trifft, kann den Parteien nur über die Regelung zur Störung der Geschäftsgrundlage (§ 313 BGB) geholfen werden. Die Vorsorge geschieht durch An-

[99] *Medicus/Petersen,* Allgemeiner Teil des BGB, Rn. 510; *Seiler,* in: Festschrift Kaser, 1976, S. 127.

[100] *Köhler,* BGB Allgemeiner Teil, § 15 Rn. 8; *Kornexl,* Vertragsgestaltung, Rn. 213f.; *Harry Westermann,* in: Festschrift Möhring, 1975, S. 135.

[101] *Beyer,* Salvatorische Klauseln, S. 5; *Kasselmann,* Salvatorische Klauseln in Allgemeinen Geschäftsbedingungen, 1986, S. 46; *Staudinger/Roth,* § 139 BGB Rn. 22.

[102] Ein Beispiel für eine umfassende salvatorische Klausel findet sich bei *Medicus/Petersen,* Allgemeiner Teil des BGB, Rn. 510.

[103] *Böhme,* Erhaltungsklauseln, 2000, S. 90; *Kasselmann,* Salvatorische Klauseln in Allgemeinen Geschäftsbedingungen, 1986, S. 51; *Staudinger/Roth,* § 139 BGB Rn. 22.

[104] Zu Neuverhandlungsklauseln *Horn,* AcP 181 (1981), 255 (257ff.); *Martinek,* AcP 198 (1998), 329 (344ff.); *Nelle,* Neuverhandlungspflichten, 1993, S. 250ff.

[105] *Beyer,* Salvatorische Klauseln, S. 56ff., der allerdings Klauseln, die eine Ergänzung im Wege der Auslegung vorsehen, zu den Erhaltungsklauseln mit zusätzlicher Rechtsfolgenanordnung zählt (siehe dort S. 52f.); *Böhme,* Erhaltungsklauseln, 2000, S. 90ff. unterscheidet sieben Typen von Ersetzungsklauseln.

[106] *Beyer,* Salvatorische Klauseln, S. 58ff.; *Schmittat,* Vertragsgestaltung, Rn. 180.

[107] *Beyer,* Salvatorische Klauseln, S. 92, 102ff.; *Schröder,* Sicherer Weg, S. 222ff.; *Staudinger/Roth,* § 139 BGB Rn. 22.

[108] *Rehbinder,* Vertragsgestaltung, S. 39.

passungsklauseln.[109] Sie lassen sich der Zweckverwirklichung zuordnen, wenn eine Anpassung bei ordnungsgemäßer Vertragsabwicklung zu erwarten ist. Das ist z. B. der Fall, wenn in einem langfristigen Vertrag eine Geldleistung der Geldentwertung angepasst werden soll. Bei der Vorsorge vor eher fernliegenden Ereignissen (Krieg, Naturkatastrophen) handelt es sich dagegen um Störfallvorsorge.

Die Anpassungsklausel kann eine **automatische Vertragsanpassung** vorsehen.[110] Beispielsweise können die Parteien eines langfristigen Liefervertrags den Preis für eine Ware vom Preis für ein vergleichbares Gut in der Weise abhängig machen, dass Preissteigerungen des Vergleichsguts sich auf den Kaufpreis auswirken (sog. Spannungsklauseln). Auch Veränderungen der Lohn- und Materialkosten können durch eine automatische Anpassungsklausel weitergegeben werden. Diese sog. Kostenelementsklauseln sind in der Energiebranche üblich.[111] Geht es – wie meist – um die Anpassung von Geldschulden, ist das PreisklG vom 7.9.2007[112] zu beachten, das automatisch wirkende Indexierungen nur in bestimmten Fällen zulässt. Erlaubt ist u. a. gem. § 1 I PreisklG die automatische Koppelung des Preises an den Preis vergleichbarer Güter. Grundsätzlich nicht gestattet sind dagegen Klauseln, die eine Beziehung zu nicht vergleichbaren Gütern herstellen. 53

Beispiele: Unzulässig ist in einem fünfjährigen Mietvertrag über eine Gewerbeimmobilie in Frankfurt Ost die folgende Klausel: „Erhöht sich der vom Statistischen Bundesamt ermittelte Preisindex für die Lebenshaltung aller privaten Haushalte in Deutschland um mehr als 5%, so steigt die Miete für die Immobilie entsprechend."

Zulässig wäre dagegen folgende Regelung: „Steigen die Preise für vergleichbare Immobilien im Gewerbegebiet Frankfurt Ost, so steigt die Miete für die Immobilie entsprechend."

Die Anpassung kann auch der **Entscheidung einer Partei oder eines Dritten** überlassen sein. In diesem Fall sind bei der Anpassung die §§ 315, 317 BGB zu beachten. Die Entscheidung ist gem. § 315 I BGB im Zweifel nach billigem Ermessen zu treffen. Die Anpassung ist gerichtlich nachprüfbar; eine unbillige Bestimmung wird durch Urteil ersetzt, § 315 III BGB. 54

Beispiel: „Ändern sich Kostenfaktoren, die für die Preisberechnung maßgeblich sind, so kann der Verkäufer den Preis bis zu dem Betrag der Mehrbelastung erhöhen."

Schließlich sind auch hier **Neuverhandlungsklauseln** denkbar, nach denen die Parteien bei bestimmten Veränderungen über eine Vertragsanpassung verhandeln sollen.[113] 55

Beispiel: „Ändern sich die wirtschaftlichen Umstände derart, dass der vereinbarte Bezugspreis für den Verkäufer nicht mehr zumutbar ist, so verhandeln die Parteien über einen angemessenen Preis."

---

109 *Rehbinder,* AcP 174 (1974), 265 (289); *Rittershaus/Teichmann,* Vertragsgestaltung, Rn. 286; *Zankl,* Vertragssachen, Rn. 439ff. Siehe zu Anpassungsklauseln ausführlich *Kamanabrou,* Vertragliche Anpassungsklauseln, 2004.

110 *Bilda,* Anpassungsklauseln in Verträgen, 2. Aufl. 1973, Rn. 43ff.

111 *Baur,* Vertragliche Anpassungsregelungen, 1983, S. 32ff.

112 BGBl. 2007 I, S. 2246 (2247).

113 Kritisch zum Nutzen von Neuverhandlungsklauseln *Zankl,* Vertragssachen, Rn. 441.

Rechtlichen Unsicherheiten begegnet der Vertragsjurist mit salvatorischen Klauseln. Tatsächliche Unsicherheiten lassen sich mit Hilfe von Anpassungsklauseln bewältigen.

5. Bewältigung von Zielkonflikten

56 Die Ziele einer Partei oder beider Parteien können bei der Vertragsgestaltung auf verschiedenen Ebenen in Konflikt geraten. So können auf Seiten einer Partei Sachziele miteinander kollidieren[114] oder die Sachziele mit Zielen der Störfallvorsorge nicht vereinbar sein. Wenn der Sachverhalt nicht allzu komplex ist, kann man anhand einer **Interessenmatrix** überprüfen, welche Ziele bei welcher Fallgestaltung erreicht werden.[115] Eine solche Interessenmatrix könnte für das Beispiel „Multi-Fitness-Center"[116] wie folgt aussehen:

Ziele / Gestaltung	Absatz von Ware	Bindung des Kunden	hilfsweise: Nutzungsentschädigung
unverbindlicher Test	vielleicht	nein	nein
Kauf auf Probe	vielleicht	nein	nein
Miete mit Kaufoption	vielleicht	ja (an die Miete)	ja
Kauf mit Rücktrittsrecht	vielleicht	nein	ja
Kauf mit Umtauschvorbehalt	ja	ja	nein

57 Die beste Gestaltung muss allerdings nicht die Gestaltung sein, bei der die meisten Ziele verwirklicht werden: Möglicherweise werden bei einer anderen Gestaltung zwar weniger, dafür aber wichtigere Ziele erreicht. Dabei hat die **sichere Vertragsgestaltung** stets den Vorrang, wenn nicht der Mandant ausdrücklich andere Interessen höher bewertet.[117] Zwischen der Verwirklichung mehrerer Ziele oder des wichtigeren Ziels muss z. B. der Mandant in folgendem Fall wählen.

Beispiel: Die X-AG möchte in Osnabrück ein weitläufiges Einkaufszentrum errichten. Dabei ist ihr die finanzielle Beteiligung eines oder mehrerer Partner sehr wichtig. Von den zwei in Betracht kommenden Standorten liegt der Standort A wesentlich verkehrsgünstiger als der Standort B. Deshalb haben bereits jetzt zahlreiche Unternehmen ihr Interesse an Mietverträgen bekundet, falls Standort A ausgewählt wird. Für den Standort B ist das Interesse geringer, andererseits aber auch ausreichend. Der Ankauf der Grundstücke, die den Standort A ausmachen, wäre kostengünstiger als der Ankauf der entsprechenden Grundstücke des Standorts B. Allerdings erhält die X-AG die gewünschte finanzielle Unterstützung durch einen Partner nur bei Auswahl des Standorts B.

58 Die folgende Interessenmatrix zeigt, dass die X-AG zwar mit dem Standort A mehr Ziele verwirklichen kann. Das entscheidende Ziel der finanziellen Beteiligung anderer Unternehmen kann sie aber nur bei Auswahl des Standorts B erreichen.

114 *Teichmann,* in: Festschrift Kanzleiter, 2010, S. 381 (395f.).
115 *Rehbinder,* Vertragsgestaltung, S. 35.
116 Erörtert oben bei Rn. 27–29.
117 *Schröder,* Sicherer Weg, S. 18f.

Ziele / Alternative	finanzielle Beteiligung	verkehrsgünstige Lage	günstige Erwerbskosten
Standort A	nein	ja	ja
Standort B	ja	nein	nein

Die Zielkonflikte treten nicht nur zwischen verschiedenen Wünschen einer Partei, 59 sondern auch und besonders zwischen den **Zielen beider Parteien** auf. Auch insoweit kann eine tabellarische Gegenüberstellung hilfreich sein; sie kann vor allem dazu dienen, Streitpunkte und unproblematische Fragen zu identifizieren und zu trennen.

Beispiel: V hat M im Jahr 2017 im Erdgeschoß seines Hauses in Hamburg-Pöseldorf Räume zum Betrieb eines Cafés vermietet. Der Mietvertrag ist auf 10 Jahre fest abgeschlossen. In dieser Zeit können die Parteien das Mietverhältnis lediglich aus wichtigem Grund kündigen. Bei Vertragsbeendigung soll V die Caféeinrichtung zum Zeitwert übernehmen. Nachdem M auch nach zwei Jahren die gewünschte Kundschaft nicht anzieht, möchte er „aussteigen" und sich in der Karibik der Perlenzucht widmen. Deshalb tritt er an V mit dem Wunsch nach einer Vertragsaufhebung heran. Auch V ist einer Vertragsbeendigung nicht abgeneigt, da er die Räume gerne seiner Tochter überlassen möchte, die dort ein Geschäft für hochwertiges Kochgeschirr und Besteck eröffnen möchte. Da die Tochter mit der Caféeinrichtung nichts anfangen kann, möchte V sie möglichst nicht übernehmen. M dagegen möchte mit dem Erlös seine Grundausrüstung für die Perlenzucht finanzieren. Außerdem möchte er den Vertrag noch drei Monate fortsetzen, da erst dann sein bevorzugter Zuchtplatz frei wird. V möchte die Räume so schnell wie möglich seiner Tochter zur Verfügung stellen, zwingende Eile besteht für ihn jedoch nicht.

Interesse des Vermieters	Interesse des Mieters
Lösung vom Vertrag	Lösung vom Vertrag
möglichst keine Auslauffrist	Auslauffrist
keine Übernahme der Einrichtung	Übernahme der Einrichtung

Ein echter Interessengegensatz besteht letztlich nur hinsichtlich der Übernahme der Einrichtung. Da aber M und V über ihre wechselseitigen Interessen kaum vollständig informiert sein werden, hängt die tatsächliche Abwicklung des Mietverhältnisses stark vom Verhandlungsgeschick der Parteien ab. Möglicherweise kann z. B. V daraus Kapital schlagen, dass er „großzügig" auf den Wunsch des M nach einer Auslauffrist eingeht. Zeigt er allerdings allzu große Eile, den Vertrag aufzulösen, so wird sich M fragen, ob er nicht möglicherweise aus einer zügigen Räumung Vorteile ziehen kann.

6. Vertragsverhandlungen

a) Vertragsverhandlungen finden insbesondere statt, wenn **kein standardisiertes Geschäft** abgeschlossen wird und **kein übermäßiges Machtgefälle** zwischen den Parteien besteht. Standardisierte Geschäfte werden vor allem im Bereich der **Verbraucherverträge** geschlossen. Solche Verträge unterliegen meist vorgegebenen AGB; der Verbraucherschutz wird durch Gesetzesrecht verwirklicht. Bei Verträgen zwischen Unternehmen oder bedeutsamen Verträgen zwischen Privatpersonen besteht jedoch regelmäßig Verhandlungsbedarf. 60

Für den Ablauf und das Ergebnis von Verhandlungen spielt die **Verhandlungsmacht** 61 eine erhebliche Rolle; hinzu kommt das **Verhandlungsgeschick.** Die Verhandlungsmacht hängt u. a. von der Wettbewerbs- und Marktsituation, dem Verhältnis zwischen den Parteien und der Bedeutung des Vertragsschlusses für jede der beiden Parteien ab. Wer in einer konkreten Verhandlungssituation die stärkere Position hat, wird versuchen, diese Verhandlungsmacht in eine möglichst günstige Gestaltung umzusetzen.

Die Grenze wird erreicht, wenn der Vertragspartner unter den vorgesehenen Bedingungen lieber auf den Vertragsschluss verzichtet oder die Stabilität der Beziehungen auf lange Sicht gefährdet ist.[118]

62 **b)** Der Vertragsjurist kann auf unterschiedliche Art und Weise an den Vertragsverhandlungen beteiligt sein. Wenn er als **Mittler** zwischen den Parteien tätig wird (wie im Idealfall der Notar), muss er einen gleichmäßigen Kompromiss im Auge haben. Als **Interessenvertreter** soll er für seine Partei ein möglichst günstiges Ergebnis aushandeln oder die Partei entsprechend beraten. Dabei hat er unter Umständen auch die Aufgabe, die Punkte zu bestimmen, in denen man nachgeben kann, um andere Regelungen durchzusetzen. Seine Überlegungen können allerdings nur einen Vorschlag für den Mandanten darstellen, der letztlich selbst entscheiden muss, wie er die Ziele bewertet.[119]

63 Die Verhandlungen werden sich unterschiedlich gestalten, je nachdem in welchem Stadium der Vertragsjurist hinzugezogen wird und ob sein Mandant anwesend ist.[120] Soll er Verhandlungen vorbereiten, muss er die Verhandlung strukturieren und möglichst durch eigene **Vorüberlegungen und Entwürfe** die Gestaltung steuern.[121] Die Gegenseite sollte der Vertragsjurist so behandeln, dass weitere Vertragsbeziehungen zwischen den Parteien nicht gefährdet werden. Bei vielen Verhandlungen treffen Parteien aufeinander, die auch in anderen Angelegenheiten kooperieren müssen.[122] Das gilt nicht nur für langjährige Geschäftspartner, sondern z. B. auch für Tarifvertragsparteien oder für die Betriebspartner (Betriebsrat und Arbeitgeber).

7. Belehrung und Beratung

64 Zur Aufgabe des Vertragsjuristen gehört auch die Belehrung und Beratung des Mandanten über die Gestaltungsmöglichkeiten und ihre Folgen.[123] Die **Belehrung** des Mandanten bezieht sich auf die rechtliche Bedeutung und Tragweite des Geschäfts.[124] Sie dient dem Schutz des Laien vor für ihn unabsehbaren Folgen eines Vertragsschlusses und soll zudem zu einer möglichst eindeutigen Erklärung führen.[125] Die Grenze zwischen der Belehrung und der **Beratung** über die ausgewogene und zweckmäßige Gestaltung ist fließend.[126] Die Beratung geht über die Belehrung hinaus; sie soll der Partei einen möglichst günstigen Vertragsschluss ermöglichen.[127]

118 *Aderhold/Koch/Lenkaitis,* Vertragsgestaltung, § 5 Rn. 16f; *Rehbinder,* Vertragsgestaltung, S. 63f. Zum Verhandlungsspielraum der Parteien *Zankl,* Vertragssachen, Rn. 177, 180.

119 *Rehbinder,* Vertragsgestaltung, S. 74f.; *Zankl,* Vertragssachen, Rn. 20.

120 *Zankl,* Vertragssachen, Rn. 21.

121 *Rehbinder,* Vertragsgestaltung, S. 77f.

122 *Bauer,* NZA 1999, 11 (13).

123 Umfassend zur Belehrung und Beratung unten § 6 Rn. 22–26; ausführlich auch *Aderhold/Koch/Lenkaitis,* Vertragsgestaltung, § 3 Rn. 27ff.

124 *Rittershaus/Teichmann,* Vertragsgestaltung, Rn. 173; *Schmittat,* Vertragsgestaltung, Rn. 62; *Wolf/Neuner,* BGB AT, § 39 Rn. 3.

125 *Rehbinder,* Vertragsgestaltung, S. 54.

126 *Kunkel,* Vertragsgestaltung, S. 58f.; *Wolf/Neuner,* BGB AT, § 39 Rn. 3.

127 *Reithmann/Albrecht/Reithmann,* Vertragsgestaltung, Rn. 170; *Schmittat,* Vertragsgestaltung, Rn. 64; *Wolf/Neuner,* BGB AT, § 39 Rn. 3.

Art und Umfang der Beratung richten sich u. a. nach der Rolle des Vertragsjuristen. Während der Notar zu Neutralität verpflichtet ist, kann sich der Anwalt stärker auf die Interessen seiner Partei konzentrieren.[128] Auch der Interessenvertreter wird jedoch eine ausgewogene Vertragsgestaltung anstreben, um einen langfristig stabilen Vertrag zu schaffen. Belehrung und Beratung spielen vor allem gegenüber geschäftsunerfahrenen Mandanten eine Rolle. Sie erstrecken sich nicht nur auf die Störfallvorsorge als spezifisch juristisches Betätigungsfeld. Auch die von der Partei vorgegebenen Sachziele verändern sich möglicherweise durch Hinweise auf rechtliche Folgen und andere Gestaltungsmöglichkeiten.[129] 65

Beispiel: Ein junges Paar möchte heiraten und „für alle Fälle" im Vorhinein die Folgen einer Scheidung ehevertraglich regeln. Da beide berufstätig sind und nicht an Nachwuchs denken, wollen sie vor allem nacheheliche Unterhaltspflichten ausschließen.[130] Hier sollte der Notar darauf hinweisen, dass diese Lösung unerwünschte Konsequenzen haben kann, wenn doch ein Kind geboren wird und ein Ehegatte deshalb in seiner beruflichen Entwicklung zurücksteckt. Daher bietet sich ein durch die Geburt eines Kindes auflösend bedingter Ausschluss der vermögensrechtlichen Folgen einer Scheidung an.[131]

Der Vertragsjurist hat den Mandanten über die Bedeutung und Tragweite des Rechtsgeschäfts zu belehren. Hat er darüber hinaus beratende Funktion, so hat er auf einen möglichst günstigen Vertragsschluss hinzuwirken.

8. Erstellung der Vertragsurkunde

Schließlich ist es Aufgabe des Vertragsjuristen, die **Vertragsurkunde** unterschriftsreif aufzusetzen.[132] Bei komplexeren Gestaltungsaufgaben gehen dem endgültigen Text i. d. R. Entwürfe voraus, die – unter Berücksichtigung der Parteiinteressen – Schritt für Schritt verbessert werden. In **sprachlicher Hinsicht** sollte sich der Vertragsjurist um allgemeinverständliche, unkomplizierte Formulierungen bemühen. Allerdings lassen sich juristische Fachausdrücke, die einer klaren, präzisen Formulierung des Vertrags dienen, nicht vermeiden.[133] Im Zweifel haben klare und eindeutige Formulierungen den Vorrang vor gefälligen Ausdrücken,[134] da der Vertrag in erster Linie die Rechtsverhältnisse der Parteien effektiv regeln soll.[135] Die **Vertragssprache** richtet sich bei grenzüberschreitenden Verträgen in der Praxis meist nach dem auf den Vertrag anzuwendenden Recht.[136] Wenn ein 66

[128] *Rehbinder,* Vertragsgestaltung, S. 54f.; *Wolf/Neuner,* BGB AT, § 39 Rn. 3f. Ausführlich zu den Pflichten des Notars unten § 6 Rn. 22–26.

[129] *Henssler,* JZ 1994, 178 (181); *Rehbinder,* Vertragsgestaltung, S. 54f.; *Reithmann/Albrecht/Reithmann,* Rn. 133ff.

[130] Ein solcher Ausschluss ist gem. § 1585c BGB grundsätzlich zulässig. Zur Einschränkung des § 1585c BGB durch die Rechtsprechung *Schwenzer,* Vertragsfreiheit im Ehevermögens- und Scheidungsfolgenrecht, AcP 196 (1996), 88 (95ff.).

[131] Beispiel nach *Langenfeld,* JuS 1998, 417 (418).

[132] *Reithmann/Albrecht/Reithmann,* Vertragsgestaltung, Rn. 2ff.; *Harald Weber,* JuS 1986, 636 (641f.).

[133] *Kornexl,* Vertragsgestaltung, Rn. 10f.; *Langenfeld,* Vertragsgestaltung, Kap. 5 Rn. 20; *Rehbinder,* Vertragsgestaltung, S. 102f.; *Rittershaus/Teichmann,* Vertragsgestaltung, Rn. 511; *Schmittat,* Vertragsgestaltung, Rn. 80.

[134] *Langenfeld,* Vertragsgestaltung, Kap. 3 Rn. 23.

[135] Gegen die Wiederholung des geltenden Gesetzesrecht *Aderhold/Koch/Lenkaitis,* Vertragsgestaltung, § 6 Rn. 11.

[136] *Zankl,* Vertragssachen, Rn. 878. Zu Auslegungsschwierigkeiten bei mehrsprachigen Vertragstexten *Rittershaus/Teichmann,* Vertragsgestaltung, Rn. 512.

Vertrag in mehreren Sprachen abgefasst wird, sollte eine Regelung darüber getroffen werden, welche Fassung bei Auslegungsstreitigkeiten maßgeblich ist.[137]

67 Ein bestimmter **Aufbau der Vertragsurkunde** ist gesetzlich nicht vorgeschrieben. In der Praxis haben sich Aufbauschemata herausgebildet (sog. „Mantel" einer Urkunde), die in den Formularbüchern zugrunde gelegt und erläutert werden. Die Regelungen des Vertrags sind gemäß diesen Schemata **nach Sachgruppen zu gliedern.**[138] Zunächst erhält der Vertrag eine Überschrift, die den Vertragstyp möglichst treffend kennzeichnen sollte. Daraufhin sind die Parteien zu benennen. Bei Unternehmen muss der Vertragsjurist auf die korrekte Benennung der Parteien achten, wozu auch die Vertretungsverhältnisse gehören.[139]

Beispiel: Schließen die Parteien im oben erörterten Beispiel „Pressestellenleiterin"[140] einen Aufhebungsvertrag, so lautet die korrekte Bezeichnung der Arbeitgeberin nicht „Firma B", sondern „B-AG". Die Vertretungsverhältnisse werden der Bezeichnung des Unternehmens angefügt. Wird die B-AG gemeinsam durch ihre Vorstandsmitglieder Bernd Heise und Konrad Kröger vertreten, so hieße der entsprechende Zusatz: „vertreten durch ihre gesamtvertretungsberechtigten Vorstandsmitglieder Bernd Heise und Konrad Kröger".

68 Im Anschluss daran werden die Hauptleistungspflichten einschließlich der Leistungsmodalitäten (Zeit und Ort der Leistung und Gegenleistung) aufgenommen.[141] Danach folgen – je nach Bedarf – beispielsweise Klauseln für den Fall von Leistungsstörungen und Regelungen zur Vertragsdauer. Als Schlussbestimmungen werden häufig Schriftformklauseln und salvatorische Klauseln aufgenommen; auch Regeln über die Konfliktlösung (z. B. Schieds- oder Gerichtsstandsvereinbarungen) werden üblicherweise als sog. Schlussklauseln an das Ende der Urkunde gestellt.[142]

69 Die Aufbauschemata sind zum Teil durch gesetzliche Vorbilder oder die Chronologie der künftigen Ereignisse vorgeprägt: So wird sich eine **Satzung** einer AG im Zweifel am System des AktG orientieren,[143] die Satzung eines Vereins wird die Regeln über den Vereinsbeitritt vor die Regelungen über den Austritt und den Ausschluss stellen. Ein **Austauschvertrag** wird die Vorschriften über das (schuldrechtliche) Verpflichtungsgeschäft vor denjenigen über das (dingliche) Erfüllungsgeschäft enthalten.

[137] *Aderhold/Koch/Lenkaitis,* Vertragsgestaltung, § 6 Rn. 2; *Zankl,* Vertragssachen, Rn. 879 ff.
[138] *Aderhold/Koch/Lenkaitis,* Vertragsgestaltung, § 6 Rn. 13; *Langenfeld,* Vertragsgestaltung, Kap. 3 Rn. 5 ff.
[139] *Rittershaus/Teichmann,* Vertragsgestaltung, Rn. 493 f.; *Schmittat,* Vertragsgestaltung, Rn. 188; *Zankl,* Vertragssachen, Rn. 902 ff.
[140] Erörtert oben bei Rn. 18.
[141] *Rittershaus/Teichmann,* Vertragsgestaltung, Rn. 497 ff.
[142] Ebenso *Aderhold/Koch/Lenkaitis,* Vertragsgestaltung, § 6 Rn. 22.
[143] Vgl. *Harald Weber,* JuS 1989, 636 (641).

§ 2. Vertragsverhandlungen

Literatur (siehe auch das Verzeichnis der abgekürzt zitierten Literatur, S. XVII): *Beck,* Mediation und Vertraulichkeit, 2009; *Bickel,* Verhandlungsmanagement und Mediation in der Juristenausbildung, JuS 2000, 1247; *Eidenmüller,* Mediationstechniken bei Unternehmenssanierungen, BB 1998, Beilage 10, 19; *Fisher/Shapiro,* Erfolgreicher verhandeln mit Gefühl und Verstand, 2007; *Goltermann/Hagel/Klowait/Levien,* „Das neue Mediationsgesetz" aus Unternehmenssicht, SchiedsVZ 2012, 299, SchiedsVZ 2013, 41; *Greger/Unberath/Steffek,* Recht der alternativen Streitbeilegung, 2. Aufl. 2016; *Grobosch/Heymann,* Vertrauen als Verfahrensgegenstand – Fallgruppen der Mediation, NJW 2012, 3626; *Groth/von Bubnoff,* Gibt es gerichtsfeste Vertraulichkeit bei der Mediation?, NJW 2001, 338; *Haft,* Intuitives und rationales Verhandeln, BB 1998, Beilage 10, 15; *Heussen,* Die Vertragsverhandlung in der Krise, ZKM 2003, 18; *Hohmann,* Notizen zum Harvard-Konzept Die Phasen eines Verhandlungsmodells auf der Grundlage des Harvard-Konzepts, ZKM 2003, 48; *Jung/Krebs,* Die Vertragsverhandlung, 2016; *Meyer/Schmitz-Vornmoor,* Das neue Mediationsgesetz in der notariellen Praxis, DNotZ 2012, 895; *Ponschab/Schweizer,* Schlüsselqualifikationen, 2008; *Prütting,* Die Mediation und die rechtsberatenden Berufe, ZAP 2018, 335; *Quinting,* Erfolgreich verhandeln mit dem Harvard-Konzept, in: Eyer (Hrsg.), Report Wirtschaftsmediation, 2. Aufl. 2003, S. 33; *Riehm,* Alternative Streitbeilegung und Verjährungshemmung, NJW 2017, 113; *Risse,* Mediation als Mittel zur Streitvermeidung, NZA 2017, 1030; *Saner,* Verhandlungstechnik, 2. Aufl. 2008; *Schlösser,* Druckausübung in Vertragsverhandlung, 2014; *Schöbel,* Verhandlungsmanagement und Mediation in der Juristenausbildung, JuS 2000, 372; *Wolff/Weber/Knauer,* Gefährdung der Privatautonomie durch therapeutische Mediation?, NJW 2003, 1488.

1 Verhandlungen vor Abschluss eines Vertrags werden naturgemäß nicht in allen Gestaltungsfällen durchgeführt. Insbesondere bei Alltagsgeschäften, die täglich zu vorgegebenen Bedingungen abgeschlossen werden, finden Verhandlungen vergleichsweise selten statt. Die Anzahl der Vertragsschlüsse ohne Verhandlungen darf aber nicht darüber hinwegtäuschen, dass Vertragsverhandlungen bei **wirtschaftlich bedeutenden Rechtsgeschäften** meist unverzichtbar sind.[1] So hat z. B. der Käufer eines Neuwagens oft einen Verhandlungsspielraum hinsichtlich des Kaufpreises und weiterer Konditionen. Auch bei Grundstücksgeschäften kann der Verkäufer selbst bei privat genutzten Immobilien i. d. R. die Vertragsbedingungen nicht einseitig diktieren.

2 Eine große Rolle spielen Vertragsverhandlungen im **Geschäftsverkehr zwischen Unternehmen.** Zum einen ist der Vertragsschluss bei Geschäften zwischen Kaufleuten oftmals unsicherer und länger „in der Schwebe" als bei Geschäften mit einer Privatperson oder von Privatpersonen untereinander, da im Regelfall beide am Vertragsschluss interessierten Kaufleute weitere potentielle Verhandlungspartner haben. Zum anderen können selbst einfache Ein- und Verkaufsgeschäfte im kaufmännischen Geschäftsverkehr wegen ihrer wirtschaftlichen Dimensionen zu zähen Verhandlungen führen; das gilt umso mehr für komplexere Transaktionen wie Unternehmenskäufe oder ähnliche Geschäfte.

3 Komplexe Projekte machen nicht nur Verhandlungen zwischen den Beteiligten erforderlich. Auch **innerhalb der beteiligten Unternehmen** müssen die Vorstellungen der sachverständigen Personen, des Finanzbereichs und der Rechtsabteilung koordiniert werden. Der Vertragsjurist muss sich bewusst sein, dass juristische Überlegungen von anderen Beteiligten bisweilen als störend und hemmend empfunden werden. Im **Vorfeld von Vertragsverhandlungen** stellen sich zahlreiche technische Fragen wie die

[1] *Rehbinder,* Vertragsgestaltung, S. 61 f. Siehe ferner *Döser,* Vertragsgestaltung, Rn. 123; *Rittershaus/Teichmann,* Vertragsgestaltung, Rn. 62 ff. und den Hinweis bei *Medicus/Petersen,* Allgemeiner Teil des BGB, Rn. 464.

Auswahl des Verhandlungsorts, die Zusammenstellung der Verhandlungsdelegation und die Zeitplanung.[2] Im Folgenden wird es aber weniger um verhandlungstechnische Details gehen,[3] als vielmehr um Überlegungen zu Verhandlungstypen, Verhandlungsfallen und Verhandlungsstrategien.

I. Verhandlungstypen

4 Ablauf und Ergebnis von Vertragsverhandlungen hängen neben anderen Umständen auch von den an den Verhandlungen beteiligten Personen ab. So wie Menschen unterschiedliche Temperamente haben, gibt es verschiedene Verhandlungstypen. Sozialpsychologen sprechen von kompetitiven, kooperativen und individualistischen Verhandlungstypen[4]:

Der **kompetitive Typ** versucht, sein Verhandlungsergebnis auf Kosten der anderen Seite zu maximieren.

Der **kooperative Typ** ist bemüht, das Verhandlungsergebnis beider an den Verhandlungen beteiligter Seiten zu maximieren.

Der **individualistische Typ** ist vor allem am eigenen Verhandlungsergebnis interessiert, egal wie das Ergebnis der Gegenseite ausfällt.

5 Das Verhandlungsergebnis in einer bestimmten Situation fällt unterschiedlich aus, je nachdem, welche Verhandlungstypen aufeinandertreffen. Diesen Zusammenhang haben Psychologen mit dem „Gefangenen-Dilemma-Spiel" verdeutlicht.

Das Gefangenen-Dilemma-Spiel:[5]

Zwei Männer (B1 und B2) sind festgenommen worden, weil sie des Diebstahls verdächtig sind. Da die Beweise nicht ausreichen, um sie zu überführen, vernimmt die Polizei sie nach folgender Strategie: Die Männer werden getrennt voneinander verhört, ohne dass sie die Möglichkeit haben, sich abzusprechen. Beiden Beschuldigten wird eröffnet, dass das Beweismaterial nicht ausreiche, dass man aber demjenigen Beschuldigten die Freiheit gewähre, der seinen Partner verrät. Der andere Beschuldigte bekomme eine Freiheitsstrafe von 48 Monaten. Verrate jeder den anderen, so würden sie beide für 18 Monate eingesperrt. Wenn keiner den anderen verrate, würden sie wegen Landstreicherei jeweils für 6 Monate eingesperrt.

6 Dieses Spiel wird in mehreren Runden durchgeführt, um zu untersuchen, wie sich die **Kooperation** zwischen den beiden Spielern entwickelt. Bei diesem Ablauf liegt es auf der Hand, dass eine verfahrene Situation eintreten muss, wenn beide Spieler jeweils ihren **größtmöglichen eigenen Nutzen** verfolgen. Wenn jeder den anderen verrät und darauf hofft, dass dieser schweigt, wird nach einiger Zeit keiner der Spieler bereit sein, noch **Rücksicht** auf den anderen zu nehmen. Bei einer anderen Entwicklung des

---

[2] Dazu ausführlich *Jung/Krebs,* Die Vertragsverhandlung, S. 13 ff.

[3] Dazu ausführlich *Heussen/Heussen,* Handbuch, 2. Teil Rn. 446 ff.; im Überblick *Rittershaus/Teichmann,* Vertragsgestaltung, Rn. 65 ff.; *Zankl,* Vertragssachen, Rn. 233 ff.

[4] *Gottwald/Haft,* Verhandeln, S. 34, 40; *Haft,* Verhandlung, S. 166 ff.; *Klinger/Bierbrauer,* in: Haft/Schlieffen, Handbuch Mediation, § 4 Rn. 25 ff. Siehe ferner die Einteilung nach neutralem, destruktivem und konstruktivem Verhalten bei *Heussen/Heussen,* Handbuch, 2. Teil Rn. 400 ff. Zu kompetitivem und kooperativem Verhandeln *Ponschab/Schweizer,* Kooperation, S. 94 ff., 104 ff., 108 ff.

[5] Ablauf und Ergebnisse wiedergegeben nach *Gottwald/Haft,* Verhandeln, S. 34, 41 ff. Zu diesem Spiel auch *Klinger/Bierbrauer,* in: Haft/Schlieffen, Handbuch Mediation, § 4 Rn. 27 ff.; *Saner,* Verhandlungstechnik, 2. Aufl. 2008, S. 98 ff.

Spiels würde es dagegen möglicherweise zum Aufbau gegenseitigen Vertrauens kommen, mit der Folge, dass die Beschuldigten den **größten gemeinsamen Nutzen** erreichen könnten. Im Einzelnen hängt der Spielverlauf davon ab, welche Verhandlungstypen die beteiligten Spieler sind.

Handlungsmöglichkeit	Ergebnis
B1 schweigt B2 schweigt	B1 6 Monate B2 6 Monate
B1 verrät B2 B2 verrät B1	B1 18 Monate B2 18 Monate
B1 verrät B2 B2 schweigt	B1 0 Monate B2 48 Monate
B1 schweigt B2 verrät B1	B1 48 Monate B2 0 Monate

Setzt man Spielpartnern, die den eingangs genannten Verhandlungstypen entsprechen, Spieler gegenüber, die ausschließlich kompetitiv, kooperativ oder bedingt kooperativ spielen (bedingt kooperative Spieler antworten mit der gleichen Wahl, die der Gegner in der Vorrunde getroffen hat), so lässt sich Folgendes beobachten: **Kompetitive Spieler** versuchen unabhängig vom Verhalten des anderen stets, den Spielpartner zu übertrumpfen. **Kooperative Spieler** verhalten sich so lange kooperativ, bis ihnen klar wird, dass sie nachteilige Ergebnisse erzielen. Sie kooperieren also bei kooperativen und bedingt kooperativen Partnern, nicht aber bei kompetitiven Partnern. **Individualistische Verhandlungstypen** kooperieren nur bei bedingt kooperativen Gegnern. 7

Das Verhalten der Spieler gegenüber ihrem jeweiligen Verhandlungspartner, geordnet nach Verhandlungstypen, verdeutlicht eine Übersicht: 8

Partner	Spieler	Vorgehen des Spielers
kompetitiver Spieler kooperativer Spieler bedingt kooperativer Spieler	kompetitiver Spieler	versucht in der Regel, den Partner des Spiels zu übertrumpfen
	kooperativer Spieler	ist bei kooperativen und bedingt kooperativen Partnern kooperativ
	individualistischer Spieler	ist nur bei bedingt kooperativen Partnern kooperativ

Es zeigt sich, dass der **individualistische Typ** am flexibelsten reagiert, da er sich auf die anderen Typen einstellen kann. Zwar kann der Verhandelnde mit einer **kooperativen Haltung** viel erreichen, sie führt jedoch gegenüber einem **kompetitiven Typ** nicht weiter. Es besteht vielmehr die Gefahr, dass dieser versucht, die kooperative Gegenseite zu übervorteilen. Der individualistische Verhandlungstyp kann hier (zumindest zunächst) ebenso einseitig reagieren, wodurch zwar möglicherweise die Verhandlungen scheitern, ein einseitiges Ergebnis zugunsten des kompetitiven Typs jedoch vermieden wird. 9

10 Die verschiedenen Verhandlungstypen und ihre charakteristischen Merkmale lassen sich wie folgt zusammenfassen:

kompetitiver Typ	versucht, sein Verhandlungsergebnis auf Kosten der anderen Seite zu maximieren
kooperativer Typ	ist bemüht, das Verhandlungsergebnis beider Seiten zu maximieren
individualistischer Typ	ist vor allem am eigenen Verhandlungsergebnis interessiert, egal wie das der Gegenseite ausfällt

II. Verhandlungsfallen

11 In einigen Verhandlungssituationen kann die eine Seite sich im Wesentlichen auf ihre **Machtposition** stützen, um ihre Interessen durchzusetzen. So ist die Verhandlungsposition dessen, der ein knappes Gut anbieten kann, ungleich stärker als die des Interessenten.

Beispiel: Der Eigentümer eines Ein-Zimmer-Appartements in einer Universitätsstadt, in der die Nachfrage nach solchen Appartements das Angebot deutlich übersteigt, kann sich seine Mieter aussuchen und ihnen die Vertragsbedingungen innerhalb der Grenzen des zwingenden Mietrechts und der guten Sitten (§ 138 BGB) diktieren. Diese Situation kann sich wandeln, weil z. B. aufgrund von Studiengebühren die Studierendenzahlen rapide sinken, sodass Mieter zum „knappen Gut" werden. Der Vermieter muss sich dann, wenn er den kostbaren Mieter nicht verlieren will, unter Umständen auf neue Konditionen einlassen.

12 Ferner spielt die eigene Wahrnehmung eine entscheidende Rolle. Sie kann ein grundsätzlich angestrebtes rationales Handeln aushebeln.[6] Zudem versuchen geschickte Verhandlungsführer unter Umständen, ihr Gegenüber zu manipulieren, ohne dass es ihm bewusst wird. Von den **Manipulationstechniken**[7] seien zwei hervorgehoben: die Konsistenzfalle („Fuß-in-der-Tür"-Technik) und die Konzessionsfalle („Tür-ins-Gesicht"-Technik).[8]

1. Die Konsistenzfalle („Fuß-in-der-Tür"-Technik)

13 Die Konsistenzfalle („Fuß-in-der-Tür"-Technik) lässt sich im täglichen Leben z. B. bei Haustürgeschäften beobachten. Bei dieser Verhandlungstaktik wird dem Partner zunächst eine **kleine Konzession** abgerungen, um dann ein **größeres Anliegen** nachzuschieben. Wichtig ist, dass die Forderungen im Zusammenhang stehen, sodass die andere Seite sich in der Situation „Wer A sagt, muss auch B sagen" wiederfindet. Diese Methode funktioniert, da Menschen das Bedürfnis haben, in ihren Handlungen den Mitmenschen gegenüber als logisch und beständig zu erscheinen. Da ein Rückzieher dieses Bild zerstören würde, macht das Gegenüber die eigentlich erstrebte Konzession.[9]

[6] Zu Rationalitätsfallen *Bühring-Uhle/Eidenmüller/Nelle,* Verhandlungsmanagement, S. 41 ff.

[7] Zur Manipulation von Tatsachen und Meinungen *Fisher/Ury/Patton,* Harvard-Konzept, S. 192 ff.

[8] Begriffe nach *Cialdini,* Überzeugen, S. 72 f., 113 f.; *Gottwald/Haft,* Verhandeln, S. 49 ff., 93 f., 100 f. Zu manipulativen Argumentationsformen auch *Klinger/Bierbrauer,* in: Haft/Schlieffen, Handbuch Mediation, § 5 Rn. 75 ff. *Meins,* Vertragsverhandlung, S. 185 ff.

[9] *Cialdini,* Überzeugen, S. 95 ff.; *Gottwald/Haft,* Verhandeln, S. 49 f., 100.

Beispiel (Kalifornischer Seifen-Versuch): Kalifornische Hausfrauen wurden von einem angeblichen Mitglied eines Verbraucherverbands angerufen und befragt, welche Seife sie in ihrem Haushalt verwenden. Einige Tage später wurden dieselben Frauen von demselben Anrufer gebeten, einen zweistündigen Besuch von Mitarbeitern des Verbraucherverbands zu gestatten, damit diese feststellen könnten, welche Waschmittelprodukte sich im jeweiligen Haushalt befinden. Während von diesen Frauen ca. 53% zusagten, taten dies nur 22% einer Kontrollgruppe, denen die erste Bitte nicht unterbreitet worden war.[10]

Psychologen führen diese unterschiedlichen Ergebnisse darauf zurück, dass die Frauen der ersten Gruppe ein Selbstbild begründet hatten, wonach sie den Zielen des Verbraucherverbands wohlwollend gegenüberstanden. Sie waren dadurch für die größere Bitte wesentlich anfälliger als die Frauen der zweiten Gruppe.

Übertragen auf eine **juristische Verhandlung** kann man sich bei der „Fuß-in-der-Tür"-Technik folgende Konstellation vorstellen: 14

Beispiel: V muss mit seiner Familie (Ehefrau, drei Kinder, ein Hund) aus beruflichen Gründen in eine andere Stadt ziehen. Er bietet sein Haus dem K zum Verkauf an. V benötigt den Kaufpreis kurzfristig (zum 1.7.2019), um sein neues Haus zu finanzieren; das neue Haus wird allerdings erst zum 1.9.2019 frei. V möchte weder die Kosten für eine teurere Zwischenfinanzierung übernehmen noch mit Kind und Kegel zwei Mal umziehen. Er weiß, dass K hinsichtlich des Umzugstermins flexibel ist.

V geht daher bei den Verhandlungen im Mai wie folgt vor: Er bittet K zunächst, ihn und seine Familie noch den Juli über in dem Haus wohnen zu lassen (gegen Übernahme der Nebenkosten für diese Zeit), da die Kinder das Schuljahr noch in ihrer alten Schule beenden sollen und ein Umzug innerhalb der Stadt für einen Monat doch sehr aufwendig wäre. K stimmt ihm zu, zeigt sich familienfreundlich und akzeptiert die Bitte. Ende Juni steuert V sein eigentliches Ziel an: Er geht erneut auf K zu und erzählt ihm, dass er in das neue Haus erst „verspätet" am 1.9.2019 einziehen könne. Glücklicherweise seien Ferien, weshalb er seine Familie noch einen Monat im alten Haus lassen könne, während er schon einmal am neuen Wohnort in ein Hotel ziehe. Mit der ganzen Familie sei das ja ein fürchterlicher Aufwand. K gibt nach und lässt die Familie des V einen weiteren Monat in ihrem ehemaligen Haus wohnen. Nachdem er einmal für die Schwierigkeiten einer umziehenden Familie Verständnis gezeigt hat, kann er diese zweite Bitte schlecht abschlagen. Dagegen hätte K eher abgelehnt (oder zumindest einen Mietzins verlangt), wenn V ihm sogleich sein gesamtes Anliegen vorgetragen hätte.

Wehren kann sich die Gegenseite gegen diese Manipulationstechnik, indem sie bereits beim ersten Schritt vorsichtig ist. Hat sie das erste Zugeständnis bereits gemacht und erkennt sie die Beeinflussung noch rechtzeitig, muss sie die psychologische Hürde überwinden und die nachgeschobene Bitte abschlagen.[11] 15

Die Konsistenzfalle besteht darin, dass der Manipulator zunächst eine kleine Konzession erstrebt, um auf dieser Basis sein eigentliches Anliegen vorzubringen.

2. Die Konzessionsfalle („Tür-ins-Gesicht"-Technik)

Eine weitere Manipulationstechnik ist die Konzessionsfalle („Tür-ins-Gesicht"-Technik). Hierbei wird die zuvor geschilderte Vorgehensweise umgedreht: Man verlangt zunächst ein **großes Zugeständnis,** dass die andere Seite voraussichtlich zurückweisen wird, um dann ein **kleineres Zugeständnis** – das eigentlich erstrebte Zugeständnis – zu erreichen. Das erstrebte Zugeständnis muss nicht tatsächlich klein sein. Maßgeb- 16

[10] Beispiel wiedergegeben nach *Gottwald/Haft,* Verhandeln, S. 50.
[11] *Cialdini,* Überzeugen, S. 150ff.; *Gottwald/Haft,* Verhandeln, S. 51.

lich ist, ob der Verhandlungspartner es als Konzession wahrnimmt und sich deshalb im Zugzwang sieht.[12]

Beispiel (Blutspendefall): Angenommen, ein Helfer des Roten Kreuzes fragt Sie, ob Sie bereit sind, über zwei Jahre hinweg jeden Monat ¼ Liter Blut zu spenden. Wahrscheinlich würden Sie dies ablehnen. Wenn dann dieselbe Person fragt, ob Sie am folgenden Tag ¼ Blut spenden würden, ist die Wahrscheinlichkeit groß, dass Sie dieser verhältnismäßig kleinen Bitte zustimmen. Ein Versuch mit Studierenden hat ergeben, dass 50% der so Befragten zu der einmaligen Blutspende bereit waren, während es nur 32% in einer Vergleichsgruppe waren, denen die erste Bitte zuvor nicht vorgetragen wurde.[13]

Psychologen erklären das unterschiedliche Verhalten damit, dass der Angesprochene sich nach einer großen Bitte gezwungen fühlt, wenigstens dem kleineren Anliegen nachzugeben. Außerdem erstrebe man eine positive Selbstdarstellung, die gegen ein ständiges „nein" spreche.

17 Auf eine **juristische Verhandlung** übertragen lässt sich bei der „Tür-ins-Gesicht"-Technik an folgende Verhandlungssituation denken:

Beispiel: Wegen Unstimmigkeiten soll der Geschäftsführer A der X-GmbH die Gesellschaft zum Jahresende verlassen. Da die X-GmbH ihm kein Vertrauen mehr entgegenbringt, soll A bis dahin freigestellt werden. Ende September wird über die Modalitäten eines Aufhebungsvertrags verhandelt. Nachdem man sich über eine Abfindung, das Zeugnis und andere Dinge geeinigt hat, geht es schließlich um die Rückgabe des Firmenwagens, den die X-GmbH A zur Verfügung gestellt hat. A geht es darum, den Wagen im Oktober noch behalten zu können, da erst Ende Oktober ein von ihm bestelltes Neufahrzeug ausgeliefert wird. Die X-GmbH möchte den Wagen möglichst bald für Firmenzwecke nutzen. A verlangt zunächst, den Wagen bis zum Jahresende fahren zu dürfen. Das lehnt die X-GmbH ab. Den „Kompromissvorschlag" des A, ihm den Wagen noch für den Monat Oktober zu überlassen, mag der Verhandlungsführer der X-GmbH daraufhin nicht mehr ablehnen.

18 Die „Tür-ins-Gesicht"-Technik ist vor allem dann erfolgreich, wenn ein und dieselbe Person beide Anliegen äußert, und zwar möglichst kurz aufeinander; bei größeren Abständen lässt die Konzessionsbereitschaft nach. Dagegen kann die „Fuß-in-der-Tür"-Technik auch wirken, wenn verschiedene Personen die Bitten aussprechen, da sie eher auf das Selbstbild der angesprochenen Person zielt, das von der Person des Fragenden unabhängig ist. Auch sollen hier längere Abstände zwischen den beiden Bitten unschädlich sein.[14]

Die Konzessionsfalle besteht darin, dass der Manipulator zunächst eine große Konzession verlangt, um bei Ablehnung sein eigentliches, kleineres Anliegen vorzubringen.

3. Verstrickung

19 Psychologen warnen vor selbstgestellten Fallen wie der Verstrickung. Manche neigen dazu, an einer **aussichtslosen Position** festzuhalten, um die bis dahin eingesetzten Mittel nicht zu verlieren. Vor Fehlentscheidungen in solchen Situationen kann der Verhandelnde sich bewahren, wenn er sich ein Limit setzt, über das hinaus er keine Aufwendungen mehr auf das Ziel macht.[15]

[12] *Bühring-Uhle/Eidenmüller/Nelle,* Verhandlungsmanagement, S. 49f.; *Cialdini,* Überzeugen, S. 72ff.; *Gottwald/Haft,* Verhandeln, S. 51, 94.

[13] Beispiel wiedergegeben nach *Gottwald/Haft,* Verhandeln, S. 51f.

[14] *Gottwald/Haft,* Verhandeln, S. 52.

[15] *Bühring-Uhle/Eidenmüller/Nelle,* Verhandlungsmanagement, S. 50ff.; *Gottwald/Haft,* Verhandeln, S. 53, 55f.; ausführlich zu Vermeidungsstrategien *Klinger/Bierbrauer,* in: Haft/Schlieffen, Handbuch

Beispiel (Eurostücksteigern): Eine Münze im Nennwert von einem Euro (ohne wertsteigernde Besonderheiten) wird unter den Anwesenden versteigert. Gebote müssen fünf Cent oder ein Vielfaches hiervon betragen. Wer das höchste Gebot abgibt, erhält für diesen Betrag die Münze. Wer das zweithöchste Angebot macht, muss zahlen, erhält aber nichts. – Bei einem Versuch mit einer vergleichbaren Versuchsanordnung wurden 5,50 DM für ein Markstück geboten, da lange Zeit keiner der beiden letzten Bietenden der Verlierer sein wollte.[16]

4. Formulierungsfallen

Eine geschickte Formulierung von Entscheidungsalternativen kann ebenfalls dazu dienen, den Verhandlungspartner zu manipulieren. 20

Beispiel: Ein Automobilunternehmen hat Absatzschwierigkeiten. Es wird möglicherweise drei Betriebe schließen und 6 000 Arbeitnehmer entlassen müssen. Die Produktionsleiterin hat zwei Pläne entwickelt, um der Lage Herr zu werden: *Plan A* rettet einen der drei Betriebe und 2 000 Arbeitsplätze. *Plan B* hat $^1/_3$ Wahrscheinlichkeit, dass alle drei Betriebe und alle 6 000 Arbeitsplätze gerettet werden; mit $^2/_3$ Wahrscheinlichkeit müssen jedoch alle Betriebe geschlossen werden, wodurch alle 6 000 Arbeitsplätze entfallen. Welchen Plan würden Sie wählen?[17]

Auf diese Fragestellung entschieden sich mehr als 80 % der Befragten für Plan A. Der sichere Gewinn wurde der risikoreichen Alternative, durch die ein Verlust hätte vermieden werden können, vorgezogen.

Fortführung des Beispiels: Anschließend wurden der Probandengruppe folgende Pläne unterbreitet: *Plan C* führt zum Verlust zweier Betriebe und zum Abbau von 4 000 Arbeitsplätzen. *Plan D* hat $^2/_3$ Wahrscheinlichkeit, dass alle Betriebe und alle 6 000 Arbeitsplätze verloren gehen. Mit einer Wahrscheinlichkeit von $^1/_3$ geht jedoch kein Betrieb und kein Arbeitsplatz verloren. Welchen Plan würden Sie wählen? 21

Mehr als 80 % der Befragten bevorzugten nun Plan D. Der risikoreichere Plan wurde dem sicheren Verlust vorgezogen. Die Auswahlkombination A, D ist jedoch unlogisch, da die Pläne A und C sowie B und D jeweils denselben Erwartungswert haben. Bei den Varianten A und C werden 2 000 Arbeitsplätze erhalten, 4 000 Arbeitsplätze entfallen. Bei den Varianten B und D besteht jeweils die gleiche Wahrscheinlichkeit, dass alle Arbeitsplätze gerettet werden ($^1/_3$) oder verlorengehen ($^2/_3$). Die Auswahlentscheidung der Befragten hat sich also allein durch das Umformulieren der Frage verändert.

Psychologen haben erforscht, dass Menschen eher risikovermeidend handeln, wenn die **Entscheidungsalternativen** positiv gehalten sind (Plan A und B). Sie sind dagegen risikogeneigt, wenn die gleiche Situation negativ formuliert wird (Plan C und D). Ein sicherer Gewinn wird der Wahrscheinlichkeit eines Gewinns vorgezogen, die Wahrscheinlichkeit eines Verlusts dem sicheren Verlust.[18]

III. Verhandlungsstrategien

Verhandlungsfallen erkennen und vermeiden macht nur einen Teil der Verhandlungsführung aus. Ebenso wichtig ist die Planung des eigenen Vorgehens bei Verhandlungen. Für das eigene Vorgehen bei Verhandlungen gibt es verschiedene Strategien. 22

Mediation, § 4 Rn. 93. Siehe ferner *Haft*, Verhandlung, S. 198 ff. Kritisch zum Limit *Fisher/Ury/Patton*, Harvard-Konzept, S. 148 ff.

[16] Vgl. *Gottwald/Haft*, Verhandeln, S. 54 (Markstücksteigern); *Klinger/Bierbrauer*, in: Haft/Schlieffen, Handbuch Mediation, § 4 Rn. 88 f. (1 €-Auktionsspiel).

[17] Beispiel wiedergegeben nach *Breidenbach*, Mediation, S. 90 f.

[18] *Gottwald/Haft*, Verhandeln, S. 59.

1. Verhandlungsphasen

23 Zunächst sollte man sich vor Augen führen, dass es bei Verhandlungen verschiedene Phasen gibt, die unterschiedliches Verhalten erfordern:
- die Orientierungsphase der Parteien,
- die Diskussion der strittigen Punkte,
- Annäherung oder Abbruch der Verhandlungen und
- Niederlegung des Verhandlungsergebnisses.

In der **Orientierungsphase** versucht der Verhandelnde, den Partner kennenzulernen und ihn als Verhandlungstyp einzustufen. Oft tauschen die Parteien ihre Anfangspositionen aus. Darauf folgen eine Phase der **Diskussion** der strittigen Punkte, eine Phase, in der es um **Annäherung oder Abbruch** der Verhandlungen geht, und schließlich die Niederlegung des **Ergebnisses.**[19] Verhandlungsstrategien finden in der zweiten und dritten Phase Anwendung.

2. Mögliche Strategien

24 Man kann bei Verhandlungen drei Strategien verfolgen:
- die maximalistische Strategie,
- die Strategie der Fairness und
- die integrative Strategie.

Wer eine **maximalistische Strategie** verfolgt, verlangt zunächst weit mehr, als er nach eigener Einschätzung erreichen kann, um so durch „Zugeständnisse" seine ursprünglichen Vorstellungen durchsetzen zu können. Diese Vorgehensweise ist wenig erfolgversprechend, wenn beide Seiten sie anwenden, da dann die Ausgangspositionen für eine Einigung zu weit auseinanderliegen. Auch bei einseitiger Anwendung kann auf längere Sicht ein Misserfolg drohen, weil der Maximalist von der Gegenseite nicht mehr ernst genommen wird, da er weitgehende Zugeständnisse machen muss.[20]

25 Bei der **Strategie der Fairness** geht es dem Verhandelnden um ein möglichst faires Ergebnis für beide Seiten, das durch faires Verhalten erzielt werden soll. Zwar wird auf diesem Weg die Gefahr des Scheiterns der Verhandlungen gegenüber der maximalistischen Strategie verringert. Der mit Blick auf die Interessen der Gegenseite Verhandelnde läuft jedoch Gefahr, zu wenig zu erreichen, wenn sein Verhandlungspartner ein kompetitiver Verhandlungstyp ist.[21]

26 Die **integrative Strategie** schließlich setzt auf interessenorientiertes Verhalten mit dem Ziel der Gewinnmaximierung für beide Seiten. Der übliche Streit um Positionen soll vermieden werden. Diese Strategie ist allerdings schwierig einzuüben und aufwendig in der Durchführung, da sie viel Kreativität und Phantasie erfordert. Sie ist außer-

---

[19] *Gottwald/Haft,* Verhandeln, S. 67 f.; *Saner,* Verhandlungstechnik, 2. Aufl. 2008, S. 155 ff. Nur geringfügig abweichend *Heussen/Heussen,* Handbuch, 2. Teil Rn. 522 ff. Siehe ferner *Erbacher,* Verhandlungsführung, S. 31 ff.; *Zankl,* Vertragssachen Rn. 251 f.

[20] *Aderhold/Koch/Lenkaitis,* Vertragsgestaltung, § 5 Rn. 22; *Gottwald/Haft,* Verhandeln, S. 69 f.; *Ponschab/Schweizer,* Kooperation, S. 215.

[21] *Aderhold/Koch/Lenkaitis,* Vertragsgestaltung, § 5 Rn. 23; *Gottwald/Haft,* Verhandeln, S. 70 f.

dem in solchen Situationen verfehlt, in denen letztlich der eine nur auf Kosten des anderen einen Vorteil erlangen kann.[22]

3. Harvard-Verhandlungsmethode

Anstelle von „integrativer Strategie" spricht man auch von „sachbezogenem Verhandeln".[23] Der Begriff und die Verhandlungsmethode gehen auf das **Harvard Negotiation Project** zurück, ein Forschungsprojekt der Harvard-Universität, in dessen Rahmen Verhandlungsmethoden untersucht und weiterentwickelt wurden. Trotz der genannten Probleme der integrativen Strategie ist die Harvard-Verhandlungsmethode ein sinnvolles Verfahren für eine Vielzahl von Verhandlungssituationen. Ihr hervorstechendstes Merkmal ist, dass nicht um Positionen gekämpft werden soll, sondern die Interessen der Parteien im Mittelpunkt stehen. Die Harvard-Verhandlungsmethode beruht auf vier Prinzipien.[24] Die Parteien sollen 27

- Sach- und Beziehungsebene trennen,
- anstelle von Positionen die Interessen in den Mittelpunkt stellen,
- Optionen zum beiderseitigen Vorteil entwickeln und
- objektive Entscheidungskriterien anwenden.

Zu diesen vier Prinzipien ist im Laufe des Projekts noch ein weiterer Aspekt hinzugetreten:

- Die beste Alternative zur Übereinkunft entwickeln.

a) Trennung von Sach- und Beziehungsebene

Wenn zwei oder mehr Personen miteinander kommunizieren, geht es nicht nur um Sachfragen. Zwischen den beteiligten Personen besteht auch eine **persönliche Beziehung,** die für ihr Verhalten mitbestimmend ist. Persönliche Elemente werden leicht mit sachlichen Fragen vermischt, indem beispielsweise Kritik am eigenen Standpunkt als persönlicher Angriff verstanden wird.[25] Oft respektiert der andere aber sowohl die Person des Verhandlungspartners als auch dessen Standpunkt und ist schlicht anderer Ansicht. Wer Verhandlungen sachorientiert führen will, muss die **sachliche Ebene** von der Beziehungsebene trennen.[26] Der Angriff geht gegen die Sache, nicht gegen die andere Partei. Das bedeutet nicht, dass persönliche Aspekte bei Verhandlungen außer Acht zu lassen sind.[27] Im Gegenteil: Ein Erfolg der Verhandlungen wird wahrscheinlicher, wenn der Verhandelnde auf die Gegenseite eingeht. 28

[22] *Aderhold/Koch/Lenkaitis,* Vertragsgestaltung, § 5 Rn. 24; *Gottwald/Haft,* Verhandeln, S. 71 f.; *Saner,* Verhandlungstechnik, 2. Aufl. 2008, S. 85 ff. *Ponschab/Schweizer,* Kooperation, S. 104 ff. sprechen von kooperativem Verhandeln.

[23] *Fisher/Ury/Patton,* Harvard-Konzept, S. 22; *Haft,* Verhandlung, S. 20 spricht von rationalem Verhandeln im Gegensatz zum intuitiven Verhandeln.

[24] *Fisher/Ury/Patton,* Harvard-Konzept, S. 37; *Quinting,* in: Eyer (Hrsg.), Wirtschaftsmediation, S. 33.

[25] *Bühring-Uhle/Eidenmüller/Nelle,* Verhandlungsmanagement, S. 9; *Fisher/Ury/Patton,* Harvard-Konzept, S. 49; *Gottwald/Haft,* Verhandeln, S. 73; *Quinting,* in: Eyer (Hrsg.), Wirtschaftsmediation, S. 33; *Schulz von Thun,* Störungen, S. 51.

[26] *Fisher/Ury/Patton,* Harvard-Konzept, S. 50 f.; *Gottwald/Haft,* Verhandeln, S. 74; *Ponschab/Schweizer,* Schlüsselqualifikationen, 2008, S. 177; *Quinting,* in: Eyer (Hrsg.), Wirtschaftsmediation, S. 33. Allgemein zur Sach- und Beziehungsebene der Kommunikation und den drohenden Störungen *Watzlawick/Beavin/Jackson,* Menschliche Kommunikation, 13. Aufl. 2017, S. 61 ff., 92 ff.

[27] *Heussen/Heussen,* Handbuch, 2. Teil Rn. 384 ff.; *Quinting,* in: Eyer (Hrsg.), Wirtschaftsmediation, S. 33 f. Zur Bedeutung von Emotionen im Verhandlungsprozess *Fisher/Shapiro,* Erfolgreich verhandeln, 2007.

29 **aa)** Zunächst ist es hilfreich, sich in die **Vorstellungen der Gegenpartei** hineinzuversetzen.[28] Das bedeutet nicht, den fremden Standpunkt zu übernehmen. Aber der Verhandelnde verstellt sich den Weg zur Einigung, wenn er die Sichtweise des anderen nicht nachvollzieht. Bei Verhandlungen über die Miethöhe mag der Mieter denken, dass er aufgrund der allgemeinen Teuerung schon genug belastet ist und nicht auch noch mehr Miete zahlen kann. Der Vermieter will aber vielleicht gerade wegen der Preissteigerung eine höhere Miete einnehmen, um seine gestiegenen Ausgaben zu bestreiten.[29]

30 **Vorgefertigte Lösungen** werden von anderen Personen nur ungern angenommen. Deshalb sollte der Verhandelnde die Vorstellungen und Ideen der anderen Seite in die Verhandlungsplanung einbeziehen.[30] Bei diesem Vorgehen werden Verbesserungsvorschläge der anderen Seite eher als sinnvolle Lösung anerkannt, als wenn eine Seite die andere mit einem fertigen Konzept konfrontiert und sie damit in die Defensive drängt. Schließlich sollte man der anderen Partei auch im eigenen Interesse unbedingt die **Gesichtswahrung** ermöglichen: Die Vorstellungen, die der andere von sich selbst hat, sind zu berücksichtigen. Fühlt sich der Verhandlungspartner als Verlierer oder kann er die Lösung nicht mit seinem Selbstbild vereinbaren, besteht die Gefahr, dass die Verhandlungen erfolglos bleiben.[31]

31 **bb)** Je wichtiger die Verhandlung ist, desto stärkere **Emotionen** sind mit ihr verbunden. Nervositäten und Ängste stehen auf beiden Seiten einer Einigung im Weg. Um sie abzubauen, muss der Verhandelnde zunächst den Partner, aber auch sich selbst beobachten und entsprechende Emotionen erkennen.[32]

32 **cc)** Verhandlungen funktionieren durch **Kommunikation.**[33] Drei Probleme stehen einer erfolgreichen Kommunikation entgegen: Erstens spricht man möglicherweise nicht wirklich mit dem anderen, sondern zielt mit seinem Beitrag auf Dritte (z. B. anwesende Auftraggeber). Zweitens hört die eine oder die andere Seite vielleicht nicht richtig zu. Drittens besteht selbst bei den besten Absichten die Gefahr von Missverständnissen.[34] Diesen Problemen kann der Verhandelnde entgegensteuern, indem er der anderen Partei zuhört und nicht schon eine Antwort formuliert, während der andere noch spricht.[35] Um dem Partner zu zeigen, dass man dessen Standpunkt erfasst hat, bieten sich – zumindest bei wichtigen Punkten – Wiederholungen an, bevor man die eigene Position darlegt.[36] Außerdem ist es sinnvoller, Absichten und Motive

[28] *Erbacher,* Verhandlungsführung, S. 64 f.; *Ponschab/Schweizer,* Kooperation, S. 155 ff.; *Quinting,* in: Eyer (Hrsg.), Wirtschaftsmediation, S. 34. Nicht nur auf Verhandlungen bezogen *Schulz von Thun,* Störungen, S. 54 ff.

[29] *Fisher/Ury/Patton,* Harvard-Konzept, S. 54.

[30] *Fisher/Ury/Patton,* Harvard-Konzept, S. 58 ff. Zum Misstrauen gegenüber fremden Vorschlägen *Breidenbach,* Mediation, S. 93 f.

[31] *Fisher/Ury/Patton,* Harvard-Konzept, S. 60 f.; *Rittershaus/Teichmann,* Vertragsgestaltung, Rn. 70; *Zankl,* Vertragssachen, Rn. 179.

[32] *Fisher/Ury/Patton,* Harvard-Konzept, S. 61. Zum Einfluss negativer Emotionen *Bühring-Uhle/Eidenmüller/Nelle,* Verhandlungsmanagement, S. 10 f.

[33] *Quinting,* in: Eyer (Hrsg.), Wirtschaftsmediation, S. 35; *Zankl,* Vertragssachen, Rn. 183. Zu nonverbalen Kommunikationsmitteln *Heussen/Heussen,* Handbuch, 2. Teil Rn. 415 ff.

[34] *Fisher/Ury/Patton,* Harvard-Konzept, S. 66 ff.; *Quinting,* in: Eyer (Hrsg.), Wirtschaftsmediation, S. 35. Allgemein zu Störfaktoren bei der Kommunikation *Schulz von Thun,* Störungen.

[35] Zum aktiven Zuhören und der Macht des Schweigens *Erbacher,* Verhandlungsführung, S. 88 ff.

[36] *Fisher/Ury/Patton,* Harvard-Konzept, S. 68 ff.; *Saner,* Verhandlungstechnik, 2. Aufl. 2008, S. 181.

von der eigenen Seite her darzustellen, als sich über die der anderen Seite zu äußern. Anstatt zu sagen: „Sie nehmen keine Rücksicht auf unsere finanzielle Lage“ sollte man formulieren: „Wir sind finanziell überfordert“. Die Schilderung der eigenen Situation kann die Gegenseite nicht übel nehmen; anders ist es jedoch bei Angriffen auf die Person.[37]

b) Interessen statt Positionen

Die zweite Maxime der Harvard-Verhandlungsmethode ist die **Konzentration auf Interessen:** Die Verhandelnden sollen sich auf Interessen konzentrieren, nicht auf Positionen. Worum es dabei geht, soll das folgende alltägliche Beispiel aufzeigen. 33

Beispiel: Zwei Personen streiten im Leseraum einer Bibliothek. Der eine möchte das Fenster geöffnet haben, der andere geschlossen. Auf eine teilweise Öffnung können sie sich nicht einigen. Der hinzukommenden Bibliothekarin erklärt der eine, er brauche frische Luft, der andere, er vertrage die Zugluft nicht. Daraufhin öffnet die Bibliothekarin ein Fenster im Nebenraum.[38]

Dieser exemplarische Sachverhalt zeigt, dass der **Kampf um Positionen** oft zu einer verfahrenen Situation führt. Obwohl es möglich wäre, die beiderseitigen Interessen zu befriedigen, wird diese Chance vertan, weil beide Seiten eine ganz bestimmte Haltung durchzusetzen versuchen und den Blick für eine sachgerechte Lösung verlieren. Hinter den Positionen, die Menschen vertreten, liegen bestimmte Interessen. Da es bei Verhandlungen letztlich um diese Interessen geht, sollte man sie vorrangig in den Blick nehmen. Dazu gehört einerseits, die eigenen Interessen zur Sprache zu bringen, andererseits, die Interessen der anderen Seite – für die andere Seite erkennbar – zu würdigen.[39] 34

Juristisches Beispiel: M ist Mitglied der „Wohnungsbaugenossenschaft Bielefeld e. G.“ (W). Zum 1.9.2019 soll er mit seiner fünfköpfigen Familie eine Wohnung der W beziehen. Kurz vor dem Einzugstermin teilt W mit, dass die Renovierung der Wohnung sich verzögert und die Wohnung erst zum 1.10.2019 bezugsfertig sein wird. M hat seine bisherige Wohnung bereits zum 31.8.2019 gekündigt. Er verlangt von W Erstattung seiner Kosten für die Lagerung seiner Möbel und die einmonatige Hotelunterbringung seiner Familie. Da er selbst nicht über die notwendigen Mittel verfügt, ist M darauf angewiesen, dass W die erforderlichen Beträge sofort zahlt. W lehnt Zahlungen aller Art ab.

In diesem Fall haben W und M zunächst völlig entgegengesetzte Interessen. M möchte von W eine Geldleistung, die W nicht zu erbringen bereit ist. M ist nicht ohne Weiteres in der Lage, sich auf einen Rechtsstreit mit W einzulassen, da er die Mittel für die Hotelunterbringung und die Lagerung der Möbel nicht aufbringen kann. W ist aber trotz ihrer Zahlungsunwilligkeit an einer gütlichen Beilegung des Streits interessiert, da die Leistungsstörung auf ihrer Seite aufgetreten ist. M geht es letztlich darum, die Kosten für Wohnraum und Möbellagerung für den Monat September nicht alleine tragen zu müssen. Die Interessen beider Seiten wären gewahrt, wenn M mit seiner Familie für einen Monat in eine andere Wohnung der W zieht und dabei nicht mehr als den vereinbarten Mietzins zahlt. Unter Umständen könnte W mit ihren Mitarbeitern beim Umzug von der provisorischen in die vermietete Wohnung helfen oder die zusätzlichen Umzugskosten übernehmen. Dieser Kompromiss ist nicht möglich, wenn auch nur eine der Parteien auf ihrer „Idealposition“ verbleibt und damit bei einem Scheitern der Verhandlungen letztlich interessenwidrig handelt.

---

[37] *Fisher/Ury/Patton,* Harvard-Konzept, S. 71; *Quinting,* in: Eyer (Hrsg.), Wirtschaftsmediation, S. 35; *Schulz von Thun,* Störungen, S. 79f.

[38] Beispiel nach *Fisher/Ury/Patton,* Harvard-Konzept, S. 75.

[39] *Fisher/Ury/Patton,* Harvard-Konzept, S. 88ff.; *Ponschab/Schweizer,* Kooperation, S. 163, 242ff.; *Quinting,* in: Eyer (Hrsg.), Wirtschaftsmediation, S. 36f.; *Risse,* Wirtschaftsmediation, § 2 Rn. 37.

35 Die Verhandlungsparteien haben **gemeinsame, gegenläufige und neutrale Interessen.** Macht man sich das Verhältnis der jeweiligen Interessen bewusst, so vermeidet man Streit um Dinge, die sich miteinander vereinbaren lassen und kann sich stattdessen auf die eigentlichen Probleme konzentrieren.[40] Die Interessen der anderen Partei kann der Verhandelnde nicht nur durch direkte Fragen, sondern auch dadurch ermitteln, dass er sich in die Lage des anderen versetzt und sich fragt, warum dieser eine bestimmte Position einnimmt.[41]

c) Primat des beiderseitigen Vorteils

36 Oft besteht die Vorstellung, dass sich eigene Interessen nur auf Kosten der anderen Seite durchsetzen lassen. Das mag in einigen Fällen zutreffend sein. Geht es um den Kaufpreis für einen gebrauchten Pkw, spiegelt sich der **Gewinn der einen Seite** im **Verlust der anderen Seite** wider. Selbst in solchen eindeutigen Fällen lassen sich aber bisweilen Lösungen finden, die den Interessen der Verhandelnden gerecht werden. So ist möglicherweise der Verkäufer mit einem etwas geringeren Preis einverstanden, wenn er den Pkw dafür bis zur Lieferung seines Neuwagens nutzen kann. In Verhandlungen ist häufig mehr für beide Seiten zu erreichen, als es zunächst den Anschein hat. Die folgenden Beispiele verdeutlichen u. a. die entscheidende Bedeutung einer klaren, die beiderseitigen Interessen berücksichtigenden und lösungsorientierten Kommunikation.

Beispiel: Zwei Schwestern stritten um eine Orange. Sie einigten sich darauf, die Orange zu teilen. Die eine Schwester aß ihre Hälfte und warf die Schale weg. Die andere Schwester warf das Fruchtfleisch weg und benutzte die Schale zum Backen.[42]

Juristisches Beispiel: V will mit seiner Familie umziehen und verkauft deshalb an K sein Haus. V benötigt den Kaufpreis bereits Anfang Juli, um sein neues Haus zu finanzieren, möchte aber sein altes Haus im Juli und August noch bewohnen. Wenn V bereit ist, einen angemessenen Mietzins für die Nutzung des Hauses im Juli und August zu zahlen und K hinsichtlich seines eigenen Umzugs flexibel ist, lassen sich die Interessen der Parteien vereinbaren, indem V für zwei Monate Mieter des K wird und K erst danach in das Haus einzieht. Der Mietvertrag kann in diesem Fall gem. § 575 I Nr. 1 BGB wirksam befristet werden.

37 Die Vorstellung vom **begrenzten Kuchen** hindert die Verhandlungspartner, kreative Ausweichmöglichkeiten zu entwickeln: Sie erwägen keine Wahlmöglichkeiten, weil sie sich einseitig auf „die" richtige Lösung konzentrieren.[43] Stattdessen sollte man **Wahlmöglichkeiten** schaffen, indem man zunächst verschiedene Ideen sammelt und diese in einem zweiten Schritt bewertet und ausarbeitet.[44] Wer Entscheidungsmöglichkeiten entwickelt, sollte dabei immer auch die Interessen des Gegners berücksichtigen und versuchen, den „Kuchen" zu vergrößern.[45] Zum einen wird die andere Seite die Verhandlungen möglicherweise abbrechen, wenn sie das Gefühl hat, benachteiligt

[40] Beispielfragen bei *Ponschab/Schweizer*, Schlüsselqualifikationen, 2008, S. 183.

[41] *Bühring-Uhle/Eidenmüller/Nelle*, Verhandlungsmanagement, S. 116ff.; *Fisher/Ury/Patton*, Harvard-Konzept, S. 80ff.; *Jandt/Gilette*, Konfliktmanagement, 1994, S. 157f.; *Quinting*, in: Eyer (Hrsg.), Wirtschaftsmediation, S. 37.

[42] Beispiel wiedergegeben nach *Fisher/Ury/Patton*, Harvard-Konzept, S. 96.

[43] *Fisher/Ury/Patton*, Harvard-Konzept, S. 99. Zu wertverteilenden und wertschöpfenden Verhandlungen *Breidenbach/Henssler*, Mediation, S. 5.

[44] *Fisher/Ury/Patton*, Harvard-Konzept, S. 100ff.; *Quinting*, in: Eyer (Hrsg.), Wirtschaftsmediation, S. 38f.; *Rittershaus/Teichmann*, Vertragsgestaltung, Rn. 72.

[45] *Heussen/Heussen*, Handbuch, 2. Teil Rn. 392m, 560.

zu werden. Zum anderen wird es sich auf die weiteren Beziehungen negativ auswirken, wenn es einer Seite gelingt, die andere zu übervorteilen.

d) Objektive Entscheidungskriterien

Trotz aller Bemühungen, allseitig vorteilhafte Ergebnisse zu finden, lässt sich der Widerstreit der Interessen nicht immer durch Alternativlösungen auflösen. Der Verkäufer eines gebrauchten Pkw möchte diesen vielleicht gar nicht länger fahren, sondern einen bestimmten Kaufpreis erzielen, weil er diesen Betrag benötigt, um seinen neuen Pkw zu finanzieren. Der Käufer möchte andererseits nicht mehr als den von ihm gebotenen Betrag aufwenden. Dann rückt wahrscheinlich keine Seite von ihren Vorstellungen ab; die Verhandlungen scheitern. Um ein Scheitern zu vermeiden, ist es hilfreich, **objektive Entscheidungskriterien** heranzuziehen.[46] So können die Vertragsparteien bei einem Gebrauchtwagenkauf auf Marktpreise für einen Pkw dieses Typs und Alters zurückgreifen oder bei einem Wohnraummietvertrag auf den städtischen Mietspiegel. 38

e) „Beste Alternative"

Wie bereits erwähnt, stößt man mit Verhandlungsstrategien gegenüber übermächtigen Verhandlungspartnern an Grenzen und gelangt oft nicht zum gewünschten Erfolg. In solchen Fällen muss die schwächere Partei sich davor schützen, unüberlegt einem Ergebnis zuzustimmen, das ihre Interessen nicht befriedigt. Auch wenn es im Augenblick der Verhandlung bisweilen nicht so erscheint, ist eine Übereinkunft oft nicht zwingend nötig oder nicht unbedingt die beste Lösung. Ein **Abbruch der Verhandlungen** kann sinnvoller sein als eine ungünstige Abrede.[47] 39

Ungünstige Verhandlungsergebnisse kann der Verhandelnde vermeiden, indem er sich eine **Begrenzung (Limit)** setzt. Allerdings verschließt der Verhandelnde sich dadurch möglicherweise innovativen Lösungsansätzen, wenn er sich unabhängig von der Entwicklung der Umstände und der Verhandlungen an sein Limit gebunden fühlt. Auch ein Austausch von Geld gegen andere Vergünstigungen (z. B. niedrigerer Kaufpreis für den Pkw, aber Nutzungsrecht für weitere zwei Monate) ist bei einer Selbstbindung durch ein striktes Limit nicht möglich. Wird die selbstgesetzte Begrenzung nicht flexibel gehandhabt, kann es sein, dass der Verhandelnde ein Angebot nicht annimmt, auf das er sich sinnvollerweise eingelassen hätte.[48] 40

Flexibilität besteht, wenn der Verhandelnde sich nicht starr an einem bestimmten Betrag orientiert, sondern stets seine beste Alternative zur Verhandlungsübereinkunft im Blick behält. Lassen sich bestimmte Preisvorstellungen nicht durchsetzen, weil die Umstände (z. B. der Markt) dem entgegenstehen, kann es für den Verkäufer oder den Vermieter einer Sache günstiger sein, einen niedrigeren Preis zu akzeptieren, als auf unbestimmte Zeit keinen Vertragsabschluss zu erzielen. Ebenso muss sich der Käufer oder der Mieter überlegen, ob er höhere Aufwendungen in Kauf nimmt oder die begehrte Sache möglicherweise überhaupt nicht erhält. 41

---

46 Hierzu *Fisher/Ury/Patton,* Harvard-Konzept, S. 126ff.; *Quinting,* in: Eyer (Hrsg.), Wirtschaftsmediation, S. 39f.

47 *Jandt/Gilette,* Konfliktmanagement, 1994, S. 145ff.; *Ponschab/Schweizer,* Kooperation, S. 109.

48 *Fisher/Ury/Patton,* Harvard-Konzept, S. 148ff.

Beispiel: V hat eine Eigentumswohnung in Köln. Aus beruflichen Gründen muss er für zwei Jahre nach München ziehen. Er ist darauf angewiesen, seine Kölner Wohnung zügig zu vermieten, um mit dem Mietzins seine Miete in München decken zu können. V nützen in diesem Fall bestimmte Preisvorstellungen, die er zu Recht oder zu Unrecht hegt, wenig. Er muss sich auf die aktuelle Marktlage einrichten, wenn er seine Wohnung schnell vermieten möchte.

Gegenbeispiel: M aus Frankfurt am Main hat am 18.4.2019 sein Zweites Juristisches Staatsexamen mit „gut" bestanden. Eine renommierte Düsseldorfer Kanzlei bietet ihm eine Anstellung mit einem attraktiven Jahresgehalt an. Dr. M sagt zum 1.5.2019 zu. Da ihm bewusst ist, dass er danach keine Zeit mehr für die Wohnungssuche haben wird, will er seinen Umzug bis zu diesem Datum abgewickelt haben. In dieser Situation ist es M, der keine Gelegenheit hat, auf günstige Angebote zu warten.

42 Diese Beispiele zeigen, dass sich der Verhandelnde über seine beste Alternative zur Übereinkunft klar werden sollte. Mit diesen Möglichkeiten muss er das jeweils erreichbare Verhandlungsergebnis vergleichen. Um trotzdem nicht überstürzt zu handeln, kann er sich eine Grenze setzen, an der er die Verhandlungen aussetzt, um sich die Auswahl noch einmal zu überlegen (Moratorium).[49]

Beispiel: M nimmt sich vor, einen Mietvertrag nicht gleich am Tag der Wohnungsbesichtigung zu unterschreiben, wenn die Kaltmiete 12 € pro m^2 übersteigt.

IV. Mediation

43 In Deutschland werden auch bei Verhandlungen die Möglichkeiten der **Mediation** genutzt.[50] Der Ausdruck Mediation lässt sich mit „Vermittlung" umschreiben; allerdings hat sich der Begriff Mediation durchgesetzt. Die Mediation ist seit 2012 durch das MediationsG[51] gesetzlich geregelt. Seit dem 1.9.2017 ist die Verordnung über die Aus- und Fortbildung von zertifizierten Mediatoren in Kraft.[52] Durch das MediationsG wurde die Richtlinie 2008/52/EG des Europäischen Parlaments und des Rates über bestimmte Aspekte der Mediation in Zivil- und Handelssachen umgesetzt und so erstmals eine gesetzliche Regelung auf dem Gebiet der außergerichtlichen Konfliktbeilegung geschaffen. Dabei geht das MediationsG über den Anwendungsbereich der Richtlinie hinaus, indem es nicht nur grenzüberschreitende Streitigkeiten, sondern auch inländische Sachverhalte erfasst. Neben dem Gang des Mediationsverfahrens ist auch die Verschwiegenheitspflicht des Mediators geregelt. Nach § 1 I MediationsG ist die Mediation ein vertrauliches und strukturiertes Verfahren, bei dem die beteiligten Parteien mithilfe eines oder mehrerer Mediatoren freiwillig und eigenverantwortlich eine einvernehmliche Beilegung ihres Konflikts anstreben. Der Mediator nimmt dabei die **Rolle eines unabhängigen und neutralen Vermittlers** ein, der die Parteien durch die Mediation führt, aber **keine Entscheidungsbefugnis** hat, § 1 II MediationsG.

---

[49] *Fisher/Ury/Patton,* Harvard-Konzept, S. 153 ff.

[50] Der Evaluationsbericht der Bundesregierung zu den Auswirkungen des Mediationsgesetzes auf die Mediation in Deutschland zeigt allerdings, dass die Mediation in der Praxis weiterhin nur eine untergeordnete Rolle spielt, https://www.bmjv.de/SharedDocs/Downloads/DE/Service/StudienUntersuchungenFachbuecher/Evaluationsbericht_Mediationsgesetz.pdf?__blob=publicationFile&v=1 (zuletzt abgerufen am: 4.3.2019).

[51] BGBl. 2012 I, S. 1577; vgl. zu den Regelungen des MediationsG *Goltermann/Hagel/Klowait/Levien,* „Das neue Mediationsgesetz" aus Unternehmenssicht, SchiedsVZ 2012, 299, SchiedsVZ 2013, 41; *Meyer/Schmitz-Vornmoor,* Das neue Mediationsgesetz in der notariellen Praxis, DNotZ 2012, 895.

[52] BGBl. 2016 I, S. 1994.

Mediation wird teilweise als **Alternative zu gerichtlichen Verfahren** betrachtet.[53] Der Einsatzbereich dieser Methode reicht jedoch weiter. Sie kann auch zur **Unterstützung bei Verhandlungen** sinnvoll sein, bei deren Scheitern es nicht zu einer gerichtlichen Auseinandersetzung kommt.[54] 44

Beispiele: (1) Ein Industrieunternehmen verhandelt mit einer Gemeinde über die Ansiedlung eines neuen Werks. Das Unternehmen verlangt Steuervorteile; die Gemeinde will diese nicht gewähren, da die Ansiedlung für sie gerade wegen der Steuereinnahmen interessant ist.

(2) Ein Manager verhandelt mit der Unternehmensführung über eine erhöhte Vergütung.

Einigen sich die Parteien in diesen Fällen nicht, können sie ihre Interessen nicht gerichtlich durchsetzen. Das Unternehmen hat gegen die Gemeinde keinen Anspruch auf Steuervergünstigungen; es kann lediglich einen anderen Standort wählen. Ebenso wenig hat die Gemeinde einen Anspruch darauf, dass das Unternehmen dort ein Werk eröffnet. Auch Manager und Unternehmen können ihre Forderungen nicht einklagen. Lösungsmöglichkeiten wären z. B. im ersten Fall vorübergehende steuerliche Vergünstigungen („Anschubhilfe"), im zweiten Fall eine Kombination aus einem zusätzlichen Fixum und einer Erfolgsprämie.

Die Lösungsvorschläge zeigen bereits, dass ein Mediator i. d. R. nichts anderes entwickeln kann als **kreative Parteien.** Das Problem liegt aber gerade darin, dass die Parteien aus persönlichen oder anderen Gründen oft nicht die erforderliche Kreativität aufbringen, sich nicht von ihren Positionen lösen können oder emotionale Fragen mit Sachfragen vermischen. In solchen Fällen, in denen den Parteien allein ein sachbezogenes Verhandeln nicht gelingt, kann ein Mediator **Verhandlungshilfe** leisten. Daraus ergibt sich, dass der Mediator ebenfalls die Prinzipien der Harvard-Verhandlungsmethode berücksichtigen wird. Er soll den Parteien helfen, Beziehungs- und Sachebene zu trennen, ihre Interessen zu erkennen und zu artikulieren, und er soll Entscheidungsmöglichkeiten zum beiderseitigen Vorteil entwickeln. Dabei kann auch der Mediator mit mehr Akzeptanz rechnen, wenn er objektive Kriterien zugrunde legt. Schließlich muss er die besten Alternativen der Parteien im Auge behalten, da sonst eine Einigung nicht zustande kommen wird. 45

Mediation hat zum Ziel, die **selbstbestimmte Interessenverfolgung** der Parteien zu begleiten; es geht nicht darum, den Parteien die Vorstellungen des Mediators aufzudrängen oder eine oberflächliche Einigkeit zu erzielen.[55] Ein wichtiger zusätzlicher Aspekt der Mediation kann die „therapeutische" **Hilfe im Umgang mit Emotionen** sein.[56] Besonders in Streitigkeiten mit personenrechtlichem Einschlag ist es erforderlich, dass die Parteien ihre Gefühle äußern können und die Standpunkte des anderen verstehen. Für die Mediation ist das **Ein-Text-Verfahren** besonders geeignet:[57] Nicht beide Seiten arbeiten schriftliche Vorschläge aus, sondern nur der Mediator entwirft einen schriftlichen Lösungsvorschlag, den die Parteien dann den Verhandlungen zugrunde legen und verfeinern. 46

53 *Breidenbach,* Mediation, S. 5; *Breidenbach/Henssler,* Mediation, S. 1 ff.; *Leeb,* BB 1998, Beilage 10, 1.

54 Zum Einsatz von Mediation zur Streikvermeidung *Risse,* NZA 2017, 1030, 1032 ff.

55 *Breidenbach/Henssler,* Mediation, S. 8; ausführlich zu den verschiedenen Zielvorstellungen *Breidenbach,* Mediation, S. 113 ff.

56 *Breidenbach,* Mediation, S. 139 ff.; *Risse,* Wirtschaftsmediation, § 1 Rn. 60 f. Kritisch zur therapeutischen Mediation *Wolf/Weber/Knauer,* NJW 2003, 1488 (1489 ff.).

57 *Eidenmüller,* BB 1998, Beilage 10, 19 (20); zum Ein-Text-Verfahren *Fisher/Ury/Patton,* Harvard-Konzept, S. 168 ff.

Bei der Mediation unterstützt ein neutraler Dritter die Parteien bei ihren Verhandlungen. Wenn den Parteien allein ein sachbezogenes Verhandeln nicht gelingt, leistet der Mediator Verhandlungshilfe.

V. Strukturieren von Verhandlungen

47 Ein Aspekt, den die Harvard-Verhandlungsmethode nicht weiter vertieft, ist der Umgang mit **komplexen Problemen.** Bei Verhandlungen spielen i. d. R. vielfältige Gesichtspunkte eine Rolle, die sich gegenseitig beeinflussen. So kann ein Unternehmer darauf verzichten, bestimmte Rechte gegenüber einem Kunden geltend zu machen, um die Geschäftsbeziehung zum Kunden nicht zu gefährden. Auch immaterielle Werte wirken sich auf die Auswahl von akzeptablen Verhandlungsergebnissen aus. Um sich auch bei komplexen Gegenständen zurechtzufinden, sollte das Problem strukturiert werden.[58] Die bekannteste Methode der **Strukturierung** besteht darin, Hierarchieebenen mit Unterpunkten zu erstellen. Dadurch entgeht man zum einen der Gefahr, sich und den Verhandlungspartner zu überfordern, zum anderen entsteht so ein **Verhandlungskonzept,** das während der Verhandlungen abgearbeitet werden kann.

Beispiel:

48 Strukturen sind auch in anderen Formen möglich. Man kann z. B. ein **Konto** aufstellen, in dem die Vor- und Nachteile einer möglichen Lösung einander gegenübergestellt werden.[59] Eine weitere Methode, die Strukturierung durch **Abbildungen,** kann insbesondere komplexe Personenbeziehungen verdeutlichen.

Beispiel: A möchte von B ein Darlehen in Höhe von 15 000 € erhalten, um sich von C ein Louis-XV.-Schlafzimmer kaufen zu können. B verlangt von A eine Sicherheit. Eine Sicherungsübereignung akzeptiert er nicht, weil er von Antiquitäten nichts versteht und den Wert des Schlafzimmers nicht einschätzen kann. Eine Bürgschaft des D, des Bruders von A ist ihm ebenfalls zu unsicher. Die Tante E des A ist bereit, B eine Grundschuld auf ihr Hausgrundstück zu bestellen, wenn D, ihr Lieblingsneffe, ihr gegenüber für die Schuld des A bürgt. D will nun nur noch für einen Betrag von 10 000 € bürgen. Nachdem das Darlehen auf diese Weise gesichert und ausgezahlt wurde, kommt A mit der Rückzahlung in Verzug. F, ein Gläubiger des B, lässt sich dessen Anspruch gegen A abtreten und vollstreckt nach fruchtlosen Zahlungsaufforderungen schließlich in das Grundstück der E. Diese verlangt von D 15 000 €. – Es liegt auf der Hand, dass diese komplexe Situation (die hier nicht aufgelöst werden soll) nach Strukturierung verlangt. Bevor der Vertragsjurist in einem solchen Fall eine rechtliche Stellungnahme abgibt, sollte er eine Skizze erstellen, die die Beziehungen zwischen den verschiedenen Personen veranschaulicht.

---

[58] *Haft,* Verhandlung, S. 77 ff.; *Ponschab/Schweizer,* Kooperation, S. 273 ff.

[59] *Haft,* Verhandlung, S. 86 ff.

Schließlich ist es bei Verhandlungen vorteilhaft, die formale **Führungsrolle** zu übernehmen und die Struktur der Verhandlung vorzugeben.[60] Wie sich gezeigt hat, kann durch eine sinnvolle Strukturierung des Problems der Verhandlungsrahmen bestimmt werden. Im Ergebnis führt man auf diese Art und Weise auch bei der Bewertung und Entscheidung von Inhaltsfragen. Wenn beide Parteien die formale Führung anstreben, wird das dazu führen, dass sie eine gemeinsame Struktur entwickeln. 49

[60] *Haft,* Verhandlung, S. 73ff.; *Heussen/Heussen,* Handbuch, 2. Teil Rn. 505; *Meins,* Vertragsverhandlung, S. 15f.; *Zankl,* Vertragssachen, Rn. 233.

§ 3. Gestaltung Allgemeiner Geschäftsbedingungen

Literatur (siehe auch das Verzeichnis der abgekürzt zitierten Literatur, S. XVII): *Berger,* Aushandeln von Vertragsbedingungen im kaufmännischen Geschäftsverkehr, NJW 2001, 2152; *Drettmann,* Die AGB-Kontrolle im Wohnraummietrecht, WuM 2012, 535; *Grünberger,* Der Anwendungsbereich der AGB-Kontrolle, Jura 2009, 249; *Kappus,* Der „steinige Weg" des AGB-Verwenders zur Individualvereinbarung, NJW 2016, 33; *Kessel,* AGB oder Individualvereinbarung – Relevanz und Reformbedarf, AnwBl 2012, 293; *Koch,* Der Anwendungsbereich der AGB-Kontrolle bei Geschäften zwischen Verbrauchern, ZGS 2011, 62; *Miethaner,* AGB oder Individualvereinbarung – die gesetzliche Schlüsselstelle „im Einzelnen ausgehandelt", NJW 2010, 3121; *Niebling,* AGB-Verwendung bei Geschäftsbeziehungen zwischen Unternehmern (b2b), MDR 2011, 1399; *Oetker,* AGB-Kontrolle im Zivil- und Arbeitsrecht, AcP 212 (2012), 202; *Pfeiffer,* Entwicklungen und aktuelle Fragestellungen des AGB-Rechts, NJW 2017, 913; *Ring/Klingelhöfer,* AGB-Recht in der anwaltlichen Praxis, 4. Aufl. 2017; *H. Schmidt,* Einbeziehung von AGB im Verbraucherverkehr, NJW 2011, 1633; *ders.,* Einbeziehung von AGB im unternehmerischen Geschäftsverkehr, NJW 2011, 3329; *Ulmer,* Notarielle Verbraucherverträge und § 24 AGBG – Verbraucherschutz contra Rechtssicherheit, in: Festschrift für Heinrichs, 1998, S. 555; *Graf v. Westphalen,* Unionsrechtliche Folgen des AGB-Missgriffs – Zum Bestehenbleiben „skelettierter" Verträge, NJW 2012, 1770; *ders.,* AGB-Recht im zweiten Halbjahr 2017, NJW 2018, 1520; *ders.,* AGB-Recht im ersten Halbjahr 2018, NJW 2018, 2238.

1 Mit Allgemeinen Geschäftsbedingungen (AGB) verfolgt der Verwender meist mehrere Ziele: Zunächst soll eine **Rationalisierung** der Geschäftsabläufe eintreten. Durch Verwendung einheitlicher Vertragsbedingungen werden Vertragsabschlüsse einfacher und kostengünstiger. Bei atypischen Verträgen sind AGB notwendig, um die – für die Vertragstypen des BGB bereits bestehenden – **Grundregeln** zu schaffen.[1]

2 Der Verwender von AGB ist regelmäßig allerdings auch in der Versuchung, **Vertragsrisiken** möglichst weitgehend auf den Vertragspartner abzuwälzen.[2] Die andere Vertragspartei hat meist keine Möglichkeit, abweichende Vertragsbedingungen auszuhandeln. Sie kann lediglich den Vertrag zu den vom Verwender vorgesehenen Bedingungen abschließen oder vom Vertragsschluss absehen.

Beispiel: Gert Gaiser (G) bekommt von seinen Eltern zum Ersten Juristischen Staatsexamen einen nagelneuen Pkw geschenkt. Als er den Wagen zum ersten Mal durch eine Waschstraße fahren will, liest er sich unter dem Gehupe der nachfolgenden Fahrer in Ruhe die an der Einfahrt ausgehängten AGB durch. Nach § 12 IV 2 der AGB haftet der Betreiber der Waschanlage nicht für Lackschäden, die seine Angestellten verursachen, es sei denn, es liegt grobe Fahrlässigkeit oder Vorsatz vor. Damit ist G nicht einverstanden. Er verlangt vom Verkäufer der Waschmarken, den Geschäftsführer zu holen, damit er mit ihm eine Haftung auch für leicht fahrlässig verursachte Schäden vereinbaren kann. Der Waschmarkenverkäufer fordert ihn daraufhin mit deutlichen Worten auf, das Gelände zu verlassen.

I. Allgemeine Überlegungen

3 Im Wirtschaftsleben ist die andere Vertragspartei auf angemessene AGB angewiesen. Die andere Vertragspartei – der Vertragspartner des AGB-Verwenders – kann ein privater oder gewerblicher Kunde sein, aber auch der Lieferant: Man denke etwa an die

[1] *Erman/Roloff,* Vorbem. zu § 305 BGB Rn. 1; MünchKomm-BGB/*Basedow,* Vorbem. zu § 305 BGB Rn. 1 f.; *Palandt/Grüneberg,* Überbl. vor § 305 BGB Rn. 5; *Ulmer/Brandner/Hensen/Ulmer/Habersack,* Einl. Rn. 4; *Wolf/Lindacher/Pfeiffer/Pfeiffer,* Einl. Rn. 1 f.

[2] MünchKomm-BGB/*Basedow,* Vorbem. zu § 305 BGB Rn. 3; *Palandt/Grüneberg,* Überbl. vor § 305 BGB Rn. 6; *Stoffels,* AGB-Recht, Rn. 72 f.; *Ulmer/Brandner/Hensen/Ulmer/Habersack,* Einl. Rn. 5.

Einkaufsbedingungen, mit denen Automobilhersteller oder Handelshäuser ihre Lieferanten konfrontieren.[3] Die erforderliche Kontrolle der einseitig vom Verwender aufgestellten AGB geschieht anhand der §§ 305 ff. BGB, die dem Schutz der anderen Vertragspartei vor der einseitigen Ausnutzung der Vertragsgestaltungsfreiheit dienen.[4] Diese Vorschriften sind nicht als reine Verbraucherschutznormen konzipiert. Sie verfolgen nicht oder jedenfalls nicht in erster Linie den Zweck, die schwächere Vertragspartei zu schützen, sondern sollen die einseitige Vertragsgestaltung durch den Verwender begrenzen. Ihr Schutzgrund ist **partielles Marktversagen,** das auch, aber bei weitem nicht nur im Geschäft mit Verbrauchern vorkommt.[5]

Auf das Bestehen einer wirtschaftlichen und/oder intellektuellen Unterlegenheit des Vertragspartners gegenüber dem Verwender der AGB kommt es nicht an.[6] Die §§ 305 ff. BGB finden z. B. auch Anwendung, wenn ein wirtschaftlich unterlegener Lieferant AGB gegenüber einem Großkunden verwendet. Allerdings entfalten die §§ 305 ff. BGB gegenüber Verbrauchern und Unternehmern eine **unterschiedliche Schutzintensität.** Auf der einen Seite gelten gem. § 310 I BGB bestimmte Vorschriften aus dem Bereich der §§ 305 ff. BGB nicht für Unternehmer. Auf der anderen Seite erweitert § 310 III BGB den Begriff der AGB für den Rechtsverkehr mit Verbrauchern und führt eine Sonderregel für die Inhaltskontrolle nach § 307 I, II BGB bei Verträgen mit Verbrauchern ein. 4

1. Anwendungsbereich der §§ 305–310 BGB

Den sachlichen und persönlichen Anwendungsbereich der §§ 305 ff. BGB regelt § 310 BGB. Mit dem Erb-, Familien- und Gesellschaftsrecht sind wichtige Bereiche des Zivilrechts ausgeklammert; dasselbe gilt auf dem Gebiet des Arbeitsrechts für Tarifverträge, Betriebs- und Dienstvereinbarungen (§ 310 IV 1 BGB). Arbeitsverträge sind dagegen nicht von der Anwendung der §§ 305 ff. BGB ausgeschlossen (siehe allerdings auch § 310 IV 2 BGB). § 310 I BGB enthält die bereits erwähnten Sonderregelungen für die Verwendung von AGB gegenüber Unternehmern. § 310 II BGB enthält Einschränkungen für AGB der Versorgungswirtschaft. § 310 III BGB regelt die Besonderheiten bei Verbraucherverträgen. 5

2. Begriff der AGB (§ 305 I BGB)

Nach der Legaldefinition des § 305 I 1 BGB liegen AGB i. S. d. Gesetzes vor, wenn folgende Voraussetzungen erfüllt sind: 6
- Es muss sich um Vertragsbedingungen handeln.
- Die Vertragsbedingungen müssen einseitig gestellt sein.
- Sie müssen für eine Vielzahl von Verträgen vorformuliert sein.

a) **Vertragsbedingungen** sind Regeln, die den Vertragsinhalt gestalten. Sie können Regelungen jeglicher Art zum Inhalt haben und sich auf Haupt- oder Nebenleistun- 7

[3] *Ulmer/Brandner/Hensen/Christensen,* Einkaufsbedingungen Rn. 1 ff. Eindringlich auch *Wellenhofer-Klein,* BB 1999, 1121.

[4] *Stoffels,* AGB-Recht, Rn. 89. – Allgemein zu den Grundwertungen der AGB-Regelungen *Stoffels,* AGB-Recht, Rn. 76 ff.; *Wolf/Lindacher/Pfeiffer/Pfeiffer,* Einl. Rn. 15 ff.

[5] MünchKomm-BGB/*Basedow,* Vorbem. zu § 305 BGB Rn. 4 f.

[6] *Stoffels,* AGB-Recht, Rn. 184.

gen beziehen.[7] Auch **einseitige Erklärungen des Vertragspartners,** die der Verwender vorformuliert hat, werden von der h. M. als Vertragsbedingungen i. S. d. § 305 I BGB angesehen.[8] Nach anderer Ansicht sind die gesetzlichen Vorschriften über AGB in diesen Fällen analog anzuwenden.[9] **Einseitige Erklärungen des Verwenders** sind keine AGB, da der Verwender hier nicht eine Erklärung des Kunden gestaltet, sondern ausschließlich seine eigene Vertragsgestaltungsfreiheit in Anspruch nimmt.[10]

8 **b) Einseitige Auferlegung** durch eine Partei ist das zweite Begriffsmerkmal der AGB: Die Vertragsbedingungen müssen von einem Verwender einseitig „gestellt" worden sein. Verwender ist derjenige, der die Einbeziehung der Vertragsbedingungen verlangt.[11] Von einer Partei gestellt sind die Vertragsbedingungen auch, wenn ein Dritter sie für die Partei entworfen hat. Dagegen sind AGB i. S. d. § 305 I 1 BGB nicht gegeben, wenn ein Dritter sie vorschlägt, ohne dass der Vorschlag auf die Interessen einer Partei abgestimmt ist.[12]

Beispiel: Die V-GmbH und die K-AG möchten beim Notar N ein Grundstücksgeschäft abwickeln. N benutzt dazu einen Formularvertrag aus einem Formularbuch, in den er die personen- und grundstücksspezifischen Angaben einsetzt. – Die §§ 305ff. BGB sind auf diesen Vertrag nicht anwendbar.

9 **c) Vorformulierung** verlangt das Gesetz als drittes Merkmal von AGB. AGB werden zwar üblicherweise schriftlich festgehalten, eine schriftliche oder sonstige Fixierung ist aber nicht erforderlich, damit es sich um vorformulierte Vertragsbedingungen handelt. Es genügt, dass eine Vertragspartei die Bedingungen im Kopf hat und sie bei einer Vielzahl von Vertragsabschlüssen zugrunde legen will.[13]

10 Auch **Klauseln mit Leerräumen** können AGB sein. Unproblematisch ist das, soweit nur unselbständige Ergänzungen vorgesehen sind, wie z. B. der Name des Kunden. Handelt es sich um inhaltsbestimmende Angaben, liegen vorformulierte Vertragsbedingungen i. S. d. § 305 I 1 BGB vor, wenn die andere Partei nur aus vorgegebenen Möglichkeiten auswählen kann.[14]

Beispiel: In einem Vertragsformular über die Nutzung eines Fitnessstudios kann der Kunde zwischen einer anfänglichen Mindestvertragsdauer von drei oder sechs Monaten wählen. – Trotz dieser Wahlmöglichkeit liegt eine vorformulierte Vertragsbedingung vor.

11 Die Vertragsbedingungen müssen für eine **Vielzahl von Verträgen** aufgestellt worden sein. Maßgeblich ist nicht, wie häufig die vorformulierte Vertragsbedingung tatsächlich verwendet wurde. Abzustellen ist allein auf den verfolgten Zweck, den Text für

[7] *Palandt/Grüneberg,* § 305 BGB Rn. 4; *Wolf/Lindacher/Pfeiffer/Pfeiffer,* § 305 BGB Rn. 7; *Wolf/Neuner,* BGB AT, § 47 Rn. 8f.

[8] *Erman/Roloff,* § 305 Rn. 6; MünchKomm-BGB/*Basedow,* § 305 BGB Rn. 9; *Palandt/Grüneberg,* § 305 BGB Rn. 5.

[9] *Locher,* JuS 1997, 389; *Ulmer/Brandner/Hensen/Ulmer/Habersack,* § 305 BGB Rn. 16.

[10] *Palandt/Grüneberg,* § 305 BGB Rn. 6; *Stoffels,* AGB-Recht, Rn. 115; *Ulmer/Brandner/Hensen/Ulmer/Habersack,* § 305 BGB Rn. 18.

[11] *Fikentscher/Heinemann,* Schuldrecht, Rn. 167; *Ulmer/Brandner/Hensen/Ulmer/Habersack,* § 305 BGB Rn. 27; *Wolf/Neuner,* BGB AT, § 47 Rn. 14.

[12] *Locher,* JuS 1997, 389 (390); *Medicus/Petersen,* Bürgerliches Recht, Rn. 75a; *Palandt/Grüneberg,* § 305 BGB Rn. 12; *Wolf/Lindacher/Pfeiffer/Pfeiffer,* § 305 BGB Rn. 31. Zur Sonderregel des § 310 III BGB für Verbraucherverträge siehe unten Rn. 31–35.

[13] *Staudinger/Schlosser,* § 305 BGB Rn. 22; *Wolf/Lindacher/Pfeiffer/Pfeiffer,* § 305 BGB Rn. 14.

[14] MünchKomm-BGB/*Basedow,* § 305 BGB Rn. 15f.; *Palandt/Grüneberg,* § 305 BGB Rn. 8.

künftige Rechtsgeschäfte zu verwenden. Die untere Grenze liegt bei drei vorgesehenen Verwendungen.[15] Die §§ 305ff. BGB gelten jedoch bereits bei der ersten Verwendung.

d) Keine AGB sind im Einzelnen individuell ausgehandelte Vertragsbedingungen (§ 305 I 3); solche **Individualvereinbarungen** gehen überdies den AGB vor (§ 305b BGB). Aushandeln ist mehr als ein bloßes Verhandeln:[16] Die Vertragsbedingungen müssen ernsthaft zur Disposition gestellt werden; der Vertragspartner muss eine realistische Chance haben, Veränderungen des vorformulierten Textes zu erreichen.[17] Eine Änderung des Textes ist nicht erforderlich, da die Verhandlungen auch dazu führen können, dass die andere Partei die Vertragsbedingungen als sachgerecht akzeptiert.[18] Manche Autoren verlangen allerdings, dass der Verwender bei unverändertem Text an anderer Stelle nachgegeben hat.[19] 12

Einzeln ausgehandelte Vertragsbedingungen unterliegen nicht der AGB-Kontrolle. Aushandeln ist allerdings mehr als Verhandeln; die Klausel muss ernsthaft zur Disposition gestellt werden.

Wenn nur einzelne Vertragsbedingungen ausgehandelt werden, bleibt es bei der Anwendung der §§ 305ff. BGB auf die übrigen Klauseln. Das ergibt sich aus der Formulierung des § 305 I 3 BGB (soweit). Da ein Aushandeln für jede Vertragsbedingung einzeln geprüft wird,[20] kann der Verwender der AGB einzelne ihm besonders wichtige Klauseln (z. B. eine Haftungsbeschränkung) aushandeln und dadurch der Inhaltskontrolle nach den §§ 305ff. BGB entziehen, während es für die übrigen Vertragsbedingungen bei der Anwendung der §§ 305ff. BGB verbleibt.[21] 13

3. Einbeziehungsvoraussetzungen

Da AGB Bestandteil einer vertraglichen Vereinbarung werden sollen, muss eine **einvernehmliche Einbeziehung** der AGB in den Vertrag erfolgen, damit die AGB Geltung erlangen, § 305 II BGB a. E. Das Einverständnis kann konkludent erklärt werden.[22] § 305 II BGB stellt zwei weitere Voraussetzungen für die Einbeziehung der AGB des Verwenders auf, nämlich einen ausdrücklichen Hinweis auf die AGB oder unter bestimmten Voraussetzungen einen deutlich sichtbaren Aushang am Ort des Geschehens (§ 305 II Nr. 1 BGB) und die Möglichkeit zur Kenntnisnahme in zumutbarer Weise (§ 305 II Nr. 2 BGB). 14

[15] *Palandt/Grüneberg,* § 305 BGB Rn. 9; *Ulmer/Brandner/Hensen/Ulmer/Habersack,* § 305 BGB Rn. 25 m.w.N.

[16] *BGH* vom 19.5.2005 – III ZR 437/04, NJW 2005, 2543 (2544). Ausführlich zu diesem Problemkreis *Kappus,* NJW 2016, 33ff.

[17] *Erman/Roloff,* § 305 BGB Rn. 18; *Palandt/Grüneberg,* § 305 BGB Rn. 20; *Stoffels,* AGB-Recht, Rn. 148; *Wolf/Lindacher/Pfeiffer/Pfeiffer,* § 305 BGB Rn. 38; *Wolf/Neuner,* BGB AT, § 47 Rn. 19.

[18] BeckOK-BGB/*Becker,* § 305 Rn. 37; *Palandt/Grüneberg,* § 305 BGB Rn. 20; *Ulmer/Brandner/Hensen/Ulmer/Habersack,* § 305 BGB Rn. 48.

[19] *Wolf/Neuner,* BGB AT, § 47 Rn. 19.

[20] MünchKomm-BGB/*Basedow,* § 305 BGB Rn. 44; *Stoffels,* AGB-Recht, Rn. 149.

[21] *Erman/Roloff,* § 305 BGB Rn. 22; *Wolf/Lindacher/Pfeiffer/Pfeiffer,* § 305 BGB Rn. 41.

[22] MünchKomm-BGB/*Basedow,* § 305 BGB Rn. 95; *Palandt/Grüneberg,* § 305 BGB Rn. 41; *Wolf/Neuner,* BGB AT, § 47 Rn. 33.

15 **a)** Auf die AGB muss gem. **§ 305 II Nr. 1, 1. Alt. BGB** grundsätzlich ausdrücklich hingewiesen werden. Der **Hinweis** muss bei schriftlichen Verträgen oder Antragsformularen so gestaltet sein, dass ihn ein Durchschnittskunde bei flüchtiger Betrachtung wahrnehmen kann.[23] Er muss bei Vertragsschluss erfolgen. Werden die AGB dem anderen Vertragspartner erst nach Vertragsschluss zugeleitet, so werden sie nicht Vertragsbestandteil.[24] Ein **Aushang** mit dem Hinweis auf die AGB genügt gem. **§ 305 II Nr. 1, 2. Alt. BGB** in den Fällen, in denen ein ausdrücklicher Hinweis unverhältnismäßig schwierig ist. Die Schwierigkeit muss auf den technischen Gegebenheiten des Vertragsabschlusses beruhen. Das ist vor allem bei Massengeschäften ohne persönlichen Kontakt der Fall, so z. B. bei Vertragsschlüssen in Waschanlagen und Parkhäusern.[25]

Beispiel: Karl Kahn (K) benötigt eine neue Wohnwand. Er bestellt daher bei V telefonisch eine Wohnwand zum Preis von 1 775 €. Im Preis inbegriffen ist der Aufbau der Wohnwand im Wohnzimmer des K. V sagt K die Lieferung innerhalb von vierzehn Tagen nach Eingang des Kaufpreises auf seinem Geschäftskonto zu; seine AGB erwähnt er nicht. Beim Aufbau der Wohnwand beschädigt ein Angestellter des V leicht fahrlässig eine Glastür in der Wohnung des K. K verlangt von V Ersatz des Schadens. V verweist auf seine AGB, nach denen er für Sachschäden bei leicht fahrlässigen Pflichtverletzungen seiner Angestellten nicht haftet. Die AGB waren auf der Rückseite der „Auftragsbestätigung" abgedruckt, die K zusammen mit der Wohnwand erhalten hat; die Vorderseite enthielt keinen Hinweis auf AGB. K fragt, ob er die Haftungsbeschränkung gegen sich gelten lassen muss.

Der Aufbau der Wohnwand gehörte nach der Abrede der Parteien zu den Vertragspflichten des V. Für den bei der Erfüllung dieser Pflicht verursachten Schaden kann K nach den §§ 280 I, 276, 278 BGB von V Ersatz verlangen. Zwar kann V, wie sich aus § 309 Nr. 7 lit. b BGB ergibt, die Haftung für Sachschäden bei leicht fahrlässigen Pflichtverletzungen seiner Erfüllungsgehilfen ausschließen. Die entsprechende Klausel des V ist jedoch nicht Vertragsbestandteil geworden. Zum einen fehlt es an einem deutlichen Hinweis auf die AGB, die hier auf der Rückseite einer Auftragsbestätigung „versteckt" waren. Zum anderen hat V die AGB erst nach dem telefonischen Vertragsschluss eingebracht.

16 **b)** Ferner muss der Verwender nach § 305 II Nr. 2 BGB der anderen Partei die **Möglichkeit der Kenntnisnahme** der AGB verschaffen. Diese Voraussetzung ist jedenfalls dann erfüllt, wenn der Verwender der anderen Vertragspartei die AGB aushändigt. Nach einem ausdrücklichen Hinweis auf die AGB genügt es jedoch auch, wenn sie ausliegen oder aushängen.[26] Bei Online-Rechtsgeschäften muss der Kunde gem. § 312 i I Nr. 4 BGB die Möglichkeit haben, die AGB zu speichern.[27] Bei einem telefonischen Vertragsschluss kann der Kunde – auch konkludent – auf die Einhaltung von § 305 II Nr. 2 BGB verzichten.[28]

17 Besondere Probleme kann die Einbeziehung von AGB beim Kauf von Computersoftware bei sog. **Schutzhüllenverträgen** bereiten. Bei einem Schutzhüllenvertrag erhält der Erwerber die Software auf einem eingeschweißten Datenträger. Mit dem Öffnen der Verpackung soll der Erwerber die AGB des Softwareherstellers akzeptieren. Bei

[23] *Palandt/Grüneberg,* § 305 BGB Rn. 27; *Wolf/Lindacher/Pfeiffer/Pfeiffer,* § 305 BGB Rn. 73; *Wolf/Neuner,* BGB AT, § 47 Rn. 28.

[24] MünchKomm-BGB/*Basedow,* § 305 BGB Rn. 83 ff.; *Staudinger/Schlosser,* § 305 BGB Rn. 111, 114; *Stoffels,* AGB-Recht, Rn. 286.

[25] *Palandt/Grüneberg,* § 305 BGB Rn. 29; *Staudinger/Schlosser,* § 305 BGB Rn. 128 ff.; *Stoffels,* AGB-Recht, Rn. 272 f.

[26] *Palandt/Grüneberg,* § 305 BGB Rn. 32.

[27] Zur Einbeziehung von AGB bei Online-Rechtsgeschäften *Kamanabrou,* CR 2001, 421.

[28] MünchKomm-BGB/*Basedow,* § 305 BGB Rn. 73; *Ulmer/Brandner/Hensen/Ulmer/Habersack,* § 305 BGB Rn. 149.

dieser Gestaltung werden die AGB nur Vertragsbestandteil, wenn der Erwerber die AGB vor Vertragsschluss und dem Öffnen der Schutzhülle lesen kann.[29]

c) Nach § 310 I 1 BGB findet § 305 II BGB gegenüber Unternehmern keine Anwendung. Damit entfallen jedoch nur die über eine vertragliche Einigung hinausgehenden Erfordernisse des § 305 BGB. Eine ausdrückliche oder konkludente **einvernehmliche Vereinbarung** über die Geltung der AGB ist nach allgemeinen rechtsgeschäftlichen Grundsätzen erforderlich.[30] Die Möglichkeit der Kenntnisnahme der AGB muss auch für Unternehmer bestehen, allerdings gelten insoweit geringere Anforderungen als im Rechtsverkehr mit Verbrauchern.[31] 18

§ 305 II BGB gilt nur im Rechtsverkehr mit Verbrauchern. Gegenüber Unternehmern gelten für die Einbeziehung von AGB die allgemeinen Regeln über die Vereinbarung von Vertragsinhalten.

d) Im Rechtsverkehr zwischen Unternehmern kann sich das Problem der **kollidierenden AGB** (battle of forms) stellen. 19

Beispiel: Die in Hamburg ansässige Rüdiger Jahtal OHG (R) produziert Survivalausrüstungen, die sie ausschließlich an Großhändler verkauft. Die Münchener Outdoor-GmbH (O) will 2019 erstmalig Ware bei R bestellen. R bietet O schriftlich unter Hinweis auf ihre beigefügten Verkaufsbedingungen einen größeren Posten Arktis-Zelte und Mumien-Schlafsäcke zu einem günstigen Preis an. O nimmt das Angebot schriftlich unter Hinweis auf ihre beigefügten Einkaufsbedingungen an. Die AGB widersprechen sich u. a. im Bereich der Gewährleistung, und des Eigentumsübergangs. O und R führen den Vertrag durch. Welche AGB gelten?

Wollte man § 150 II BGB auf die Fälle kollidierender AGB anwenden, würden jeweils die AGB gelten, die zuletzt in die Verhandlungen eingebracht wurden. Da diese Lösung als nicht sachgerecht angesehen wird, sollen im Fall der einvernehmlichen Vertragsdurchführung die AGB gelten, soweit sie sich nicht widersprechen. Im Übrigen finden die gesetzlichen Regelungen Anwendung.[32] Eine Besonderheit besteht beim einfachen Eigentumsvorbehalt: Er setzt sich auch gegenüber widersprechenden AGB des Erwerbers durch, da der Eigentumsübergang durch einseitige Erklärung ausgeschlossen werden kann.[33] Dass die bedingte Übereignung vertragswidrig ist, hindert nicht ihre sachenrechtliche Wirksamkeit.

e) Als sog. **überraschende Klauseln** werden Klauseln nicht Vertragsbestandteil, die nach den Umständen so ungewöhnlich sind, dass der Vertragspartner mit ihnen nicht rechnen muss (§ 305c I BGB): Auf solche Klauseln bezieht sich das notwendige Einverständnis der anderen Vertragspartei nicht; der Verwender darf mit einem Einverständnis redlicherweise nicht rechnen. Die Klausel muss objektiv ungewöhnlich und außerdem für den Kunden überraschend sein;[34] sie verliert ihren 20

[29] *Fischl,* in: Auer-Reinsdorff/Conrad, Handbuch IT- und Datenschutzrecht, 2. Aufl. 2016, § 17 Rn. 86 ff.; *Junker/Benecke,* Computerrecht, 2003, Rn. 385.

[30] *Palandt/Grüneberg,* § 305 BGB Rn. 49 ff.; *Ulmer/Brandner/Hensen/Ulmer/Schäfer,* § 310 BGB Rn. 29; *Wolf/Neuner,* BGB AT, § 47 Rn. 37.

[31] *Ulmer/Brandner/Hensen/Ulmer/Schäfer,* § 310 BGB Rn. 29; *Wolf/Neuner,* BGB AT, § 47 Rn. 37.

[32] *Medicus/Petersen,* Bürgerliches Recht, Rn. 75; *Palandt/Grüneberg,* § 305 BGB Rn. 54; *Ulmer/Brandner/Hensen/Ulmer/Habersack,* § 305 BGB Rn. 191 ff.; *Wolf/Neuner,* BGB AT, § 47 Rn. 35.

[33] *Palandt/Grüneberg,* § 305 BGB Rn. 55; *Ulmer/Brandner/Hensen/Ulmer/Habersack,* § 305 BGB Rn. 195 ff.; *Ring/Klingelhöfer/Ring,* AGB-Recht, § 4 Rn. 131.

[34] *Palandt/Grüneberg,* § 305c BGB Rn. 3 f.; *Ulmer/Brandner/Hensen/Ulmer/Schäfer,* § 305c BGB Rn. 11 ff.

überraschenden Charakter, wenn der Verwender deutlich auf die Klausel hinweist.[35]

4. Inhaltskontrolle nach den §§ 307–309 BGB

21 AGB, die wirksam in einen Vertrag einbezogen wurden, unterliegen nach den §§ 307–309 BGB der Inhaltskontrolle. Sie findet nur bei Klauseln statt, die von einer gesetzlichen Regelung abweichen oder diese ergänzen (§ 307 III 1 BGB). Andere Bestimmungen, beispielsweise Leistungsbeschreibungen und Preisvereinbarungen, unterliegen lediglich der Transparenzkontrolle (§ 307 III 2 BGB). Das bedeutet: Leistungsbestimmungs- und Entgeltregelungen, die nach § 307 III 1 BGB an sich von der Inhaltskontrolle ausgenommen sind, können dennoch gem. § 307 I BGB wegen Intransparenz unwirksam sein.[36]

22 **a)** Eine Inhaltskontrolle nach den §§ 305 ff. BGB kann nicht nur im Rechtsstreit zwischen Verwender und Vertragspartner **(Individualprozess)** erfolgen, sondern auch präventiv im Wege einer **Verbandsklage.** Nach dem Unterlassungsklagengesetz (UKlaG) können u. a. Wirtschafts- und Verbraucherverbände gegen den Verwender (oder Empfehler) von AGB Unterlassungsklage erheben und einen Verstoß der AGB-Klauseln gegen die §§ 307–309 BGB rügen. Stellt das Gericht die Unwirksamkeit der Vertragsklauseln fest, kann es dem Kläger gem. § 7 UKlaG eine Veröffentlichungsbefugnis erteilen. Ein späterer Vertragspartner des Verwenders kann sich auf dieses Urteil berufen; die entsprechende Klausel ist gem. § 11 1 UKlaG als unwirksam anzusehen.[37]

23 **b)** Die Inhaltskontrolle soll sicherstellen, dass die andere Vertragspartei vom Verwender nicht unangemessen benachteiligt wird. Der Gesetzgeber verfolgt dieses Ziel mit verschiedenen Regelungen:

24 **aa)** In § 309 BGB hat der Gesetzgeber **Klauselverbote ohne Wertungsmöglichkeit** normiert. Ihnen ist gemeinsam, dass die genormten AGB-Klauseln unwirksam sind, ohne dass die unangemessene Benachteiligung des Vertragspartners des Verwenders besonders festgestellt werden muss.

25 **bb)** In § 308 BGB sind **Klauselverbote mit Wertungsmöglichkeit** normiert. Die Tatbestände enthalten unbestimmte Rechtsbegriffe (z. B. § 308 Nr. 1 BGB: „unangemessen lange oder nicht hinreichend bestimmte Fristen“), die der Richter im Einzelfall auszulegen hat.[38]

26 **cc)** Klauseln, die weder nach § 309 BGB noch nach § 308 BGB unwirksam sind, werden an der **Generalklausel des § 307 I 1 BGB** gemessen. Nach § 307 I 1 BGB sind AGB-Klauseln unwirksam, wenn sie den Vertragspartner des Verwenders entgegen Treu und Glauben unangemessen benachteiligen. § 307 II BGB macht Aussagen

[35] MünchKomm-BGB/*Basedow,* § 305c BGB Rn. 10; *Palandt/Grüneberg,* § 305c BGB Rn. 4; *Ulmer/Brandner/Hensen/Ulmer/Schäfer,* § 305c BGB Rn. 23; *Wolf/Lindacher/Pfeiffer/Lindacher/Hau,* § 305c BGB Rn. 38a.

[36] *Erman/Roloff,* § 307 BGB Rn. 38; *Stoffels,* AGB-Recht, Rn. 561. – Das entsprach schon zu § 8 AGBG der h. M.: *Stoffels,* JZ 2001, 843 (845); *Ulmer/Brandner/Hensen/Fuchs,* § 307 BGB Rn. 10.

[37] Umfassend zum Unterlassungsklagengesetz *Heß,* in: Ernst/Zimmermann (Hrsg.), Zivilrechtswissenschaft und Schuldrechtsreform, 2001, S. 527; *Stoffels,* AGB-Recht, Rn. 1213ff.

[38] *Wolf/Lindacher/Pfeiffer/Dammann,* vor §§ 308, 309 BGB Rn. 6; *Wolf/Neuner,* BGB AT, § 47 Rn. 62.

dazu, unter welchen Voraussetzungen eine unangemessene Benachteiligung im Zweifel anzunehmen ist. Das ist der Fall, wenn die Klausel wesentlichen Grundgedanken der gesetzlichen Regelung widerspricht (§ 307 II Nr. 1 BGB) oder wesentliche Rechte und Pflichten, die sich aus der Natur des Vertrags ergeben, so einschränkt, dass die Erreichung des Vertragszwecks gefährdet ist (§ 307 II Nr. 2 BGB).

Beispiel (zu § 309 BGB): Die B-GmbH vertreibt monatlich erscheinende Computerzeitschriften per Abonnement. Die Verträge haben eine Mindestlaufzeit von einem Jahr. Zur Kündigung enthalten die AGB der B-GmbH folgende Klausel: „Der Abonnent kann das Abonnement mit einer Frist von sechs Monaten zum Monatsende kündigen." Student Mirco (M), der Elektrotechnik studiert, abonniert bei B eine Zeitschrift. Nach zwei Jahren wechselt er zum Studienfach Kunstgeschichte. Da er keine Verwendung mehr für Computerzeitschriften hat, möchte er das Abonnement schnellstmöglich lösen. Ist M an die sechsmonatige Kündigungsfrist gebunden?

M ist nicht an die sechsmonatige Kündigungsfrist gebunden. Die Kündigungsklausel in den AGB der B verstößt gegen § 309 Nr. 9 lit. c BGB, wonach eine längere Kündigungsfrist als drei Monate vor Ablauf der zunächst vorgesehenen oder verlängerten Vertragsdauer nicht zulässig ist. Der Vertrag kann jederzeit ohne Einhaltung einer Kündigungsfrist durch Kündigung beendet werden; eine geltungserhaltende Reduktion der Klausel auf das gerade noch Zulässige (drei Monate) kommt nicht in Betracht.[39]

dd) Eine unangemessene Benachteiligung i. S. d. § 307 I 1 BGB kann sich gem. 27
§ 307 I 2 BGB auch aus der **Intransparenz einer Klausel** ergeben. Der Klauselverwender ist daher gezwungen, die Klausel so zu formulieren, dass sie für den Vertragspartner klar und verständlich ist. Nach umstrittener, aber zutreffender Auffassung ist eine intransparente Klausel nicht automatisch unwirksam.[40] Dafür sprechen sowohl der Wortlaut des § 307 I 2 BGB („kann") als auch die Systematik des § 307 BGB, der in Abs. 3 S. 2 als Voraussetzung für die Unwirksamkeit einer Klausel Abs. 1 S. 1 und Abs. 1 S. 2 ausdrücklich kumulativ nennt.[41] Nachdem die Intransparenz einer Klausel festgestellt wurde, ist daher noch zu klären, ob sich daraus eine unangemessene Benachteiligung ergibt. Das wird regelmäßig der Fall sein.

c) Gegenüber **Unternehmern** gelten auch im Bereich der Inhaltskontrolle Besonderheiten. 28
Nach § 310 I 1 BGB können sie sich auf die §§ 308 und 309 BGB grundsätzlich nicht berufen, anwendbar bleiben von diesen Klauselverboten nur § 308 Nrn. 1a und 1b. In § 310 I 2 BGB ist aber klargestellt, dass im unternehmerischen Rechtsverkehr Klauseln, die in den nicht anwendbaren Teilen der §§ 308 und 309 BGB genannt sind, nach § 307 I, II BGB für unwirksam erklärt werden können. Die von den §§ 308 und 309 BGB erfassten Klauseln unterliegen also auch bei Verwendung gegenüber Unternehmern der Inhaltskontrolle, allerdings nach § 307 I, II BGB.

Beispiel: Hätte im letzten Beispiel der Ingenieur Vincent (V) die Zeitschrift für sein Ingenieurbüro bestellt, wäre die Kündigungsklausel ihm gegenüber gem. § 310 I BGB nach § 307 BGB zu kontrollieren. Es wäre unter Berücksichtigung der im Handelsverkehr geltenden Gewohnheiten und Gebräuche (§ 310 I 2 a. E. BGB) zu fragen, ob im Geschäftsverkehr zwischen Unternehmern eine sechsmonatige Kündigungsfrist für ein Abonnement einer monatlich erscheinenden Zeitschrift unangemessen i. S. d. § 307 I, II BGB ist.

---

[39] Zu dieser Rechtsfolge bei unzulässig langen Kündigungsfristen MünchKomm-BGB/*Wurmnest,* § 309 Nr. 9 BGB Rn. 20.

[40] *Ulmer/Brandner/Hensen,* § 307 BGB Rn. 330; *Wolf/Lindacher/Pfeiffer/Wolf,* § 307 Rn. 250; a. A. *Lange,* ZGS 2004, 208 (212); *Palandt/Grüneberg,* § 307 BGB Rn. 24.

[41] *Staudinger/Coester,* § 307 BGB Rn. 174; *Ulmer/Brandner/Hensen,* § 307 BGB Rn. 330.

Die Inhaltskontrolle richtet sich gegenüber Verbrauchern nach den §§ 307 ff. BGB, die von Klauselverboten ohne Wertungsmöglichkeit bis zur Generalklausel eine abgestufte AGB-Kontrolle ermöglichen. Gegenüber Unternehmern erfolgt die Inhaltskontrolle gem. § 310 BGB überwiegend nach § 307 BGB.

5. Rechtsfolgen bei Nichteinbeziehung und Unwirksamkeit

29 § 306 BGB regelt die Auswirkungen auf den Vertrag, wenn AGB ganz oder teilweise nicht in den Vertrag einbezogen wurden oder unwirksam sind. Grundsätzlich bleibt der Vertrag **im Übrigen wirksam** (§ 306 I BGB). Nur ausnahmsweise, nämlich bei einer unzumutbaren Härte für eine Vertragspartei, ist der gesamte Vertrag unwirksam, § 306 III BGB. Diese von § 139 BGB abweichende Regelung dient dem Interesse des Vertragspartners des Verwenders, dem i. d. R. an der Aufrechterhaltung des Vertrags gelegen ist.[42] An die Stelle der unwirksamen Klausel tritt gem. § 306 II BGB die **gesetzliche Regelung.** Fehlt es, wie z. B. bei gesetzlich nicht geregelten Vertragstypen, an dispositivem Gesetzesrecht, so muss die Lücke durch ergänzende Vertragsauslegung geschlossen werden. Salvatorische Klauseln, die der Verwender für den Fall der Unwirksamkeit vorsieht, sind ebenso wie Ersatz-AGB nichtig.[43]

30 Eine **geltungserhaltende Reduktion,** d. h. eine Reduzierung der unwirksamen Klausel auf das zulässige Maß, ist nicht zulässig. Andernfalls wäre die Verwendung unangemessener AGB für den Verwender risikolos.[44] Eine geltungserhaltende Reduktion liegt allerdings nicht vor, wenn eine teilbare Klausel insoweit aufrechterhalten wird, als sie den §§ 305 ff. BGB entspricht (blue-pencil-Test).[45]

Beispiel: HiFi-Händler Hirt (H) verwendet AGB, in denen er die Haftung für Sachschäden aufgrund von Pflichtverletzungen seiner Erfüllungsgehilfen ausschließt. Eine weitere Klausel der AGB sieht vor, dass der Kunde eine Mahnung in Textform vornehmen muss und die Nachfrist i. S. d. § 281 I BGB bei verzögerter Leistung des H drei Monate beträgt.

Die zuerst genannte Klausel verstößt aufgrund des vollständigen Haftungsausschlusses bei Sachschäden gegen § 309 Nr. 7 lit. b BGB und ist unwirksam.[46] Der Haftungsausschluss kann nicht durch Auslegung in der Form aufrechterhalten werden, dass die Haftung des H auf grob fahrlässige oder vorsätzliche Pflichtverletzungen seiner Erfüllungsgehilfen beschränkt wird. Bei einem solchen Vorgehen würde es sich um eine unzulässige geltungserhaltende Reduktion handeln.[47]

Die zweitgenannte Klausel verstößt insoweit gegen § 308 Nr. 2 BGB, als Hirt sich eine dreimonatige Nachfrist für den Fall vorbehält, dass der Kunde bei einer verzögerten Leistung Schadensersatz statt der Leistung verlangt. Bei üblichen Verbrauchergeschäften ist die Höchstgrenze für eine angemessene Frist mit zwei Wochen anzusetzen.[48]. Diese Grenze wird von H erheblich überschritten. Wirksam ist dagegen

[42] MünchKomm-BGB/*Basedow,* § 306 BGB Rn. 1 f.; *Palandt/Grüneberg,* § 306 BGB Rn. 1; *Ulmer/Brandner/Hensen/Schmidt,* § 306 BGB Rn. 1.

[43] *Palandt/Grüneberg,* § 306 BGB Rn. 15; *Stoffels,* AGB-Recht, Rn. 625; *Ulmer/Brandner/Hensen/Schmidt,* § 306 BGB Rn. 39; *Wolf/Neuner,* BGB AT, § 47 Rn. 87.

[44] BeckOK-BGB/*H. Schmidt,* § 306 BGB Rn. 20; *Erman/Roloff,* § 306 BGB Rn. 8; *Wolf/Neuner,* BGB AT, § 47 Rn. 87.

[45] *BAG* vom 16.5.2012 – 5 AZR 251/11, NZA 2012, 971 (Rn. 37) m. w. N. *Palandt/Grüneberg,* § 306 BGB Rn. 7; *Stoffels,* AGB-Recht, Rn. 600; *Wolf/Neuner,* BGB AT, § 47 Rn. 88 f.

[46] Einzelheiten zu § 309 Nr. 7 lit. b BGB bei MünchKomm-BGB/*Wurmnest,* § 309 Nr. 7 BGB Rn. 20 ff.

[47] MünchKomm-BGB/*Wurmnest,* § 309 Nr. 7 BGB Rn. 32.

[48] *Palandt/Grüneberg,* § 308 BGB Rn. 13.

das Textformerfordernis für die Mahnung des Kunden; insbesondere liegt kein Verstoß gegen § 309 Nr. 13 lit. b) BGB vor. Obwohl beide Regelungen den gleichen Sachkomplex betreffen (Verzug des H), ist die Klausel teilbar. Das Textformerfordernis für die Mahnung des Kunden ist aus sich heraus verständlich. Es bleibt daher trotz Unwirksamkeit der Bestimmung über die Nachfrist bestehen.

6. Sonderregeln für Verbraucherverträge

Für Verträge zwischen einem Unternehmer und einem Verbraucher (Verbraucherverträge) gelten nach § 310 III BGB besondere Regeln für die AGB-Kontrolle.[49] 31

a) Nach der Fiktion des § 310 III Nr. 1 BGB gelten AGB grundsätzlich als vom Unternehmer gestellt. Das bedeutet, dass auch **von Dritten** (z. B. Notaren oder Maklern) **formulierte Vertragsbedingungen** nach den §§ 305ff. BGB zu überprüfen sind. Die Fiktion greift nur in den Fällen nicht, in denen der Verbraucher die Vertragsbedingungen in den Vertrag eingeführt hat (§ 310 III Nr. 1 a. E. BGB). Davon ist auszugehen, wenn auf Veranlassung des Verbrauchers ein handelsübliches Formular (z. B. ein Mustermietvertrag oder das ADAC-Formular für den Kauf eines Gebrauchtwagens) benutzt wird.[50] Wurden die Vertragsbedingungen i. S. d. § 305 I 3 BGB ausgehandelt, so findet auch bei Verbraucherverträgen eine Inhaltskontrolle nach den §§ 305ff. BGB nicht statt.[51] 32

Die Vorschrift des § 310 III Nr. 1 BGB wird hinsichtlich **notarieller Vertragsbedingungen** kritisiert. Manche Autoren wollen bei notariell beurkundeten Verträgen die Anforderungen an ein „Aushandeln" i. S. d. § 305 I 3 BGB niedriger als sonst ansetzen, um eine Kontrolle nach den §§ 305ff. BGB zu vermeiden.[52] Nach anderer Ansicht sind notarielle Vorschläge unter Rückgriff auf „interne Formulierungshilfen" nicht für eine Vielzahl von Fällen bestimmt, wodurch ebenfalls eine Inhaltskontrolle nach den §§ 305ff. BGB – zumindest über § 310 III Nr. 1 BGB – verhindert wird.[53] Solche Versuche, den gesetzgeberischen Ansatz des § 310 III Nr. 1 BGB zu unterhöhlen, sind mit Skepsis zu betrachten. 33

b) Bestimmte Vorschriften aus dem Bereich der §§ 305ff. BGB, darunter auch die §§ 306 und 307–309 BGB, sind gem. § 310 III Nr. 2 BGB bei Verbraucherverträgen auch auf solche Vertragsbedingungen anzuwenden, die nur zum **einmaligen Gebrauch** bestimmt sind („Einzel-Verbraucherverträge" im Gegensatz zu Standard-Verbraucherverträgen). Das gilt sowohl für Klauseln, die der Unternehmer einbringt, als auch für Drittbedingungen,[54] es sei denn, dass der Verbraucher trotz der Vorformulierung auf den Inhalt Einfluss nehmen konnte (§ 310 III Nr. 2 a. E. BGB). Ob die Möglichkeit zur Einflussnahme ebenso zu verstehen ist wie das Aushandeln der Bedingun- 34

---

[49] Die Norm geht auf die Umsetzung der EG-Richtlinie über missbräuchliche Klauseln in Verbraucherverträgen (93/13/EWG) zurück. NK-BGB/*Kollmann,* § 310 BGB, Rn. 25ff.

[50] *Erman/Roloff,* § 310 BGB Rn. 16; *Palandt/Grüneberg,* § 310 BGB Rn. 13; *Stoffels,* AGB-Recht, Rn. 138.

[51] *Locher,* JuS 1997, 389 (391); *Stoffels,* AGB-Recht, Rn. 146.

[52] *Brambring,* in: Festschrift Heinrichs, 1998, S. 39 (47ff.).

[53] *Ulmer,* in: Festschrift Heinrichs, 1998, S. 555 (560ff.); *Ulmer/Brandner/Hensen/Ulmer/Schäfer,* § 310 BGB Rn. 74; a. A. *Palandt/Grüneberg,* § 310 BGB Rn. 12.

[54] *Palandt/Grüneberg,* § 310 BGB Rn. 16; *Staudinger/Schlosser,* § 310 BGB Rn. 63. A. A. für Drittbedingungen *Ulmer,* in: Festschrift Heinrichs, 1998, S. 555 (566ff.); *Ulmer/Brandner/Hensen/Ulmer/Schäfer,* § 310 BGB Rn. 81f.

gen in § 305 I 2 BGB, ist streitig.[55] Die Beweislast dafür, dass eine Einflussnahme nicht möglich war, liegt jedenfalls beim Verbraucher.[56]

35 c) Nach § 310 III Nr. 3 BGB wird die überindividuell-generalisierende Betrachtung im Rahmen des § 307 I, II BGB bei Verbraucherverträgen in dem Sinne ergänzt, dass zusätzlich die konkret-individuellen **Umstände des Vertragsschlusses** zu berücksichtigen sind. So kann zugunsten des Verbrauchers z. B. berücksichtigt werden, ob er besonders unerfahren war, sich in einer Notlage befand oder überrumpelt wurde.[57] Allerdings kann die Norm auch zu Lasten des geschäftserfahrenen oder fachkundigen Verbrauchers angewandt werden.[58]

§ 310 III BGB enthält Regelungen, die die AGB-Kontrolle bei Verbraucherverträgen ausdehnen. Neben Erweiterungen des Begriffs der AGB ist vorgesehen, dass im Rahmen des § 307 BGB die Umstände des Vertragsschlusses zu berücksichtigen sind.

II. Beispiel: Gestaltung von AGB-Klauseln

36 Die Siena-Leuchten GmbH (S) mit Sitz in München verkauft italienische Designerleuchten. Zu ihren Kunden zählen neben Privatpersonen neuerdings auch Einrichtungshäuser. Die Geschäftstätigkeit hat einen Umfang angenommen, der es erforderlich macht, die Verkäufe zu standardisierten Bedingungen abzuwickeln. S beabsichtigt daher, zukünftig allgemeine Liefer- und Zahlungsbedingungen zu verwenden.

Für die Erstellung der AGB wendet S sich an die Sozietät von Eller, Hüttwitz und Rotstein. Beim ersten Beratungsgespräch mit Dr. Hüttwitz (H) erklärt der Geschäftsführer der S, Detlef Drews (D), dass es ihm vor allem auf folgende Punkte ankomme: Aufgrund seiner schlechten Erfahrungen mit der Zahlungsmoral ihrer Kunden möchte sich die S so lange ein Recht an den Leuchten vorbehalten, bis diese endgültig bezahlt sind. Da die S schon mehrfach Schwierigkeiten mit äußerst kritischen Kunden hatte, möchte D die Gewährleistung ausschließen oder zumindest beschränken. Schließlich fragt D nach einer Möglichkeit, gerichtliche Streitigkeiten durch das Gericht am Ort des Firmensitzes klären zu lassen. Wie könnten AGB lauten, die diesen Interessen gerecht werden?

[55] Bejahend *Palandt/Grüneberg,* § 310 BGB Rn. 17; verneinend *Ulmer,* in: Festschrift Heinrichs, 1998, S. 555 (569 f.); *Ulmer/Brandner/Hensen/Ulmer/Schäfer,* § 310 BGB Rn. 85.

[56] *Locher,* JuS 1997, 389 (391); *Palandt/Grüneberg,* § 310 BGB Rn. 17.

[57] *Coester-Waltjen,* Jura 1997, 272 (274); *Locher,* JuS 1997, 389 (391); *Palandt/Grüneberg,* § 310 BGB Rn. 21.

[58] *Coester,* in: Festschrift Löwisch, 2007, S. 57 (65); *Palandt/Grüneberg,* § 310 BGB Rn. 21; *Stoffels,* AGB-Recht, Rn. 481.

1. Eigentumsvorbehaltsklausel

a) Gesetzliche Ausgangslage

S möchte sich bis zur vollständigen Bezahlung „ein Recht" an den Leuchten vorbehalten. Ziel der S ist es, das Eigentum an den verkauften Leuchten erst zu verlieren, wenn sie den vollen Kaufpreis erhalten hat. 37

aa) Nach den sachenrechtlichen Regelungen der §§ 929ff. BGB erfordert der **Eigentumsübergang** vom Berechtigten auf den Erwerber neben der Einigung lediglich die Übergabe der Sache (§ 929 I BGB), die Vereinbarung eines Besitzkonstituts (§ 930 BGB) oder die Abtretung des Herausgabeanspruchs (§ 931 BGB). Der Eigentumsübergang findet unabhängig davon statt, ob und wann der Käufer seine Gegenleistung, die Kaufpreiszahlung, an den Verkäufer erbringt. Auch wenn die Kaufpreiszahlung endgültig ausbleibt, stehen dem Veräußerer keinerlei Rechte an der gelieferten Ware zu. 38

bb) Um den sofortigen Eigentumsübergang zu verhindern, kann gem. § 449 I BGB ein **Eigentumsvorbehalt** vereinbart werden, der als aufschiebende Bedingung i. S. d. § 158 I BGB den Eigentumsübergang bis zum Zeitpunkt der vollständigen Kaufpreiszahlung hinausschiebt. Mit der Übergabe der Ware erhält der Erwerber nur ein Anwartschaftsrecht.[59] Um die Klausel den Bedürfnissen der S entsprechend gestalten zu können, muss Rechtsanwalt H sich einen Überblick über die verschiedenen Ausgestaltungsmöglichkeiten eines Eigentumsvorbehalts verschaffen. 39

b) Gestaltungsmöglichkeiten

aa) Der **einfache Eigentumsvorbehalt** bewirkt, dass das Eigentum an der gelieferten Ware abweichend von der Regelung in den §§ 929ff. BGB erst mit vollständiger Kaufpreiszahlung auf den Erwerber übergeht. Der einfache Eigentumsvorbehalt bezieht sich lediglich auf die unter Eigentumsvorbehalt veräußerte Sache. Auch können Dritte über § 185 BGB oder durch einen gutgläubigen Erwerb nach § 932 BGB Eigentum an der Sache erlangen. Der Verkäufer verliert das Eigentum auch, wenn die Sache mit anderen verbunden oder vermischt wird (§§ 947ff.) oder wenn sie weiterverarbeitet wird (§ 950 BGB).[60] 40

Falls **Gläubiger des Vorbehaltskäufers** im Wege der Einzelzwangsvollstreckung auf die unter Eigentumsvorbehalt verkaufte Sache zugreifen, kann der Vorbehaltsverkäufer die Drittwiderspruchsklage erheben (§ 771 ZPO). Bei **Insolvenz des Vorbehaltskäufers** hat der Insolvenzverwalter ein Wahlrecht nach § 103 InsO. Wählt er Erfüllung, ist die Kaufpreisforderung Masseverbindlichkeit gem. § 55 I Nr. 2 InsO. Andernfalls kann der Vorbehaltsverkäufer die Sache gem. § 47 InsO aussondern.[61] 41

[59] *Baur/Stürner,* Sachenrecht, § 59 Rn. 3; *Medicus/Lorenz,* Schuldrecht II, § 13 Rn. 2f., 5ff.; *Musielak/Hau,* Grundkurs BGB, Rn. 890, 897ff.; *Reinicke/Tiedtke,* Kreditsicherung, Rn. 882; *Schreiber,* Sachenrecht, Rn. 327. Ausführlich zum Anwartschaftsrecht *Larenz,* Schuldrecht II/1, S. 114ff.; *Medicus/Petersen,* Bürgerliches Recht, Rn. 456ff.; *Wellenhofer,* Sachenrecht, § 14 Rn. 11ff.

[60] *Baur/Stürner,* Sachenrecht, § 59 Rn. 14; *Fikentscher/Heinemann,* Schuldrecht, Rn. 964; *Reinicke/Tiedtke,* Kreditsicherung, Rn. 874f.; *Prütting,* Sachenrecht, Rn. 395; *Weber/Weber,* Kreditsicherungsrecht, S. 162f.; *Westermann/Staudinger,* BGB-Sachenrecht, § 6 Rn. 201f. Siehe zum Erlöschen des Anwartschaftsrechts *Baur/Stürner,* Sachenrecht, § 59 Rn. 14.

[61] *Medicus/Lorenz,* Schuldrecht II, § 13 Rn. 13; *Prütting,* Sachenrecht, Rn. 397; *Reinicke/Tiedtke,* Kreditsicherung, Rn. 861f.

42 **bb)** Oft möchte der Vorbehaltskäufer die Sache weiterveräußern oder verarbeiten. In diesen Fällen dient ein **verlängerter Eigentumsvorbehalt** dazu, den Vorbehaltsverkäufer durch Erwerb von Rechten am Surrogat zu sichern. In der ersten Variante (verlängerter Eigentumsvorbehalt für den Fall der Weiterveräußerung) vereinbaren Verkäufer und Erwerber, dass die Kaufpreisforderung aus dem Weiterverkauf als Sicherungsmittel an die Stelle der verkauften Sache treten soll. Der Erwerber darf die Sache weiterveräußern, tritt dafür aber als Sicherheit die Forderungen aus dem Weiterverkauf im Voraus an den Verkäufer ab, der den Erwerber wiederum zur Einziehung der Forderung ermächtigt.[62]

43 Typischerweise wird die **Veräußerungsermächtigung** auf Geschäfte im ordnungsgemäßen Geschäftsgang beschränkt.[63] Eine ordnungsgemäße Veräußerung liegt z. B. nicht vor, wenn der Verkäufer die Ware unter Wert veräußert, um mit dem Erlös Schulden zu tilgen.[64] Die Vorausabtretung der Kaufpreisforderung aus dem Weiterverkauf ist nur insoweit wirksam, als die Forderung bestimmt oder bestimmbar ist. Die einzelne Forderung muss durch die Abtretung individuell so genau bestimmt sein, dass es nur noch ihrer Entstehung bedarf, um die Übertragung ohne Weiteres wirksam werden zu lassen.[65]

44 In der zweiten Variante (verlängerter Eigentumsvorbehalt für den Fall der Weiterverarbeitung) soll der Vorbehaltsverkäufer vor dem Verlust seines Sicherungsmittels dadurch geschützt werden, dass er Rechte an der neuen Sache erhält. Der einfache Eigentumsvorbehalt wird um eine **Verarbeitungs- oder Verbindungsklausel** ergänzt, durch die der Vorbehaltsverkäufer abweichend von den §§ 947 ff. BGB mit der Verarbeitung, Verbindung oder Vermischung der gelieferten Sache Alleineigentümer der neuen Sache wird oder zumindest Miteigentum erwirbt.[66] Die Vereinbarung einer Verarbeitungsklausel ist nach h. M. zulässig. Zwar ist § 950 BGB vertraglich nicht abdingbar, die Parteien können aber eine Vereinbarung darüber treffen, wer Hersteller i. S. d. Vorschrift sein soll.[67]

45 **cc)** Beim **Kontokorrentvorbehalt** (auch: erweiterter Eigentumsvorbehalt) sichert das vorbehaltene Eigentum nicht nur die konkrete Kaufpreisforderung, sondern alle Forderungen des Veräußerers aus der Geschäftsverbindung mit dem Erwerber.[68] Der

---

62 *Medicus/Lorenz,* Schuldrecht II, Rn. 294; *Reinicke/Tiedtke,* Kreditsicherung, Rn. 928 ff.; *Schreiber,* Sachenrecht, Rn. 313; *Weber/Weber,* Kreditsicherungsrecht, S. 170 f.; *Westermann/Staudinger,* BGB-Sachenrecht, § 6 Rn. 195.

63 *Reinicke/Tiedtke,* Kreditsicherung, Rn. 928; *Rieger/Friedrich,* JuS 1987, 119 (122); *Wellenhofer,* Sachenrecht, § 14 Rn. 44 f.

64 *Reinicke/Tiedtke,* Kreditsicherung, Rn. 738.

65 *BGH* vom 7.12.1977 – VIII ZR 164/76, BGHZ 70, 86 (89); *Reinicke/Tiedtke,* Kreditsicherung, Rn. 741.

66 *Lwowski/Fischer/Langenbucher/Kieninger,* Kreditsicherung, § 21 Rn. 19 ff.; *Medicus/Lorenz,* Schuldrecht II, § 13 Rn. 14.

67 *BGH* vom 3.3.1956 – IV ZR 334/55, BGHZ 20, 159 (163); *Prütting,* Sachenrecht, Rn. 464; *Schreiber,* Sachenrecht, Rn. 185; a. A. (§ 950 BGB abdingbar) *Reinicke/Tiedtke,* Kaufrecht, Rn. 1357 m. w. N. In Teilen der Literatur wird die Herstellereigenschaft stärker an objektiven Kriterien festgemacht. Deshalb wird neben einer Verarbeitungsklausel ein Übergang des wirtschaftlichen Risikos gefordert, BeckOK-BGB/*Kindl,* § 950 BGB Rn. 10; *Staudinger/Wiegand,* § 950 BGB, Rn. 24 ff.

68 *Baur/Stürner,* Sachenrecht, § 59 Rn. 6; *Looschelders,* Schuldrecht Besonderer Teil, Rn. 211; *Medicus/Lorenz,* Schuldrecht II, § 13 Rn. 11; *Prütting,* Sachenrecht, Rn. 408. Gegen die Zulässigkeit des Kontokorrentvorbehalts *Larenz,* Schuldrecht II/1, S. 126 f.

Kontokorrentvorbehalt kann sowohl als einfacher als auch als verlängerter Eigentumsvorbehalt ausgestaltet werden.

dd) Im Rahmen eines **Konzernvorbehalts** sollen nicht nur Forderungen des Veräußerers selbst, sondern auch solche seiner Konzerngesellschaft aus Geschäften aller Art gesichert werden. Nach § 449 III BGB kann ein solcher Konzernvorbehalt allerdings nicht wirksam vereinbart werden. 46

c) Übersicht zum Eigentumsvorbehalt

Die wichtigsten Formen des Eigentumsvorbehalts fasst die folgende Übersicht zusammen: 47

einfacher Eigentumsvorbehalt	Das Eigentum an der Sache geht erst mit vollständiger Bezahlung auf den Erwerber über
verlängerter Eigentumsvorbehalt – Weiterveräußerung	 – Der Erwerber darf Sache veräußern, seine Kaufpreisforderung gegen den Dritten wird zur Sicherheit an den Vorbehaltsverkäufer abgetreten
– Verbindung/ Verarbeitung	– Abweichend von den §§ 946ff. BGB erwirbt der Veräußerer (Mit)Eigentum an der neuen Sache
Kontokorrentvorbehalt	Sichert alle Forderungen des Veräußerers aus seiner Geschäftsbeziehung mit dem Erwerber
Konzernvorbehalt	Soll alle Forderungen des Konzerns, dem der Veräußerer angehört, gegen den Erwerber sichern – unzulässig

d) Informationsgewinnung

Die verschiedenen Gestaltungsformen des Eigentumsvorbehalts dienen unterschiedlichen **Sicherungsinteressen** des Vorbehaltsverkäufers. Ein Eigentumsvorbehalt zur Sicherung des Verkäufers ist nur erforderlich, wenn der Verkäufer die Sache vor der vollständigen Bezahlung an den Käufer übergibt. Ist das der Fall, kommt es für die Auswahl zwischen einfachem und verlängertem Eigentumsvorbehalt auf die vorgesehene Verwendung der Sache durch den Käufer an. Wenn der Käufer die Sache weiterveräußern oder verarbeiten möchte, ist ein **verlängerter Eigentumsvorbehalt** ratsam, andernfalls genügt ein **einfacher Eigentumsvorbehalt.** Ein **Kontokorrentvorbehalt** ist nur sinnvoll, wenn zwischen dem Verkäufer und dem Käufer eine ständige Geschäftsbeziehung besteht. 48

Bisher ist nur bekannt, dass S einen Eigentumsvorbehalt wünscht. Über die Abwicklung der Verkäufe und die Art der Geschäftsbeziehung zu den Einrichtungshäusern ist Rechtsanwalt H jedoch nicht unterrichtet. Für die sachgerechte Gestaltung einer Eigentumsvorbehaltsklausel benötigt er folgende zusätzliche Informationen: 49

1. Nachfrage: Wie sind die Zahlungsmodalitäten beim Verkauf der Leuchten (z. B. Zug um Zug gegen Lieferung der Leuchten, auf Rechnung mit bestimmter Fälligkeit, Ratenkauf)?

Informationsmittel: Nachfrage bei S.

2. Nachfrage: Steht S mit ihren Kunden in einer ständigen Geschäftsbeziehung?

Informationsmittel: Nachfrage bei S.

Ergebnis der 1. Nachfrage (unterstellt): Grundsätzlich erhalten die Kunden der S mit Lieferung der Leuchten eine Rechnung, die binnen einer Frist von 30 Tagen zu begleichen ist. Die Möglichkeit eines Ratenkaufs bietet S ihren Kunden nicht an. Nur in Ausnahmefällen werden die Leuchten vom Kunden direkt bei S abgeholt und Zug um Zug bezahlt. Im Geschäftsverkehr mit Einrichtungshäusern liefert S die Leuchten durchweg gegen Rechnung mit einem Zahlungsziel von sechs Wochen.

Ergebnis der 2. Nachfrage (unterstellt): Bisher steht die S nur mit wenigen Einrichtungshäusern in einer festen Geschäftsbeziehung, jedoch hofft D, dass sich in Zukunft mit weiteren Einrichtungshäusern feste Geschäftsbeziehungen entwickeln.

e) Auswahl einer Gestaltungsmöglichkeit

50 Aufgrund dieser Informationen kann Rechtsanwalt H die passende Form des Eigentumsvorbehalts für S ermitteln. Dabei sind die unterschiedlichen Schutzbedürfnisse der S bei Geschäften mit Einrichtungshäusern und Geschäften mit anderen Kunden zu beachten.

51 **aa)** S verkauft ihre Leuchten gewöhnlich gegen Rechnung; sie tritt damit in Vorleistung. Ein **einfacher Eigentumsvorbehalt** ermöglicht es S, auf die verkauften Leuchten zuzugreifen, wenn der Käufer seiner Zahlungsverpflichtung nicht nachkommt. Voraussetzung für eine effektive Sicherung der S ist allerdings, dass die Leuchten sich noch beim Käufer befinden. Beim Verkauf von Leuchten an **Privatkunden** ist i. d. R. davon auszugehen, dass die Leuchten im Besitz des Käufers bleiben. Insoweit bietet ein einfacher Eigentumsvorbehalt S hinreichende Sicherheit. Die Vereinbarung eines einfachen Eigentumsvorbehalts in AGB ist als angemessenes Sicherungsmittel des Vorbehaltsverkäufers ohne Weiteres zulässig.[69]

52 **bb)** Bei Geschäften mit **Einrichtungshäusern,** die die Leuchten weiterveräußern, sichert ein einfacher Eigentumsvorbehalt S nur unzureichend. Ihr Eigentum an den Leuchten kann bei der Weiterveräußerung gem. § 932 BGB verlorengehen. Stattdessen ist im Rechtsverkehr mit Einrichtungshäusern ein **verlängerter Eigentumsvorbehalt** sinnvoll. Durch diese Variante des Eigentumsvorbehalts bleibt S auch im Falle des Weiterverkaufs der Leuchten gesichert. Da S mit einigen Einrichtungshäusern in ständiger Geschäftsbeziehung steht und solche Geschäftsbeziehungen verstärkt aufbauen möchte, könnte auch ein **Kontokorrentvorbehalt** interessengerecht sein.

53 Zweckmäßig ist die Vereinbarung eines Kontokorrentvorbehalts, wenn aus der Geschäftsverbindung auch Forderungen entstehen, denen kein Eigentumsvorbehalt als Sicherheit zugeordnet werden kann oder wenn der Sicherungsgehalt eines Eigentumsvorbehalts dadurch vermindert ist, dass die Rücknahme der Ware gar nicht mehr möglich ist oder die Ware den Kaufpreis, z. B. wegen Abnutzung, nur noch teilweise deckt.[70] Wenn Einrichtungshäuser die Leuchten der S gegen Barzahlung weiterverkaufen, kann S die Ware nicht mehr zurücknehmen, wenn das Einrichtungshaus nicht zahlt. Allerdings wird S insoweit durch den verlängerten Eigentumsvorbehalt gesichert. Auch sind keine Leistungen der S ersichtlich, denen kein Eigentumsvorbehalt als Sicherheit zugeordnet werden kann. Ein Kontokorrentvorbehalt bringt der S also keine weiteren Vorteile.

54 Die Vereinbarung eines verlängerten Eigentumsvorbehalts in AGB ist im **unternehmerischen Rechtsverkehr** grundsätzlich zulässig; § 307 I, II BGB stehen dem nicht

[69] *Palandt/Grüneberg,* § 307 BGB Rn. 85; *Stoffels,* AGB-Recht, Rn. 1010. Problematisch ist dagegen der Ausschluss eines Eigentumsvorbehalts in Einkaufsbedingungen, dazu *Stoffels,* AGB-Recht, Rn. 1012.

[70] *Rieger/Friedrich,* JuS 1987, 118 (119).

entgegen.[71] Möglicherweise muss jedoch die Abtretung der Forderungen aus dem Weiterverkauf beschränkt oder mit einer Freigabeklausel für den Fall der nachträglichen Übersicherung versehen werden, damit die Klausel nicht nach den §§ 307 I, II, 138 BGB wegen Übersicherung nichtig ist.[72] Denkbar wäre, die Forderungen aus dem Weiterverkauf nur insoweit abzutreten, wie sie sich mit der Forderung der S gegen das jeweilige Einrichtungshaus decken. Dagegen spricht, dass S so nicht ausreichend gesichert wird, da damit zu rechnen ist, dass ein Teil der abgetretenen Forderungen nicht realisiert werden kann. Für S wäre demnach eine umfassende Abtretung der Forderungen aus dem Weiterverkauf ihrer Leuchten wünschenswert.

Bedenklich wäre diese Gestaltung nur, wenn dadurch die Forderungsabtretungen ins- 55
gesamt aufgrund einer **Übersicherung** der S nichtig zu sein drohten. Seit der Rechtsprechungsänderung zur Frage der nachträglichen Übersicherung führt die zu weitgehende Sicherung des Sicherungsnehmers nicht mehr zur Unwirksamkeit der Sicherungsabtretung wegen Sittenwidrigkeit. Der Große Zivilsenat des BGH nimmt im Fall einer nachträglichen Übersicherung bei Globalzessionen – zu denen der VIII. Senat ausdrücklich auch Forderungsabtretungen im Rahmen eines verlängerten Eigentumsvorbehalts zählt[73] – auch ohne ausdrückliche Regelung eine **Freigabeverpflichtung** an.[74] Auf diesem Wege kann der Wert der abgetretenen Forderungen nachträglich den Ansprüchen der S angepasst werden; eine Begrenzung der Abtretungen ist nicht erforderlich. Eine anfängliche Übersicherung ist bei Abtretung der Forderungen aus dem Weiterverkauf in voller Höhe nicht zu erwarten.[75]

cc) Weitere Gestaltungsmöglichkeiten ergeben sich unter Umständen hinsichtlich der 56
Rechtsfolge eines **Zahlungsverzugs** des Käufers. Der Verkäufer kann in diesem Fall gem. § 323 I BGB vom Vertrag zurücktreten, wenn er dem Käufer erfolglos eine Nachfrist gesetzt hat. Eine vollständige Lösung vom Vertrag entspricht jedoch nicht dem unternehmerischen Ziel. Dem Verkäufer geht es nicht um eine Lösung vom Vertrag, sondern um die Durchsetzung seiner Kaufpreisforderung. Als Druckmittel kommt dabei die Rücknahme der Kaufsache in Betracht. Wenn der Verkäufer die Sache zurückholen kann, ohne dass damit der Kaufvertrag endgültig rückabgewickelt wird, setzt das für den Käufer einen Anreiz, den Kaufpreis zu bezahlen.[76]

Ein solches **Rücknahmerecht** für den Fall des Zahlungsverzugs der Kunden läge 57
daher im Interesse der S. Gem. § 449 II BGB kann der Verkäufer die Sache jedoch nur herausverlangen, wenn er vom Vertrag zurückgetreten ist. Leistet der Verkäufer vor, muss er die Sache so lange dem Käufer belassen, wie der Vertrag in Geltung ist.[77] Hiervon abweichende Vereinbarungen sind nach h. M. wegen der dispositiven Natur des § 449 II BGB grundsätzlich zulässig, allerdings – gegenüber Verbrauchern wie auch Unternehmern – wegen § 307 II Nr. 1 BGB nur in einzelvertraglicher

[71] *BGH* vom 20.3.1985 – VIII ZR 342/83, BGHZ 94, 105 (112); MünchKomm-BGB/*H. P. Westermann,* § 449 BGB Rn. 87. Anders für den Kontokorrentvorbehalt und dementsprechend auch für die Kombination aus verlängertem Eigentumsvorbehalt und Kontokorrentvorbehalt *Reinicke/Tiedtke,* Kreditsicherung, Rn. 911.

[72] BeckOK-BGB/*Faust,* § 449 BGB Rn. 32.

[73] *BGH* vom 13.6.1990 – VIII ZR 130/89, ZIP 1991, 1006.

[74] *BGH* vom 27.11.1997 – GSZ 1 u. 2/97, NJW 1998, 671.

[75] Siehe zur anfänglichen Übersicherung unten § 5 Rn. 32f.

[76] *Reinicke/Tiedtke,* Kreditsicherung, Rn. 868f.

[77] Begr. RegE, BT-Drs. 14/6040, S. 241.

Form.[78] Rücknahmeklauseln in AGB für den Fall des Zahlungsverzugs des Käufers sind mit dieser Regelung also nicht vereinbar.

58 **dd)** Schließlich läuft S Gefahr, ihr Sicherungsmittel durch den Zugriff Dritter zu verlieren.[79] Da die unter Eigentumsvorbehalt verkauften Leuchten sich beim Käufer befinden, versuchen dessen Gläubiger möglicherweise, die Leuchten zu verwerten, um ihre Forderungen gegen den Käufer zu befriedigen. Damit S dagegen einschreiten kann, hat sie ein Interesse daran, vom **Zugriff Dritter** auf die Sache zu erfahren. Deshalb ist der Vorbehaltskäufer zu verpflichten, der S Maßnahmen Dritter anzuzeigen, die sich auf die unter Eigentumsvorbehalt gekauften Leuchten beziehen.

f) Klauselvorschlag

59 Die Eigentumsvorbehaltsklausel soll gegenüber Einrichtungshäusern und anderen Kunden der S eine unterschiedliche Reichweite haben. Sinnvoll ist eine **abgestufte Formulierung** in der Weise, dass zunächst die für alle Vertragspartner geltende Regelung genannt wird und dann die Ergänzung für die Einrichtungshäuser folgt. Anstelle „die Einrichtungshäuser" als Kundengruppe zu erwähnen, kann der weitergehende Teil der Klausel allgemein auf Unternehmer bezogen werden. Zwar mögen unter den Kunden der S auch Unternehmer sein, die die Leuchten nicht weiterverkaufen, sondern sie für den eigenen Geschäftsbetrieb erwerben. Die erweiterten Regelungen wären ihnen gegenüber aber nicht unwirksam, sondern würden nur leerlaufen. Die Eigentumsvorbehaltsklausel der S könnte danach folgendermaßen lauten:

1. Die Verkäuferin behält sich das Eigentum an den Liefergegenständen bis zur vollständigen Bezahlung vor.
2. Der Käufer hat die Verkäuferin unverzüglich zu unterrichten, wenn Maßnahmen Dritter oder sonstige Ereignisse die Rechte der Verkäuferin gefährden. Der Käufer hat im Falle der Pfändung oder Beschlagnahme der Sache den Dritten auf das Eigentum der Verkäuferin hinzuweisen. Er hat die Verkäuferin von solchen Maßnahmen oder Ereignissen unverzüglich zu benachrichtigen.
   Ist der Käufer Unternehmer, gilt darüber hinaus Folgendes:
3. Der Käufer ist berechtigt, die Liefergegenstände im ordentlichen Geschäftsgang weiterzuveräußern; er tritt der Verkäuferin jedoch bereits jetzt alle Forderungen in voller Höhe ab, die ihm aus der Weiterveräußerung erwachsen. Zur Einziehung dieser Forderungen ist der Käufer nach deren Abtretung ermächtigt. Diese Einziehungsermächtigung kann nur widerrufen werden, wenn der Käufer seinen Zahlungsverpflichtungen nicht ordnungsgemäß nachkommt. Der Käufer erfüllt seine Zahlungsverpflichtungen insbesondere dann nicht ordnungsgemäß, wenn Zahlungen in Höhe von 10 % der aus der Geschäftsbeziehung geschuldeten Beträge nicht rechtzeitig geleistet werden und der Käufer

[78] BeckOK-BGB/*Faust,* § 449 BGB Rn. 19; *Erman/Grunewald,* § 449 BGB Rn. 14; *Habersack/Schürnbrand,* JuS 2002, 833 (836 f.); *Palandt/Grüneberg,* § 307 BGB Rn. 85; *Staudinger/Beckmann,* § 449 BGB Rn. 63 ff.; *Graf v. Westphalen,* Allgemeine Verkaufsbedingungen, S. 236; offen gelassen für den unternehmerischen Rechtsverkehr von *OLG Frankfurt a. M.* vom 31.3.2005 – 1 U 230/04, NJW 2005, 1170 (1173); nach a. A. unter Unternehmern in AGB zulässig, so MünchKomm-BGB/*H. P. Westermann,* § 449 BGB Rn. 35; *Schulze/Kienle,* NJW 2002, 2842 (2843 f.).

[79] Zu entsprechenden Erwägungen im Rahmen einer Sicherungsvereinbarung unten § 5 Rn. 28.

trotz schriftlicher Aufforderung die Leistung nicht innerhalb von fünf Werktagen erbringt.

2. Gewährleistungsbeschränkung

a) Gesetzliche Ausgangslage

S möchte in ihren AGB die Gewährleistung ausschließen oder beschränken. Die **gesetzliche Gewährleistung** der S für Sachmängel[80] richtet sich nach den §§ 434ff. BGB. Gem. den §§ 437, 439 BGB kann der Käufer **Nacherfüllung** verlangen, wobei er nach § 439 I BGB die Wahl zwischen der Beseitigung des Mangels (Nachbesserung) oder der Lieferung einer mangelfreien Sache hat. Falls der Käufer die (Nach-) Lieferung einer mangelfreien Sache wählt, kann der Verkäufer ihn nur dann auf die **Nachbesserung** verweisen, wenn ihn gem. § 275 BGB keine Nachlieferungspflicht trifft oder wenn die Nachlieferung nur mit unverhältnismäßigen Kosten möglich ist (§ 439 IV BGB).[81] 60

Der Käufer kann nach den §§ 437 Nr. 2, 323 I BGB den **Rücktritt** vom Kaufvertrag erklären, wenn er dem Verkäufer erfolglos eine angemessene Frist zur Nacherfüllung gesetzt hat; eine solche Fristsetzung kann allerdings nach den §§ 437 Nr. 2, 323 II, 440, 326 V BGB entbehrlich sein. Statt zurückzutreten, kann der Käufer den Kaufpreis **mindern** (§§ 437 Nr. 2, 441 BGB). Neben den Möglichkeiten des Rücktritts und der Minderung kann der Käufer nach den §§ 437 Nr. 3, 280 I BGB **Schadensersatz** verlangen, nach den §§ 437 Nr. 3, 440, 280, 281, 283 und 311a BGB Schadensersatz statt der Leistung. 61

Der Anspruch auf Schadensersatz statt der Leistung setzt i. d. R. eine erfolglose Nachfristsetzung voraus, wenn die Nacherfüllung möglich ist. Statt der Schadensersatzansprüche kann der Käufer schließlich nach den §§ 437 Nr. 3, 284 BGB **Ersatz vergeblicher Aufwendungen** geltend machen. Wenn der Verkäufer oder ein Dritter eine **Garantie für die Beschaffenheit oder die Haltbarkeit oder andere als die Mängelfreiheit betreffende Anforderungen** einer Sache übernimmt, stehen dem Käufer gem. § 443 BGB neben den gesetzlichen Ansprüchen auch die Rechte aus der Garantie zu. 62

b) Informationsgewinnung

D möchte Gewährleistungsansprüche der Kunden der S möglichst ausschließen oder zumindest beschränken. Bei dieser Aussage bleibt offen, ob er auch an einer **Modifikation der Gewährleistungsrechte** interessiert ist. In Betracht kommt, hinsichtlich der Nacherfüllung ein vorrangiges Nachbesserungsrecht zugunsten der S zu vereinbaren, wonach sie bei Fehlern der Leuchten zunächst eine Reparatur versuchen kann, bevor der Kunde eine Ersatzlieferung verlangen kann. Rechtsanwalt H muss ermitteln, ob D an einem solchen Nachbesserungsrecht der S interessiert ist. Außerdem richtet sich die Möglichkeit der Gewährleistungsbeschränkung u. a. danach, ob S Garantien 63

[80] Die Gewährleistungsvorschriften wegen Rechtsmängeln spielt bei dieser Gestaltungsaufgabe keine Rolle, da die Leuchten neu hergestellt werden und daher i. d. R. nicht mit Rechten Dritter belastet sind.

[81] Dazu *Brox/Walker,* Besonderes Schuldrecht, § 4 Rn. 43ff.; NK-BGB/*Büdenbender,* § 439 BGB Rn. 17–23; *Palandt/Weidenkaff,* § 439 BGB Rn. 14ff.

für ihre Leuchten übernimmt. Rechtsanwalt H sollte also auch hierüber durch Nachfragen Informationen bei D einholen.

3. Nachfrage: Möchte S bei Mängeln an den Leuchten als Nacherfüllung zunächst Nachbesserungsversuche unternehmen? Garantiert S ihren Kunden bestimmte Beschaffenheitsmerkmale oder die Haltbarkeit ihrer Leuchten?

Informationsmittel: Nachfrage bei S.

Ergebnis der 3. Nachfrage (unterstellt): Da S über eine eigene Werkstatt verfügt, ist D sehr daran gelegen, dass S beim Auftreten eines Fehlers zunächst ein Nachbesserungsrecht hat. Am liebsten wäre es D natürlich, wenn S nach dem Vertrag so wenig wie nur irgendwie möglich haften würde und im Einzelfall entscheiden könnte, ob und wieweit sie im Wege freiwilliger „Kulanz" dem Kunden entgegenkommt. Garantieerklärungen gibt S nicht ab.

c) Grenzen nach den §§ 444, 474ff. BGB

64 Der Gestaltungsvorschlag muss die Grenzen einhalten, die sich aus dem BGB ergeben. Dabei gelten teilweise unterschiedliche Regeln für die Gewährleistungsbeschränkung gegenüber Verbrauchern und gegenüber Unternehmern.

65 **aa)** S soll nach dem Willen des D nach dem Vertrag so wenig wie möglich haften. Daher wird Rechtsanwalt H zunächst einen **vollständigen Haftungsausschluss** erwägen. Gegenüber allen Geschäftspartnern der S, seien es Verbraucher oder Unternehmer, gilt gleichermaßen § 444 BGB. Danach kann sich der Verkäufer auf einen Ausschluss der Gewährleistungsrechte des Käufers nicht berufen, wenn er den Mangel arglistig verschwiegen oder eine Beschaffenheitsgarantie übernommen hat. Ansonsten ist ein Gewährleistungsausschluss jedoch, wie sich im Umkehrschluss aus § 444 BGB ergibt, zulässig.

66 **bb)** Da S bewegliche Sachen verkauft, sind bei **Rechtsgeschäften mit Verbrauchern** die Sonderregeln der §§ 474ff. BGB über den Verbrauchsgüterkauf zu beachten. In diesem Fall kann sich der Verkäufer nur auf eine Vereinbarung berufen, die die Sachmängelgewährleistungsansprüche des Käufers für diesen nachteilig verändert, wenn die Vereinbarung nach Mitteilung eines Mangels geschlossen wurde (§ 476 I BGB). Ein Haftungsausschluss oder Haftungsbeschränkungen bei Vertragsschluss sind gem. § 476 I BGB nicht zulässig. S kann also Verbrauchern gegenüber nicht wirksam festlegen, dass sie als Nacherfüllung zunächst eine Nachbesserung schuldet. Von § 476 I BGB nicht erfasst werden Regelungen über den Ausschluss oder die Beschränkung von Schadensersatzansprüchen des Käufers; sie sind gem. § 476 III BGB nach Maßgabe der §§ 307–309 BGB zulässig.

67 **cc)** Bei **Rechtsgeschäften mit Unternehmern** ist ebenfalls § 444 BGB zu beachten. Außerdem können sich die Vorschriften über den Verbrauchsgüterkauf im Rechtsverkehr zwischen Unternehmern auswirken. Die §§ 474–476 BGB gelten gegenüber Unternehmern zwar nicht. Aus den §§ 445a, 445b, 478 BGB ergeben sich aber bei neu hergestellten Sachen Einschränkungen für einen Gewährleistungsausschluss oder für Gewährleistungsbeschränkungen, wenn der letzte Vertrag in der Lieferkette ein Verbrauchsgüterkauf ist. Nach § 478 II BGB kann sich der Lieferant einer neu hergestellten, mangelhaften Sache, die der Unternehmer im Rahmen eines Verbrauchsgüterkaufs weiterveräußert hat, gegenüber dem Unternehmer nicht auf Gewährleistungsbeschränkungen berufen, wenn er ihm keinen gleichwertigen Ersatz einräumt.[82]

[82] *Erman/Grunewald,* § 478 BGB Rn. 5; NK-BGB/*Büdenbender,* § 478 BGB Rn. 56ff.

Dabei nimmt § 478 II 2 BGB ebenso wie § 476 III BGB Abreden über Schadensersatzansprüche von der zwingenden Wirkung aus. Die Einrichtungshäuser, die S beliefert, werden die Leuchten meist an Verbraucher weiterveräußern. S kann also auch insoweit nicht wirksam festlegen, dass sie als Nacherfüllung zunächst eine Nachbesserung schuldet.

Die Grenzen der Gewährleistungsbeschränkung nach den §§ 444, 474ff. BGB lassen sich wie folgt zusammenfassen: 68

<table>
<tr><th colspan="2">Beschränkung von Gewährleistungsansprüchen nach den §§ 444, 474ff. BGB</th></tr>
<tr><td colspan="2">§§ 444 BGB</td></tr>
<tr><td colspan="2">Kein Ausschluss und keine Beschränkung der Gewährleistungsansprüche bei arglistig verschwiegenen Mängeln oder Beschaffenheitsgarantien</td></tr>
<tr><td colspan="2">§§ 474ff. BGB</td></tr>
<tr><td>Rechtsgeschäfte mit Verbrauchern</td><td>Rechtsgeschäfte mit Unternehmern</td></tr>
<tr><td>Beschränkung oder Ausschluss der Rechte des Käufers auf Nacherfüllung, Minderung oder Aufwendungsersatz oder Beschränkung oder Ausschluss des Rücktrittsrechts des Käufers bei Vertragsschluss unzulässig; Vereinbarungen über Schadensersatzansprüche sind zulässig</td><td>§§ 474–476 BGB nicht anwendbar; beschränkte Möglichkeit zu Abreden über Gewährleistungsrechte nach § 478 II BGB, wenn der letzte Vertrag in der Lieferkette ein Verbrauchsgüterkauf ist</td></tr>
</table>

d) Grenzen nach den §§ 305ff. BGB

aa) Da Schadensersatzansprüche des Käufers für den Fall der Mangelhaftigkeit der Leuchten in gewissen Grenzen individualvertraglich ausgeschlossen oder beschränkt werden können, fragt sich, welche Grenzen die §§ 305ff. BGB formularvertraglichen Regelungen setzen. **Haftungsbeschränkungen gegenüber Verbrauchern** sind an § 309 Nr. 7 lit. a und b BGB zu messen, außerdem ist § 276 III BGB zu berücksichtigen. Nach den §§ 309 Nr. 7 lit. a, 276 III BGB darf die Haftung für Schäden aus der Verletzung des Lebens, des Körpers oder der Gesundheit nicht ausgeschlossen werden, soweit der Verwender oder einer seiner Erfüllungsgehilfen die Pflichtverletzung zu vertreten haben. Nach den §§ 309 Nr. 7 lit. b, 276 III BGB ist der Ausschluss oder die Begrenzung der Haftung für sonstige Schäden, die auf vorsätzlichen oder grob fahrlässigen Pflichtverletzungen des Verwenders oder eines Erfüllungsgehilfen des Verwenders beruhen, nicht zulässig. S kann sich also gem. den §§ 309 Nr. 7 lit. a und b, 276 III BGB von der Schadensersatzpflicht für Mängel nur freizeichnen, soweit es nicht um Schäden an Leben, Körper oder Gesundheit ihrer Kunden geht und soweit ihr oder ihren Erfüllungsgehilfen keine grobe Fahrlässigkeit oder Vorsatz vorzuwerfen ist. 69

Selbst diese eingeschränkte Freizeichnung könnte noch gegen § 307 I, II Nr. 1 oder 2 BGB verstoßen.[83] Insoweit ist entscheidend, auf welche Rechte und Pflichten sich die Haftungsbeschränkung bezieht.[84] Bereits kurz nach der Einführung des AGB-Rechts in das BGB haben sich verschiedene Streitfragen ergeben. Den Ausschluss von An- 70

[83] BeckOK-BGB/*Becker,* § 309 Nr. 7 BGB Rn. 20; MünchKomm-BGB/*Wurmnest,* § 309 Nr. 7 BGB Rn. 25.

[84] Zur Freizeichnung von Kardinalpflichten, BeckOK-BGB/*Becker,* § 309 Nr. 7 Rn. 20ff.; MünchKomm-BGB/*Wurmnest,* § 309 Nr. 7 BGB Rn. 26; *Ring/Klingelhöfer/Klingelhöfer,* AGB-Recht, § 5 Rn. 116.

sprüchen auf **Schadensersatz statt der Leistung** bei einfacher Fahrlässigkeit halten manche nach § 307 II Nr. 1 BGB für unwirksam.[85] Der Schadensersatzanspruch nach § 437 BGB stehe neben dem Rücktrittsrecht und dürfe nicht völlig wegfallen, da sonst der Käufer unangemessen benachteiligt werde. Gegen diese Ansicht könnte man argumentieren, dass dem Käufer genügend andere Ansprüche und Gestaltungsrechte zustehen, sodass leicht fahrlässige Pflichtverletzungen nicht unbedingt zu Schadensersatzansprüchen führen müssen.[86] Auch die Freizeichnung von **sonstigem Schadensersatz** (§§ 437 Nr. 3, 280 I BGB) könnte möglicherweise gem. § 307 II Nr. 2 BGB unwirksam sein.[87]

71 Ob die **Rechtsprechung** Klauseln für unzulässig erklärt, durch die der Verwender sich von der Schadensersatzpflicht bei leicht fahrlässigen Pflichtverletzungen freizeichnet, lässt sich nach wie vor nicht abschließend und rechtssicher feststellen.[88] Der Anspruch auf Schadensersatz statt der Leistung bei Vorliegen eines Sachmangels (§§ 437 Nr. 3, 440, 280, 281, 283 und 311 a BGB) hatte im bis zum 1. 1. 2002 geltenden Sachmängelgewährleistungsrecht keinen Vorläufer. Zwar gab es nach dem alten Recht einen Anspruch auf Schadensersatz wegen Nichterfüllung (§ 463 BGB a. F.). Dieser Anspruch war jedoch auf Fälle beschränkt, in denen eine zugesicherte Eigenschaft fehlte oder dem Verkäufer hinsichtlich des Mangels Arglist zur Last fiel. Bei der Rechtsprechungsprognose kann man sich daher nicht auf Urteile zum alten Recht stützen. Aufgrund dieser unsicheren Rechtslage muss Rechtsanwalt H der S jedoch nicht raten, auf eine Freizeichnungsklausel für leicht fahrlässige Pflichtverletzungen zu verzichten. S kann ebenso gut eine solche Klausel in ihre AGB aufnehmen und dann einlenken, wenn ein Vertragspartner oder eine unterlassungsklageberechtigte Einrichtung sie beanstandet. Durch dieses Vorgehen hätte S nichts verloren. Wenn S bereit ist, das Prozessrisiko zu tragen, kann sie bei einer Rüge der Klausel auch gerichtlich klären lassen, ob die Haftungsfreizeichnung wirksam ist.

72 **bb)** § 309 Nr. 8 lit. b BGB, der Gewährleistungsklauseln für neu gekaufte Sachen Grenzen setzt, ist gem. § 310 I 1 BGB im **Rechtsverkehr mit Unternehmern** nicht anwendbar. Es ist jedoch unangemessen i. S. d. § 307 II Nr. 1 BGB, dem Unternehmer die Gewährleistungsrechte vollständig zu entziehen.[89] AGB-rechtlich möglich ist es dagegen, im Rechtsverkehr mit Unternehmern das Wahlrecht zwischen Nachbesserung und Lieferung einer mangelfreien Sache dem Verkäufer zu überlassen.[90] Bei einer

[85] *Graf v. Westphalen,* NJW 2002, 12 (22 f., 24). A. A. für den Kauf mangelhafter, gebrauchter Sachen *Litzenburger,* NJW 2002, 1244 (1245).

[86] Gegen einen Leitbildcharakter der §§ 281 ff. BGB noch *Erman/Roloff,* 14. Aufl. 2014, § 309 BGB Rn. 74.

[87] *Graf v. Westphalen,* NJW 2002, 12 (23). A. A. *Litzenburger,* NJW 2002, 1244 (1245); *Ring/Klingelhöfer/Klingelhöfer,* AGB-Recht, § 5 Rn. 115.

[88] Entscheidend ist der Bezugspunkt des Haftungsausschlusses, die Erfüllung wesentlicher Vertragspflichten darf hierdurch nicht verhindert werden. Ob dies der Fall ist, ist eine schwer vorhersehbare Einzelfallbewertung. Siehe dazu *BGH* vom 30. 11. 2004 – X ZR 133/03, NJW 2005, 422 (424); *Ulmer/Brandner/Hensen/Fuchs,* § 307 BGB Rn. 290.

[89] *BGH* vom 12. 1. 1994 – VIII ZR 165/92, NJW 1994, 1060 (1066); zustimmend auch unter Berufung auf das Urteil des BGH BeckOGK/*Weiler,* § 309 Nr. 8 BGB Rn. 204 (Stand: 1. 1. 2019); MünchKomm/*Wurmnest,* § 309 Nr. 8 BGB Rn. 33; *Stoffels,* AGB-Recht, Rn. 957; *Ulmer/Brandner/Hensen/Christensen,* § 309 Nr. 8 Rn. 46.

[90] *Palandt/Grüneberg,* § 309 BGB Rn. 68. Vgl. auch *Ulmer/Brandner/Hensen/Christensen,* § 309 Nr. 8 BGB Rn. 37 zum Rechtsgedanken der Vorschrift.

entsprechenden Regelung wären allerdings die Grenzen zu beachten, die sich aus § 478 II BGB für Gewährleistungsbeschränkungen im unternehmerischen Rechtsverkehr ergeben.[91]

Für die **Beschränkung des Schadensersatzanspruchs** gilt Folgendes: Die Anwendung des § 309 Nr. 7 lit. a und b BGB ist ausgeschlossen (§ 310 I 1 BGB). Die Vorschrift hat aber weitgehende Auswirkungen auf die Möglichkeit der Haftungsbeschränkung gegenüber Unternehmern. Ausgeschlossen ist ein Haftungsausschluss für eigene grob fahrlässige Vertragsverletzungen, vorsätzliche Vertragsverletzungen von Erfüllungsgehilfen sowie grob fahrlässige Vertragsverletzungen leitender Angestellter. Bei grob fahrlässigen Vertragsverletzungen sonstiger Erfüllungsgehilfen wird differenziert: Ein Haftungsausschluss wird als unzulässig angesehen, soweit es um Kardinalpflichten geht; zulässig soll dagegen ein Ausschluss der Haftung für nicht wesentliche Vertragspflichten sein.[92] Die Unwirksamkeit der über dieses Maß hinausgehenden Haftungsfreizeichnung ergibt sich aus § 307 I, II Nr. 2 BGB.[93] Für den Haftungsausschluss für leicht fahrlässige Vertragsverletzungen gelten gegenüber Unternehmern dieselben Grundsätze wie bei Geschäften mit Verbrauchern.[94] 73

Die Grenzen der Gewährleistungsbeschränkung in AGB gem. den §§ 305ff. BGB zeigt folgende Übersicht: 74

	Ausschluss und Beschränkung von Gewährleistungsansprüchen nach den §§ 305ff. BGB	
	Rechtsgeschäfte mit Verbrauchern	*Rechtsgeschäfte mit Unternehmern*
Schadensersatzansprüche	Ausschluss für Schäden an Leben, Körper oder Gesundheit unzulässig (§§ 309 Nr. 7 lit. a, 276 III BGB); für sonstige Schäden Ausschluss bei Vorsatz und grober Fahrlässigkeit unzulässig (§§ 309 Nr. 7 lit. b, 276 III BGB), bei leichter Fahrlässigkeit Ausschluss möglicherweise gem. § 307 II BGB unzulässig	in den Grenzen des § 307 II Nr. 2 BGB zulässig
Nachbesserung, Rücktritt, Minderung	Ausschluss oder Beschränkung ist bereits gem. den §§ 474ff. BGB unzulässig, wenn der Verwender Unternehmer ist	Ausschluss ist gem. § 307 II Nr. 1 BGB unzulässig; als Beschränkung ist z. B. ein Wahlrecht des Verwenders hinsichtlich der Nacherfüllung möglich

e) Klauselvorschlag

Die Gewährleistungsklausel kann im Bereich der Haftung für grob fahrlässige Pflichtverletzungen einfacher Erfüllungsgehilfen gegenüber Unternehmern und Verbrauchern differenziert gestaltet werden. In dieser Materie ist gegenüber Unternehmern 75

[91] Siehe oben Rn. 67.

[92] *Stoffels,* AGB-Recht, Rn. 979ff.; a. A. *Erman/Roloff,* § 309 BGB Rn. 76. Kritisch MünchKomm-BGB/*Wurmnest,* § 309 Nr. 7 BGB Rn. 36.

[93] *Ulmer/Brandner/Hensen/Fuchs,* § 307 BGB Rn. 273ff. BeckOGK/*Weiler,* § 309 Nr. 7 BGB Rn. 127 (Stand: 1.1.2019) stellt nur auf § 307 I BGB ab; *Graf v. Westphalen,* NJW 2002, 12 (21) stellt auf § 307 II Nr. 1 BGB ab.

[94] MünchKomm-BGB/*Wurmnest,* § 309 Nr. 7 BGB Rn. 38; *Ring/Klingelhöfer/Klingerhöfer,* AGB-Recht, § 5 Rn. 119; *Stoffels,* AGB-Recht, Rn. 979ff.; weiter differenzierend *Palandt/Grüneberg,* § 309 BGB Rn. 5.

eine weitere Freizeichnung möglich als bei Geschäften mit Verbrauchern.[95] Eine differenzierende Klausel bringt S aber nur eine geringfügige Haftungserleichterung und führt andererseits zu nicht unerheblichen Auslegungsschwierigkeiten. So könnte z. B. im Einzelfall Streit darüber entstehen, wer zu den einfachen Erfüllungsgehilfen zählt und ob eine wesentliche Vertragspflicht betroffen ist. Deshalb ist im Bereich der Haftungsbeschränkung eine für Geschäfte mit Verbrauchern und Unternehmern einheitlich geltende Gewährleistungsklausel zu empfehlen.

76 Hinsichtlich der **Nacherfüllung** könnte S sich bei Verkäufen an Unternehmer ein vorrangiges Nacherfüllungsrecht vorbehalten, soweit die Leuchten nicht letztlich an einen Verbraucher veräußert werden. Da die Kunden der S, die Unternehmer sind, die Leuchten aber in aller Regel an Verbraucher weiterveräußern, erübrigt sich hier eine Sonderregelung. Die AGB-Klausel der S zur Gewährleistung könnte somit wie folgt lauten:

Die Verkäuferin übernimmt in der folgenden Weise die Haftung für Mängel an den Liefergegenständen:

1. Die Verkäuferin haftet vorbehaltlich der Regelung in Nr. 2 nach den gesetzlichen Regeln über die Sachmängelgewährleistung.
2. Wegen Schäden, die sich aus der Mangelhaftigkeit eines Liefergegenstands ergeben, haftet die Verkäuferin auch für ihre Erfüllungsgehilfen nur für Vorsatz und grobe Fahrlässigkeit. Diese Haftungsbeschränkung gilt nicht für garantierte Beschaffenheitsmerkmale. Sie gilt ferner nicht für Schäden an Leben, Körper oder Gesundheit.

3. Gerichtsstandsvereinbarung

77 Falls es zu gerichtlichen Auseinandersetzungen mit ihren Kunden kommt, möchte S diese Streitigkeiten möglichst an ihrem Sitz in München austragen. Rechtsanwalt H wird aufgrund der gesetzlichen Vorschriften über die örtliche Gerichtszuständigkeit **(Gerichtsstand)** klären, ob eine abweichende Gerichtsstandsvereinbarung in den AGB erforderlich und zulässig ist.

a) Gesetzliche Zuständigkeitsregeln

78 Die Gerichtsstände der ZPO lassen sich nach verschiedenen Kriterien einteilen. Für die Gestaltung einer Gerichtsstandsvereinbarung für S kommt es vor allem auf die Unterscheidung zwischen **allgemeinen und besonderen Gerichtsständen** an. Gem. § 12 ZPO kann der Beklagte an seinem allgemeinen Gerichtsstand stets verklagt werden, soweit nicht ein ausschließlicher Gerichtsstand besteht. Allgemeine Gerichtsstände sind in den §§ 13–19 ZPO geregelt. Besondere Gerichtsstände ermöglichen es dem Kläger, an einem anderen als dem nach § 12 ZPO zuständigen Gericht Klage zu erheben. Sie finden sich in den §§ 20 ff. ZPO. Unter mehreren Gerichtsständen hat der Kläger gem. § 35 ZPO die Wahl. Ein ausschließlicher Gerichtsstand geht allen anderen nicht ausschließlichen Gerichtsständen vor (§ 12 ZPO). Er bildet die Ausnahme und ist in einzelnen Vorschriften der ZPO vorgesehen (z. B. §§ 24, 29 a, 32 a, 771 ZPO).

[95] Siehe oben Rn. 73.

aa) Klagen der S werden sich im Wesentlichen auf Fälle beschränken, in denen S die **Zahlung des Kaufpreises** durchsetzen will. Da hierfür keine ausschließlichen Gerichtsstände in Betracht kommen, ist zunächst der allgemeine Gerichtsstand zu bestimmen. Nach den §§ 12–19 ZPO richtet sich der allgemeine Gerichtsstand nach örtlichen Gesichtspunkten, wobei in Prozessen gegen natürliche Personen der Wohnsitz des Beklagten maßgeblich ist (§ 13 ZPO).[96] Der allgemeine Gerichtsstand beklagter juristischer Personen ist ihr Sitz (§ 17 ZPO). S müsste daher die Kaufpreisansprüche am Wohnsitz (§ 13 ZPO) bzw. Hauptsitz (§ 17 ZPO) ihrer Kunden gerichtlich geltend machen. 79

In München könnte S Kaufpreisansprüche einklagen, wenn ein besonderer Gerichtsstand in München läge. In Betracht kommt § 29 I ZPO (besonderer **Gerichtsstand des Erfüllungsorts**). Danach bestimmt der gesetzliche Erfüllungsort der **streitigen Verpflichtung** den Gerichtsstand.[97] Unter dem Erfüllungsort ist der Ort zu verstehen, an dem der Schuldner die Leistungshandlung vorzunehmen hat.[98] Die Zahlungspflicht ist eine Geldschuld; Leistungsort ist i. d. R. der Wohnsitz des Schuldners (§§ 269 I, 270 IV BGB). Besonderer Gerichtsstand des Erfüllungsorts ist bei Kaufpreisklagen der S daher ebenfalls der Wohnsitz des Kunden. 80

Möglicherweise lässt sich der Gerichtsstand in München durch eine **Vereinbarung über den Erfüllungsort** begründen. Eine solche Vereinbarung hat aber nach § 29 II ZPO gegenüber Nichtkaufleuten nur materiell-rechtliche Wirkung, sodass S bei **Geschäften mit Nichtkaufleuten** auf diesem Weg den erstrebten Gerichtsstand nicht erreichen kann. Prozessuale Auswirkungen hätte die Vereinbarung über den Erfüllungsort dagegen bei **Geschäften mit Kaufleuten.** Im Rechtsverkehr mit Kaufleuten kann der Gerichtsstand München aber vertraglich vereinbart werden, sodass eine Abrede über den Erfüllungsort nicht erforderlich ist.[99] 81

bb) Klagen der Kunden kommen vor allem wegen nicht oder nicht ordnungsgemäßer Lieferung sowie in Gewährleistungsfällen in Betracht. S hat ihren allgemeinen Gerichtsstand (§§ 12, 17 ZPO) an ihrem Sitz in München. Ein anderer Gerichtsstand für Klagen ihrer Kunden könnte sich aus § 29 I ZPO ergeben, soweit es um die **Lieferpflicht** der S geht. Bei der Lieferung der Leuchten handelt es sich jedoch mangels besonderer Umstände um eine Schickschuld, sodass sich aus § 29 ZPO i. V. m. § 269 I BGB kein besonderer Gerichtsstand ergibt. 82

Rechtsstreitigkeiten können auch entstehen, wenn Kunden der S vom Kaufvertrag zurücktreten. Erfüllungsort für Klagen, die das **Rückgewährschuldverhältnis** betreffen, ist der Ort, an dem sich die Sache bestimmungsgemäß befindet.[100] Das ist der Wohn- bzw. Firmensitz der Kunden. Erfüllungsort für die Rückzahlungspflichten im Falle der **Minderung** ist dagegen der Wohn- oder Firmensitz des Verkäufers,[101] sodass für Minderungsbegehren der Kunden der S das erstinstanzliche Gericht in München zuständig ist. S muss also nach der gesetzlichen Ausgangslage damit rechnen, außerhalb 83

---

[96] MünchKomm-ZPO/*Patzina,* § 12 ZPO Rn. 28; *Musielak/Heinrich,* § 12 ZPO Rn. 3.
[97] MünchKomm-ZPO/*Patzina,* § 29 ZPO Rn. 19.
[98] MünchKomm-ZPO/*Patzina,* § 29 ZPO Rn. 19; *Musielak/Heinrich,* § 29 ZPO Rn. 15; *Palandt/Grüneberg,* § 269 BGB Rn. 1.
[99] Dazu unten Rn. 84–86.
[100] *Palandt/Grüneberg,* § 269 BGB Rn. 16.
[101] MünchKomm-BGB/Krüger, § 269 BGB Rn. 37.

Münchens verklagt zu werden. Außerdem wird sie in vielen Fällen eigene Klagen nur außerhalb Münchens erheben können. Ihr Ziel, Streitigkeiten aus dem Vertragsverhältnis stets in München austragen zu können, kann sie nur durch eine entsprechende **Gerichtsstandsvereinbarung** erreichen. Im Folgenden ist zu klären, ob eine solche Klausel in den AGB der S zulässig ist.

b) Gestaltungsmöglichkeit: Prorogation

84 Im Bereich der örtlichen und sachlichen Zuständigkeit besteht unter bestimmten Voraussetzungen die Möglichkeit, das zuständige Gericht durch Parteivereinbarung zu bestimmen, sog. **Prorogation.** Im Interesse des Beklagtenschutzes sind abweichende Gerichtsstandsvereinbarungen gem. § 38 ZPO allerdings nur eingeschränkt möglich.[102]

85 **aa)** Gem. § 38 I 1. Alt. ZPO sind Gerichtsstandsvereinbarungen zulässig gegenüber **Kaufleuten,** juristischen Personen des öffentlichen Rechts und öffentlich-rechtlichen Sondervermögen. Die Vorschrift deckt also Prorogationsvereinbarungen der S mit den Einrichtungshäusern. Die Voraussetzungen des § 40 ZPO wären im vorliegenden Fall ebenfalls eingehalten, insbesondere betreffen die potentiellen Rechtsstreitigkeiten der S vermögensrechtliche Ansprüche. Zu berücksichtigen bleiben noch die §§ 305 ff. BGB, insbesondere die §§ 305c I, 307 I BGB. Nach h. M. sind Gerichtsstandsvereinbarungen im Rechtsverkehr mit Kaufleuten unbedenklich, wenn es sich um ein beiderseitiges Handelsgeschäft handelt, nicht aber, wenn der Kunde ein Privatgeschäft tätigt. Außerdem muss der Gerichtsstand einen Bezug zum Sitz oder zu einer Niederlassung des Verwenders aufweisen.[103]

86 **bb)** Mit **Nichtkaufleuten** kann eine Gerichtsstandsvereinbarung nur in Sonderfällen getroffen werden, die in dieser Gestaltungsaufgabe keine Rolle spielen (§ 38 II, III ZPO). Der Wunsch der S, bei Streitigkeiten vor den Gerichten in München zu klagen und verklagt zu werden, lässt sich also nur gegenüber Kaufleuten, juristischen Personen des öffentlichen Rechts und öffentlich-rechtlichen Sondervermögen verwirklichen. Auch in diesen Fällen sollte sich S jedoch die Möglichkeit offen halten, am Sitz der juristischen Person (§ 17 ZPO) oder am Wohnsitz oder dem Ort der Niederlassung des Kaufmanns (§§ 12, 21 ZPO) zu klagen. Die Klage an einem dieser Orte könnte ausnahmsweise für S günstiger sein, z. B. weil dort ein besonders spezialisierter Anwalt ansässig ist.

c) Klauselvorschlag

87 Die Gerichtsstandsvereinbarung ist so zu formulieren, dass sie lediglich für Geschäfte mit Kaufleuten, juristischen Personen des öffentlichen Rechts oder öffentlich-rechtlichen Sondervermögen gilt. Der Vorschlag für eine Gerichtsstandsvereinbarung könnte z. B. wie folgt lauten:

> Bei allen sich aus dem Vertragsverhältnis ergebenden Streitigkeiten ist, wenn der Käufer eine juristische Person des öffentlichen Rechts oder ein öffentlich-rechtliches Sondervermögen ist, die Klage bei dem Gericht zu erheben, das für den

[102] MünchKomm-ZPO/*Patzina,* § 12 ZPO Rn. 2; *Musielak/Heinrich,* § 38 ZPO Rn. 1.
[103] MünchKomm-ZPO/*Patzina,* § 38 ZPO Rn. 22; *Ulmer/Brandner/Hensen/Ulmer/Schäfer,* § 305c BGB Rn. 16, Teil 3 (4) Rn. 4; *Wolf/Lindacher/Pfeiffer/Hau,* Klauseln Rn. G 141–150.

Hauptsitz der Verkäuferin zuständig ist. Dasselbe gilt, wenn der Käufer Kaufmann ist und das Geschäft für ihn ein Handelsgeschäft ist. Die Verkäuferin ist auch berechtigt, am Ort der Niederlassung des Kaufmanns, des Sitzes der juristischen Person oder des Sitzes der Behörde zu klagen.

4. Zusammenfassung der Klauselvorschläge

Eigentumsvorbehaltsklausel 88

1. Die Verkäuferin behält sich das Eigentum an den Liefergegenständen bis zur vollständigen Bezahlung vor.
2. Der Käufer hat die Verkäuferin unverzüglich zu unterrichten, wenn Maßnahmen Dritter oder sonstige Ereignisse die Rechte der Verkäuferin gefährden. Der Käufer hat im Falle der Pfändung oder Beschlagnahme der Sache den Dritten auf das Eigentum der Verkäuferin hinzuweisen. Er hat die Verkäuferin von solchen Maßnahmen oder Ereignissen unverzüglich zu benachrichtigen.

Ist der Käufer Unternehmer, gilt darüber hinaus Folgendes:

3. Der Käufer ist berechtigt, die Liefergegenstände im ordentlichen Geschäftsgang weiter zu veräußern; er tritt der Verkäuferin jedoch bereits jetzt alle Forderungen in voller Höhe ab, die ihm aus der Weiterveräußerung erwachsen. Zur Einziehung dieser Forderungen ist der Käufer nach deren Abtretung ermächtigt. Diese Einziehungsermächtigung kann nur widerrufen werden, wenn der Käufer seinen Zahlungsverpflichtungen nicht ordnungsgemäß nachkommt. Der Käufer erfüllt seine Zahlungsverpflichtungen insbesondere dann nicht ordnungsgemäß, wenn Zahlungen in Höhe von 10% der aus der Geschäftsbeziehung geschuldeten Beträge nicht rechtzeitig geleistet werden und der Käufer trotz schriftlicher Aufforderung die Leistung nicht innerhalb von fünf Werktagen erbringt.

Gewährleistungsklausel

Die Verkäuferin übernimmt in der folgenden Weise die Haftung für Mängel an den Liefergegenständen:

1. Die Verkäuferin haftet nach den gesetzlichen Regeln über die Sachmängelgewährleistung.
2. Wegen Schäden, die sich aus der Mangelhaftigkeit eines Liefergegenstands ergeben, haftet die Verkäuferin auch für ihre Erfüllungsgehilfen nur für Vorsatz und grobe Fahrlässigkeit. Diese Haftungsbeschränkung gilt nicht für garantierte Beschaffenheitsmerkmale. Sie gilt ferner nicht für Schäden an Leben, Körper oder Gesundheit.

Gerichtsstandsvereinbarung

Bei allen sich aus dem Vertragsverhältnis ergebenden Streitigkeiten ist, wenn der Käufer eine juristische Person des öffentlichen Rechts oder ein öffentlich-rechtliches Sondervermögen ist, die Klage bei dem Gericht zu erheben, das für den Hauptsitz der Verkäuferin zuständig ist. Dasselbe gilt, wenn der Käufer Kaufmann ist und das Geschäft für ihn ein Handelsgeschäft ist. Die Verkäuferin ist auch berechtigt, am Ort der Niederlassung des Kaufmanns, des Sitzes der juristischen Person oder des Sitzes der Behörde zu klagen.

§ 4. Erwerb beweglicher Sachen

Literatur (siehe auch das Verzeichnis der abgekürzt zitierten Literatur, S. XVII): *Bachmann,* Gefahrübergang und Gewährleistung, AcP 211 (2011), 395; *Brors,* Die Bestimmung des Nacherfüllungsorts vor dem Hintergrund der Verbrauchsgüterkaufrichtlinie, NJW 2013, 3329; *Dastis/Splinter,* Ein- und Ausbaukosten in Wertschöpfungsketten – Risiken und Gestaltungsmöglichkeiten vor dem Hintergrund der Reform der kaufrechtlichen Mängelhaftung, BB 2018, 1417; *Dieckmann,* Die Sicherung des Verkäufers vor vorzeitigem Eigentumsverlust – Varianten der notariellen Vertragsgestaltung im Vergleich, BWNotZ 2008, 134; *Gössl,* Das Gesetz über die alternative Streitbeilegung in Verbrauchersachen – Chancen und Risiken, NJW 2016, 838; *Joussen,* Der Industrieanlagenvertrag, 2. Aufl. 1996; *Langenfeld,* Von der Klausel zur Vertragsgestaltung, in: Notar und Rechtsgestaltung – Jubiläums-Festschrift des Rheinischen Notariats, 1998, S. 3; *Mankowski,* Das Zusammenspiel der Nacherfüllung mit den kaufmännischen Untersuchungs- und Rügeobliegenheiten, NJW 2006, 865; *Moes,* Die Sicherung gegen Vorleistungsrisiken als Zentralproblem der Vertragsgestaltung. Ein Systematisierungsversuch, ZfPW 2017, S. 201; *Rohe,* Netzverträge – Rechtsprobleme komplexer Vertragsverbindungen, 1998; *Schippel,* Gedanken zur Typenlehre als Methode zur Gestaltung von Rechtsgeschäften, in: Notar und Rechtsgestaltung – Jubiläums-Festschrift des Rheinischen Notariats, 1998, S. 49; *Schwab,* Der verbraucherschützende Widerruf und seine Folgen für die Rückabwicklung des Vertrags, JZ 2015, 644; *Temming,* Zur Reform des § 323 BGB durch die Verbraucherrechterichtlinie, JA 2018, 1.

1 Bei der Vertragsgestaltung gibt es einige typische Gestaltungssituationen. In der notariellen Praxis zählt dazu die Gestaltung von Grundstückskaufverträgen.[1] In der anwaltlichen Praxis ist die Gestaltung von Kaufverträgen für bewegliche Sachen eine solche Standardsituation, die allerdings je nach Art und Wert des Kaufgegenstands Besonderheiten mit sich bringt.

I. Allgemeine Überlegungen

2 Beim Erwerb beweglicher Sachen lassen sich die **Denkschritte der Vertragsgestaltung**[2] gut nachvollziehen. Die Informationsgewinnung ist zunächst auf die essentialia des Kaufvertrags zugeschnitten; auch bei der Rechtsanwendung und der Anwendung von Gestaltungskriterien spielen die Spezifika dieses Vertragstyps eine Rolle. Für die Belehrung und Beratung der Vertragsparteien ergeben sich beim Erwerb beweglicher Sachen nur wenige Besonderheiten gegenüber den allgemeinen Ausführungen; die übrigen Denkschritte folgen ebenfalls im Großen und Ganzen den allgemeinen Ausführungen zur Vorgehensweise bei der Vertragsgestaltung.

1. Fragen der Informationsgewinnung

3 Die Informationsaufnahme bezieht sich auf die Ziele und Interessen der Parteien, die tatsächliche Ausgangslage, die erstrebte künftige Entwicklung und die tatsächlichen Hindernisse, die der Erreichung der Sachziele im Wege stehen können.[3] Sie ist ein Dialog, der sich mit der Belehrung über die rechtliche Seite des Geschäfts überschneidet und auch Mitwirkung des Vertragsjuristen an der Bildung der Sachziele der Par-

---

[1] *Brambring,* JuS 1985, 380 (380 f.); *Langenfeld,* JuS 1998, 224 (224 ff.); dazu unten § 6 Rn. 1–54.
[2] Dazu oben § 1 Rn. 12–69.
[3] Siehe oben § 1 Rn. 15–19.

tei(en) bedeutet.[4] Welche Informationen der Vertragsjurist benötigt, wird wesentlich durch das geplante Geschäft bestimmt: Je komplexer das geplante Geschäft, desto wichtiger ist die Informationsgewinnung. Bei einem „einfachen" Kaufvertrag ist unschwer zu erkennen, dass die **essentialia negotii** geregelt werden müssen. Man benötigt also Informationen über die Vertragsparteien, den Vertragsgegenstand und den Kaufpreis. Diese Informationen müssen so genau sein, dass Missverständnisse und Auslegungsschwierigkeiten nicht auftreten.

a) Die **Vertragsparteien** sind mit Namen und Anschrift in die Vertragsurkunde aufzunehmen.[5] Unter Umständen (insbesondere bei häufigen Namen) empfiehlt es sich bei natürlichen Personen auch, das Geburtsdatum aufzunehmen, um die Parteien eindeutig zu bezeichnen. 4

Beispiel: Der 26 -jährige Werner Burg möchte ein Segelboot erwerben. Er wohnt derzeit noch bei seinen Eltern. Sein Vater heißt ebenfalls Werner Burg. In diesem Fall genügt es nicht, den Käufer im Vertrag als „Werner Burg, wohnhaft Meisenweg 15, 12345 Neustadt" zu bezeichnen, da dann unklar bleibt, ob Werner Burg Sohn oder Werner Burg Vater Vertragspartei ist.

Treten für die Parteien Vertreter auf, ist das im Vertrag zu vermerken.[6] Außerdem sollte die Vertretungsmacht überprüft werden. Von Vertretern natürlicher Personen wird sie durch eine Vollmachtsurkunde nachgewiesen, bei juristischen Personen und Personengesellschaften sollte das Handelsregister eingesehen werden.[7]

b) Auch der **Kaufgegenstand** sollte möglichst genau bezeichnet werden. So sind z. B. Modell- oder Typenbezeichnungen aufzunehmen (z. B. ein Fahrrad Modell „Pegasus 1"). Bei Gebrauchtwagen werden neben Marke und Typenbezeichnung (z. B. VW Golf) die Fahrgestellnummer, der Tag der Erstzulassung und das derzeitige amtliche Kennzeichen im Vertrag genannt. Zur Abgrenzung von anderen Gegenständen kann es erforderlich sein, einzelne Merkmale der Sache aufzuzählen, z. B. bei Computern Typ und Taktfrequenz des Prozessors, Größe des Arbeitsspeichers und Größe der Festplatte. Außerdem werden die sonstigen Bestandteile (Grafikkarte, DVD-Laufwerk, Cardreader) festgehalten und charakterisiert (z. B. DVD-Brenner, Schreibgeschwindigkeit DVD-R 24fach). 5

c) Hinsichtlich des **Kaufpreises** ist bei Verträgen mit Auslandsbezug darauf zu achten, dass eine Bestimmung über die Währung getroffen wird.[8] Nach den meisten Rechtsordnungen ist es allerdings gestattet, dass der Schuldner nicht nur in der vereinbarten Währung (Schuldwährung) zahlen kann, sondern auch in einer anderen Währung (Zahlungswährung).[9] Nach § 244 I BGB kann, wenn eine in einer anderen Währung als Euro ausgedrückte Geldschuld im Inland zu zahlen ist, die Zahlung dennoch in Euro erfolgen. Etwas anderes gilt nur, wenn die Zahlung in der anderen Währung ausdrücklich vereinbart ist (**Effektivklausel,** § 244 I a. E. BGB). Die Vorschrift des § 244 I BGB, die mangels Effektivklausel dem Schuldner – und nicht dem Gläubiger – 6

[4] *Brambring,* JuS 1985, 380 (382); *Kunkel,* Vertragsgestaltung, S. 51; *Rehbinder,* Vertragsgestaltung, S. 12.
[5] *Aderhold/Koch/Lenkaitis,* Vertragsgestaltung, § 8 Rn. 12f.; *Rittershaus/Teichmann,* Vertragsgestaltung, Rn. 493; *Zankl,* Vertragssachen, Rn. 902f.
[6] *Rittershaus/Teichmann,* Vertragsgestaltung, Rn. 494; *Zankl,* Vertragssachen, Rn. 904ff.
[7] *Heussen/Imbeck,* Handbuch, 3. Teil Rn. 66.
[8] *Zankl,* Vertragssachen, Rn. 953. – Zu den auf das Vertragsverhältnis anzuwendenden geldrechtlichen Normen (Währungsstatut) MünchKomm-BGB/*Martiny,* Anhang I zu Art. 9 Rom I-VO Rn. 4ff.
[9] *Reithmann/Martiny/Martiny,* Internationales Vertragsrecht, 8. Aufl. 2015, Rn. 3.235.

ein Wahlrecht einräumt, dient der Erleichterung des Zahlungsverkehrs im Inland.[10] Sie gilt allerdings nach wohl überwiegender Meinung nur, wenn auf den Vertrag das deutsche Schuldstatut Anwendung findet.[11]

7 **d)** Schließlich muss an Regelungen zu den **Leistungsmodalitäten** gedacht werden. Wenn die Parteien keine anderen Abreden treffen, sind die Leistungen gem. § 271 I BGB sofort fällig und erfüllbar. Mangels anderer Vereinbarung erfolgen die Leistungen gem. § 320 I 1 BGB Zug um Zug. Diese Leistungsmodalitäten werden bei teureren Kaufgegenständen oft nicht interessengerecht sein. Wenn z. B. der Verkäufer noch nicht über den zu leistenden Gegenstand verfügt oder der Leistungsaustausch aus anderen Gründen nicht unmittelbar nach Vertragsschluss erfolgen soll, muss vertraglich festgelegt werden, zu welchem Zeitpunkt die Leistung fällig werden soll. Weiterer Regelungsbedarf besteht, wenn die Leistung bereits vor Fälligkeit erfüllbar sein soll. Auch die Verpflichtung zur Leistung Zug um Zug wird oft vertraglich abbedungen.

Beispiel: V verkauft an K 100 Flaschen „Tokaji Aszu 5-buttig" Jahrgang 1998 à 0,5l zum Gesamtpreis von 4 242,92 €. V wird den Wein von seinem Großhändler in der 12. Kalenderwoche 2019 (18.-24.3.2019) erhalten. Wenn der Wein eingetroffen ist, möchte V ihn nicht bei sich lagern, sondern unmittelbar an K weiterversenden. In diesem Fall bietet sich eine Regelung an, nach der die Weinlieferung des V am 25.3.2019 fällig wird, V den Wein aber bereits vor diesem Termin liefern darf. Eine entsprechende Klausel könnte lauten: „V verpflichtet sich, den Wein bis zum 25.3.2019 zu liefern." Durch die Formulierung „bis zum" wird deutlich, dass V vor dem 25.3.2019 nicht leisten muss, er aber bereits vor diesem Termin leisten darf. – Soll K den Wein erst nach der Lieferung per Überweisung bezahlen, ist V vorleistungspflichtig. Eine Formulierung der Vorleistungspflicht des V könnte lauten: „Der Kaufpreis wird nach Lieferung des Weines fällig. Er ist auf das Konto des V bei der E-Bank, IBAN: DE76 3003 4071 0100 4582 39, BIC: EBNKDE9FXXX zu überweisen."

8 **e)** Weitere regelungsbedürftige Punkte, zu denen Informationen eingeholt werden müssen, ergeben sich, wenn der Rechtsberater die Vertragsabwicklung durchspielt und mögliche **Leistungsstörungen** berücksichtigt.[12] In Betracht kommen seitens des Verkäufers Verspätungen, die Unmöglichkeit der Leistung, die Mangelhaftigkeit der Sache oder die Verletzung von Nebenpflichten. Der Verkäufer hat seinerseits zu befürchten, dass der Käufer verspätet oder gar nicht zahlt. Insoweit ist zu klären, ob die potentiell durch eine Leistungsstörung benachteiligte Partei über die gesetzliche Regelung hinaus ein Sicherungsbedürfnis hat und ob die andere Partei bereit ist, Sicherungsmechanismen wie z. B. Vertragsstrafen, Beschaffenheitsgarantien, Eigentumsvorbehalte oder Vorleistungspflichten zu akzeptieren.

Beispiele: Die E-GmbH möchte von der B-GmbH eine Vierfarben-Offsetdruckmaschine des Typs Turboprint 205 erwerben. Die E-GmbH verspricht sich durch den Einsatz der neuen Druckmaschine vor allem eine erhebliche Zeitersparnis: Ihre alte Druckmaschine hat eine Maximalleistung von 5 000 Bogen pro Stunde; die B-GmbH gibt in ihrem Verkaufsprospekt für die Turboprint 205 eine Druckgeschwindigkeit von bis zu 13 000 Bogen pro Stunde an. – In diesem Fall ist zu ermitteln, ob der E-GmbH die maximale Druckgeschwindigkeit so wichtig ist, dass sie eine entsprechende Beschaffenheitsgarantie wünscht.

Die Z-GmbH verkauft an die L-GmbH Maschinen im Wert von 2 500 000 €. In diesem Fall ist zu klären, wie die Parteien sich die Zahlung vorstellen, um möglichen Leistungsstörungen vorbeugen zu können. Soll z. B. der Kaufpreis in sechs Raten gezahlt werden, wobei fünf der Raten erst nach Übergabe der Maschinen

---

10 BeckOK-BGB/*Grohte,* § 244 BGB Rn. 34.

11 BeckOK-BGB/*Grothe,* § 244 BGB Rn. 51; *Staudinger/Omlor,* § 244 BGB Rn. 9.

12 *Aderhold/Koch/Lenkaitis,* Vertragsgestaltung, § 8 Rn. 16; *Weber,* JuS 1989, 636 (640f.). Zur Sicherung der Leistung und Gegenleistung *Heussen/Imbeck,* Handbuch, 3. Teil Rn. 269ff.

fällig werden, so besteht seitens der Z-GmbH ein Sicherungsbedürfnis hinsichtlich der nach der Lieferung noch offenen Raten. Ein solches Sicherungsbedürfnis besteht nicht, wenn der Kaufpreis vollständig bei Lieferung der Maschinen gezahlt werden soll.

Schließlich kann der Vertragsjurist Musterverträge aus **Formularbüchern** heranziehen, um festzustellen, ob alle klärungsbedürftigen Punkte erkannt wurden. 9

Die Informationsgewinnung beim Kaufvertrag bezieht sich stets auf die essentialia negotii. Weitere Informationen können erforderlich sein, um Leistungsmodalitäten zu vereinbaren oder um für den Fall von Leistungsstörungen Vorsorge zu treffen.

2. Probleme der Rechtsanwendung

Von den Problemen der Rechtsanwendung war bereits im einführenden Kapitel die Rede.[13] Die Rechtsanwendung bezieht sich bei der Gestaltung eines Kaufvertrags über bewegliche Sachen vor allem auf die Leistungsmodalitäten und auf mögliche Leistungsstörungen. Theoretisch genügt für einen Kaufvertrag die Einigung über die essentialia negotii; die Fragen der Leistungsstörung und der Leistungsmodalitäten sind durch dispositives Recht geregelt. Eine hypothetische Rechtsanwendung muss zeigen, ob das dispositive Recht den Parteiinteressen entspricht oder ob eine abweichende Gestaltung erforderlich ist. 10

Beispiel: Die V-AG verkauft der N-GmbH mehrere Kopiergeräte zur eigenen Nutzung. Falls eines oder mehrere Geräte mangelhaft sind, entspricht es dem Wunsch beider Parteien, dass die V-AG zunächst eine Nachbesserung versuchen soll. Die hypothetische Rechtsanwendung ergibt, dass der Käufer nach den Gewährleistungsregeln des BGB bei einem Sachmangel grundsätzlich gem. § 439 I BGB die Wahl zwischen einer Nachbesserung oder der Lieferung einer mangelfreien Sache hat. Wenn die V-AG zunächst nur zur Nachbesserung verpflichtet sein soll, ist eine entsprechende vertragliche Regelung zu treffen.

3. Anwendung der Gestaltungskriterien

Die Kriterien der Vertragsgestaltung sind insbesondere das Gebot des sicheren Weges, das Postulat der Konfliktvermeidung, die Vereinbarung passender Methoden der Konfliktlösung und das „Vorausdenken“ von Regelungen, die den Parteien helfen sollen, künftige Unwägbarkeiten zu bewältigen.[14] In der Gestaltungssituation des Erwerbs beweglicher Sachen bestehen insoweit keine wesentlichen Besonderheiten. Lediglich einige Ergänzungen sind notwendig: 11

a) Der **Konfliktvermeidung** dienen zum Teil die Regelungen, die zu den Leistungsmodalitäten und für den Fall von Leistungsstörungen in den Vertrag aufgenommen werden. Das gilt z. B. für Vorleistungspflichten und Vertragsstrafenregelungen. Konflikte werden auch vermieden, wenn Rügefristen vertraglich festgeschrieben werden. 12

Beispiel: Regeln die Vertragsparteien den Zeitpunkt der Fälligkeit der Gegenleistung nicht, ist die Gegenleistung gem. § 320 I 1 BGB Zug um Zug gegen Erhalt der Leistung zu erbringen. Trotz dieser dispositiven Regelung kann zwischen den Parteien Streit über eine Vorleistungspflicht des Verkäufers entstehen, wenn sich z. B. der Käufer auf einen entsprechenden Handelsbrauch oder eine ständige Übung in der Ge-

[13] Oben § 1 Rn. 25–30.
[14] Dazu oben § 1 Rn. 31–55.

schäftsbeziehung mit dem Verkäufer beruft. Solchen Streitigkeiten sollte der Kautelarjurist durch Vertragsklauseln vorbeugen: „Der Kaufpreis wird zehn Tage nach Lieferung der Ware fällig." – Oder: „Der Kaufpreis ist bei Lieferung der Ware zu entrichten." Die Klausel „Die Rügefrist gem. § 377 I HGB beträgt drei Tage" verhindert Konflikte darüber, ob eine Mängelrüge des Käufers unverzüglich erfolgte.

13 **b)** Vertraglich vorgesehene **Methoden der Konfliktlösung** wie Schlichtungs-, Schiedsgutachten- oder Schiedsvereinbarungen spielen zwar eher bei komplexen Langzeitverträgen eine Rolle;[15] sie können aber auch für Kaufverträge sinnvoll sein, z. B. wenn Eigenschaften der Kaufsache nur schwer zu bestimmen sind, sodass Gutachter eingeschaltet werden müssen. Entsteht über das Vorhandensein solcher Eigenschaften Streit, kann eine vertraglich vereinbarte Schlichtung kostengünstiger sein als ein Rechtsstreit. Schiedsgutachtenklauseln finden in Kaufverträgen über bewegliche Sachen ferner im Bereich der Sachmängelhaftung Verwendung.

Beispiel: „Anstelle vom Vertrag zurückzutreten, kann der Käufer den Kaufpreis mindern. Besteht Streit über den Umfang des Minderungsanspruchs, unterwerfen sich die Beteiligten schon jetzt dem Schiedsgutachten eines vom Präsidenten der Industrie- und Handelskammer Hannover zu bestellenden öffentlich bestellten Sachverständigen. Die Kosten des Schiedsgutachtens trägt die nach den Feststellungen des Gutachters unterliegende Partei. Bei Teilunterliegen werden die Kosten nach dem Verhältnis des jeweiligen Obsiegens oder Unterliegens aufgeteilt."

14 **c)** An Regeln über die **Vertragsbeendigung** ist bei langfristig angelegten Verträgen wie z. B. Sukzessivlieferungsverträgen zu denken. Falls der Vertrag nicht befristet ist, sind insbesondere Kündigungsgründe und -fristen aufzunehmen. Auch bei einer Befristung des Vertrags ist die außerordentliche Kündigung nach § 314 BGB nicht ausgeschlossen. In diesem Fall kann es sinnvoll sein, im Rahmen des Zulässigen die Gründe für eine außerordentliche Kündigung zu konkretisieren.

Beispiel: „Der Vertrag ist auf zwei Jahre befristet. Während dieser Zeit kann er lediglich aus wichtigem Grund gekündigt werden. Die Einhaltung einer Kündigungsfrist ist nicht erforderlich. Als wichtige Gründe gelten insbesondere …"

15 **d)** Auch **Anpassungsklauseln** sind nur bei langfristigen Lieferverträgen erforderlich. Dabei kann es zum einen um die Anpassung des Kaufpreises gehen, beispielsweise aufgrund gestiegener Lohn- und Materialkosten. Möglich ist zum anderen auch, dass der Kaufgegenstand der technischen Entwicklung angepasst werden soll.

Beispiel: „Ändern sich Kostenfaktoren, die für die Preisberechnung maßgeblich sind, so kann der Verkäufer den Preis bis zu dem Betrag der Mehrbelastung erhöhen."

4. Probleme der Belehrung und Beratung

16 Hinsichtlich der Belehrung und Beratung der Parteien gelten für Kaufverträge über bewegliche Sachen gegenüber anderen Verträgen kaum Besonderheiten.[16] In manchen Konstellationen muss der Vertragsjurist prüfen, ob für die Parteien ein **anderer Vertragstyp** günstiger wäre. Als Alternative zu einem Kaufvertrag kann sich unter Umständen ein Leasing- oder ein Mietvertrag anbieten. In einem solchen Fall gehört es zur Belehrung und Beratung der Parteien, sie auf andere Gestaltungsmöglichkeiten hinzuweisen.

[15] *Ostendorf/Kluth/Mahnken/Nossek,* Internationale Wirtschaftsverträge, 2013, § 14 Rn. 1.
[16] Zur Belehrung und Beratung bei Kaufverträgen über Immobilien unten § 6 Rn. 22–26.

II. Beispiel: Kauf eines Investitionsguts

Die Europolymer GmbH (E) ist im kunststoffverarbeitenden Bereich tätig. Zur Analyse von Werkstoffen benötigt sie ein Rasterkraftmikroskop. E hat verschiedene Angebote eingeholt und sich Anfang April 2019 schließlich für das Modell RM 2020 der Geo-Optik GmbH (G) zum Preis von 115 000 € zuzüglich Mehrwertsteuer entschieden. G ist bereit, das Rasterkraftmikroskop in der 30. Kalenderwoche (22.–28.7.2019) auf ihre Kosten zu liefern und aufzustellen. An der pünktlichen Lieferung ist E sehr gelegen, da sie das Rasterkraftmikroskop für eine Werkstoffanalyse im Auftrag der Y-AG (Y) benötigt; diese Arbeit muss bis zum 27.9.2019 erledigt sein. Benutzt E für diesen Auftrag ihr altes Lichtmikroskop, zahlt Y für die Analyse nur 50 % der vereinbarten Vergütung in Höhe von 30 000 €, da das Lichtmikroskop eine geringere Auflösung besitzt und keine Höheninformationen liefert. Wenn E einen Teil der Analyse mit dem Rasterkraftmikroskop durchführt, zahlt Y für diesen Teil der Analyse den entsprechenden Prozentsatz von 30 000 €, für den übrigen Teil den entsprechenden Prozentsatz von 15 000 €. G hat sich damit einverstanden erklärt, dass E einen Anwalt mit dem Entwurf des Kaufvertrags beauftragt. Beide Unternehmen haben keine AGB. E beauftragt die Sozietät von Eller, Hüttwitz und Rotstein mit dem Entwurf des Vertrags, der den Bedürfnissen der Käuferin E, aber auch den Interessen der Verkäuferin G jedenfalls soweit Rechnung tragen soll, dass sich keine langwierigen Verhandlungen mehr ergeben, sondern G den Vertrag voraussichtlich unterzeichnen wird. 17

1. Informationsgewinnung

Um den Kaufvertrag zwischen E und G interessengerecht zu gestalten, sind zunächst die vorgegebenen Informationen zu sammeln und möglichen Regelungsproblemen zuzuordnen. Dabei ergibt sich eventuell weiterer Informationsbedarf. Aus dem Sachverhalt geht hervor, dass E von G ein bestimmtes Rasterkraftmikroskop erwerben möchte. Auch der Kaufpreis ist bereits festgelegt. Damit liegen die Informationen über die essentialia negotii des Kaufvertrags vor: Vertragsparteien, Vertragsgegenstand und Kaufpreis. Es sind aber noch weitere Informationen erforderlich: 18

a) Beide **Vertragsparteien** sind GmbHs, also juristische Personen (§ 13 I GmbHG). Juristische Personen handeln durch ihre Organe, im Falle einer GmbH durch den oder die Geschäftsführer. Diese sind gem. § 35 I GmbHG zur Vertretung der GmbH berufen. Im Kaufvertrag werden die Geschäftsführer als organschaftliche Vertreter der Gesellschaften benannt. Zu klären ist, ob beide Gesellschaften einen oder mehrere Geschäftsführer haben und wer die Geschäftsführer der beiden Parteien sind. Die Zahl der Geschäftsführer ist von Bedeutung, da mehrere Geschäftsführer mangels abweichender Regelung in der Satzung als Gesamtvertreter gemeinschaftlich handeln müssen (§ 35 II 1 GmbHG). 19

1. Nachfrage: Wie viele Geschäftsführer haben die Parteien? Wie heißen sie? Falls es mehrere Geschäftsführer gibt: Enthält die Satzung eine Regelung zur Vertretungsmacht?

Informationsmittel: Nachfrage bei beiden Parteien, Einsicht in das Handelsregister.

20 **b)** Der Sachverhalt enthält keine Hinweise, ob sich die Parteien über die **Gewährleistung** Gedanken gemacht haben. E ist eventuell an einer Garantie interessiert. Auf der anderen Seite möchte G möglicherweise den Nacherfüllungsanspruch der E zunächst auf ein Nachbesserungsrecht beschränken.

2. Nachfrage: Sind E bestimmte (besondere) Beschaffenheitsmerkmale des Rasterkraftmikroskops zugesagt worden oder soll dies noch geschehen? Sollen die Gewährleistungsansprüche der E zunächst auf die Nachbesserung beschränkt werden?

Informationsmittel: Nachfrage bei beiden Parteien.

21 **c)** Die Mitarbeiterinnen und Mitarbeiter der E können das Rasterkraftmikroskop voraussichtlich nicht ohne Weiteres bedienen. Deshalb ist zu klären, ob G **Einweisungspflichten** übernehmen soll.[17] Da die Wartung des Rasterkraftmikroskops Fachkenntnisse im Umgang mit dem Gerät voraussetzt, stellt sich weiterhin die Frage, ob und in welchem Umfang G einen **Kundendienst** bietet.

3. Nachfrage: Soll G Einweisungspflichten übernehmen und/oder Kundendienstleistungen erbringen?

Informationsmittel: Nachfrage bei beiden Parteien.

22 **d)** Schließlich setzt die Aufstellung des Rasterkraftmikroskops möglicherweise bestimmte **Umweltbedingungen** voraus. So benötigt man eventuell für die Aufstellung des Rasterkraftmikroskops besondere Räumlichkeiten. Um Streit darüber zu vermeiden, wer für welche Faktoren das Risiko trägt, sollten die Aufstellungsvoraussetzungen in den Vertrag aufgenommen werden.

4. Nachfrage: Welche Umweltbedingungen müssen bei E gegeben sein, damit das Rasterkraftmikroskop ordnungsgemäß aufgestellt und genutzt werden kann? Kann E diese Umweltbedingungen herstellen?

Informationsmittel: Nachfrage bei beiden Parteien.

23 **e)** Die weitere Vertragsgestaltung hängt von den **Ergebnissen der Nachfragen** ab, die wie folgt unterstellt werden sollen:

Ergebnis der 1. Nachfrage (unterstellt): E hat zwei Geschäftsführer, Karl Moritz und Franz Glanz; die Frage der Vertretung der GmbH ist in der Satzung nicht besonders geregelt. G hat eine Geschäftsführerin, Dr. Ing. Martina Bensch.

Ergebnis der 2. Nachfrage (unterstellt): Die Eigenschaften des Rasterkraftmikroskops sind durch einen Prospekt der G charakterisiert. E kommt es besonders darauf an, dass die laterale Auflösung besser als 1 nm ist. G ist bereit, für dieses Beschaffenheitsmerkmal und die übrigen im Prospekt angegebenen Beschaffenheitsmerkmale einzustehen. Sie möchte allerdings die Möglichkeit haben, das Rasterkraftmikroskop zunächst nachzubessern, wenn Fehler auftreten. E ist mit einem Nachbesserungsrecht der G einverstanden, verlangt aber mit Blick auf ihre Verpflichtungen gegenüber Y eine zügige Nachbesserung.

Ergebnis der 3. Nachfrage (unterstellt): G liefert mit dem Rasterkraftmikroskop umfangreiche Handbücher. Im Zusammenhang mit der Aufstellung soll eine eintägige Einweisung in die Bedienung des Mikroskops erfolgen. Falls weiterer Schulungsbedarf für die Mitarbeiter der E besteht, verweist G sie auf die Schulungsveranstaltungen der D-GmbH. Einen speziellen Kundendienst in Form eines Wartungsvertrags bietet G nicht an. Bei Bedarf übernimmt sie konkrete Reparaturaufträge. E erklärt, dass sie die üblichen Wartungsarbeiten durch ihre Mitarbeiterinnen und Mitarbeiter durchführen lassen kann.

[17] Dazu *Junker/Benecke*, Computerrecht, 2003, Rn. 242.

Ergebnis der 4. Nachfrage (unterstellt): Damit ein störungsfreier Betrieb gewährleistet ist, muss das Rasterkraftmikroskop auf einem schwingungsgedämpften Tisch angebracht werden. E wird in ihrer hauseigenen Werkstatt einen geeigneten Tisch herstellen und das Rasterkraftmikroskop darauf nach den Vorgaben der G selbst anbringen.

2. Problemübersicht und Rohentwurf

Die Punkte, die vertraglich zu regeln sind, wurden überwiegend bereits bei der Infor- 24
mationsgewinnung angesprochen. Im Kaufvertrag ist weiterhin zu bestimmen, wann das Rasterkraftmikroskop geliefert werden soll (30. Kalenderwoche). Um Streitigkeiten über den Erfüllungsort und die Kostenlast zu vermeiden, sollte ferner in den Vertrag aufgenommen werden, dass G bereit ist, das Rasterkraftmikroskop auf ihre Kosten zu liefern. Da der Liefertermin für E von besonderer Bedeutung ist, sollte sie sich gegen eine **verspätete Lieferung** vertraglich absichern. Im Vertrag sind auch Fälligkeit und Art der **Kaufpreiszahlung** sowie der Zeitpunkt des **Eigentumsübergangs** zu regeln. Mangels anderer Angaben der Vertragsparteien ist davon auszugehen, dass die Kaufpreiszahlung nach Lieferung per Überweisung erfolgen soll.

Daraus ergibt sich folgende Gliederung des Vertrags: 25

§ 1 Vertragsparteien
§ 2 Kaufgegenstand
§ 3 Kaufpreis
§ 4 Zeitpunkt der Lieferung
§ 5 Folgen verspäteter Lieferung
§ 6 Eigentumsübergang
§ 7 Gewährleistung
§ 8 Einweisung in das Rasterkraftmikroskop
§ 9 Aufstellungsvoraussetzungen

3. Rechtsanwendung

Hinsichtlich der Regelungsgegenstände „Folgen verspäteter Lieferung“, „Gewährleis- 26
tung“ und „Eigentumsübergang“ besteht **dispositives Gesetzesrecht.** Die Vorschriften des dispositiven Rechts werden daraufhin untersucht, ob sie für die eigene Vertragsgestaltung interessengerecht sind und inwieweit von ihnen abgewichen werden sollte.[18] Aufgabe des Vertragsgestalters ist es, künftige Konflikte zwischen den Parteien möglichst vorherzusehen und den Vertrag entsprechend zu gestalten.[19] Auf der anderen Seite ist bei der Gestaltung **zwingendes Gesetzesrecht** zu beachten. Das zwingende Recht begrenzt die Vertragsgestaltung. Eine Gestaltung, die mit zwingendem Recht nicht vereinbar ist, kommt daher als Vorschlag an die Parteien nicht in Betracht.[20] Die Rechtsanwendung zeigt also sowohl den Gestaltungsbedarf als auch die Gestaltungsgrenzen. Besonders zwei Punkte sind zu bedenken:

[18] *Rehbinder,* Vertragsgestaltung, S. 42; *Rittershaus/Teichmann,* Vertragsgestaltung, Rn. 171.

[19] *Rehbinder,* Vertragsgestaltung, S. 43 f.; *Rittershaus/Teichmann,* Vertragsgestaltung, Rn. 145; *Schmittat,* Vertragsgestaltung, Rn. 185, 195 ff.; *Zankl,* Vertragssachen, Rn. 295 ff.

[20] *Rehbinder,* Vertragsgestaltung, S. 42. Einschränkend *Rittershaus/Teichmann,* Vertragsgestaltung, Rn. 214.

a) Folgen verspäteter Lieferung

27 Die Folgen verspäteter Lieferung des Rasterkraftmikroskops könnten sich nach § 376 HGB richten. Dann müsste es sich bei dem Kauf um ein **relatives Fixgeschäft** handeln. Während beim absoluten Fixgeschäft im Fall der nicht rechtzeitigen Erfüllung Unmöglichkeit eintritt, bleibt die Leistung beim relativen Fixgeschäft auch nach der für die Leistung vorgesehenen Zeit möglich.[21] Der Gläubiger hat aber nach den §§ 323 BGB, 376 HGB im Fall der nicht rechtzeitigen Leistung durch den Schuldner weitergehende Rechte als bei gewöhnlichen Rechtsgeschäften.

28 **aa)** Beim **bürgerlich-rechtlichen relativen Fixgeschäft** hat der Gläubiger bei nicht rechtzeitiger Leistung des Schuldners gem. § 323 I, II Nr. 2 BGB ein sofortiges Rücktrittsrecht. Das Rücktrittsrecht besteht unabhängig davon, ob der Schuldner in Verzug ist. Wenn der Schuldner im Verzug ist, kann der Gläubiger darüber hinaus den Ersatz des Verzögerungsschadens nach den §§ 280 I, II, 286 BGB verlangen. Einen Anspruch auf Schadensersatz statt der Leistung kann der Schuldner bei einer Verzögerung der Leistung gem. den §§ 280 I, III, 281 BGB nach einer erfolglosen Nachfristsetzung geltend machen.[22]

29 Für den **Handelskauf** bestimmt § 376 HGB weitergehende Rechtsfolgen einer nicht rechtzeitigen Leistung des Schuldners beim relativen Fixgeschäft. Neben der verzugsunabhängigen Rücktrittsmöglichkeit kann der Gläubiger beim relativen Fixhandelskauf nach § 376 I 1 HGB Schadensersatz wegen Nichterfüllung verlangen, wenn der Schuldner in Verzug ist. Im Vergleich zur Regelung der §§ 280 I, III, 281 BGB verbessert sich die Stellung des Gläubigers insoweit, als er keine Nachfrist zu setzen braucht, um den Schadensersatzanspruch geltend zu machen. Auf der anderen Seite verliert der Gläubiger aber gem. § 376 I 2 HGB den Erfüllungsanspruch, wenn er dem Schuldner nicht sofort nach Ablauf der Frist anzeigt, dass er auf Erfüllung besteht. Durch eine entsprechende Anzeige verliert der Gläubiger seine Rechte nach § 376 I 1 HGB.[23] Die Rechtsfolgen der nicht rechtzeitigen Leistung nach den §§ 280ff., 323 BGB, 376 HGB fasst die folgende Übersicht zusammen:

	Fixgeschäft nach BGB	**Fixhandelskauf**
Erfüllungsanspruch nach Ablauf der Zeit oder Frist	ja	nur bei sofortiger Anzeige, § 376 I 2 HGB
Rücktrittsrecht	§ 323 I, II Nr. 2 BGB	§ 376 I 1 HGB
Verzögerungsschaden	§§ 280 I, 286 BGB	§§ 280 I, 286 BGB
Schadensersatz statt der Leistung	Nachfrist erforderlich, §§ 280 I, III, 281 BGB	bei Verzug des Schuldners, § 376 I 1 HGB

30 **bb)** Ein **relatives Fixgeschäft** liegt nicht bereits deshalb vor, weil dem Käufer die pünktliche Lieferung wichtig ist. Nach § 323 II Nr. 2 BGB muss zum einen ein Termin oder eine Frist für die Leistung bestimmt sein. Zum anderen muss der Gläubiger dem Schuldner vor Vertragsschluss mitgeteilt haben, dass die termingerechte Leistung

[21] *Canaris,* Handelsrecht, § 29 Rn. 26; *Röhricht/v. Westphalen/Wagner,* § 376 HGB Rn. 7.

[22] So die h. M., *Palandt/Grüneberg,* § 281 BGB Rn. 15. Nach a. A. soll ein Gleichlauf zwischen Schadensersatz und Rücktritt bestehen, *Jaensch,* NJW 2003, 3613.

[23] *Baumbach/Hopt/Hopt,* § 376 HGB Rn. 9; *Röhricht/v. Westphalen/Wagner,* § 376 HGB Rn. 9.

für ihn (den Gläubiger) wesentlich ist. Alternativ kann sich die Wesentlichkeit aus anderen den Vertragsschluss begleitenden Umständen ergeben. Nach der bis zum 12.6.2014 geltenden Fassung der Norm lag ein Fixgeschäft vor, wenn „der Gläubiger im Vertrag den Fortbestand seines Leistungsinteresses an die Rechtzeitigkeit der Leistung gebunden" hatte, also eine vertragliche Vereinbarung über den Fixcharakter vorlag. Der Gesetzgeber bezeichnet die Umformulierung als Änderung begrifflicher Natur.[24] Dennoch könnte sich daraus im Vergleich zum **Fixhandelskauf** ein Unterschied bei den Voraussetzungen für das Fixgeschäft ergeben. Denn für den Fixhandelskauf wird – zumindest bei beiderseitigem Handelskauf, wie er hier vorliegt – weiterhin eine Parteivereinbarung über die Wesentlichkeit des Termins verlangt.[25] Zu Recht nimmt aber die Literatur zum **bürgerlich-rechtlichen Fixgeschäft** an, dass bei einem Vertragsschluss, bei dem die Wesentlichkeit des Termins für den Schuldner in der in § 323 II Nr. 2 BGB beschriebenen Weise erkennbar war, eine konkludente Vereinbarung über den Fixcharakter geschlossen wird.[26] Im Ergebnis unterscheiden sich die Anforderungen also nicht.[27] Im vorliegenden Fall bestehen keine Anhaltspunkte für ein Fixgeschäft. Das Interesse der E an einer rechtzeitigen Erfüllung allein macht das Rechtsgeschäft nicht zum Fixgeschäft. Ohne besondere Ausgestaltung des Vertrags wäre § 376 HGB daher nicht anwendbar.

cc) Wenn es sich bei dem Rechtsgeschäft nicht um ein Fixgeschäft handelt, richten sich die Folgen verspäteter Lieferung zum einen nach den Vorschriften über den Schadensersatz wegen Pflichtverletzung (§§ 280ff. BGB). Zum anderen ist die Regelung über den Rücktritt wegen nicht oder nicht vertragsgemäß erbrachter Leistung (§ 323 BGB) anwendbar. Nach den §§ 280 I, II, 286 BGB hat E bei verspäteter Lieferung einen Anspruch auf **Ersatz des Verzögerungsschadens,** wenn G in der 30. Kalenderwoche schuldhaft nicht leistet. Eine Mahnung der E ist entbehrlich, da die Leistungszeit i. S. d. § 286 II Nr. 1 BGB kalendermäßig bestimmt ist. Der ersatzfähige Verzugsschaden umfasst auch den entgangenen Gewinn: G muss den Schaden tragen, der E bei einer verspäteten Lieferung des Rasterkraftmikroskops dadurch entsteht, dass sie das Mikroskop für den Auftrag der Y nicht oder nur teilweise einsetzen kann. Bei rechtzeitiger Vertragserfüllung seitens der G erhielte E von Y 30 000 € für die Werkstoffanalyse. Bei einem Verzug der G erhält E nur einen Teilbetrag. Dessen Höhe richtet sich danach, ob noch ein Teil der Analysen mit dem Rasterkraftmikroskop durchgeführt werden kann oder die Analysen komplett mit Hilfe des Lichtmikroskops erstellt werden. Der Gewinnausfall für E kann bis zu 15 000 € betragen; je nach dem tatsächlichen Gewinnausfall könnte E demnach von G nach den §§ 280 I, II, 286 BGB bis zu 15 000 € verlangen. 31

dd) Einen Anspruch auf **Schadensersatz statt der Leistung** kann E bei einer Verzögerung der Leistung nach den §§ 280 I, III, 281 I BGB erst im Anschluss an eine erfolglose Nachfristsetzung geltend machen. Verlangt E nach diesen Vorschriften Schadensersatz statt der Leistung, ist ihr positives Interesse zu ersetzen: G hat E so zu 32

[24] Begr. RegE, BT-Drs. 17/12637, S. 35, 58f. Nach BeckOGK/*Looschelders,* § 323 BGB Rn. 174 (Stand: 1.3.2019) führt die Neufassung zu einer anderen dogmatischen Konzeption, die sich im Regelfall aber nicht auswirkt. Siehe auch MünchKomm-BGB/*Ernst,* § 323 BGB Rn. 118.

[25] *Baumbach/Hopt/Hopt,* § 376 HGB Rn. 1, 7; MünchKomm-HGB/*Grunewald,* § 376 HGB Rn. 6; *Oetker,* Handelsrecht, § 8 Rn. 23.

[26] *Bassler/Büchler,* AcP 214 (2014), 88 (898); BeckOGK/*Looschelders,* § 323 BGB Rn. 179 (Stand: 1.3.2019); MünchKomm-BGB/*Ernst,* § 323 Rn. 118.

[27] Nach MünchKomm-HGB/*Grunewald,* § 376 HGB Rn. 6 dürften „die Unterschiede marginal sein".

stellen, als ob der Vertrag ordnungsgemäß durchgeführt worden wäre. Bei ordnungsgemäßer Vertragserfüllung seitens der E erhielte G von Y 30 000 € für die Werkstoffanalyse. Bei einer verzögerten Leistung seitens der G erhält E nur einen Teilbetrag. Zu diesem Zeitpunkt lässt sich, wie soeben dargelegt, nur feststellen, dass der Schaden durch entgangenen Gewinn aus dem Rechtsgeschäft zwischen E und Y bis zu 15 000 € betragen kann. E hat ferner gem. § 323 I BGB die Möglichkeit, nach erfolglosem Ablauf einer Nachfrist vom Vertrag zurückzutreten.

33 Anzuraten ist E allerdings weder ein Rücktritt noch ein Vorgehen nach den §§ 280 I, III, 281 I BGB. E ist auch nach der vorgesehenen Leistungszeit an der Lieferung des Rasterkraftmikroskops gelegen. Durch einen Rücktritt verlöre sie den Erfüllungsanspruch. Der Erfüllungsanspruch ist gem. § 281 IV BGB ebenfalls ausgeschlossen, wenn E Schadensersatz statt der Leistung verlangt. Außerdem geht, wie soeben dargelegt, der Anspruch auf Schadensersatz statt der Leistung unter den gegebenen Umständen nicht über den Verzögerungsschaden hinaus. Vorbehaltlich einer günstigeren vertraglichen Regelung wäre E daher bei Verzug der G zu raten, lediglich den Verzögerungsschaden nach den §§ 280 I, II, 286 BGB geltend zu machen und daneben weiterhin auf Erfüllung zu bestehen.

b) Haftung für Sachmängel

34 Nach den §§ 433 I 2, 434 BGB haftet G der E für Sachmängel des Rasterkraftmikroskops bei Gefahrübergang. Da E und G die Eigenschaften des Rasterkraftmikroskops anhand eines Prospekts der G bestimmt haben, kommt es für die Mangelhaftigkeit gem. § 434 I 1 BGB darauf an, ob das Rasterkraftmikroskop im Zeitpunkt des Gefahrübergangs diese Eigenschaften besitzt. Wenn das Rasterkraftmikroskop mangelhaft i. S. d. § 434 BGB ist, kann E Nacherfüllung verlangen (§ 437 Nr. 1 BGB). Unter Umständen kann sie auch vom Vertrag zurücktreten, den Kaufpreis mindern und Schadensersatz oder Ersatz vergeblicher Aufwendungen verlangen (§ 437 Nr. 2, 3 BGB). I. d. R. setzen diese Rechtsbehelfe eine erfolglose Nachfristsetzung der E voraus. Bei der Nacherfüllung gem. § 437 Nr. 1 BGB hat der Käufer grundsätzlich die Wahl zwischen einer Nachbesserung und der Lieferung einer mangelfreien Sache. Der Verkäufer hat – außer in den Fällen des § 275 und des § 439 IV BGB – die Wahl des Käufers hinzunehmen.

35 Im vorliegenden Fall sind zusätzlich zu den §§ 434ff. BGB noch handelsrechtliche Vorschriften zu beachten. Beide Vertragsparteien sind gem. den §§ 13 III GmbHG, 6 HGB Vollkaufleute. Für beide gehört das Rechtsgeschäft zum Betrieb ihres Handelsgewerbes, sodass ein Handelsgeschäft i. S. d. § 343 I HGB vorliegt. Unter diesen Voraussetzungen trifft den Käufer nach § 377 HGB eine **Untersuchungs- und Rügeobliegenheit.** Er muss die Ware unverzüglich nach der Ablieferung untersuchen und erkennbare Mängel anzeigen; verborgene Mängel muss er nach ihrem Auftreten ebenfalls unverzüglich rügen. Unterlässt der Käufer die Anzeige, so gilt die Ware als genehmigt; der Käufer kann aus der Mangelhaftigkeit der Sache keine Rechte mehr herleiten.

c) Eigentumsübertragung

36 Das Eigentum an dem Rasterkraftmikroskop geht bei entsprechender Einigung der Parteien mit der Übergabe des Rasterkraftmikroskops auf E über (§ 929 1 BGB). Der Eigentumsübergang ist unabhängig davon, ob E den Kaufpreis an G gezahlt hat.

4. Abweichungen vom dispositiven Recht

Nachdem geklärt ist, welche Normen auf den Fall anzuwenden sind, kommt es darauf an, inwieweit vom dispositiven Recht abweichende Regelungen interessengerecht sind. Bei diesen Überlegungen kann sich ergänzender Informationsbedarf ergeben. 37

a) Folgen verspäteter Lieferung

Die gesetzlichen Folgen verspäteter Lieferung entsprechen in mehreren Punkten nicht dem Interesse der E. Zwar kann sie bei **Verzug** der G **Schadensersatz** geltend machen. Ihr ist aber vor allem daran gelegen, dass ein Verzug erst gar nicht eintritt. Abgesehen vom konkreten Schaden, den sie durch eine verspätete Lieferung hätte, würde möglicherweise auch das Ansehen der E bei ihrer Kundin Y leiden, und ihr könnten künftige Aufträge dieses Kunden entgehen. Außerdem ist der Schadensersatzanspruch **verschuldensabhängig.** Dadurch wird dem Interesse der E, sich für jeden Fall der verspäteten Lieferung finanziell abzusichern, nicht vollständig Rechnung getragen. Schließlich muss E im Fall des Verzugs der G ihren Verzögerungsschaden konkret nachweisen, was zusätzlichen Aufwand verursacht. 38

aa) Es ist daher zu überlegen, ob aus der Sicht der E die Ausgestaltung des Vertrags als **Fixgeschäft** sinnvoll ist. § 376 HGB ermöglicht jedoch nur eine leichtere Lösung vom Vertrag und erleichtert den Anspruch auf Schadensersatz wegen Nichterfüllung.[28] E ist aber auch nach dem vorgesehenen Liefertermin noch am Rasterkraftmikroskop interessiert, sodass ein Rücktrittsrecht für sie nicht von Interesse ist. Erleichterte Voraussetzungen für den Schadensersatz wegen Nichterfüllung sind ebenfalls nicht primäres Ziel der E, weil die Geltendmachung dieses Schadensersatzanspruchs den Erfüllungsanspruch ausschließen würde. 39

bb) Den Interessen der E wäre mit einer Vertragsstrafenregelung besser gedient.[29] Eine Vereinbarung über eine **Vertragsstrafe** fördert die ordnungsgemäße Durchführung des Vertrags und erleichtert die Abwicklung im Störungsfall.[30] Sie ist daher sowohl der Zweckverwirklichung als auch der Störfallvorsorge zuzuordnen. Der Schuldner verwirkt die vereinbarte Vertragsstrafe, wenn er in Verzug kommt (§ 339 1 BGB). Es ist also eine schuldhafte Nichtleistung erforderlich. Nach der Rechtsprechung kann eine Vertragsstrafe zwar **verschuldensunabhängig** versprochen werden; zwingendes Recht steht einer solchen Vereinbarung nicht entgegen.[31] Fraglich ist aber, ob G sich auf eine verschuldensunabhängige Vertragsstrafe einlassen würde. Von ihrem Standpunkt aus besteht kein Grund, das Risiko einer von ihr nicht zu vertretenden Verzögerung für E zu übernehmen. Eine verschuldensunabhängige Vertragsstrafenklausel wird sich gegenüber G vermutlich nicht durchsetzen lassen. 40

Auch hinsichtlich der **Höhe der Vertragsstrafe** sind die Interessen beider Parteien zu beachten. E möchte den Ausfall von Gewinn bei verzögerter Lieferung vermeiden. Daher wäre eine Vertragsstrafe angebracht, die dem durchschnittlichen Vergütungsausfall im Verzugszeitraum entspricht. Um den Strafcharakter der Vereinbarung zu si- 41

---

[28] Dazu oben Rn. 29.

[29] Dazu bereits oben § 1 Rn. 38f.

[30] *Erman/Schaub,* Vorbem. zu §§ 339–345 BGB Rn. 1; *Looschelders,* Schuldrecht Allgemeiner Teil, § 38 Rn. 1ff.; *Palandt/Grüneberg,* § 339 BGB Rn. 1; *Schmittat,* Vertragsgestaltung, Rn. 167.

[31] *BGH* vom 28.9.1978 – II ZR 10/77, BGHZ 72, 174 (178ff.).

chern, kann ein Aufschlag vereinbart werden. Da auf G nach den §§ 13 III GmbHG, 6 HGB das Handelsrecht anzuwenden ist, muss berücksichtigt werden, dass die Vertragsstrafe nicht herabgesetzt werden kann. Die Anwendung des § 343 BGB, der außerhalb des Handelsverkehrs eine Herabsetzung der Vertragsstrafe ermöglicht, wird durch § 348 HGB ausgeschlossen. Befinden sich Vertragsstrafenregelungen in AGB des Verwenders und wird die Vertragsstrafe von einem Kaufmann im Rahmen seines Handelsgewerbes versprochen, kann eine unverhältnismäßig hohe Vertragsstrafe allerdings trotz § 348 HGB zur Unwirksamkeit der Klausel nach § 307 I BGB führen.[32]

42 Weitergehende Schadensersatzansprüche bleiben von der Vertragsstrafenregelung unberührt. Aus den §§ 340 II, 341 II BGB ergibt sich, dass die verwirkte Strafe zwar auf Schadensersatzansprüche angerechnet wird, diese aber nicht ausschließt. Eine vertragliche Regelung dieser Rechtsfolge ist also unnötig.

43 Mit Hilfe der Vertragsstrafenregelung kann E zwei ihrer drei Ziele hinsichtlich der rechtzeitigen Lieferung des Rasterkraftmikroskops erreichen: G wird durch das Vertragsstrafenversprechen zur pünktlichen Leistung angehalten, um die Vertragsstrafe nicht zu verwirken. Zweitens erspart sich E durch die Vertragsstrafenklausel einen aufwendigen Schadensnachweis. Lediglich das Interesse der E, auch bei unverschuldeter Leistungsverzögerung einen finanziellen Ausgleich zu erhalten, lässt sich nicht durchsetzen. Die Sozietät wird also in den Kaufvertrag, den E der G vorlegen wird, eine Vertragsstrafenregelung für den Fall der Lieferung nach Ablauf der 30. Kalenderwoche aufnehmen. Daraus ergibt sich neuer Informationsbedarf.

5. Nachfrage: Wie hoch ist der entgangene Gewinn der E pro Tag, wenn sie das Lichtmikroskop einsetzen muss?

Informationsmittel: Nachfrage bei E.

Ergebnis der 5. Nachfrage (unterstellt): E erklärt, dass sie pro Tag einen Vergütungsausfall von ca. 360 € hat, wenn sie das Lichtmikroskop einsetzen muss. Um den Strafcharakter der Vereinbarung zu sichern,[33] sollte die Vertragsstrafe deutlich über diesem Betrag liegen. Als Vertragsstrafe bietet sich daher ein Betrag von 450 € pro Tag an.

b) Haftung für Sachmängel

44 Hinsichtlich der Gewährleistung ist zugunsten der G ein **Nachbesserungsrecht** aufzunehmen. Da die Interessen der E dadurch nicht beeinträchtigt werden, kann G sich vorbehalten, statt der Nachbesserung ein neues Mikroskop zu liefern. Zu klären ist, welche Auswirkungen mit der Vereinbarung des Nachbesserungsrechts verbunden sein sollen. Zum einen könnte das Nachbesserungsrecht der G so ausgestaltet werden, dass es die sonstigen Rechte der E aus § 437 BGB nicht ausschließt, falls die Nachbesserung fehlschlägt. Zum anderen ist eine Gestaltung möglich, nach der E allein einen Nachbesserungsanspruch hat und weitere Mängelrechte ausgeschlossen sind. Eine solche Beschränkung der Gewährleistung ist beim Verkauf einer Sache an einen Unternehmer zur Eigennutzung grundsätzlich zulässig. Wie sich aus § 444 BGB ergibt, ist sogar ein vollständiger Ausschluss der Gewährleistung zulässig, sofern der Verkäufer einen Mangel nicht arglistig verschwiegen hat oder eine Garantie für ein Beschaffenheitsmerkmal übernommen hat.[34]

[32] MünchKomm-HGB/*K. Schmidt,* § 348 HGB Rn. 12.
[33] Dazu oben Rn. 41.
[34] Zur Rechtslage beim Gewährleistungsausschluss in AGB oben § 3 Rn. 69–74.

aa) Grenzen für den Gewährleistungsausschluss oder die Gewährleistungsbeschränkung ergeben sich allerdings aus den §§ 138, 242 BGB. Ob ein ausschließliches Nachbesserungsrecht hier gegen die §§ 138, 242 BGB verstieße, kann dahinstehen, da nicht davon auszugehen ist, dass die Parteien eine solche Gewährleistungsbeschränkung vereinbaren wollen. Für E besteht kein Anlass, ihre Gewährleistungsansprüche allein auf die Nachbesserung zu beschränken. Außerdem will auch G nur „zunächst" ein Nachbesserungsrecht haben, sodass die Parteien einvernehmlich von einem Nachbesserungsrecht ausgehen, das die weiteren Rechte der E aus § 437 BGB nicht ausschließt. Da E aufgrund ihrer Verpflichtungen gegenüber Y an einer zügigen Nachbesserung gelegen ist, sollte eine **Frist** festgelegt werden, innerhalb derer die Nachbesserung zu erfolgen hat. Hinsichtlich der Dauer dieser Frist ergibt sich neuer Informationsbedarf. Darüber hinaus ist entscheidend, wo die Nachbesserung stattfinden kann. Sollte eine Nachbesserung nur in den Räumen der G möglich sein, müsste hierfür das Mikroskop abgebaut und nach der Nachbesserung wieder auf dem schwingungsgedämpften Tisch montiert werden. 45

6. Nachfrage: An welchem Ort kann G die Nachbesserung vornehmen? In welcher Frist soll die Nachbesserung durch G erfolgen, falls das Rasterkraftmikroskop mangelhaft ist?

Informationsmittel: Nachfrage bei den Parteien.

Ergebnis der 6. Nachfrage (unterstellt): Der mögliche Ort einer Nachbesserung ist abhängig von der Art des Mangels. Teilweise ist eine Reparatur möglich, ohne das Rasterkraftmikroskop vom Tisch zu trennen. In diesen Fällen sind sich E und G einig, dass die Nachbesserung in den Räumen der E erfolgen soll. Einige Mängel können allerdings lediglich in den Räumlichkeiten der G ausgebessert werden. In diesen Fällen soll E das Gerät entfernen und nach der Nachbesserung wieder auf dem Tisch anbringen. Die dafür erforderlichen Aufwendungen trägt gem. § 439 III BGB G.[35] E und G sind sich einig, dass die Nachbesserung im Falle eines Mangels innerhalb von drei Werktagen nach Anzeige des Mangels bzw. Ausbau des mangelhaften Mikroskops erfolgen soll.

bb) Da E besonderen Wert darauf legt, dass die laterale Auflösung des Rasterkraftmikroskops besser als 1 nm ist, ist an eine entsprechende Beschaffenheitsgarantie der G gem. § 443 I BGB zu denken. Fraglich ist, ob eine solche Garantie der E zusätzlichen Nutzen brächte. Nach § 443 I BGB stehen dem Käufer im Garantiefall neben den gesetzlichen Ansprüchen die Rechte aus der **Garantie** zu. Welche Rechte das sind, ergibt sich aus der Garantieerklärung.[36] Für den Garantiefall könnte G Nachbesserung, Nachlieferung oder Schadensersatz versprechen oder E ein Rücktrittsrecht einräumen. Ein Rücktrittsrecht ist für E nicht von Interesse. Nachbesserung kann sie gem. § 437 Nr. 1 BGB ohnehin verlangen, wenn die laterale Auflösung nicht wie vereinbart besser als 1 nm ist. Ein (unmittelbarer) Nachlieferungsanspruch bringt E auch keinen wesentlichen Vorteil, da sie trotz der Gewährleistungsbeschränkung Nachlieferung verlangen kann, wenn die Nachbesserung fehlschlägt. Dagegen wäre ein Schadensersatzanspruch für E mit Blick auf ihre Verpflichtungen gegenüber Y attraktiv. Sie könnte dann bei einer nicht ausreichenden lateralen Auflösung neben der Nachbesserung Schadensersatz verlangen. Auf eine solche Garantie wird G sich jedoch nicht einlassen. G ist zwar bereit, für die Beschaffenheitsmerkmale des Rasterkraftmikro- 46

[35] Denkbar wäre eine Abrede darüber, dass E diese Kosten selbst tragen soll. Im unternehmerischen Rechtsverkehr wäre eine solche Regelung (jedenfalls) individualvertraglich zulässig. Im vorliegenden Fall gibt es aber keine Anhaltspunkte dafür, dass die gesetzliche Regelung nicht passend ist, sodass eine derartige Vereinbarung hier nicht in Betracht gezogen wird.

[36] *Brox/Walker,* Besonderes Schuldrecht, § 4 Rn. 115ff.

skops einzustehen, möchte aber in allen Fällen zunächst einen Nachbesserungsversuch machen können. Der Vertrag wird deshalb keine Garantieerklärung der G enthalten.

47 **cc)** Sinnvoll ist es, die **Rügefrist** des § 377 HGB festzulegen, um Streit darüber zu vermeiden, ob eine gegebenenfalls erforderliche Mängelanzeige rechtzeitig („unverzüglich") erfolgt ist. Angemessen erscheint hier eine Rügefrist von drei Tagen.

c) Eigentumsübertragung

48 Die gesetzliche Regelung über den Eigentumsübergang läuft den Interessen der G zuwider. G soll nach dem Vertrag zur Vorleistung verpflichtet sein und den Kaufpreis erst nach der Lieferung des Rasterkraftmikroskops erhalten. Sie riskiert daher, das Eigentum an dem Rasterkraftmikroskop zu verlieren, ohne den Kaufpreis für das Mikroskop zu erhalten. Gegen dieses Risiko kann G durch einen **Eigentumsvorbehalt** gem. § 449 I BGB gesichert werden. Durch den Eigentumsvorbehalt wird der Eigentumsübergang an die vollständige Zahlung des Kaufpreises gekoppelt.

49 Die vorgesehenen Abweichungen vom dispositiven Recht fasst die folgende Übersicht zusammen:

	dispositives Recht	**abweichende Gestaltung**
verspätete Lieferung	§§ 280 f., 323 BGB	Vertragsstrafe
Gewährleistung	§§ 437 ff. BGB	zunächst allein Nachbesserungspflicht, Rügefrist
Eigentumsübergang	§ 929 1 BGB	Eigentumsvorbehalt

5. Vertragsentwurf

50

Kaufvertrag

§ 1 Parteien
Parteien dieses Kaufvertrags sind
die Europolymer GmbH, Adenauerallee 234, 13 967 Berlin, vertreten durch ihre Geschäftsführer Karl Moritz und Franz Glanz

– im Folgenden Käuferin –

und
die Gutenberg Geo-Optik GmbH, Ebertstr. 5, 13 969 Berlin, vertreten durch ihre Geschäftsführerin Dr. Ing. Martina Bensch

– im Folgenden Verkäuferin –

§ 2 Kaufgegenstand
Die Käuferin erwirbt von der Verkäuferin ein Rasterkraftmikroskop vom Typ RM 2020.

§ 3 Kaufpreis und Zahlung
Der Kaufpreis beträgt 115 000 € zuzüglich Mehrwertsteuer. Er ist innerhalb von 10 Tagen nach Lieferung und Aufstellung des Rasterkraftmikroskops auf das Konto der Verkäuferin bei der F-Bank, IBAN: DE54 3006 5041 0000 1245 78, BIC: FBNKDE4NXXX zu überweisen.

§ 4 Zeitpunkt der Lieferung
Das Rasterkraftmikroskop wird in der 30. Kalenderwoche 2019 auf Kosten der Verkäuferin geliefert.

§ 5 Vertragsstrafe
Hält die Verkäuferin die Lieferfrist schuldhaft nicht ein, hat sie der Käuferin für jeden Kalendertag, um den die Frist überschritten wird, eine Vertragsstrafe in Höhe von 450 € zu zahlen.

§ 6 Eigentumsübergang
Das Eigentum am Rasterkraftmikroskop geht auf die Käuferin über, nachdem es ihr geliefert wurde und der gesamte Kaufpreis auf dem in § 3 genannten Konto der Verkäuferin eingegangen ist.

§ 7 Gewährleistung
Das Rasterkraftmikroskop hat die im anliegenden Prospekt angegebenen Beschaffenheitsmerkmale, insbesondere ist die laterale Auflösung des Mikroskops besser als 1 nm.
Ist das Rasterkraftmikroskop bei der Übergabe an die Käuferin mangelhaft, so hat sie vorrangig einen Anspruch auf Beseitigung des Mangels (Nachbesserung). Die Verkäuferin kann, statt nachzubessern, eine Ersatzlieferung vornehmen. Muss das Rasterkraftmikroskop für die Nachbesserung/Nachlieferung entfernt werden, entfernt die Käuferin das Rasterkraftmikroskop von dem dafür vorgesehenen schwingungsgedämpften Tisch (§ 9) und bringt es anschließend wieder darauf an. Die erforderlichen Aufwendungen hierfür trägt die Verkäuferin. Kann die Verkäuferin einen ihrer Gewährleistungspflicht unterliegenden Mangel nicht innerhalb von drei Werktagen nach Anzeige des Mangels bzw. Ausbau des Rasterkraftmikroskops beseitigen oder sind für die Käuferin weitere Nachbesserungsversuche unzumutbar, so kann die Käuferin die weiteren Rechte gem. § 437 BGB geltend machen.
Die Rügefrist des § 377 HGB beträgt drei Werktage.

§ 8 Einweisung in das Rasterkraftmikroskop
Die Verkäuferin liefert mit dem Rasterkraftmikroskop die zugehörigen Handbücher (nähere Angaben im Verkaufsprospekt).
Im Anschluss an die Aufstellung des Rasterkraftmikroskops erfolgt eine eintägige Einweisung in seine Bedienung. Weitere Schulungs- oder Einweisungspflichten übernimmt die Verkäuferin nicht.

§ 9 Aufstellungsvoraussetzungen
Die Verkäuferin weist darauf hin, dass ein störungsfreier Betrieb des Rasterkraftmikroskops nur gewährleistet ist, wenn das Rasterkraftmikroskop auf einem schwingungsgedämpften Tisch angebracht wird. Diesen Tisch wird die Käuferin selbst herstellen. Sie wird das Rasterkraftmikroskop nach den Vorgaben der Verkäuferin darauf anbringen.

Anlage
Verkaufsprospekt der Verkäuferin für das Rasterkraftmikroskop vom Typ RM 2020.

§ 5. Sicherung von Forderungen

Literatur (siehe auch das Verzeichnis der abgekürzt zitierten Literatur, S. XVII): *Alexander,* Gemeinsame Strukturen von Bürgschaft, Pfandrecht und Hypothek, JuS 2012, 481; *Braun/Schultheiß,* Grundfälle zu Hypothek und Grundschuld, JuS 2013, 871, 973; *Deubner,* Grenzen der Grundschuldhaftung, JuS 2008, 586; *Ganter,* Der Austausch von Sicherheiten, WM 2017, 261; *Gehrlein,* Die Wirksamkeit einer Sicherungsübereignung, MDR 2008, 1069; *Heyers,* Grundstrukturen des Eigentumsvorbehalts, Jura 2016, 961; *Kieninger,* Die Zukunft des deutschen und europäischen Mobiliarkreditsicherungsrechts, AcP 208 (2008), 182; *Lorenz,* Grundwissen – Zivilrecht: Der Eigentumsvorbehalt, JuS 2011, 199; *ders.,* Grundwissen – Zivilrecht: Die Sicherungsübereignung, JuS 2011, 493; *de la Motte,* Nachträgliches Vermieterpfandrecht „bricht" bestehende Sicherungsübereignung, NZI 2015, 504; *Müller,* Der Rückgewähranspruch bei Grundschulden – Grundlagen und ausgewählte Probleme notarieller Vertragsgestaltung, RNotZ 2012, 199; *Riggert,* Neue Anforderungen an Raumsicherungsübereignungen?, NZI 2009, 137; *Schinkels,* Verbraucherbürgschaft und Verbraucherverkauf als Außergeschäftsraum- oder Fernabsatzvertrag i. S. d. Verbraucherrechte-Richtlinie?, WM 2017, 113; *H. Schmidt,* Auf dem Weg zur vollen Anerkennung immaterieller Vermögenswerte als Kreditsicherheit?, WM 2012, 721; *Schmolke,* Grundfälle zum Bürgschaftsrecht, JuS 2009, 585, 679, 784; *Weiß,* Grundpfandrechte, Jura 2017, 121; *Weller,* Die Sicherungsgrundschuld, JuS 2009, 969.

1 Wenn es um den Kauf eines teuren Wirtschaftsguts geht, ist der Erwerber meist nicht in der Lage, den gesamten Kaufpreis aus Eigenmitteln aufzubringen. In diesen Fällen stellt sich die Frage, wie der Kauf finanziert werden kann und – damit verbunden – welche Sicherungsmittel einem Kreditgeber gewährt werden können. Neben der Gestaltung des Kaufvertrags kann auf den Vertragsjuristen daher die Aufgabe zukommen, im Rahmen der Finanzierung des Kaufpreises eine Sicherungsvereinbarung zu konzipieren.[1]

I. Einführung: Kreditsicherungsmittel

2 Wer einem anderen Kredit einräumt, verlangt meist eine Sicherheit. Eine Kreditsicherheit schützt bei Zahlungsunfähigkeit, aber häufig auch bei Zahlungsunwilligkeit des Kreditnehmers. Kredite können durch personale oder reale Sicherungsmittel gesichert werden. Von einer **Personalsicherheit** spricht man, wenn ein Dritter für die Verpflichtung des Schuldners einsteht (insbesondere Bürgschaft und Schuldbeitritt).[2] Eine **Realsicherheit** ist gegeben, wenn der Gläubiger eine Vorzugsstellung hinsichtlich eines bestimmten Gegenstands des Schuldners oder eines Dritten erhält.[3] Gegenstände, die Sicherungsmittel sein können, sind bewegliche Sachen, unbewegliche Sachen (Grundstücke) und Rechte (vor allem – aber nicht nur – Geldforderungen).[4]

---

[1] Siehe dazu auch *Langenfeld,* Vertragsgestaltung, Kap. 4 Rn. 18ff.; *Döser,* Vertragsgestaltung, Rn. 237ff. (mit einem Vertragsbeispiel aus dem „anglo-amerikanischen Recht", S. 147ff.).

[2] *Bülow,* Kreditsicherheiten, Rn. 11, 828ff.; *Lwowski/Fischer/Langenbucher/Lwowski,* Kreditsicherung, § 1 Rn. 12; *Schmittat,* Vertragsgestaltung, Rn. 205; *Staab/Staab,* Kreditsicherungsrecht, S. 200; *Wellenhofer,* Sachenrecht, § 13 Rn. 5.

[3] *Bülow,* Kreditsicherheiten, Rn. 13; *Lwowski/Fischer/Langenbucher/Lwowski,* Kreditsicherung, § 1 Rn. 13; *Schreiber,* Sachenrecht, Rn. 248; *Weber/Weber,* Kreditsicherungsrecht, S. 7; *Wieling,* Sachenrecht, S. 406.

[4] *Baur/Stürner,* Sachenrecht, § 36 Rn. 4ff.; *Lwowski/Fischer/Langenbucher/Lwowski,* Kreditsicherung, § 2 Rn. 3ff.

1. Personalsicherheiten

Die Personalsicherheiten umfassen vor allem die Bürgschaft, die Garantie und den Schuldbeitritt.[5] Von diesen Sicherungsmitteln ist lediglich die Bürgschaft gesetzlich geregelt (§§ 765ff. BGB); die Garantie und der Schuldbeitritt wurden von der Praxis als Sicherungsmittel entwickelt. Mit der Beschaffenheits- und der Haltbarkeitsgarantie sind zwei wichtige Fälle der Garantie in § 443 BGB normiert. 3

a) Die **Bürgschaft** kommt durch einen Vertrag zwischen dem Bürgen und dem Gläubiger des Hauptschuldners zustande. Die Bürgschaftserklärung muss gem. § 766 1 BGB schriftlich abgegeben werden.[6] Dieses Formerfordernis gilt nur für die Erklärung des Bürgen, nicht jedoch für die Annahmeerklärung des Gläubigers. Der Formmangel wird gem. § 766 2 BGB geheilt, wenn der Bürge die Hauptverbindlichkeit erfüllt. Ist die Bürgschaftserklärung für den Bürgen ein Handelsgeschäft i. S. d. § 343 I HGB, so ist sie formlos gültig (§ 350 HGB). In bestimmten Konstellationen – insbesondere bei Bürgschaften durch Familienmitglieder – kann ein Bürgschaftsvertrag gegen die guten Sitten verstoßen, was nach § 138 BGB dessen Nichtigkeit zur Folge hat.[7] Darüber hinaus besteht Streit darüber, ob der Bürgschaftsvertrag den Regeln des Verbraucherwiderrufs unterfällt und somit ein Widerrufsrecht des Verbrauchers bei Außergeschäftsraumsituationen besteht (§§ 312ff.).[8] Die Bürgschaft ist gem. § 767 I 1 BGB vom Bestand und Umfang der Hauptschuld abhängig **(Akzessorietät der Bürgschaft).** Der Bürge kann deshalb nach § 768 I 1 BGB auch die Einreden erheben, die dem Hauptschuldner zustehen.[9] Das gilt selbst dann, wenn der Hauptschuldner auf die Einrede verzichtet (§ 768 II BGB). Weitere Einreden sind in den §§ 770, 771 BGB geregelt. Diese sog. bürgenbezogenen Einreden oder eigenen Einreden des Bürgen[10] sind die Einrede der Vorausklage (§ 771 BGB) und die Einreden der Anfechtbarkeit und der Aufrechenbarkeit (§ 770 BGB). In der Praxis übernimmt der Bürge i. d. R. die selbstschuldnerische Bürgschaft, bei der die Einrede der Vorausklage ausgeschlossen ist (§ 773 Nr. 1 BGB). Bei Kaufleuten wird die Übernahme einer selbstschuldnerischen Bürgschaft vermutet (§ 349 HGB). 4

b) Im Gegensatz zur Bürgschaft ist der **Garantievertrag** formlos wirksam.[11] Bei der Garantie verpflichtet sich der Versprechende, für den Eintritt eines bestimmten Er- 5

[5] *Bülow,* Kreditsicherheiten, Rn. 12; *Heussen/Imbeck,* Handbuch, 3. Teil Rn. 288ff.; *Reinicke/Tiedtke,* Kreditsicherung, Rn. 1ff., 885ff., 610ff.; *Weber/Weber,* Kreditsicherungsrecht, S. 48ff., 111ff. Eine feinere Unterteilung findet sich bei *Bülow,* Kreditsicherheiten, Rn. 831ff., 1541ff.

[6] Einzelheiten hierzu bei *Lwowski/Fischer/Langenbucher/Fischer,* Kreditsicherung, § 9 Rn. 21ff.; *Reinicke/Tiedtke,* Bürgschaftsrecht, Rn. 70ff.; *dies.,* Kreditsicherung, Rn. 141ff.

[7] Ausführlich *Bülow,* Kreditsicherheiten, Rn. 867ff. Zur Sittenwidrigkeit der Bürgschaft eines Arbeitnehmers gegenüber dem Arbeitgeber *BGH* vom 11.9.2018 – XI ZR 380/16, NJW 2018, 3637.

[8] Befürwortend *Bülow,* Kreditsicherheiten, Rn. 934b; *Schwab/Hromek,* JZ 2015, 271 (274). Ablehnend *v. Loewenich,* NJW 2014, 1409 (1411); *Stackmann,* NJW 2014, 2403.

[9] Dazu zählen z. B. die Einrede der Verjährung und die Mängeleinreden, siehe *Palandt/Sprau,* § 768 BGB Rn. 6; *Reinicke/Tiedtke,* Bürgschaftsrecht, Rn. 256ff. Zur Einrede der Verjährung nach rechtskräftigem Urteil gegen den Hauptschuldner *BGH* vom 14.6.2016 – XI ZR 242/15, NJW 2016, 3158.

[10] *Reinicke/Tiedtke,* Bürgschaftsrecht, Rn. 294ff.

[11] *Bülow,* Kreditsicherheiten, Rn. 1553ff.; *Lwowski/Fischer/Langenbucher/Fischer,* Kreditsicherung, § 9 Rn. 215; *Reinicke/Tiedtke,* Kreditsicherung, Rn. 610; *Weber/Weber,* Kreditsicherungsrecht, S. 103; anders *Larenz/Canaris,* Schuldrecht II/2, S. 77 (Analogie zu § 766 BGB).

folgs einzustehen.[12] Gesetzlich geregelt sind die beim Kauf einer Sache gebräuchlichen – unselbstständigen[13] – Beschaffenheits- und Haltbarkeitsgarantien, § 443 BGB.[14] Auf die Sicherung von Forderungen bezogen bedeutet die – selbstständige – Garantie: Der Versprechende steht dafür ein, dass der Hauptschuldner die Geldforderung des Gläubigers begleicht.[15] Der Garantievertrag wird zwischen dem Gläubiger und einem Dritten geschlossen; es entsteht eine von der Hauptschuld unabhängige Schuld **(Abstraktheit der Garantie).**[16] Einwendungen aus dem Verhältnis zwischen Hauptschuldner und Gläubiger kann der Garant grundsätzlich nicht erheben.[17] Die Abgrenzung der Garantie von der Bürgschaft kann im Einzelfall erhebliche Probleme aufwerfen. Maßgeblich für die Beurteilung sind die konkreten Umstände des Einzelfalls.[18] Im Zweifel ist eine Garantie aufgrund der weitreichenden Folgen für den Versprechenden abzulehnen.[19]

6 c) Der **Schuldbeitritt** kommt durch Vertrag zwischen dem Dritten und dem Hauptschuldner oder dem Dritten und dem Gläubiger zustande.[20] Ebenso wie die Garantie ist grundsätzlich auch der Schuldbeitritt formlos möglich.[21] Allerdings hat der BGH den Schuldbeitritt zu einem Kreditvertrag dem Kreditvertrag gleichgestellt,[22] sodass beim Beitritt zu Verbraucherdarlehensverträgen i. S. d. § 491 BGB das Formerfordernis des § 492 BGB greift.[23] Der Hauptschuldner und der Dritte haften dem Gläubiger gem. § 421 BGB als Gesamtschuldner.[24] Anders als der Bürge verspricht der Beitretende nicht lediglich, für eine fremde Schuld einzustehen, sondern geht eine selbständige Schuld ein.[25] Gegen eine Inanspruchnahme kann sich der neue Schuldner daher insbesondere mit eigenen Rechten wehren (Bestreiten anspruchsbegründender Tatsachen, Erheben rechtshindernder/rechtsvernichtender Einwendungen gegen die For-

[12] *Brox/Walker,* Allgemeines Schuldrecht, § 35 Rn. 5; *Bülow,* Kreditsicherheiten, Rn. 1543 ff.; *Lwowski/Fischer/Langenbucher/Fischer,* Kreditsicherung, § 9 Rn. 213 f.; *Reinicke/Tiedtke,* Kreditsicherung, Rn. 610; *Weber/Weber,* Kreditsicherungsrecht, S. 114 f.

[13] Zur Unterscheidung zwischen selbständiger und unselbständiger Garantie *Weber/Weber,* Kreditsicherungsrecht, S. 115 ff.

[14] Vgl. zur Neufassung des Garantiebegriffs in § 443 BGB aufgrund der Umsetzung der Verbraucherrechterichtlinie 2011/83/EU *Bierekoven/Crone,* MMR 2013, 687 (688).

[15] *Larenz/Canaris,* Schuldrecht II/2, S. 66; *Lwowski/Fischer/Langenbucher/Fischer,* Kreditsicherung, § 9 Rn. 214; *Reinicke/Tiedtke,* Kreditsicherung, Rn. 610; *Weber/Weber,* Kreditsicherungsrecht, S. 104.

[16] *Bülow,* Kreditsicherheiten, Rn. 1552; *Larenz/Canaris,* Schuldrecht II/2, S. 75 f.; *Lwowski/Fischer/Langenbucher/Fischer,* Kreditsicherung, § 9 Rn. 213; *Reinicke/Tiedtke,* Kreditsicherung, Rn. 610; *Weber/Weber,* Kreditsicherungsrecht, S. 116.

[17] *Bülow,* Kreditsicherheiten, Rn. 1552, 1559; *Reinicke/Tiedtke,* Kreditsicherung, Rn. 610.

[18] *Reinicke/Tiedtke,* Kreditsicherung, Rn. 619 f.

[19] *Reinicke/Tiedtke,* Kreditsicherung, Rn. 620.

[20] *Lwowski/Fischer/Langenbucher/Fischer,* Kreditsicherung, § 9 Rn. 193; *Reinicke/Tiedtke,* Kreditsicherung, Rn. 8.

[21] Eine analoge Anwendung von § 766 BGB befürwortet *Bülow,* Kreditsicherheiten, Rn. 1595. A. A. *Lwowski/Fischer/Langenbucher/Fischer,* Kreditsicherung, Rn. 199.

[22] *BGH* vom 5.6.1996 – VIII ZR 151/95, BGHZ 133, 71; *BGH* vom 30.7.1997 – VIII ZR 244/96, NJW 1997, 3169; *BGH* vom 8.11.2005 – XI ZR 34/05, NJW 2006, 431 (432); *BGH* vom 9.12.2008 – XI ZR 513/07 Rn. 24, BGHZ 179,126.

[23] *Lwowski/Fischer/Langenbucher/Fischer,* Kreditsicherung, § 9 Rn. 206 f.; NK-BGB/*Reiff,* § 491 BGB Rn. 7.

[24] *Bülow,* Kreditsicherheiten, Rn. 1579, 1582; *Lwowski/Fischer/Langenbucher/Fischer,* Kreditsicherung, § 9 Rn. 191; *Reinicke/Tiedtke,* Kreditsicherung, Rn. 50; *Weber/Weber,* Kreditsicherungsrecht, S. 113.

[25] *Lwowski/Fischer/Langenbucher/Fischer,* Kreditsicherung, § 9 Rn. 191; *Reinicke/Tiedtke,* Kreditsicherung, Rn. 4.

derung bzw. aus eigener Rechtsbeziehung zum Gläubiger).[26] Ein Schuldbeitritt ist i. d. R. nur anzunehmen, wenn der Erklärende ein eigenes wirtschaftliches Interesse daran hat, dass der Gläubiger die Leistung des Schuldners erhält.[27] Der Schuldbeitritt darf nicht mit der in den §§ 414 ff. BGB geregelten Schuldübernahme verwechselt werden, bei welcher der ursprüngliche Schuldner aus dem Schuldverhältnis ausscheidet.

	Bürgschaft	**Garantie**	**Schuldbeitritt**
Form	Schriftform der Bürgschaftserklärung, § 766 1 BGB	kein Formerfordernis	kein Formerfordernis
Akzessorietät	ja, § 767 I 1 BGB	nein	teilweise, § 425 BGB

2. Realsicherheiten

Personalsicherheiten bergen Gefahren für den Gläubiger/Sicherungsnehmer: Die Sicherung des Gläubigers hängt davon ab, ob der Dritte solvent ist; daher trägt der Gläubiger das Risiko, dass sowohl der Hauptschuldner als auch der Dritte zahlungsunfähig sind oder zahlungsunfähig werden. Günstiger ist es daher für den Gläubiger, wenn er sich im Wege der Realsicherheit eine Vorzugsstellung an einem Gegenstand verschaffen kann. 7

a) Immobilien

Sicherungsmittel an unbeweglichen Sachen sind die **Grundpfandrechte** (Hypothek, Grundschuld und Rentenschuld, §§ 1113, 1191, 1199 BGB). Realsicherheiten an unbeweglichen Sachen (Immobilien) haben den Vorteil, dass Grundstücke i. d. R. wertbeständig sind. Außerdem lassen sich anhand des Grundbuchs die Eigentumsverhältnisse an dem Grundstück und seine Belastung zuverlässig ermitteln (Publizitätswirkung des Grundbuchs).[28] 8

In der Praxis hat vor allem die Grundschuld Bedeutung: Während die **Hypothek** akzessorisch ist (§ 1153 BGB), ist die **Grundschuld** vom Bestand oder der Entwicklung einer Forderung grundsätzlich unabhängig (vgl. § 1192 I a. E. BGB). Dem Schuldner ist es allerdings nach § 1192 I a BGB möglich, dem Erwerber der Grundschuld sämtliche Einreden aus dem Sicherungsvertrag entgegen zu halten. Ein gutgläubiger einredefreier Erwerb der Grundschuld ist gem. § 1192 I a 1 Hs. 2 BGB ausgeschlossen. Beiden Grundpfandrechten ist gemeinsam, dass der Gläubiger sich im Fall der Pfandreife aus dem Grundstück befriedigen kann.[29] Die Rechte des Gläubigers richten sich danach, welchen Rang sein Grundpfandrecht hat, § 879 BGB. Nachrangige Gläubiger laufen bei einer Zwangsversteigerung des Grundstücks Gefahr, mit ihrer Forderung teilweise auszufallen.[30] 9

[26] Ausführlich zur Geltendmachung von Einreden des ursprünglichen Schuldners BeckOGK/*Madaus*, § 765 BGB Rn. 466 ff. (Stand: 1.10.2018); *Bülow*, Kreditsicherheiten, Rn. 1602 f.; *Lwowski/Fischer/Langenbucher/Fischer*, Kreditsicherung, Rn. 208.

[27] *Reinicke/Tiedtke*, Kreditsicherung, Rn. 2.

[28] *Baur/Stürner*, Sachenrecht, § 36 Rn. 7 ff.; *Schreiber*, Sachenrecht, Rn. 443.

[29] *Lwowski/Fischer/Langenbucher/Schoppmeyer*, Kreditsicherung, § 15 Rn. 1, 325; *Schreiber*, Sachenrecht, Rn. 443; *Wieling*, Sachenrecht, S. 406.

[30] *Lwowski/Fischer/Langenbucher/Lwowski*, Kreditsicherung, § 2 Rn. 23; *Prütting*, Sachenrecht, Rn. 160; *Schreiber*, Sachenrecht, Rn. 443.

10 Hypothek und Grundschuld können als Brief- und als Buchpfandrechte ausgestaltet werden, §§ 1192 I, 1116 BGB.[31] **Briefpfandrechte** sind leichter übertragbar: Nach den §§ 1192 I, 1153 I, 1154 I BGB genügen eine schriftliche Abtretungserklärung und die Briefübergabe. **Buchpfandrechte** werden nach den §§ 1192 I, 1154 III BGB durch Einigung der Parteien und Eintragung in das Grundbuch übertragen. In der Praxis sind nicht nur Brief-, sondern auch Buchpfandrechte gebräuchlich. Da die kreditgewährenden Banken und Sparkassen die Grundpfandrechte nur treuhänderisch erhalten, sie also nicht weiterveräußern dürfen, kommt es auf einfache **Übertragungsmöglichkeiten** nicht an. Im Parteiinteresse liegt es vielmehr, die **Kosten der Brieferteilung** zu vermeiden.[32]

Dingliche Sicherungsmittel an Grundstücken sind die Grundpfandrechte. In der Praxis dominiert die Grundschuld, die als Buch- oder als Briefgrundschuld bestellt werden kann.

b) Bewegliche Sachen

11 Sicherungsmittel an beweglichen Sachen sind das Pfandrecht (§§ 1204ff. BGB), die Sicherungsübereignung und der Eigentumsvorbehalt. Das Pfandrecht ist gesetzlich als Normalfall vorgesehen, aber in der Praxis ohne große Bedeutung. Die gesetzlich nicht geregelte Sicherungsübereignung und der nur in Ansätzen geregelte Eigentumsvorbehalt sind dagegen wichtige Sicherungsmittel an beweglichen Sachen.

12 **aa)** Das **Pfandrecht** als Sicherungsmittel hat zwei Nachteile, die sich gerade bei Investitionsgütern bemerkbar machen: Zum einen muss die verpfändete Sache dem Gläubiger gem. § 1205 BGB übergeben werden, sodass der Schuldner die Sache nicht nutzen kann.[33] Zum anderen wird die Verpfändung von Sachen durch die Übergabe an den Gläubiger publik gemacht, was für den Schuldner mit Blick auf seine Geschäftspartner nicht angenehm ist.[34] Praktische Bedeutung hat das rechtsgeschäftliche Pfandrecht im **Bankverkehr.** Banken lassen sich zur Sicherung von Darlehensforderungen Pfandrechte an Wertgegenständen und Wertpapieren bestellen, die sie für ihre Kunden in Verwahrung haben **(Lombarddarlehen).** Diese Gegenstände befinden sich ohnehin im Besitz der Bank und können daher als Pfand genutzt werden.[35]

13 **bb)** Die Nachteile des Pfandrechts vermeidet die **Sicherungsübereignung.**[36] Bei der Sicherungsübereignung wird eine Sache dem Gläubiger übereignet und statt der körperlichen Übergabe ein Rechtsverhältnis vereinbart, durch welches der Erwerber den mittelbaren Besitz erlangt (Besitzkonstitut, § 930 BGB). Durch diese Konstruktion behält der **Schuldner** (Sicherungsgeber) die Sache in seinem unmittelbaren Besitz und kann sie weiterhin nutzen; der **Gläubiger** (Sicherungsnehmer) erhält gegenüber anderen, dinglich nicht gesicherten Gläubigern eine Vorzugsstellung und kann im

[31] Siehe hierzu *Schreiber,* Sachenrecht, Rn. 463, 497; *Wieling,* Sachenrecht, S. 408f.

[32] *Wieling,* Sachenrecht, S. 409.

[33] *Baur/Stürner,* Sachenrecht, § 56 Rn. 2; *Schreiber,* Sachenrecht, Rn. 249.

[34] *Baur/Stürner,* Sachenrecht, § 56 Rn. 3.

[35] *Prütting,* Sachenrecht, Rn. 783; *Reinicke/Tiedtke,* Kreditsicherung, Rn. 994; *Schreiber,* Sachenrecht, Rn. 249; *Wellenhofer,* Sachenrecht, § 16 Rn. 6.

[36] *Lwowski/Fischer/Langenbucher/Lwowski,* Kreditsicherung, § 11 Rn. 1; *Prütting,* Sachenrecht, Rn. 409; *Reinicke/Tiedtke,* Kreditsicherung, Rn. 622; *Staab/Staab,* Kreditsicherungsrecht, S. 313.

Fall der Einzelzwangsvollstreckung in das Sicherungsgut die Drittwiderspruchsklage nach § 771 ZPO erheben.[37] Bei einer Insolvenz des Schuldners hat der Sicherungsnehmer gem. den §§ 50, 51 Nr. 1 InsO ein Recht auf abgesonderte Befriedigung aus dem Sicherungsgut.[38] Die mangelnde Publizität der Sicherungsübereignung wirft allerdings auch Probleme auf: Da die Sicherungsübereignung anderen Gläubigern desselben Schuldners nicht erkennbar ist, laufen diese Gefahr, die wirtschaftliche Lage des Schuldners falsch einzuschätzen.[39] Auch kann es zu Schwierigkeiten kommen, wenn Gläubiger des Sicherungsnehmers auf das Sicherungsgut zugreifen wollen.[40]

Das gesetzlich geregelte Pfandrecht an beweglichen Sachen ist in der Praxis durch die Sicherungsübereignung verdrängt worden, bei der wegen § 930 BGB eine Übergabe des Sicherungsguts an den Gläubiger entbehrlich ist.

Eine Sicherungsübereignung ist nicht nur hinsichtlich einzelner Gegenstände möglich, sondern auch in Bezug auf Sachgesamtheiten, auch solche mit wechselndem Bestand. In diesem Fall ist der sachenrechtliche **Bestimmtheitsgrundsatz** gewahrt, wenn die zur Sicherheit übereigneten Sachen räumlich von anderen Sachen des Sicherungsgebers getrennt sind **(Raumsicherungsvertrag).**[41] Statt der räumlichen Trennung kann die Bestimmtheit auch dadurch erreicht werden, dass die übereigneten Gegenstände markiert werden.[42] Durch eine Vereinbarung der Parteien muss geregelt werden, ob das Eigentum an der zur Sicherheit übereigneten Sache bei Tilgung der gesicherten Forderung automatisch an den Sicherungsgeber zurückfällt oder ob dem Sicherungsgeber lediglich ein schuldrechtlicher Rückübertragungsanspruch zustehen soll.[43] In der Praxis ergibt sich der schuldrechtliche Rückübereignungsanspruch meistens aus der der Übereignung zugrunde liegenden Sicherungsabrede. Aus dieser folgt i. d. R. auch die Verpflichtung des Sicherungsnehmers, den Sicherungszweck der Eigentumsverschaffung nicht zu konterkarieren.[44] 14

cc) Wenn bei einem Kaufvertrag der Verkäufer vorleistet, kommt zur Sicherung seiner Kaufpreisforderung ein **Eigentumsvorbehalt** in Betracht. Eine Vereinbarung über einen Eigentumsvorbehalt ist im Zweifel so zu verstehen, dass die Eigentums- 15

---

[37] *BGH* vom 11.1.2007 – IX ZR 181/05, NJW-RR 2007, 781 f.; *Bülow,* Kreditsicherheiten, Rn. 1272; *Palandt/Herrler,* § 930 BGB Rn. 35; *Reinicke/Tiedtke* Kreditsicherung, Rn. 723 ff.; a. A. MünchKomm-ZPO/*K. Schmidt/Brinkmann,* § 771 ZPO Rn. 29; *Wieling,* Sachenrecht, S. 261.

[38] *Baur/Stürner,* Sachenrecht, § 57 Rn. 3; *Lwowski/Fischer/Langenbucher/Lwowski,* Kreditsicherung, § 11 Rn. 4; *Reinicke/Tiedtke,* Kreditsicherung, Rn. 765; *Schreiber,* Sachenrecht, Rn. 303; *Weber/Weber,* Kreditsicherungsrecht, S. 150; *Wieling,* Sachenrecht, S. 261.

[39] *Prütting,* Sachenrecht, Rn. 415.

[40] Dazu *Baur/Stürner,* Sachenrecht, § 57 Rn. 38 ff.; *Reinicke/Tiedtke,* Kreditsicherung, Rn. 761 ff.; *Weber/Weber,* Kreditsicherungsrecht, S. 151, 154.

[41] *Baur/Stürner,* Sachenrecht, § 57 Rn. 13; *Bülow,* Kreditsicherheiten, Rn. 1297; *Lwowski/Fischer/Langenbucher/Lwowski,* Kreditsicherung, § 11 Rn. 28; *Prütting,* Sachenrecht, Rn. 419; *Reinicke/Tiedtke,* Kreditsicherung, Rn. 637; *Staab/Staab,* Kreditsicherungsrecht, S. 316; *Weber/Weber,* Kreditsicherungsrecht, S. 147 f.

[42] *Lwowski/Fischer/Langenbucher/Lwowski,* Kreditsicherung, § 11 Rn. 27; *Reinicke/Tiedtke,* Kreditsicherung, Rn. 654.

[43] *Reinicke/Tiedtke,* Kreditsicherung, Rn. 475 f.; *Schreiber,* Sachenrecht, Rn. 292; *Wellenhofer,* Sachenrecht, § 15 Rn. 7 ff.

[44] MünchKomm-BGB/*Oechsler,* Anhang zu §§ 929–936 BGB Rn. 40, 47; *Vieweg/Werner,* Sachenrecht, § 12 Rn. 19.

übertragung unter der **aufschiebenden Bedingung** der vollständigen Bezahlung des Kaufpreises erfolgen soll (§ 449 I BGB). Der Käufer hat bis zur vollständigen Bezahlung ein Anwartschaftsrecht an der Sache.[45]

16 Auch durch den Eigentumsvorbehalt gewinnt der Gläubiger gegenüber anderen, dinglich nicht gesicherten Gläubigern eine Vorzugsstellung. In der Einzelzwangsvollstreckung kann der **Vorbehaltsverkäufer** die Drittwiderspruchsklage erheben (§ 771 ZPO), wenn ein anderer Gläubiger des **Vorbehaltskäufers** die unter Eigentumsvorbehalt verkaufte Sache pfändet.[46] Keine Handhabe gegen die Pfändung hat der Vorbehaltsverkäufer, wenn der andere Gläubiger lediglich das Anwartschaftsrecht des Vorbehaltskäufers pfändet.[47] Bei Insolvenz des Schuldners hat der Vorbehaltsverkäufer ein Aussonderungsrecht (§ 47 InsO). Der Insolvenzverwalter behält allerdings die Möglichkeit, die Erfüllung des Kaufvertrags zu verlangen (§§ 103, 107 II InsO). In diesem Fall kann der Verkäufer zwar nicht mehr auf den verkauften Gegenstand zurückgreifen, erhält aber den Kaufpreis.

c) Rechte (Forderungen)

17 Als Sicherungsmittel an Rechten kommen vor allem die Verpfändung von Forderungen (§§ 1273ff. BGB) und die Sicherungsabtretung in Betracht. Die **Verpfändung von Forderungen** ist für den Schuldner wiederum wegen der damit verbundenen Publizität nicht wünschenswert (§ 1280 BGB, Anzeige an den Schuldner).[48] Den damit verbundenen Verlust an Kreditwürdigkeit und Ansehen kann man durch eine **Sicherungsabtretung** verhindern, insbesondere wenn zugleich vereinbart wird, dass der Schuldner zum Einzug der Forderung berechtigt bleibt.[49]

Entsprechend der Entwicklung bei Sicherungsmitteln an beweglichen Sachen ist die Forderungsverpfändung durch die Sicherungsabtretung verdrängt worden.

3. Problem der Übersicherung

18 Bei der Kreditsicherung durch Sachgesamtheiten mit wechselndem Bestand kann sich das Problem der nachträglichen Übersicherung stellen.[50] Ein nachträglicher Zuwachs an Sicherungsgegenständen birgt stets die Gefahr, dass der **Wert der übereigneten Sachen** den **Wert der gesicherten Forderung** erheblich übersteigt. Eine Übersicherung ist gegeben, wenn ein sittlich anstößiges Missverhältnis zwischen dem Wert der Sicherheit und dem Sicherungsinteresse – dem Sicherungszweck – besteht.[51] Das ist der

[45] *Baur/Stürner,* Sachenrecht, § 59 Rn. 32ff.; *Musielak/Hau,* Grundkurs BGB, Rn. 899; *Schreiber,* Sachenrecht, Rn. 327ff.

[46] *Baur/Stürner,* Sachenrecht, § 59 Rn. 30; *Wieling,* Sachenrecht, S. 244.

[47] *Baur/Stürner,* Sachenrecht, § 59 Rn. 30; *Wieling,* Sachenrecht, S. 250.

[48] Zum Pfandrecht an Rechten und insbesondere an Forderungen *Baur/Stürner,* Sachenrecht, § 62 Rn. 1ff.; *Wieling,* Sachenrecht, S. 235ff.

[49] *Baur/Stürner,* Sachenrecht, § 58 Rn. 1; *Prütting,* Sachenrecht, Rn. 846f.; *Reinicke/Tiedtke,* Kreditsicherung, Rn. 772, 784.

[50] *Baur/Stürner,* Sachenrecht, § 57 Rn. 18ff.; *Bülow,* Kreditsicherheiten, Rn. 1115ff.; *Gehrlein,* MDR 2008, 1069 (1074); *Prütting,* Sachenrecht, Rn. 420; *Reinicke/Tiedtke,* Kreditsicherung, Rn. 554ff.; *Weber/Weber,* Kreditsicherungsrecht, S. 136.

[51] MünchKomm-BGB/*Oechsler,* Anhang zu §§ 929–936 BGB Rn. 30ff.; *Schreiber,* Sachenrecht, Rn. 307.

Fall, wenn der Wert der Sicherheit den Betrag der zu sichernden Forderung nicht nur vorübergehend weit übersteigt und deshalb zwischen Forderung und Sicherheit kein ausgewogenes Verhältnis besteht.[52]

a) Um die Übersicherung – mit der Folge der Sittenwidrigkeit des Geschäfts (§ 138 19 BGB) – zu vermeiden, verlangte die **Rechtsprechung** bei Globalzessionen sowie bei formularmäßig verlängerten Eigentumsvorbehalten und (Sicherungs-) **Übereignungen ganzer Warenlager** früher eine **qualifizierte Freigabeklausel.**[53] Bei der **Übereignung bestimmter Gegenstände** forderte die Rechtsprechung hingegen weder eine qualifizierte noch eine einfache Freigabeklausel, da bei der Sicherungsübereignung bestimmter Gegenstände ein Wertzuwachs i. d. R. nicht zu erwarten sei.

b) Mit einer Entscheidung des Großen Senats für Zivilsachen aus dem Jahre 1997 20 setzte der BGH neue Maßstäbe.[54] Danach hat der Sicherungsgeber im Fall der Übersicherung einen ermessensunabhängigen **Freigabeanspruch gegen den Sicherungsnehmer,** auch wenn vertraglich keine Freigabeklausel vereinbart wurde. Der Anspruch ergebe sich gem. § 157 BGB aus dem fiduziarischen Charakter der Sicherungsvereinbarung und der Interessenlage der Parteien. Er sei unabhängig davon, ob es sich um einen Individual- oder Formularvertrag handele, ob ein einzelner Gegenstand oder eine Sachgesamtheit zur Sicherheit übereignet sei.[55] Nach dieser Rechtsprechung sind Freigabeklauseln zur Wirksamkeit der Sicherungsvereinbarung nicht mehr erforderlich, unabhängig davon, ob eine einzelne Sache oder eine Sachgesamtheit zur Sicherheit übereignet wurde.

Die Übersicherung bestimmt sich für formularmäßige Globalzessionen oder Siche- 21 rungsübereignungen ganzer Warenlager seit 1997 wie folgt: Eine Übersicherung ist gegeben, wenn der **realisierbare Wert** der Sicherungsgegenstände die gesicherte Forderung um mehr als 10% überschreitet.[56] Der realisierbare Wert ist der Erlös, der sich im Sicherungsfall bei einer Verwertung erzielen lässt. Da dieser Wert ungewiss ist, greift die Praxis auf andere Bewertungsmethoden zurück, um das zulässige Maß der Sicherung zu bestimmen. Die Grenze von 110% des realisierbaren Werts gilt als erreicht, wenn der **Nennwert** abgetretener Forderungen oder der **Schätzwert** sicherungsübereigneter Waren die gesicherte Forderung um mehr als 50% übersteigt.[57] Dabei ist der Schätzwert einer Sache ihr geschätzter aktueller Verkehrswert.

Beispiel: Ein Kredit über 500 000 € wurde durch die Sicherungsübereignung eines Warenlagers gesichert. Nach zwei Jahren ist die Darlehenssumme durch Tilgungsleistungen des Kreditnehmers auf 428 000 € abgesunken. Die eingelagerten Waren haben zu diesem Zeitpunkt einen Schätzwert von 700 000 €; der Bestand wird auch in Zukunft einen ähnlichen Gesamtwert haben. In diesem Fall übersteigt der Schätzwert der zur Sicherheit übereigneten Waren die gesicherte Forderung nicht nur vorübergehend um 63,55%; das sind 13,55% mehr als nach der Rechtsprechung zulässig. Der Kreditnehmer hat in diesem Fall also einen Freigabeanspruch für Waren im Wert von 58 000 € (13,55% von 428 000 €).

---

[52] *BGH* vom 13.1.1994 – IX ZR 2/93, BGHZ 124, 371 (374); *Prütting,* Sachenrecht, Rn. 420.
[53] Ausführlich zur Entwicklung der Rechtsprechung *Bülow,* Kreditsicherheiten, Rn. 1116ff.
[54] *BGH* vom 27.11.1997 – GSZ 1/97, NJW 1998, 671.
[55] *BGH* vom 27.11.1997 – GSZ 1/97, NJW 1998, 671 (672).
[56] *BGH* vom 27.11.1997 – GSZ 1/97, NJW 1998, 671 (674).
[57] *BGH* vom 27.11.1997 – GSZ 1/97, NJW 1998, 671 (676f.); ausführliche Erläuterung bei *Baur/Stürner,* Sachenrecht, § 57 Rn. 25ff.; *Lwowski/Fischer/Langenbucher/Brünink,* Kreditsicherung, § 3 Rn. 84; *Reinicke/Tiedtke,* Kreditsicherung, Rn. 569; *Staab/Staab,* Kreditsicherungsrecht, S. 320.

In Sicherungsvereinbarungen sind Freigabeklauseln für den Fall der nachträglichen Übersicherung nicht erforderlich. Bei einer nachträglichen Übersicherung besteht ohne Weiteres ein ermessensunabhängiger Freigabeanspruch.

4. Übersicht: Sicherungsmittel

22 **Kreditsicherung durch**

Personalsicherheiten
- Bürgschaft
- Garantie
- Schuldbeitritt

Realsicherheiten

an Immobilien
- Grundpfandrechte

an Mobilien
- Pfandrecht
- Sicherungsübereignung
- Eigentumsvorbehalt

an Rechten (Forderungen)
- Verpfändung
- Sicherungsabtretung

II. Beispiel: Sicherungsübereignung

23 Die Tech-Transport GmbH (T), ein deutschlandweit agierendes Transportunternehmen, plant, einen Elektro-Lkw für 350 000 € anzuschaffen. Aufgrund rückläufiger Gewinne des Unternehmens möchte T den Sprung in die Nachhaltigkeit wagen und durch die Investitionen vor allem neue Kunden gewinnen, die viel Wert auf Nachhaltigkeit und einen niedrigen CO_2 Ausstoß legen. Ein Leasingvertrag kommt für T nicht in Betracht, weil sie mit Leasing bereits schlechte Erfahrungen gemacht hat. Den Kaufpreis für den Elektro-Lkw kann T allerdings nur teilweise aus eigenen Mitteln aufbringen. In Höhe von 240 000 € muss sie den Kaufpreis finanzieren. Zur Finanzierung dieses Betrags hat sie sich mit der B-Bank in Verbindung gesetzt. Diese ist zu einer Finanzierung bereit, verlangt jedoch eine Absicherung in Form einer Realsicherheit. T bittet daher die Sozietät von Eller, Hüttwitz und Rotstein, Sicherungsmöglichkeiten für die B-Bank vorzuschlagen und eine entsprechende Vereinbarung zu entwerfen. Den Darlehensvertrag, der eine Laufzeit von fünf Jahren haben soll, setzt die B-Bank auf.

1. Informationsgewinnung

24 Für die Gestaltung der Sicherungsvereinbarung ist zunächst zu klären, welche Gegenstände zur Sicherung der Darlehensforderung zur Verfügung stehen. Aus dem Sachverhalt geht bereits hervor, dass die B-Bank eine Realsicherheit wünscht. Unabhängig davon sind Realsicherheiten auch aus der Sicht des Sicherungsgebers sinnvoll, da die vergleichsweise hohe Sicherheit dieses Sicherungsmittels sich im Zinssatz des Kredits niederschlagen wird.

Nachfrage: Hat T belastbares Grundeigentum? Gehören ihr wertvolle Gegenstände, insbesondere Fahrzeuge? Könnte sie Kundenforderungen abtreten?

Informationsmittel: Nachfrage bei T.

Ergebnis der Nachfrage (unterstellt): T hat Grundeigentum, das Betriebsgrundstück steht im Eigentum der T. Dieses ist jedoch bereits im erheblichen Maße mit einer Grundschuld belastet. Ein Teil der Fahrzeuge der T ist zu alt, um als Sicherungsmittel zu dienen. Die neueren Lkw sind bereits zur Sicherung anderer Kredite sicherungsübereignet. Ihre künftigen Forderungen gegen Kunden kann T ebenfalls nicht als Sicherungsmittel einsetzen.

2. Auswahl des Kreditsicherungsmittels

Eine Sicherung durch Grundpfandrechte scheidet nach den gewonnenen Informationen aufgrund der bereits bestehenden Belastung aus. Ebenso wenig kommen eine Sicherungsübereignung vorhandener Fahrzeuge sowie die Abtretung von Kundenforderungen in Betracht. T könnte der B-Bank jedoch den Elektro-Lkw verpfänden oder zur Sicherheit übereignen. Eine Verpfändung wäre impraktikabel, weil T den Lkw dann nicht mehr nutzen könnte. Es bleibt daher allein die Möglichkeit einer Sicherungsübereignung. 25

3. Problemübersicht und Rohentwurf

Im Sicherungsvertrag sind zunächst die **Parteien,** der **Sicherungsgrund** und der **Sicherungsgegenstand** zu nennen. Weiterhin ist ein **Besitzmittlungsverhältnis** aufzunehmen. Die Praxis greift vor allem auf die Leihe (§ 598 BGB) oder den Verwahrungsvertrag (§ 688 BGB) zurück.[58] Allerdings genügt auch der Sicherungsvertrag als solcher i. d. R. den Anforderungen an ein Besitzmittlungsverhältnis.[59] Außerdem wird der Sicherungsgeber besonders an den Modalitäten der **Rückübertragung** oder des Rückfalls der Sache an ihn interessiert sein. Diese Punkte dienen der Erfüllungsplanung. 26

Die weiteren Regelungsgegenstände ergeben sich aus den Risiken, die die Vertragsparteien tragen (Störfallvorsorge). Der Sicherungsnehmer riskiert zunächst, dass der Sicherungsgeber nicht **Eigentümer der Sache** ist oder ein Zugriff auf das Sicherungsgut durch Rechte Dritter (z. B. ein Vermieterpfandrecht) vereitelt wird. Für diesen Fall lassen sich im Vertrag Vorkehrungen treffen. Der Sicherungsnehmer riskiert weiterhin, dass der Sicherungsgeber seiner Zahlungspflicht nicht nachkommt. Deshalb muss geregelt werden, unter welchen Voraussetzungen und in welcher Art und Weise der Sicherungsnehmer die **Verwertung des Sicherungsguts** vornehmen darf. Diese Regelung dient zugleich dem Schutz des Sicherungsgebers. 27

Greifen andere Gläubiger des Sicherungsgebers T auf die Sache zu und verwerten sie, so wird dadurch die Sicherung der B-Bank vereitelt. Damit der Sicherungsnehmer – die B-Bank – dagegen einschreiten kann, hat er ein Interesse daran, **Kenntnis vom Zugriff Dritter** zu erhalten. Deshalb verpflichtet sich der Sicherungsgeber i. d. R., dem Sicherungsnehmer Maßnahmen Dritter anzuzeigen, die sich auf das Sicherungs- 28

[58] Z. B. *Wurm/Wagner/Zartmann/M. Schmidt,* Rechtsformularbuch, Muster 29.7 mit Fn. 5, Muster 29.8 mit Fn. 6.

[59] *BGH* vom 20.9.2004 – II ZR 318/02, NJW-RR 2005, 280 (281); MünchKomm-BGB/*Joost,* § 868 Rn. 14, 76.

gut beziehen. Schließlich läuft der Sicherungsnehmer Gefahr, seine Sicherheit durch **Verschlechterung der Sache** einzubüßen. Gegen das Risiko der Beschädigung oder der Zerstörung kann sich der Sicherungsgeber versichern. Eine solche Versicherungspflicht ist in Sicherungsverträgen üblich.

29 Daraus ergibt sich folgende Gliederung der Sicherungsvereinbarung:

§ 1 Vertragsparteien
§ 2 Sicherungsgrund
§ 3 Sicherungsgegenstand
§ 4 Besitzmittlungsverhältnis
§ 5 Verfügungsberechtigung
§ 6 Verwertung
§ 7 Maßnahmen Dritter
§ 8 Versicherungspflicht
§ 9 Rückübertragung

4. Einzelheiten der Sicherungsvereinbarung

30 Da die Sicherungsübereignung als solche gesetzlich nicht geregelt ist, findet eine Rechtsanwendung im Sinne einer Überprüfung der Gestaltungsaufgabe am Gesetzesrecht nur eingeschränkt statt. Die Sicherungsvereinbarung muss so gestaltet werden, dass sie sich in den Grenzen des **zwingenden Rechts** hält. Außerdem haben sich in der Praxis bestimmte Regelungsinhalte für Sicherungsvereinbarungen herausgebildet, die wie **dispositives Recht** zur Gestaltung heranzuziehen sind. Von der üblichen Gestaltungsform wird der Vertragsgestalter nur abweichen, wenn der Einzelfall Anlass dazu gibt.[60]

31 Der Inhalt der §§ 1–3 der vorläufigen Gliederung der Sicherungsvereinbarung ist dem Vertragsjuristen vorgegeben. Auch hinsichtlich des § 4 besteht nur insoweit Gestaltungsbedarf, als ein passendes Besitzmittlungsverhältnis auszuwählen ist. Schließlich ist auch der Inhalt des § 7 bereits eindeutig, sodass im Folgenden lediglich die §§ 5, 6, 8 und 9 der vorläufigen Gliederung der Sicherungsvereinbarung näherer Betrachtung bedürfen. Ferner sollte der Vertragsjurist sich stets mit dem Problem der anfänglichen Übersicherung auseinandersetzen.

a) Gefahr der Übersicherung?

32 Der Elektro-Lkw hat einen Wert von 350 000 €. Da die B-Bank lediglich ein Darlehen in Höhe von 240 000 € gewähren soll, könnte sie durch die Übereignung des Fahrzeugs übersichert werden. Dabei geht es nicht um die Frage einer **nachträglichen Übersicherung.** Eine nachträgliche Übersicherung droht bei der Übereignung von Warenlagern mit wechselndem Bestand.[61] Im vorliegenden Fall könnte allerdings die Gefahr einer **anfänglichen Übersicherung** bestehen. Eine anfängliche Übersicherung führt zur Nichtigkeit des Sicherungsvertrags gem. § 138 BGB.[62] Sie ist gegeben, wenn

[60] Eindringlich *Langenfeld,* Vertragsgestaltung, Kap. 3 Rn. 26ff.

[61] Dazu oben Rn. 18–21.

[62] *BGH* vom 27.11.1997 – GSZ 1/97, NJW 1998, 671 (674); *BGH* vom 12.3.1998 – IX ZR74/95, NJW 1998, 2047; *Lwowski/Fischer/Langenbucher/Brünink,* Kreditsicherung, § 3 Rn. 63ff.; *Prütting,* Sachenrecht, Rn. 420b.

bereits bei Vertragsschluss feststeht, dass bei einer künftigen Verwertung ein **auffälliges Missverhältnis** zwischen dem realisierbaren Wert der Sicherheit und der gesicherten Forderung bestehen wird.[63] Bei der Beurteilung kommt es auf den realisierbaren Wert der Sachen im Fall der Insolvenz des Sicherungsgebers an; dabei ist zu berücksichtigen, dass im Zeitpunkt des Vertragsschlusses die zukünftigen Marktverhältnisse unsicher sind.[64] Hinzukommen muss eine **verwerfliche Gesinnung** des Sicherungsnehmers, die eine Gesamtbewertung des Sicherungsvertrags als sittenwidrig zulässt.[65]

Im vorliegenden Fall fehlt bereits das **auffällige Missverhältnis** zwischen dem zu erwartenden Erlös bei der Verwertung des Elektro-Lkw und der Forderung der B-Bank. 33
Die B-Bank beleiht den Lkw mit zwei Dritteln seines Neuwerts. Bei einer Verwertung wird sie für das gebrauchte Fahrzeug einen deutlich **geringeren Preis** als den Neupreis erzielen. Je älter der Lkw ist, umso unattraktiver ist er für potentielle Käufer, da er in technischer Hinsicht mit neueren Modellen nicht vergleichbar sein und durch die Verwendung im Straßenverkehr in erheblichem Maße an Wert verlieren wird. Dagegen lässt sich auch nicht einwenden, dass die B-Bank jährliche Tilgungsraten erhält, sodass die abgesicherte Forderung von Jahr zu Jahr geringer wird. Zu einer Verwertung des Elektro-Lkw kommt es nur, wenn T ihren Zahlungsverpflichtungen nicht nachkommt. In diesem Fall reduziert T ihre Schulden nicht, sondern die Verbindlichkeiten wachsen durch die Zinsen für nichtgeleistete Zahlungen, Mahnkosten und weitere Kosten der Rechtsverfolgung.

b) Verfügungsbefugnis des Sicherungsgebers

Falls der Sicherungsgeber nicht **Eigentümer** der zur Sicherheit übereigneten Sache ist, 34
kann der Sicherungsnehmer sie nur gem. den §§ 933, 932 BGB – mit Übergabe der Sache – gutgläubig erwerben. Weiß der Sicherungsnehmer, dass der Sicherungsgeber nicht Eigentümer der Sache ist, geht er aber davon aus, dass der Sicherungsgeber die **Verfügungsbefugnis** hat, so ist der Sicherungsnehmer in dieser Annahme grundsätzlich nicht geschützt. Eine Ausnahme besteht nach § 366 I HGB für den Fall, dass der Sicherungsgeber Kaufmann ist und er die Sache im Betrieb seines Handelsgewerbes sicherungsübereignet. In der Praxis lässt sich der Sicherungsnehmer vom Sicherungsgeber dessen Verfügungsbefugnis vertraglich zusichern.

c) Verwertung des Sicherungsguts

Da die Sicherungsübereignung gesetzlich nicht normiert ist, existieren keine direkt an- 35
wendbaren dispositiven Regeln für die Verwertung des Sicherungsguts. In Rechtsprechung und Literatur ist umstritten, ob mangels einer anderen vertraglichen Vereinbarung die Vorschriften über die Pfandverwertung (§§ 1233ff. BGB) entsprechend anzuwenden sind.[66] Es empfiehlt sich daher, eine vertragliche Regelung zu treffen. Nach den Vorschriften über das Pfandrecht, ist ein Pfand im Wege der öffentlichen

[63] *BGH* vom 12.3.1998 – IX ZR 74/95, NJW 1998, 2047; *BGH* vom 15.5.2003 – IX ZR 218/02, NJW-RR 2003, 1490 (1492); *Reinicke/Tiedtke,* Kreditsicherung, Rn. 732f.

[64] Ausführlicher zur Deckungsgrenze bei anfänglicher Übersicherung *Bülow,* Kreditsicherheiten, Rn. 1111ff.

[65] *BGH* vom 12.3.1998 – IX ZR 74/95, NJW 1998, 2047; *BGH* vom 19.3.2010 – V ZR 52/09, WM 2010, 834.

[66] *Baur/Stürner,* Sachenrecht, § 57 Rn. 42; *Prütting,* Sachenrecht, Rn. 412 einerseits (pro); *Reinicke/Tiedtke,* Kreditsicherung, Rn. 709; *Weber/Weber,* Kreditsicherungsrecht, S. 144 andererseits (contra).

Versteigerung zu verkaufen (§ 1235 I BGB). Demgegenüber erhält der Sicherungsnehmer i. d. R. das sicherungsvertragliche Recht, die Sache freihändig zu veräußern; dabei muss er die Interessen des Sicherungsgebers wahren, indem er die Sache möglichst vorteilhaft verkauft.[67] Ferner ist festzulegen, unter welchen Voraussetzungen der Sicherungsfall eintreten soll. Je nach der Gestaltung des Sicherungsvertrags kann der Sicherungsnehmer das Sicherungsgut bereits bei Verzug des Sicherungsgebers oder erst nach fruchtlosem Ablauf einer Nachfrist verwerten.

d) Wartung und Versicherung

36 Im Verwertungsfall hängt der Verkaufserlös für den Elektro-Lkw u. a. von seinem Zustand ab. Üblicherweise verpflichtet sich der Sicherungsgeber daher, die zur Sicherheit übereignete Sache pfleglich zu behandeln und zu **warten.** Die Sicherung des Sicherungsnehmers entfällt vollständig, wenn die zur Sicherheit übereignete Sache zerstört oder entwendet wird. Gegen diese Risiken hat der Sicherungsgeber die Sache daher zu **versichern.** Im vorliegenden Fall kommen eine Zerstörung des Fahrzeugs durch Eigen- oder Fremdeinwirkung, vor allem im Straßenverkehr, oder ein Diebstahl der Sache in Betracht. T wird daher die Verpflichtung übernehmen, den Lkw gegen Zerstörung, Beschädigung und Diebstahl im größtmöglichen Umfang zu versichern (Vollkaskoversicherung). Der Sicherungsnehmer sollte sich zudem die Ansprüche des Sicherungsgebers gegen die Versicherung bereits in der Sicherungsvereinbarung abtreten lassen.[68] Eine entsprechende Abtretungserklärung der T wird daher ebenfalls in den Vertrag aufgenommen, ebenso wie eine antizipierte Abtretung zukünftiger Schadensersatzansprüche der T gegen Dritte wegen Beschädigung, Zerstörung oder Verlust der Sache.

e) Rückübereignung des Sicherungsguts

37 Sinnvoll ist auch eine ausdrückliche Regelung zur Rückübereignung des Sicherungsguts. Ansonsten könnte Streit darüber entstehen, ob bei unbedingter Übereignung eine ausdrückliche Rückübertragung erforderlich ist, oder ob sie stillschweigend nach Erledigung des Sicherungszwecks erfolgt.[69] In der Praxis der Banken ist es üblich, dass nicht nur die Forderung abgesichert wird, für die man einen Kredit aufgenommen hat, sondern gleich alle weiteren (auch zukünftigen) Forderungen aus der Geschäftsbeziehung.[70] Die zur Sicherheit übereignete Sache wird daher nicht zurückübereignet, wenn der Sicherungsnehmer dem Sicherungsgeber weiteren Kredit gewährt hat. Wenn der Rückfall der Sache an den Sicherungsgeber geregelt ist, dann meist nicht in Form einer automatischen Freigabe des Sicherungsguts, sondern nur im Wege der Rückübereignung. Möglich ist aber auch eine Gestaltung, nach der die zur Sicherheit übereignete Sache nach Erfüllung der Schuld automatisch in das Eigentum des Sicherungsgebers zurückfällt.

[67] *Weber/Weber,* Kreditsicherungsrecht, S. 156f.

[68] *Wurm/Wagner/Zartmann/M. Schmidt,* Rechtsformularbuch, Muster 29.7 § 9, Muster 29.8 § 7.

[69] MünchKomm-BGB/*Oechsler,* Anhang zu §§ 929–936 BGB Rn. 47.

[70] Wenn der weitere Kredit ebenfalls durch Sicherungsübereignungen gesichert wurde, droht eine nachträgliche Übersicherung des Sicherungsnehmers.

5. Vertragsentwurf

Sicherungsvereinbarung 38

§ 1 Parteien
Parteien dieses Sicherungsvertrags sind
die Tech-Transport GmbH, Adenauerallee 234, 13 967 Berlin, vertreten durch ihre Geschäftsführer Karl Moritz und Franz Michalski
– im Folgenden Sicherungsgeberin –
und
die B-Bank, Zitzewitzallee 1–7, 13 965 Berlin, vertreten durch ihre gesamtvertretungsberechtigten Vorstandsmitglieder Heiner Meyer und Felix Kuhn
– im Folgenden Sicherungsnehmerin –

§ 2 Vertragsgegenstand
Die Sicherungsgeberin schuldet der Sicherungsnehmerin aus Darlehensvertrag vom … einen Betrag von 240 000 € nebst 3,75 % Zinsen seit dem …
Zur Sicherung dieses Anspruchs übereignet die Sicherungsgeberin der Sicherungsnehmerin den Elektro-Lkw der Marke … (FIN: PGM558443SHP13677).

§ 3 Besitzmittlungsverhältnis
Die Übergabe des Elektro-Lkw wird dadurch ersetzt, dass die Sicherungsnehmerin der Sicherungsgeberin das Fahrzeug leihweise überlässt. Die Sicherungsgeberin verpflichtet sich, den Elektro-Lkw ordnungsgemäß und in regelmäßigen Abständen von nicht mehr als 6 Monaten zu warten und die erforderlichen Reparaturen auf ihre Kosten unverzüglich durchführen zu lassen.

§ 4 Verfügungsrecht und Lasten
Die Sicherungsgeberin versichert, dass sie zur freien Verfügung über das Sicherungsgut berechtigt ist und dass dieses nicht Eigentumsvorbehalten oder sonstigen Rechten Dritter unterliegt.

§ 5 Verwertung
Gerät die Sicherungsgeberin hinsichtlich der in § 2 bezeichneten Forderung in Verzug und holt sie die geschuldete Handlung nicht innerhalb einer Nachfrist von 14 Kalendertagen nach, so kann die Sicherungsnehmerin Herausgabe des Sicherungsguts verlangen.
Sie ist berechtigt, es nach pflichtgemäßem Ermessen zu verwerten, ohne dabei an die Vorschriften über den Pfandverkauf gebunden zu sein.
Ein bei der Verwertung erzielter Überschuss ist an die Sicherungsgeberin herauszugeben.

§ 6 Maßnahmen Dritter
Die Sicherungsgeberin hat die Sicherungsnehmerin unverzüglich zu unterrichten, wenn Maßnahmen Dritter oder sonstige Ereignisse die Rechte der Sicherungsnehmerin gefährden. Die Sicherungsgeberin hat im Falle der Pfändung oder Beschlagnahme der Sache den Dritten auf die Rechte der Sicherungsnehmerin hinzuweisen. Sie hat der Sicherungsnehmerin sämtliche Angaben und Unterlagen zur Verfügung zu stellen, die diese für eine Intervention benötigt.

§ 7 Versicherung
Die Sicherungsgeberin verpflichtet sich, für den Elektro-Lkw eine Vollkaskoversicherung abzuschließen. Sie tritt hiermit alle Ansprüche, die ihr aus diesen Versicherungen entstehen, an die Sicherungsnehmerin ab. Des Weiteren tritt die Sicherungsgeberin bereits jetzt alle Schadensersatzforderungen, die ihr aus der Beschädigung oder Zerstörung des Elektro-Lkw gegen Dritte entstehen, an die Sicherungsnehmerin ab. Die Sicherungsnehmerin nimmt die Abtretung an.

§ 8 Rückübertragung
Sobald die Sicherungsgeberin die Sicherungsnehmerin wegen der in § 2 bezeichneten Forderung befriedigt hat, hat sie gegen den Sicherungsnehmer einen Anspruch auf Rückübereignung des Sicherungsguts.

§ 6. Erwerb unbeweglicher Sachen

Literatur (siehe auch das Verzeichnis der abgekürzt zitierten Literatur, S. XVII): *Cziupka/Hübner,* Beschaffenheitsinformationen und Beschaffenheitsvereinbarungen beim Grundstückskaufvertrag, DNotZ 2016, 323; *Kanzleiter,* Ausreichende Bezeichnung der noch nicht vermessenen Teilfläche in einem Grundstückskaufvertrag, NJW 2000, 1919; *Kessler,* Gestaltung von Belastungsvollmachten in Grundstückskaufverträgen, DNotZ 2017, 651; *Knops,* Die notariellen Prüfungs- und Belehrungspflichten bei der Finanzierungsabwicklung von Grundstücksübertragungen, NJW 2015, 3121; *Leitzen,* Zur Abgrenzung zwischen Individual- und Formularvertrag bei notarieller Beurkundung, NotBZ 2009, 212; *Lindner,* Haftungsregelungen im Grundstücksvertrag, RNotZ 2018, 69; *Mach,* Der Eintritt des Grundstückserwerbers in bestehende Miet- und Pachtverhältnisse, RNotZ 2017, 621; *Mohr,* Altlastenklauseln in Grundstücksverträgen: nicht immer wasserdicht!, BWNotZ 2009, 113; *Plagemann,* Die Behandlung von Mietsicherheiten in Grundstückskaufverträgen, NotBZ 2013, 2; *M. Schmid,* Aufklärungspflichten beim Verkauf von Wohnungseigentum und Grundstücken, ZfIR 2011, 41; *Volmer,* Vertragsgestaltung beim Grundstückskaufvertrag, JuS 2006, 221; *Zimmer,* Neue Prüfungspflichten des Notars – oder alles beim Alten, NJW 2017, 1909.

Eine der klassischen Aufgaben des Vertragsjuristen, insbesondere des Notars, ist die Gestaltung von Grundstückskaufverträgen. Da es bei solchen Verträgen meist um hohe Gegenstandswerte geht, ist eine den Parteiinteressen entsprechende und rechtsbeständige Vertragsgestaltung besonders wichtig. 1

I. Allgemeine Überlegungen

Im Bereich der Grundstückskaufverträge haben sich bestimmte Vertragstypen für die unterschiedlichen Fallgruppen der Vertragsgestaltung herausgebildet.[1] Unterschieden wird zum einen nach dem **Kaufobjekt:** Der Kaufvertrag über einen Bauplatz ist anders zu gestalten als der Kaufvertrag über ein bebautes Grundstück. Zum anderen wird nach der **Vertragsabwicklung** differenziert: So erfordert z. B. der Kauf eines belasteten Objekts gegenüber dem Kauf eines unbelasteten Objekts zusätzliche Regelungen. 2

1. Fragen der Informationsgewinnung

a) Wie bei Kaufverträgen über bewegliche Sachen benötigt man auch bei Kaufverträgen über unbewegliche Sachen zunächst Informationen über die **essentialia negotii,** d. h. die Vertragsparteien, den Vertragsgegenstand und den Kaufpreis. Wird eine Vertragspartei vertreten, sind Nachweise über die **Vertretungsberechtigung** zum Kaufvertrag zu nehmen. Bei **juristischen Personen** und Handelsgesellschaften holt der Notar Handelsregisterauszüge ein, um die Vertretungsverhältnisse zu belegen. Wenn sich eine **natürliche Person** vertreten lässt, wird die Vollmachtsurkunde in beglaubigter Kopie als Anlage zum Kaufvertrag genommen.[2] 3

---

[1] *Langenfeld,* Vertragsgestaltung, Kap. 6 Rn. 1; *ders.,* JuS 1998, 224; vgl. auch die Anzahl verschiedener Vertragsmuster bei Beck'sches Formularbuch/*Gebele,* Kap. III. B. „Immobilienrecht".

[2] *Heussen/Imbeck,* Handbuch, 3. Teil Rn. 66.

4 **b)** Nach § 28 GBO muss das Grundstück entsprechend seiner **Eintragung im Grundbuch** bezeichnet werden. Anzugeben ist, in welchem Grundbuch und an welcher Stelle des Grundbuchs das Grundstück verzeichnet ist.

Beispiel: Grundstück im Grundbuch des Amtsgerichts Bielefeld Bd. 121 Blatt Nr. 346.

5 Für Wohnungseigentum und Erbbaurechte bestehen eigene Grundbücher (Wohnungsgrundbuch, § 7 I WEG; Wohnungserbbaugrundbuch, § 30 III WEG). Bei der **Bezeichnung des Grundstücks** darf der Notar sich nicht auf die Angaben der Parteien verlassen. Gem. § 21 I 1 BeurkG soll er sich im Regelfall über den Grundbuchinhalt unterrichten, d. h. Einsicht in das Grundbuch nehmen. Beurkundet der Notar den Vertrag ohne vorherige Grundbucheinsicht, soll der Notar nach § 21 I 2 BeurkG die Parteien über die damit verbundenen Gefahren belehren und die Belehrung in der Niederschrift vermerken. Zur Bezeichnung des Grundstücks werden sicherheitshalber weitere Angaben aufgenommen: Das Grundstück wird nach Gemarkung, Flur, Flurstück, Wirtschaftsart und Flächengröße benannt.[3]

Beispiel: Grundstück im Grundbuch des Amtsgerichts Bielefeld Bd. 1 Blatt 715, Flur 1, Flst. Nr. 9 617, Freifläche, 4, 2 a.

6 **aa)** Wollen die Parteien eine noch nicht vermessene Teilfläche eines Flurstücks verkaufen, müssen die **Grenzen des Grundstücks** möglichst genau beschrieben werden. Es bietet sich an, das Grundstück in einem Lageplan zu verzeichnen, der dem Kaufvertrag als Anlage beigefügt wird.[4]

7 **bb)** Die Bezeichnung des Grundstücks umfasst außerdem Angaben über die im Grundbuch eingetragenen **Belastungen und Beschränkungen.**[5] Bei den **Belastungen** kann es sich um Grundpfandrechte oder andere Lasten handeln. Grundpfandrechte sind die Hypothek (§ 1113 BGB), die Grundschuld (§ 1191 BGB) und die Rentenschuld (§ 1199 BGB). Andere Lasten sind z. B. Grunddienstbarkeiten, §§ 1018 ff. BGB, persönliche Dienstbarkeiten, §§ 1090 ff. BGB und Reallasten, §§ 1105 ff. BGB. Stets muss geklärt werden, ob Grundpfandrechte eingetragen sind, ob diese gegebenenfalls vom Käufer übernommen werden sollen und ob er selbst ein Darlehen durch ein Grundpfandrecht sichern möchte. Eine **Beschränkung** kann z. B. durch ein Veräußerungsverbot aufgrund einer einstweiligen Verfügung bestehen (§§ 935, 938 II ZPO).

Beispiel: Das Grundstück ist wie folgt belastet:

Abteilung II: –

Abteilung III: 190 000 € Buchgrundschuld für die B-Bank.

8 **c)** Beim Verkauf eines Grundstücks kommt es ferner auf seine **Beschaffenheit und Nutzung** an. Die Gestaltung fällt unterschiedlich aus, je nachdem ob das Grundstück bebaut oder unbebaut ist, ob es zu Bauzwecken oder als unbebaute Nutzfläche ver-

[3] Beispiel bei *Langenfeld,* JuS 1998, 224 (226).

[4] *Faßbender/Grauel,* Notariatskunde, § 4 Rn. 55; *Langenfeld,* JuS 1998, 224 (225); *Reithmann/Albrecht/Albrecht,* Vertragsgestaltung, Rn. 441 f.; *Wurm/Wagner/Zartmann/Leitzen/H. Götte,* Rechtsformularbuch, Kap. 43 Rn. 176 ff. Einzelheiten bei *Krüger/Hertel,* Grundstückskauf, Rn. 9 ff., 1490 ff.

[5] *Langenfeld,* JuS 1998, 224 (225); vgl. Beck'sches Formularbuch/*Gebele,* Muster III. B. 1. Klausel I.

wendet werden soll. Bei einem **unbebauten Grundstück,** das zu Bauzwecken genutzt werden soll, ist die Frage zu klären, wer das Risiko der Bebaubarkeit tragen soll.[6] Diese Frage spielt bei einem **bebauten Grundstück,** an dem keine Veränderungen vorgesehen sind, keine Rolle. Dafür wird bei bebauten Grundstücken häufig die Sachmängelgewährleistung ausgeschlossen. Soll der Veräußerer ein Bauwerk errichten **(Bauträgervertrag),** sind in den Vertrag neben den kaufvertraglichen Regelungen auch werkvertragliche Elemente aufzunehmen. Da der Erwerber gem. § 566 BGB in bestehende Miet- oder Pachtverhältnisse eintritt, kommt es ferner darauf an, ob das Grundstück vermietet oder verpachtet ist.

> Das Grundstück ist im Kaufvertrag entsprechend seiner Bezeichnung im Grundbuch aufzuführen. Dazu gehören auch Angaben über Belastungen und Beschränkungen des Grundstücks. Informationen über die Beschaffenheit und die vorgesehene Nutzung des Grundstücks sind erforderlich, um den Kaufvertrag sachgerecht zu gestalten.

2. Formbedürftigkeit des Kaufvertrags

Gem. § 311 b I BGB bedarf ein Vertrag, durch den sich der eine Teil verpflichtet, das Eigentum an einem Grundstück zu übertragen oder zu erwerben, der **notariellen Beurkundung.** Diese Regelung verfolgt den Zweck, den Veräußerer und den Erwerber von Grundstückseigentum vor übereilten Verträgen zu bewahren, ihnen Gelegenheit zur Überlegung zu bieten und ihnen unparteiische Beratung durch den Notar zu gewähren (Warn- und Schutzfunktion). Außerdem sichert die Beurkundung den Inhalt der Vereinbarung (Beweisfunktion).[7] 9

§ 311 b I BGB bezieht sich nur auf den kausalen **Verpflichtungsvertrag** (i. d. R. ein Kaufvertrag). Der im System des deutschen Zivilrechts davon zu trennende **Verfügungsvertrag** wird von dieser Vorschrift nicht erfasst. Die zur Übertragung des Grundstücks erforderliche Einigung der Parteien über den Eigentumsübergang **(Auflassung)** muss gem. § 925 I BGB unter gleichzeitiger Anwesenheit beider Vertragsparteien vor einer zuständigen Stelle erklärt werden. Da jedoch die dingliche Einigung der Parteien dem Grundbuchamt nach den §§ 20, 29 GBO mindestens in öffentlich beglaubigter Form (vgl. § 129 BGB) nachzuweisen ist, werden in der Praxis das Verpflichtungs- und das Verfügungsgeschäft in ein und dieselbe Urkunde aufgenommen.[8] 10

> Der Kaufvertrag über ein Grundstück bedarf gem. § 311 b I BGB der notariellen Beurkundung. Für das Verfügungsgeschäft gilt diese Vorschrift nicht. Es wird jedoch aus grundbuchtechnischen Gründen i. d. R. mitbeurkundet.

---

[6] *Reithmann/Albrecht/Albrecht,* Vertragsgestaltung, Rn. 537 ff. Beispiel bei *Wurm/Wagner/Zartmann/Leitzen/H. Götte,* Rechtsformularbuch, Muster 43.7 § 3.

[7] BeckOK-BGB/*Gehrlein,* § 311 b BGB Rn. 1; MünchKomm-BGB/*Ruhwinkel,* § 311 b BGB Rn. 2. Zum Ersatz nutzloser Aufwendungen wegen unwirksamer notarieller Beurkundung siehe *BGH* vom 20.6.2000 – IX ZR 434/98, ZIP 2000, 2069. Zum Fall der Vertragsänderung nach Auflassung mit Vorlagesperre des Notars siehe *Steinbrecher,* NJW 2018, 1214.

[8] *Reithmann/Albrecht/Albrecht,* Vertragsgestaltung, Rn. 501.

11 Gesetzlich nicht vorgegeben, aber in der Praxis sinnvoll ist eine **Schriftformklausel** für Änderungen des Vertrags nach der Auflassung. Nach h. M. unterliegen Vertragsänderungen nur bis zur Auflassung der Beurkundungspflicht nach § 311b I BGB;[9] danach sind Änderungen formfrei möglich. Um Beweisschwierigkeiten zu vermeiden, sollten die Parteien für Änderungen des Vertrags die Schriftform vereinbaren.[10]

Beispiel: „Änderungen und Ergänzungen zu diesem Vertrag bedürfen der Schriftform, soweit nicht gesetzlich die notarielle Beurkundung vorgeschrieben ist. Diese Formvorschrift kann nur unter Wahrung der vereinbarten Form aufgehoben oder geändert werden."

3. Interessenkonflikte beim Grundstückserwerb

12 Bei Grundstücken erfordert der Eigentumsübergang gem. § 873 I BGB die Einigung der Parteien (Auflassung, § 925 I BGB) und die Eintragung der Rechtsänderung in das Grundbuch. Da die Parteien auf den Zeitpunkt der Grundbucheintragung keinen Einfluss haben, kommt bei Grundstückskaufverträgen eine Abwicklung Zug um Zug nicht in Frage.[11] Das führt zu Schwierigkeiten bei der Vertragsabwicklung, weil keine der Parteien bereit sein wird, ohne eine rechtliche Absicherung vorzuleisten.

a) Interessenkonflikt zwischen den Parteien

13 Bevor der Erwerber als Eigentümer im Grundbuch eingetragen wird, kann der Veräußerer aufgrund seiner dinglichen Berechtigung an dem Grundstück noch weitere Verfügungen über das Grundstück treffen. Falls eine solche **Zwischenverfügung** in das Grundbuch eingetragen wird, bevor der Erwerber als Eigentümer eingetragen ist, kann der Erwerber das Eigentum nicht mehr oder nur belastet erwerben. Das ist für den Erwerber besonders misslich, wenn er bereits den Kaufpreis an den Veräußerer gezahlt hat. In diesem Fall hat der Erwerber gegen den Veräußerer lediglich einen Schadensersatzanspruch nach den §§ 433 I 1, 280 I, 283 I BGB.

14 **aa)** Zum **Schutz des Erwerbers** vor Zwischenverfügungen des Veräußerers macht die Praxis die Auszahlung des Kaufpreises an den Verkäufer von der Eintragung einer **Auflassungsvormerkung** zugunsten des Erwerbers abhängig.[12] Dieses Sicherungsmittel sorgt dafür, dass Zwischenverfügungen des Veräußerers dem Berechtigten gegenüber (relativ) unwirksam sind, sofern sie den Anspruch des Berechtigten vereiteln oder beeinträchtigen würden (vgl. § 883 II BGB).[13] Der Erwerber wird auf diese Weise gegen

[9] BeckOK-BGB/*Gehrlein,* § 311b BGB Rn. 27; *Palandt/Grüneberg,* § 311b BGB Rn. 44. Zum Vorläufer (§ 313 BGB a.f.) *BGH* vom 28.9.1984 – V ZR 43/83, NJW 1985, 266 (266). A. A. (Formbedürftigkeit entfällt erst nach Auflassung und Eintragung) MünchKomm-BGB/*Ruhwinkel,* § 311b BGB Rn. 67.

[10] Sollte es sich bei dem Grundstückskaufvertrag um einen Formularvertrag handeln (siehe dazu unten Rn. 43), ist zu beachten, dass doppelte Schriftformklauseln gem. § 307 I BGB unwirksam sein können. Siehe dazu *BAG* vom 20.5.2008 – 9 AZR 382/07, NJW 2009, 316 (318f.). Der *BGH* hat die Frage der Wirksamkeit dahinstehen lassen, weil eine Individualabrede jedenfalls nach § 305b BGB stets vorgehe, so dass die doppelte Schriftformklausel keine Wirkung entfalte, *BGH* vom 25.1.2017 – XII ZR 69/16, NJW 2017, 1017 (1018).

[11] *Kanzleiter,* DNotZ 1996, 242 (244); *Rehbinder,* Vertragsgestaltung, S. 119.

[12] *Rehbinder,* Vertragsgestaltung, S. 120; *Wurm/Wagner/Zartmann/Leitzen/H. Götte,* Rechtsformularbuch, Kap. 43 Rn. 65. Diese Konstruktion ist bei dem Erwerb von einem Bauträger gem. § 3 I 1 Nr. 2 MaBV (Makler- und Bauträgerverordnung) sogar zwingend vorgeschrieben, siehe dazu *Wurm/Wagner/Zartmann//Leitzen/H. Götte,* Rechtsformularbuch, Kap. 43 Rn. 65.

[13] Zur Frage ob der Abschluss eines Mietvertrags einer Verfügung i. S. d. § 883 BGB gleichsteht, *Staudinger/Gursky,* § 883 BGB, Rn. 210f.

Zwischenverfügungen geschützt (vgl. § 888 I BGB). Für den Fall, dass der Käufer den Kaufpreis nicht bezahlt, ist für die Vormerkung eine Löschungsbewilligung des Käufers aufzunehmen. Andernfalls müsste der Verkäufer bei einem Scheitern des Vertrags diese Löschungsbewilligung erst vom Käufer einholen, wozu gegebenenfalls eine Klage erforderlich wäre.

Beispiel: A verkauft am 18.2.2019 seine Eigentumswohnung an B. Im Kaufvertrag bewilligt er die Eintragung einer Auflassungsvormerkung zugunsten des B, die Vormerkung wird am 15.3.2019 in das Grundbuch eingetragen. Am 6.3.2019 verkauft A dieselbe Wohnung an C, der ihm einen erheblich höheren Kaufpreis als B geboten hat. C wird am 17.7.2019 als Eigentümer in das Grundbuch eingetragen.

Die vormerkungswidrige Übereignung an C ist gem. § 883 II BGB gegenüber B unwirksam. B kann von A die Auflassung erzwingen. Aufgrund des grundbuchrechtlichen Grundsatzes der Voreintragung (§ 39 GBO) bedarf B zu seiner Eintragung der Zustimmung des C. Zur Abgabe der Zustimmungserklärung ist C gem. § 888 I BGB verpflichtet.

bb) Andererseits muss auch der **Schutz des Veräußerers** bedacht werden. Nach dem 15
Gesetz soll die Eintragung in das Grundbuch nur erfolgen, wenn die erforderlichen Bewilligungen durch öffentliche oder öffentlich beglaubigte Urkunden nachgewiesen werden (§ 29 I 1 GBO). Deshalb beurkundet die Praxis zusammen mit dem Verpflichtungsvertrag auch die Auflassung. Legt der Notar sodann dem Grundbuchamt die notariell beurkundeten Auflassungserklärungen vor, erfolgt die Eigentumsumschreibung ohne Rücksicht darauf, ob der Kaufpreis bezahlt ist. Wenn der Veräußerer vor Zahlung des Kaufpreises eine notariell beurkundete Auflassungserklärung abgibt, riskiert er folglich, sein Eigentum zu verlieren, ohne die Gegenleistung zu erhalten.

Gegen dieses Risiko ist der Veräußerer abzusichern. Dazu stehen mehrere Möglichkei- 16
ten zur Verfügung.[14] So könnten sich die Parteien verpflichten, die Auflassung erst nach der Kaufpreiszahlung zu erklären.[15] Die **spätere Auflassung** hätte aber den Nachteil, dass ein weiterer Termin beim Notar erforderlich wäre, der zusätzlichen Zeit- und Kostenaufwand mit sich brächte. Stattdessen könnte zugunsten des Verkäufers eine **Kaufpreishypothek** bestellt werden. Diese Lösung würde jedoch zusätzliche Kosten verursachen, sie bietet sich allenfalls bei einer Stundung des Kaufpreises über einen längeren Zeitraum an.[16] Ferner könnte die Auflassung unter ausdrücklichem Vorbehalt der Eintragungsbewilligung für die Eintragungsumschreibung erklärt werden.[17] Möglich ist auch, dass die Auflassung zwar im Kaufvertrag miterklärt, jedoch so lange vom Notar zurückgehalten wird, bis der Erwerber den Kaufpreis entrichtet hat.[18]

Beispiel: Die Vertragsbeteiligten sind sich über den Eigentumsübergang nach § … des Vertrags einig; der Verkäufer bewilligt und der Käufer beantragt die Eigentumsumschreibung im Grundbuch. Die Erschienenen weisen den Notar unwiderruflich an, die Eigentumsumschreibung erst dann zu beantragen, wenn der Kaufpreis auf dem Konto des Verkäufers eingegangen ist. Bis zu diesem Zeitpunkt verzichten die Beteilig-

[14] Zu den Gestaltungsmöglichkeiten *Krüger/Hertel,* Grundstückskauf, Rn. 786ff.; *Rehbinder,* Vertragsgestaltung, S. 119; *Reithmann/Albrecht/Albrecht,* Vertragsgestaltung, Rn. 501ff., 506ff.; *Langenfeld,* Vertragsgestaltung, Kap. 6 Rn. 16ff.; *Wurm/Wagner/Zartmann/Leitzen/H. Götte,* Rechtsformularbuch, Kap. 43 Rn. 63f.

[15] *Kanzleiter,* DNotZ 1996, 242 (246f.).

[16] *Wurm/Wagner/Zartmann/Leitzen/H. Götte,* Rechtsformularbuch, Kap. 43 Rn. 63.

[17] *Ertl,* MittBayNot 1992, 102 (105f.); *Wurm/Wagner/Zartmann/Leitzen/H. Götte,* Rechtsformularbuch, Kap. 43 Rn. 63.

[18] *Krüger/Hertel,* Grundstückskauf, Rn. 815ff.; kritisch *Kanzleiter,* DNotZ 1996, 242 (250ff.).

ten auf eine Ausfertigung der Auflassung. Alle anderen Ausfertigungen und Abschriften dieses Vertrags sind bis dahin ohne den Text der Auflassung herauszugeben.

Der Käufer wird vor Zwischenverfügungen des Verkäufers durch eine Auflassungsvormerkung geschützt. Um die Interessen des Verkäufers zu wahren, kann vereinbart werden, dass der Notar die Auflassungserklärung der Parteien erst nach Zahlung des Kaufpreises an das Grundbuchamt weiterleitet.

b) Sicherung der kreditgebenden Banken

17 Neben den Interessen der Vertragsparteien sind auch die Interessen in das Geschäft einbezogener Banken zu berücksichtigen. Banken können als Kreditgeber sowohl **auf Seiten des Veräußerers** als auch **auf Seiten des Erwerbers** beteiligt sein. Der **Erwerber** wird häufig ein Darlehen benötigen, um den Kaufpreis für das Grundstück aufzubringen. Für dieses Darlehen verlangen Banken i. d. R. eine Sicherheit in Form einer Grundschuld. Der **Veräußerer** hat möglicherweise seinerseits zum Erwerb des Grundstücks ein Darlehen aufgenommen, das durch eine Grundschuld gesichert ist.

18 **aa)** Vergleichsweise einfach ist die Vertragsgestaltung, wenn nur die Interessen einer **Bank auf einer Seite** zu berücksichtigen sind. Ist das Grundstück unbelastet und benötigt lediglich der Erwerber ein Darlehen zur Kaufpreisfinanzierung, sind neben den Sicherungsinteressen der Parteien nur die Interessen der finanzierenden Bank zu wahren. Verlangt die Bank zur Absicherung des Darlehens eine Grundschuld, wird sie Wert darauf legen, dass der von ihr finanzierte Kaufpreis erst dann ausgezahlt wird, wenn die **Grundschuldbestellung** gesichert ist. Da die Eigentumsumschreibung erst erfolgen soll, wenn der Kaufpreis gezahlt wurde, kann die Grundschuld für die Bank nur durch den Veräußerer als noch dinglich Berechtigtem bestellt werden.[19] Hierzu wird sich der Veräußerer i. d. R. auch bereit erklären, da der Käufer ansonsten den Kaufpreis nicht aufbringen kann.

19 Der Veräußerer wird sein Grundstück allerdings nur dann belasten, wenn das Darlehen auch tatsächlich zur Kaufpreiszahlung verwandt wird. Daher sollte der beurkundende Notar dazu raten, dass der Erwerber die den Kaufpreis finanzierende Bank anweist, die Darlehensvaluta direkt an den Veräußerer zu zahlen. Diese Anweisung sollte bereits im Kaufvertrag bei der Vertragsklausel zur Grundschuldbestellung erfolgen. Eine Abtretung des Darlehensauszahlungsanspruchs an den Veräußerer, wie sie lange Zeit üblich war, sollte nicht vereinbart werden. Zunächst enthalten der Darlehensvertrag oder die AGB der Banken oft ein Abtretungsverbot, sodass die Abtretung gem. § 399 Alt. 2 BGB scheitert. Außerdem hat nach einer Entscheidung des BGH aus dem Jahr 2008 die Bank bei Unwirksamkeit des Darlehensvertrags und vereinbarter Abtretung einen bereicherungsrechtlichen Rückzahlungsanspruch gegen den Veräußerer.[20] Diese Entscheidung ist zwar nicht ohne Kritik geblieben,[21] eine Vertragsgestaltung, die sich am sicheren Weg orientiert, sollte aber auf die Abtretung des Darlehensauszahlungsanspruchs verzichten, denn im Falle der Verpflichtung zur Rückzahlung der Darlehensvaluta läuft der Verkäufer Gefahr, den Kaufpreis letztlich nicht zu erhal-

[19] *Knops,* NJW 2015, 3121 (3123); *Langenfeld,* Vertragsgestaltung, Kap. 6 Rn. 11; *Wurm/Wagner/Zartmann/Leitzen/H. Götte,* Rechtsformularbuch, Kap. 43 Rn. 68 f.

[20] *BGH* vom 27.6.2008 – V ZR 83/07, DNotZ 2008, 923.

[21] *Braun/Daum,* MittBayNot 2010, 275 (279 ff.); *Keim,* DNotZ 2009, 245.

ten, obwohl er bereits das Eigentum an dem Grundstück verloren hat.[22] Ferner ist eine weitere Klausel sinnvoll, um die Regelung zur Grundschuldbestellung abzurunden: Da der Veräußerer sein Grundstück nicht mehr als unbedingt erforderlich belasten wird, sollte die Sicherungsvereinbarung zwischen dem Erwerber und der den Kaufpreis finanzierenden Bank so gestaltet werden, dass das Grundpfandrecht bis zur Eigentumsumschreibung auf den Erwerber lediglich der Sicherung des Kaufpreises dient.[23]

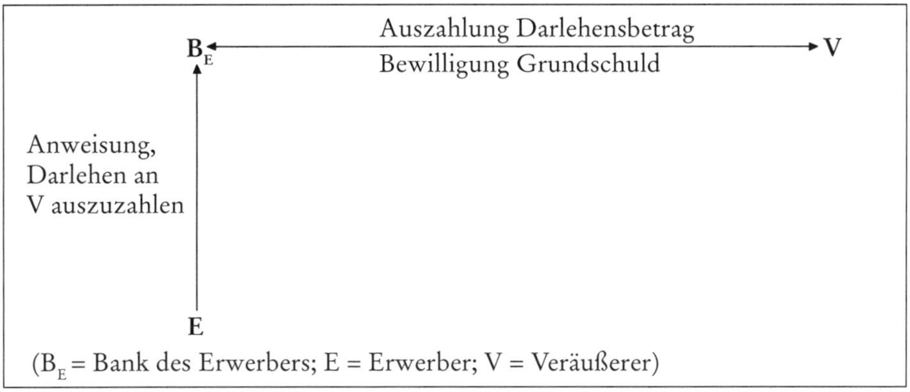

Beispiel: Die Verkäuferin verpflichtet sich, das Grundstück zugunsten von Kreditgebern der Käuferin mit Grundpfandrechten zu belasten, soweit die Darlehen der Kaufpreiszahlung dienen. Die Kreditgeber der Käuferin schränken die Zweckbestimmung der Grundpfandrechte zunächst so ein, dass die Grundpfandrechte bis zur Zahlung des Kaufpreises ausschließlich Darlehen zur Kaufpreisfinanzierung sichern. Die Käuferin weist die den Kaufpreis finanzierende Bank an, die Darlehensvaluta in Höhe des Kaufpreises unmittelbar an die Verkäuferin zu zahlen.

Wenig Aufwand erfordert die Vertragsgestaltung auch, wenn das Grundstück zwar zur 20
Sicherung eines Darlehens des Veräußerers mit einer Grundschuld belastet ist, der Erwerber den Kauf aber nicht finanzieren muss. In diesem Fall ist der Kreditgeber des Veräußerers daran interessiert, aus dem Kaufpreis die Darlehensrestschuld zu erhalten; der Erwerber begehrt die Löschung der Grundschuld. I. d. R. gibt die Bank des Veräußerers die Grundschuld zur **Löschung** frei, wenn sichergestellt ist, dass der Veräußerer aus dem Erlös für das Grundstück den Kredit zurückzahlt.[24] Diese Sicherung der Bank lässt sich durch eine Vertragsklausel erreichen, nach der der zur Darlehensrückzahlung erforderliche Teil des Kaufpreises direkt an die Bank ausgezahlt wird.

[22] Von einer Abtretungslösung raten auch *Braun/Daum,* MittBayNot 2010, 275 (282) und *Keim,* DNotZ 2009, 245 (249ff.) ab.

[23] Sicherungsvereinbarungen werden oft so gefasst, dass nicht nur das dem Sicherungsvertrag zugrundeliegende Darlehen gesichert wird, sondern auch sonstige Ansprüche des Darlehensgebers gegen den Darlehensnehmer (dazu oben § 5 Rn. 37). Bestünde eine solche weite Sicherungsvereinbarung schon vor dem Übergang des Eigentums vom Veräußerer auf den Erwerber, würde der Veräußerer mit seinem Grundstück nicht nur die Kaufpreiszahlung sichern, sondern auch sonstige Verbindlichkeiten des Erwerbers. Für den Verkäufer besteht kein Anlass, einer so weiten Vereinbarung zuzustimmen.

[24] *Knops,* NJW 2015, 3121 (3125); *Langenfeld,* Vertragsgestaltung, Kap. 6 Rn. 9. Siehe auch *Wurm/Wagner/Zartmann/Leitzen/H. Götte,* Rechtsformularbuch, Kap. 43 Rn. 67.

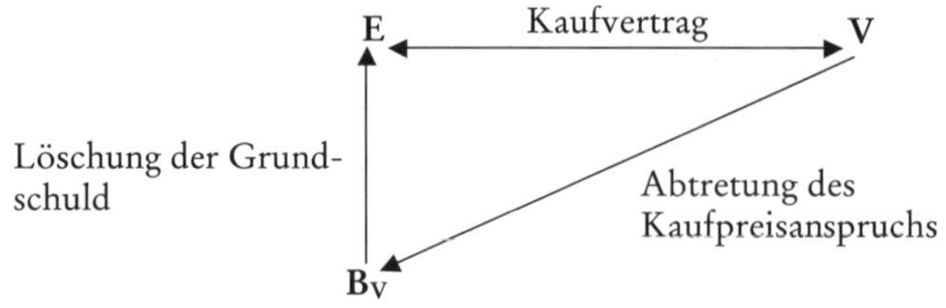

(B_V = Bank des Veräußerers; E = Erwerber; V = Veräußerer)

21 **bb)** Komplexer ist die Vertragsgestaltung, wenn **Banken auf beiden Seiten** (Käufer und Verkäufer) beteiligt sind. In diesem Fall ist ein Treuhandauftrag erforderlich, aufgrund dessen ein Treuhänder die verschiedenen Zahlungen und Sicherungen koordiniert.[25] Der Treuhänder sichert den Verkäufer, indem er die Eigentumsumschreibung erst beantragt, wenn der Kaufpreis gezahlt wurde. Die Sicherungsinteressen des Käufers und seiner Kreditgeber wahrt der Treuhänder wie folgt: Er veranlasst die Kaufpreiszahlung erst, wenn die Auflassungsvormerkung eingetragen ist, die Löschungsbewilligungen für die Grundpfandrechte vorliegen, die der Käufer nicht übernimmt und der Verkäufer die erforderlichen Grundpfandrechte zugunsten der Kreditgeber des Käufers bewilligt hat. Schließlich sorgt der Treuhänder dafür, dass Grundpfandrechte der Kreditgeber des Verkäufers erst gelöscht werden, wenn ihnen die erforderlichen Ablösungsbeträge aus dem Kaufpreis überwiesen worden sind.

4. Belehrung und Beratung

22 Der Vertragsjurist hat die Aufgabe, den Mandanten über die Gestaltungsmöglichkeiten des Vertrags zu belehren und ihn zu beraten. Die **Belehrung** soll dem Mandanten die rechtliche Bedeutung und die Folgen der Erklärung und eventuelle Unsicherheiten aufzeigen.[26] Die **Beratung** richtet sich demgegenüber auf eine ausgewogene, zweckmäßige und möglichst optimale Gestaltung.[27]

a) Pflichten des Notars nach § 17 BeurkG

23 Für die Pflichten des Notars bei Beurkundungen – beispielsweise bei der Beurkundung von Grundstückskaufverträgen – ist § 17 BeurkG einschlägig. Nach § 17 I 1 BeurkG hat der Notar die Aufgaben
- den Willen der Parteien zu ermitteln,
- den Sachverhalt zu klären,
- die Beteiligten über die rechtliche Tragweite des Geschäfts zu belehren und
- ihre Erklärungen klar und unzweideutig wiederzugeben.

[25] *Langenfeld,* JuS 1998, 224 (225); *Wurm/Wagner/Zartmann/Leitzen/H. Götte,* Rechtsformularbuch, Kap. 43 Rn. 71.

[26] *Rehbinder,* Vertragsgestaltung, S. 57; *Reithmann/Albrecht/Reithmann,* Vertragsgestaltung, Rn. 170.

[27] *Rehbinder,* Vertragsgestaltung, S. 54; *Reithmann/Albrecht/Reithmann,* Vertragsgestaltung, Rn. 170 ff.; zum Umfang der notariellen Beratungspflicht bei Grundstücksgeschäften *BGH* vom 15.4.1999 – IX ZR 93/98, NJW 1999, 2188; *BGH* vom 12.2.2004 – III ZR 77/03, RNotZ 2004, 270.

Die Belehrung über die **rechtliche Tragweite des Geschäfts** umfasst die Klärung der Frage, ob das Rechtsgeschäft in der vorgesehenen Gestalt wirksam ist.[28] In diesem Zusammenhang muss der Notar Genehmigungserfordernisse (§ 18 BeurkG) und Fragen der Grunderwerbsteuer (§ 19 BeurkG) erläutern und auf Rechtsakte hinweisen, die über den Vertragsschluss hinaus erforderlich sind (z. B. die Eintragung einer Rechtsänderung in das Grundbuch).[29] Eine Sonderregelung enthält § 20 BeurkG, wonach bei Grundstücksgeschäften, bei denen ein Vorkaufsrecht in Betracht kommt, der Notar einen entsprechenden Hinweis zu geben hat. Gem. § 17 IIa 2 BeurkG soll der Notar bei Verbraucherverträgen (i. S. d. § 310 III BGB) darauf hinwirken, dass der Verbraucher ausreichend Gelegenheit hat, sich mit dem Inhalt der Beurkundung auseinanderzusetzen, und dass er rechtsgeschäftliche Erklärungen persönlich oder durch eine Vertrauensperson abgibt. Die Belehrungspflicht des Notars besteht unabhängig von den Wünschen der Parteien. Die Belehrung ist nur in Ausnahmefällen entbehrlich, z. B. wenn im Einzelfall eine bestimmte Gefahr nicht droht oder alle Beteiligten die rechtliche Tragweite des Rechtsgeschäfts kennen.[30] 24

Beispiel: A und B beauftragen den Notar N, für sie einen Grundstückskaufvertrag zu beurkunden. A ist als Syndikusanwalt einer Bank Experte im Immobiliarsachenrecht, B ist ein in Grundstücksangelegenheiten erfahrener niedergelassener Anwalt. – In diesem Fall ist die Belehrung der Parteien nicht zwingend erforderlich.

b) Allgemeine Betreuungspflicht des Notars

Weitergehende Pflichten hat der Notar, wenn er sich gem. § 24 I BNotO gegenüber den Parteien zur Beratung und Betreuung verpflichtet hat.[31] Aber auch wenn er keine besondere Beratungs- und Betreuungspflicht übernimmt, treffen ihn aus seiner allgemeinen Betreuungspflicht (auch „erweiterte Belehrungspflicht" genannt) Verpflichtungen, die über den Pflichtenkreis des § 17 BeurkG hinausgehen. Diese allgemeine Betreuungspflicht wird aus § 14 BNotO hergeleitet.[32] Danach muss der Notar auf drohende Schäden hinweisen und vor ungünstigen Folgen des Rechtsgeschäfts warnen, wenn besondere Umstände es nahelegen, dass einer Partei Schäden drohen, derer sie sich nicht bewusst ist.[33] Beispielsweise ist bei einem Grundstücksgeschäft der Käufer davor zu warnen, den Kaufpreis an den Verkäufer zu zahlen, bevor die Auflassung in das Grundbuch eingetragen wurde.[34] Der Notar muss auf das Risiko von Zwischenverfügungen hinweisen und dem Käufer Sicherungsmittel vorschlagen. Er kann dem 25

[28] *Lerch,* § 17 BeurkG Rn. 1 f.; *Rehbinder,* Vertragsgestaltung, S. 54, 56; *Reithmann/Albrecht/Reithmann,* Vertragsgestaltung, Rn. 136.

[29] *Lerch,* § 17 BeurkG Rn. 13 ff.; *Reithmann/Albrecht/Reithmann,* Vertragsgestaltung, Rn. 136, 148.

[30] *Armbrüster/Preuß/Renner/Armbrüster,* § 17 BeurkG Rn. 25 ff., *Reithmann/Albrecht/Reithmann,* Vertragsgestaltung, Rn. 157 ff.; a. A. zur erstgenannten Konstellation *Winkler,* § 17 BeurkG, Rn. 1, im Übrigen jedoch zustimmend vgl. § 17 BeurkG Rn. 1, 219. *Grziwotz/Heinemann,* § 17 BeurkG Rn. 2 ff. spricht lediglich von einer geringeren Intensität der Belehrung und nicht von deren Entbehrlichkeit.

[31] *Grein,* RNotZ 2004, 115 (122 ff.); *Rehbinder,* Vertragsgestaltung, S. 59; *Reithmann/Albrecht/Reithmann,* Vertragsgestaltung, Rn. 169 ff.

[32] *Armbrüster/Preuß/Renner/Armbrüster,* BeurkG, § 17 Rn. 7; *Reithmann/Albrecht/Reithmann,* Vertragsgestaltung, Rn. 176.

[33] *Armbrüster/Preuß/Renner/Armbrüster* § 17 BeurkG Rn. 8; *Kilian/Sandkühler/vom Stein/Stuppi/Tykwer,* Praxishandbuch Notarrecht, § 11 Rn. 35; *Kunkel,* Vertragsgestaltung, S. 16; *Lerch,* § 17 BeurkG Rn. 40 ff.; *Rehbinder,* Vertragsgestaltung, S. 59 f.; *Reithmann/Albrecht/Reithmann,* Vertragsgestaltung, Rn. 174; *Winkler,* § 17 BeurkG Rn. 242 ff.

[34] *Arndt,* NJW 1972, 1980 (1980 f.); *Reithmann/Albrecht/Reithmann,* Vertragsgestaltung, Rn. 179.

Käufer z. B. raten, den Kaufpreis bis zum Eigentumsübergang zu hinterlegen oder sich eine Auflassungsvormerkung eintragen zu lassen.[35] Schließlich ist er nach § 15 III 1 GBO verpflichtet, vor Einreichung der zur Eintragung erforderlichen Erklärungen der Parteien zu prüfen, ob diese eintragungsfähig sind oder nicht.[36]

26 Die Warn- und Hinweispflicht des Notars kann mit seiner **Verpflichtung zur Unparteilichkeit** in Konflikt geraten. Oft stehen verschiedene Gestaltungsmöglichkeiten zur Auswahl, die für die Parteien unterschiedlich günstig und risikoreich sind. Wenn der Notar in solchen Fällen zu einer bestimmten Vertragsgestaltung rät, fühlt die Partei, für die eine andere Lösung vorteilhafter gewesen wäre, sich möglicherweise schlecht beraten. Daher wird in der Literatur vorgeschlagen, den Notar zur umfassenden Belehrung zu verpflichten, ohne dass es aber seine Pflicht sein soll, der gefährdeten Partei vom Vertragsschluss abzuraten. Aufgabe des Notars ist es gerade nicht, die Rechte und Interessen eines Mandanten zu vertreten, sondern darauf hinzuwirken, dass ein angemessener Interessenausgleich zwischen den gegenläufigen Interessen der Beteiligten stattfindet.[37] Die Grenze zwischen zulässiger Belehrung und einem Verstoß gegen die Pflicht zur Unparteilichkeit lässt sich jedoch nur aufgrund der Umstände des Einzelfalls bestimmen.[38]

Bei Beurkundungen trifft den Notar eine Belehrungspflicht gem. § 17 I BeurkG. Aus § 24 I BNotO können sich bei einer entsprechenden Abrede mit den Parteien Beratungs- und Betreuungspflichten ergeben. Eine allgemeine Betreuungspflicht ergibt sich aus § 14 BNotO.

5. Verbot der Mitwirkung (§ 3 BeurkG)

27 In § 3 BeurkG sind Fallgruppen aufgeführt, in denen ein Notar eine Beurkundung nicht vornehmen soll. Sie betreffen Fälle, in denen der Notar aufgrund **eigener Interessen** möglicherweise an einer unparteiischen Tätigkeit gehindert ist.[39] Beispielsweise soll der Notar gem. § 3 I 1 Nr. 7 BeurkG an einer Beurkundung nicht mitwirken, wenn er außerhalb seiner Amtstätigkeit bereits in derselben Angelegenheit tätig war oder ist. Dasselbe gilt, wenn eine Person, mit der sich der Notar zur gemeinsamen Berufsausübung verbunden hat oder mit der er gemeinsame Geschäftsräume hat, außerhalb ihrer (Notariats-) Amtstätigkeit in derselben Angelegenheit bereits tätig war oder ist (§ 3 I 1 Nr. 7 i. V. m. Nr. 4 BeurkG). Eine Ausnahme ist für den Fall vorgesehen, dass die Tätigkeit im Auftrag aller an der Beurkundung beteiligten Parteien erfolgte (§ 3 I 1 Nr. 7 BeurkG a. E.).

28 Nach § 3 I 2 BeurkG muss der Notar die Parteien vor der Beurkundung nach einer solchen **Vorbefassung** i. S. d. § 3 I 1 Nr. 7 BeurkG befragen und die Antwort in die Urkunde aufnehmen. So soll vermieden werden, dass zunächst ein Rechtsanwalt eine der Parteien berät und dann anschließend ein Notar aus derselben Sozietät den Vertrag

[35] Zur Sicherung des Käufers durch eine Auflassungsvormerkung siehe oben Rn. 14.

[36] Ausführlich zum Umfang der Überprüfungspflicht *Zimmer,* NJW 2017, 1909.

[37] *Schippel/Bracker/Kanzleiter,* 9. Aufl. 2011, § 14 BNotO Rn. 25.

[38] *Haug/Zimmermann,* Die Amtshaftung des Notars, 4. Aufl. 2018, Rn. 577.

[39] *Kilian/Sandkühler/vom Stein/Elsing,* Praxishandbuch Notarrecht, § 12 Rn. 2; *Winkler,* § 3 BeurkG Rn. 4f.

beurkundet.[40] Ein solches Vorgehen würde zwar nicht zur Unwirksamkeit der Beurkundung führen, da es sich, anders als bei den §§ 6, 7 BeurkG, nicht um ein absolutes Beurkundungsverbot handelt, aber zumindest disziplinarische Konsequenzen für den Notar nach sich ziehen.[41] Bei einer vorherigen anwaltlichen Beratung wird der Vertrag daher üblicherweise zur Beurkundung an einen Notar außerhalb der Sozietät gegeben.

II. Beispiel: Erwerb eines Villengrundstücks

Frau Gesine Ehrlicher (E) möchte in Neustadt zu Wohnzwecken ein Villengrundstück 29
erwerben. Nach längerer Suche findet sie in der Villa des Carlo Valentino (V) ein geeignetes Objekt. E und V einigen sich unter Berücksichtigung erforderlicher Renovierungsarbeiten über den Kaufpreis und beauftragen den Notar Norbert Northeim (N) mit dem Entwurf eines Kaufvertrags.

1. Informationsgewinnung

N weiß bisher nur, dass V ein mit einer Villa bebautes Grundstück an E veräußern 30
möchte. Damit sind ihm die Vertragsparteien und die Natur des Kaufgegenstands bekannt. N benötigt aber noch Informationen über den Kaufpreis und zusätzliche Auskünfte über den Kaufgegenstand. Weiterer Informationsbedarf ergibt sich für den Fall einer Belastung des Grundstücks sowie hinsichtlich der Finanzierungspläne der E und des Übergabetermins.

a) Kaufgegenstand und Kaufpreis

In die Vertragsurkunde muss der Kaufpreis des Grundstücks aufgenommen werden. 31
Ferner muss N für die Vertragsgestaltung die grundbuchmäßige Bezeichnung des Grundstücks kennen.

1. Nachfrage: Wie lautet die grundbuchmäßige Bezeichnung des Grundstücks? Wie hoch soll der Kaufpreis sein?

Informationsmittel: Nachfrage bei den Parteien.

Ergebnis der 1. Nachfrage (unterstellt): V erklärt, dass das Grundstück in Bd. 1 des Grundbuchs des Amtsgerichts Neustadt, Blatt 515, Flur 1, Flst. Nr. 613 verzeichnet ist und legt einen sechs Jahre alten Grundbuchauszug vor. E und V geben den Kaufpreis übereinstimmend mit 1 080 000 € an.

b) Rechtliche Verhältnisse des Grundstücks

Da gem. § 39 GBO das Eigentum an dem Grundstück nur auf den Erwerber um- 32
geschrieben wird, wenn der **Veräußerer voreingetragen** ist, muss N klären, ob V im Grundbuch als Eigentümer des Grundstücks eingetragen ist. Er muss außerdem fest-

[40] Die Vorschrift betrifft vor allem Anwaltsnotare. In Regionen, in denen es das Nurnotariat gibt, der Notar also nicht auch Rechtsanwalt ist, hat § 3 I 1 Nr. 7 BeurkG kaum praktische Relevanz, da Nurnotare nach § 9 I 1 BNotO keine Sozietät mit Anwälten eingehen dürfen. Nurnotare gibt es in Hamburg, Mecklenburg-Vorpommern, Brandenburg, Sachsen-Anhalt, Rheinland-Pfalz, dem Saarland, Sachsen, Thüringen und Bayern sowie in einigen Regionen von Baden-Württemberg und Nordrhein-Westfalen.

[41] *Armbrüster/Preuß/Renner/Armbrüster,* § 3 BeurkG Rn. 2f. Ob der Notar bei einem Verstoß seinen Gebührenanspruch verliert wird unterschiedlich betrachtet, *Grziwotz/Heinemann,* § 3 BeurkG Rn. 73 m. w. N.

stellen, ob und gegebenenfalls wie das **Grundstück belastet** ist. Schließlich ist es von Bedeutung, ob das **Grundstück vermietet** oder verpachtet ist, da gem. § 566 BGB der Erwerber in bestehende Miet- oder Pachtverhältnisse eintritt.

2. Nachfrage: Ist V im Grundbuch als Eigentümer eingetragen? Bestehen Verfügungsbeschränkungen? Ist das Grundstück belastet? Ist das Grundstück vermietet oder verpachtet?

Informationsmittel: Nachfrage bei V; Einsicht in das Grundbuch.

Ergebnis der 2. Nachfrage (unterstellt): V erklärt, dass er als Eigentümer im Grundbuch eingetragen ist und keine Verfügungsbeschränkungen bestehen. Allerdings habe er zum Erwerb des Grundstücks ein Darlehen in Höhe von 400 000 € bei der A-Bank aufgenommen, zu deren Gunsten er eine Grundschuld bestellt habe. Das Darlehen sei inzwischen vollständig abgelöst, sodass die Grundschuld jederzeit gelöscht werden könne. Das Grundstück sei weder vermietet noch verpachtet.

Aus einem beglaubigten Grundbuchauszug des Amtsgerichts Neustadt (Blatt Nr. 515) geht hervor, dass V als Eigentümer des Grundstücks im Grundbuch eingetragen ist. Weiterhin ist in Abt. III lfd. Nr. 1 eine Briefgrundschuld in Höhe von 400 000 € zugunsten der A-Bank eingetragen. Weitergehende Belastungen oder Verfügungsbeschränkungen bestehen nicht. Die A-Bank bestätigt auf Nachfrage des N, dass die Grundschuld nicht mehr valutiert ist. Die A-Bank wird der Löschung der Grundschuld zustimmen.

c) Bedarf an Belastungen

33 Ferner muss N klären, ob E den Erwerb des Grundstücks finanzieren und ob sie gegebenenfalls für eines oder mehrere Darlehen Sicherheiten bieten muss. Dabei wird N auch auf die Möglichkeit hinweisen, die bereits zugunsten der A-Bank eingetragene Grundschuld zu Finanzierungszwecken zu nutzen.

3. Nachfrage: Wie bringt E den Kaufpreis auf?

Informationsmittel: Nachfrage bei E.

Ergebnis der 3. Nachfrage (unterstellt): E erklärt, dass sie den Kaufpreis teilweise finanzieren müsse. Sie werde bei der B-Bank ein Darlehen in Höhe von 500 000 € aufnehmen. Zur Sicherung des Darlehens verlange die B-Bank eine Grundschuld in gleicher Höhe.

d) Zeitpunkt der Übergabe

34 Schließlich ist noch zu klären, wann das Grundstück an E übergeben werden soll.

4. Nachfrage: Wann soll das Grundstück an E übergeben werden?

Informationsmittel: Nachfrage bei den Parteien.

Ergebnis der 4. Nachfrage (unterstellt): Das Grundstück soll am 1.8.2019 im geräumten Zustand übergeben werden.

2. Vertragserstellung

35 Die Struktur des Grundstückskaufvertrags könnte etwa wie folgt aussehen:[42]

Urkundeneingang, Parteien
§ 1 Kaufobjekt/Belastungen/Verkauf
§ 2 Kaufpreis/Kaufpreisfälligkeit

[42] Ein ähnlicher Aufbau findet sich in verschiedenen Formularbüchern, z. B. Beck'sches Formularbuch/*Gebele,* Muster III. B. 1.ff.; *Wurm/Wagner/Zartmann/Leitzen/H. Götte,* Rechtsformularbuch, Muster 43.1, 43.2. Siehe auch *Langenfeld,* JuS 1998, 224 (225).

§ 3 Besitzübergang/Gewährleistung
§ 4 Grundschuldbestellung zugunsten der finanzierenden Bank
§ 5 Auflassungsvormerkung
§ 6 Auflassung
§ 7 Genehmigungen/Vorkaufsrechte
§ 8 Auftrag an den Notar, Vollzugsvollmachten
§ 9 Kosten/Steuern
§ 10 Schriftform, Teilunwirksamkeit
§ 11 Hinweise

Im Folgenden werden die Punkte aus der vorläufigen Vertragsgliederung besprochen, bei denen Gestaltungsbedarf besteht.

a) Kaufpreisfälligkeit

aa) Im Vertrag muss festgehalten werden, wann der Kaufpreis zu zahlen ist. Da das Grundstück am 1.8.2019 übergeben werden soll, ist zu diesem Termin auch der Kaufpreis fällig zu stellen. Sollte E nicht in der Lage sein, den Kaufpreis bis dahin aufzubringen, muss der **Übergabetermin** verschoben werden. 36

5. Nachfrage: Kann der Fälligkeitstermin für die Kaufpreiszahlung auf den 1.8.2019 festgelegt werden?

Informationsmittel: Nachfrage bei E.

Ergebnis der 5. Nachfrage (unterstellt): E ist mit diesem Fälligkeitstermin einverstanden; sie kann voraussichtlich bis dahin das Darlehen von der B-Bank erhalten.

bb) Bei einem Kaufpreis der hier vorgesehenen Größenordnung können dem Verkäufer erhebliche finanzielle Nachteile entstehen, wenn der Käufer den Kaufpreis nicht rechtzeitig zahlt: Bei einer Schuld von 1 080 000 € entspricht ein Prozentpunkt pro Jahr 10 800 €; das sind pro Monat (je Prozentpunkt Verzinsung pro Jahr) 900 €. Gem. § 288 BGB kann V bei Verzug der E **Verzugszinsen** verlangen. Der Verzugszinssatz liegt gem. § 288 I 2 BGB 5 % über dem Basiszinssatz.[43] § 288 II BGB ist nicht einschlägig. E kauft das Villengrundstück zu Wohnzwecken, ist bei diesem Rechtsgeschäft also Verbraucherin i. S. d. § 13 BGB. Eine Mahnung wäre für den Eintritt des Verzugs im vorliegenden Fall entbehrlich, da die Zeit für die Leistung kalendermäßig bestimmt ist (§ 286 II Nr. 1 BGB). Einziges Erfordernis für einen Verzug der E wäre daher neben der Fälligkeit des Kaufpreises das Verschulden der Nichtleistung (§ 286 IV BGB). 37

cc) Üblicherweise wird in den Kaufvertrag eine Erklärung des Käufers aufgenommen, wonach sich der Käufer hinsichtlich der Kaufpreiszahlung der **sofortigen Zwangsvollstreckung** unterwirft.[44] Durch eine solche Vollstreckungsunterwerfung erhält der Verkäufer gem. § 794 I Nr. 5 ZPO einen Vollstreckungstitel, der Verkäufer braucht gegen den Käufer kein Urteil zu erwirken: Der notariell beurkundete Kaufvertrag wird durch die Unterwerfungsklausel zum Vollstreckungstitel, mit dem der Verkäufer die Zwangsvollstreckung betreiben kann. 38

---

[43] Der Basiszinssatz liegt im Zeitpunkt der Drucklegung bei -0,88 %.

[44] *Reithmann/Albrecht/Albrecht,* Vertragsgestaltung, Rn. 461. Beispiel bei Beck'sches Formularbuch/*Dieckmann,* Muster IV. A. 26. Klausel II und Anm. 8. Zum maßgebenden Zeitpunkt *BGH* vom 26.11.1999 – V ZR 251/98, NJW 2000, 951.

b) Gefahrtragung, Gewährleistungsausschluss

39 **aa)** Nach Angabe der Parteien soll die Übergabe des Grundstücks im geräumten Zustand am 1.8.2019 stattfinden. Die Parteien sind vom Notar darauf hinzuweisen, dass gem. § 446 BGB ab diesem Zeitpunkt der Käufer die **Lasten** sowie die **Gefahr der zufälligen Verschlechterung oder des zufälligen Untergangs** der Immobilie trägt. Lasten des Grundstücks sind beispielsweise Erschließungsbeiträge, Grundschuldzinsen und die Grundsteuer. Verschlechtern kann sich ein Grundstück u. a. durch eine Baulast, untergehen können Grundstücke bei entsprechender Lage z. B. durch Bergrutsch oder Abspülung.

40 **bb)** Weiterhin ist zu klären, wie die Haftung des Verkäufers für etwaige **Rechts- oder Sachmängel** ausgestaltet sein soll. N wird die gesetzlichen Gewährleistungsregeln daraufhin untersuchen, ob sie für den vorliegenden Vertrag angemessen sind. Gem. § 433 I 2 BGB ist es eine Hauptpflicht des Verkäufers, dem Käufer den Kaufgegenstand frei von Rechten Dritter zu verschaffen. **Rechte Dritter** können sowohl dingliche Rechte (z. B. Grundpfandrechte, Grunddienstbarkeiten) als auch obligatorische Rechte sein (z. B. bestehende Mietverträge), sofern durch sie dem Käufer der Besitz entzogen werden kann. Ein **Gewährleistungsausschluss** in Bezug auf Rechtsmängel ist unüblich.[45] Kann der Verkäufer eine Belastung nicht beseitigen, sollte er seine Haftung für diesen Rechtsmangel dadurch ausschließen, dass er den Käufer auf die Belastung hinweist, denn nach § 442 I 1 BGB haftet der Verkäufer nicht für Rechtsmängel, die der Käufer bei Vertragsschluss kennt. Von der Haftung für Grundpfandrechte kann sich der Verkäufer aber auf diesem Weg nicht befreien (§ 442 II BGB): Wenn bestehende Grundpfandrechte nicht abgelöst werden sollen, müssen die Parteien eine Übernahmevereinbarung treffen. Da die Grundschuld, die zugunsten der A-Bank eingetragen wurde, nicht übernommen werden soll, muss V für die Löschung der Grundschuld sorgen.

41 **cc)** Gem. § 433 I 2 BGB hat der Verkäufer dem Käufer die Sache frei von **Sachmängeln** zu verschaffen. Nach dem Einleitungssatz des § 434 I BGB kommt es für die Sachmängelfreiheit in erster Linie auf die vereinbarte Beschaffenheit der Sache an.[46] Fehlt es an einer Vereinbarung, so ist die Eignung für die vertraglich vorausgesetzte oder die gewöhnliche Verwendung maßgeblich (§ 434 I Nr. 1, 2 BGB). V würde danach beispielsweise für eine ungeeignete Bodenbeschaffenheit des Grundstücks einstehen müssen.[47]

42 Beim Kauf von bebauten Grundstücken hat sich in der Vertragspraxis abweichend von der gesetzlichen Regelung ein **Gewährleistungsausschluss** durchgesetzt.[48] Solche Ge-

[45] *Rehbinder,* Vertragsgestaltung, S. 121.

[46] Eine Beschaffenheitsvereinbarung liegt nach *BGH* vom 6.11.2015 – V ZR 78/14, NJW 2016, 1815 nicht bereits dann vor, wenn der Verkäufer dem Käufer Eigenschaften des (bebauten) Grundstücks beschreibt, dies allerdings in dem notariellen Vertrag keinen Niederschlag gefunden hat. Dazu *Cziupka/Hübner,* DNotZ 2016, 323.

[47] Zu möglichen Sachmängeln *Wurm/Wagner/Zartmann/Leitzen/H. Götte,* Rechtsformularbuch, Kap. 43 Rn. 54f. Zum Umgang mit Altlasten oder Verdacht auf Altlasten *Mohr,* BWNotZ 2009, 113; *Oyda,* RNotZ 2008, 245.

[48] Beck'sches Formularbuch/*Gebele,* Muster III. B. 1. Anm. 25; *Langenfeld,* Vertragsgestaltung, Kap. 6 Rn. 14f.; *ders.,* JuS 1998, 224 (226); *Reithmann/Albrecht/Albrecht,* Vertragsgestaltung, Rn. 531; *Wurm/Wagner/Zartmann/Leitzen/H. Götte,* Rechtsformularbuch, Muster 43.1 § 3 mit Fn. 15.

währleistungsausschlüsse sind weitgehend zulässig: Nach § 444 BGB kann der Veräußerer die Haftung lediglich für solche Mängel nicht ausschließen, die er arglistig verschweigt oder die eine garantierte Eigenschaft betreffen. Ferner sind die §§ 138, 242 BGB beim Kauf eines Neubaus zu berücksichtigen. So hat der BGH entschieden, dass eine formelhafte Freizeichnung in einem notariellen Kaufvertrag über den Erwerb neu errichteter Häuser nach § 242 BGB unwirksam ist, wenn der Käufer nicht eingehend vom Notar auf die rechtliche Tragweite eines Gewährleistungsausschlusses aufmerksam gemacht wurde.[49]

Bei **formularmäßig verwendeten Verträgen** sind zwar grundsätzlich die Klauselverbote der §§ 307 ff. BGB zu beachten. Aber nach herrschender Ansicht sind die Vertragsbedingungen nicht i. S. d. § 305 I 1 BGB von einer Partei gestellt, wenn der Notar einen Kaufvertrag vorschlägt, ohne dass der Vertrag auf die Interessen einer Partei abgestimmt ist.[50] Eine Ausnahme besteht, wenn die Fiktion des § 310 III Nr. 1 BGB eingreift. Da die Vorschrift jedoch nur auf Verträge zwischen Unternehmern und Verbrauchern Anwendung findet und V hier nicht als Unternehmer handelt, spielt sie im vorliegenden Fall keine Rolle. 43

dd) Die Haftung des Verkäufers für **Verschlechterungen** des Grundstücks in der Zeit zwischen dem Vertragsschluss und dem Gefahrübergang wird üblicherweise beibehalten. Ferner ist es nicht sachgerecht, den Veräußerer von der Haftung für Mängel freizustellen, die in seine Sphäre fallen und von ihm beeinflusst werden können. Daher wird N den V vertraglich zusichern lassen, dass keine Rückstände an privaten und öffentlichen Lasten und Abgaben bestehen, alle Baulichkeiten genehmigt wurden und bisher angeforderte Erschließungsbeiträge und Anliegerkosten beglichen sind.[51] 44

c) Sicherungsinteressen

aa) Im vorliegenden Fall soll zugunsten der B-Bank eine Grundschuld in das Grundbuch eingetragen werden. Neben den Sicherungsinteressen des V und der E sind also auch die Sicherungsinteressen der B-Bank zu berücksichtigen. Sicherungsinteressen der A-Bank bestehen dagegen nicht, da die zu ihren Gunsten eingetragene Grundschuld nicht mehr valutiert ist. Die **Vertragsparteien** können gesichert werden, indem einerseits V zugunsten der E eine Auflassungsvormerkung bewilligt und andererseits der Notar die zugleich mit dem Kaufvertrag beurkundete Auflassungserklärung so lange zurückhält, bis der Kaufpreis gezahlt ist.[52] Außerdem hat V vor Zahlung des Kaufpreises die Löschungsbewilligung der A-Bank beizubringen, da E nicht zur Zahlung bereit sein wird, wenn die Lastenfreiheit des Grundstücks nicht gewährleistet ist. 45

bb) Die Sicherungsinteressen der Parteien müssen jedoch mit den Sicherungsinteressen der **B-Bank** in Einklang gebracht werden. Die B-Bank wird Wert darauf legen, dass zu ihren Gunsten eine (erstrangige) Grundschuld in das Grundbuch eingetragen 46

[49] *BGH* vom 17.9.1987 – VII ZR 153/86, BGHZ 101, 350 (353 ff.); *BGH* vom 8.3.2007 – VII ZR 130/05, DNotZ 2007, 822; kritisch zu dieser Rechtsprechung *Brambring,* DNotZ Sonderheft 2012, 53 (57). Siehe auch *Reithmann/Albrecht/Albrecht,* Vertragsgestaltung, Rn. 536.

[50] MünchKomm-BGB/*Basedow,* § 305 BGB Rn. 22; zur Abgrenzung zwischen Individual- und Formularvertrag bei notariell vorgeschlagenen Verträgen siehe *Leitzen,* NotBZ 2009, 212 ff.

[51] MünchVertragshandbuch-BGB/*Otto,* I. 2., § 9 mit Anm. 29 c).

[52] Dazu ausführlich oben Rn. 13–16.

wird, bevor sie den Darlehensbetrag auszahlt.[53] Dann wird andererseits V verlangen, dass die B-Bank ihm den Betrag direkt auszahlt.[54]

47 Einen Überblick über die Sicherungsinteressen im vorliegenden Fall gibt die folgende Übersicht:

Sicherungsinteressen		
Person	**Interesse**	**Sicherung**
Käufer	keine Zwischenverfügungen	Auflassungsvormerkung
	Löschung der Grundschuld für die Bank des Verkäufers	Freistellungserklärung der Bank des Verkäufers
Bank des Käufers	Grundschuld für Darlehen	Verkäufer bewilligt Grundschuld
Verkäufer	Grundschuldbewilligung nur gegen Sicherheit	Anweisung an Bank: Darlehensbetrag direkt an Verkäufer zahlen
	kein Eigentumsübergang ohne Kaufpreiszahlung	Auflassung wird vom Notar zurückgehalten

48 **cc)** N wird den Vertragsparteien daher folgende Vertragsgestaltung vorschlagen: V bewilligt schon im Kaufvertrag die Grundschuldbestellung zugunsten der B-Bank. E erteilt der B-Bank die Weisung, die Darlehensvaluta direkt an V zu zahlen, und die Eintragung der E als Eigentümerin wird beim Grundbuchamt erst beantragt, wenn V den Kaufpreis erhalten hat. Die Kaufpreiszahlung wird erst veranlasst, wenn der lastenfreie Eigentumsübergang und die erstrangige Eintragung der Grundpfandrechte der B-Bank sichergestellt sind, die bewilligte Auflassungsvormerkung im Grundbuch ohne Vorrang anderer Rechte eingetragen ist und die Negativbescheinigung[55] der Stadt Neustadt vorliegt.

d) Behördliche Genehmigungen, Vorkaufsrecht

49 In bestimmten Fällen bedarf ein Grundstückskaufvertrag der **behördlichen Genehmigung,** z. B. bei landwirtschaftlichen Grundstücken gem. § 2 I Grundstücksverkehrsgesetz. Im vorliegenden Fall sind jedoch keine Genehmigungserfordernisse ersichtlich. Daneben können aufgrund baurechtlicher Vorschriften gesetzliche **Veräußerungsbeschränkungen** vorliegen. So kann z. B. der Stadt Neustadt ein **Vorkaufsrecht** nach den §§ 24ff. BauGB zustehen.[56] Der Notar muss daher die Parteien über die Möglichkeit eines Vorkaufsrechts belehren und sicherstellen, dass die zur Eigentumsumschreibung im Grundbuch erforderliche Negativbescheinigung der Stadt vorliegt,[57] wobei er in aller Regel selbst die erforderliche Bescheinigung einholt.[58] Um später gegebenenfalls beweisen zu können, dass er die Parteien über das Vorkaufsrecht belehrt hat, ist vom Notar ein entsprechender Vermerk im Kaufvertrag aufzunehmen.

[53] Siehe zu der vorübergehenden Beschränkung des Sicherungszwecks oben Rn. 19.
[54] Siehe zur Sicherung des Kreditgebers des Käufers oben Rn. 18.
[55] Dazu sogleich Rn. 49.
[56] Vgl. zu weiteren gesetzlichen Vorkaufsrechten *Faßbender/Grauel,* Notariatskunde, § 4 Rn. 124ff.
[57] Siehe zur Negativbescheinigung *Greim,* RNotZ 2004, 115 (128ff.); *Rehbinder,* Vertragsgestaltung, S. 119; *Reithmann/Albrecht/Albrecht,* Vertragsgestaltung, Rn. 653.
[58] *Langenfeld,* JuS 1998, 224 (225).

Der Notar holt ferner die Unbedenklichkeitsbescheinigung des Finanzamts für die Grunderwerbsteuer ein, die Voraussetzung für die Grundbucheintragung des Erwerbers ist. Durch die Unbedenklichkeitsbescheinigung erklärt das zuständige Finanzamt, dass der Eintragung des Erwerbers keine steuerlichen Bedenken entgegenstehen (§ 22 I 1 GrEStG). Das Finanzamt hat die Bescheinigung zu erteilen, wenn die Grunderwerbsteuer entrichtet, sichergestellt oder gestundet worden ist oder wenn Steuerfreiheit gegeben ist (§ 22 II 1 GrEStG). 50

e) Vollzugsvollmachten

Sinnvoll ist eine Regelung, wonach der Notar von ihm selbst beurkundete Erklärungen nachträglich berichtigen oder ergänzen und damit Fehler korrigieren kann, ohne dass die Vertragsparteien erneut bei ihm erscheinen müssen. Außerdem sind häufig weitere Erklärungen gegenüber dem Grundbuchamt abzugeben. Daher wird in der Praxis in Grundstückskaufverträgen eine **Vollmachtserteilung** der Vertragsparteien an die Angestellten des Notars aufgenommen.[59] Zum Schutz der Vertragspartner sollte die Vollmacht inhaltlich auf die Vertragsdurchführung beschränkt und zeitlich bis zur Eigentumsumschreibung im Grundbuch befristet werden. 51

f) Kosten und Steuern

Nach § 448 II BGB hat der Käufer eines Grundstücks die Kosten der Beurkundung des Kaufvertrags und der Auflassung, der Eintragung ins Grundbuch und der zu der Eintragung ins Grundbuch erforderlichen Erklärungen zu tragen. Die Löschungskosten nicht übernommener Belastungen sind dagegen vom Verkäufer zu zahlen, weil diese einer rechtsmangelfreien Leistung entgegenstehen (§§ 433 I 2, 435 BGB). Bei diesen Regelungen handelt es sich um dispositives Recht, sodass eine abweichende Kostentragung vereinbart werden kann. Der Käufer übernimmt daher im Innenverhältnis häufig auch die **Grunderwerbsteuer,** für die die Vertragsteile gem. § 13 Nr. 1 GrEStG gesamtschuldnerisch haften. Die Grunderwerbsteuer fällt nach § 1 I Nr. 1 GrEStG beim Abschluss eines Kaufvertrags über inländischen Grundbesitz an und bemisst sich gem. den §§ 8, 9 GrEStG nach dem Wert der Gegenleistung, also i. d. R. nach der Höhe des Kaufpreises.[60] Nach Art. 105 II a 2 GG können die Bundesländer die Höhe des Steuersatzes abweichend von § 11 I GrEStG regeln. Von dieser Befugnis hat die Mehrzahl Gebrauch gemacht, sodass der Steuersatz zurzeit je nach Bundesland zwischen 3,5 % – das entspricht der Regelung des § 11 I GrEStG – und 6,5 % beträgt. Die Erschließungskosten i. S. d. BauGB und die landesrechtlichen Kommunalabgaben hat nach § 446 I 2 BGB der Käufer – mangels abweichender vertraglicher Vereinbarung – grundsätzlich erst ab Übergabe des Grundstücks zu tragen. Im vorliegenden Fall besteht kein Anlass, von dieser gesetzlichen Regelung abzuweichen. 52

g) Weitere Klauseln

Für Vertragsänderungen nach der Auflassung sollte N eine **Schriftformklausel** vorsehen.[61] Schließlich sollte N eine **salvatorische Klausel** in den Kaufvertrag aufneh- 53

[59] *Langenfeld,* Vertragsgestaltung, Kap. 6 Rn. 18; *ders.,* JuS 1998, 224 (226). Siehe auch Beck'sches Formularbuch/*Gebele,* Muster III. B. 1. Klausel III. § 1.

[60] BeckOGK/*Mock,* § 448 BGB Rn. 41 (Stand: 1. 11. 2018) spricht von einer Kostentragungspflicht analog § 448 II; der *BGH* vom 11. 6. 2010 – V ZR 85/09, NJW 2010, 2873 (2875) u. *Palandt/Weidenkaff,* BGB § 448 Rn. 7 hingegen von einer direkten Kostentragungspflicht.

[61] Zur Begründung siehe oben Rn. 11.

men. Sie bewirkt, dass der Vertrag bei Nichtigkeit einer Klausel abweichend von § 139 BGB im Übrigen wirksam bleibt.

3. Vertragsentwurf

54 Nummer … der Urkundenrolle für 2019
Verhandelt
zu Neustadt am 18.6.2019
Vor dem unterzeichnenden Notar
Dr. Norbert Northeim
mit dem Amtssitz in Neustadt
erschienen heute:

1. Herr Carlo Valentino, geb. 23.8.1947, Marienstr. 8, 12345 Neustadt, ausgewiesen durch Personalausweis Nr …,

   – nachstehend Verkäufer genannt –
2. Frau Gesine Ehrlicher, geb. 12.6.1962, Parkstr. 16, 12347 Neustadt, ausgewiesen durch Personalausweis Nr …

   – nachstehend Käuferin genannt –

Der Notar fragte die Erschienenen nach einer Vorbefassung i. S. v. § 3 I Nr. 7 BeurkG, d. h. ob er oder eine Person, mit der er sich zur gemeinsamen Berufsausübung verbunden oder mit der er gemeinsame Geschäftsräume hat, außerhalb seiner oder ihrer Amtstätigkeit in dieser Angelegenheit bereits vorher tätig war oder ist. Die Erschienenen erklärten, dass eine Vorbefassung nicht vorliegt.
Die Erschienenen erklären zu öffentlicher Urkunde folgenden

Grundstückskaufvertrag

§ 1 Kaufobjekt, Belastungen, Verkauf

(1) Der Verkäufer ist im Grundbuch des Amtsgerichts Neustadt, Blatt 515 als Eigentümer folgenden Grundstücks eingetragen:
Flur 1, Flst. Nr. 613, Gebäude und Freifläche mit 1 640 qm, Marienstr. 8 – nachstehend Grundstück genannt –

(2) Das Grundstück ist nach dem Grundbuch wie folgt belastet:
III. Abt. lfd. Nr. 1: 400 000 € Briefgrundschuld zugunsten der A-Bank
Weitere Einträge sind in Abt. II und III des Grundbuchs nicht enthalten.
Diese Belastung ist vom Verkäufer auf seine Kosten zur Löschung zu bringen. Die Beteiligten stimmen der Löschung zu, der Verkäufer beantragt den Vollzug.
Die Gläubigererklärung wird vom beurkundenden Notar treuhänderisch beschafft und nachgereicht. Der Notar hat sich über den Grundbuchinhalt durch Grundbucheinsicht vom heutigen Tag unterrichtet.

(3) Der Verkäufer verkauft an die Käuferin das vorbezeichnete Kaufobjekt einschließlich der gesetzlichen Bestandteile und der in seinem Eigentum stehenden Zubehörstücke.

§ 2 Kaufpreis, Kaufpreisfälligkeit

(1) Der Kaufpreis beträgt 1 080 000 € (in Worten: eine Million achtzigtausend Euro).

(2) Der Kaufpreis ist zum 1.8.2019 fällig, frühestens jedoch innerhalb von fünf Werktagen nach Zugang der schriftlichen Mitteilung des beurkundenden Notars an die Käuferin, dass folgende Voraussetzungen erfüllt sind:

a) Eintragung der in § 5 dieses Vertrags bewilligten Auflassungsvormerkung im Grundbuch vor allen anderen Rechten der Abteilung II und III, ausgenommen mit Zustimmung der Käuferin gleich- oder vorrangige Rechte und Lasten.
b) Vorlage der Genehmigung bzw. Negativbescheinigung der Stadt Neustadt bezüglich der Bestimmungen des BauGB
c) Vorlage der Löschungsbewilligung der A-Bank hinsichtlich der in Abteilung III lfd. Nr. 1 eingetragenen Grundschuld beim beurkundenden Notar. Der Notar wird beauftragt, diese Löschungsbewilligung unverzüglich beim Grundbuchamt einzureichen und die Löschung des Rechts zu beantragen.

(3) Der Kaufpreis ist auf das Konto des Verkäufers bei der B-Bank, IBAN: DE31 1234 5678 0002 3456 78, BIC: BBNKDE9KXXX zu zahlen.
(4) Kommt die Käuferin mit der Zahlung in Verzug, so hat sie Zinsen in Höhe von 5% jährlich über dem jeweiligen Basiszinssatz zu entrichten. Weitere Rechte des Verkäufers bleiben unberührt.
(5) Die Käuferin unterwirft sich wegen des Kaufpreises und der etwaigen Fälligkeits- und Verzugszinsen gegenüber dem Verkäufer der sofortigen Zwangsvollstreckung aus dieser Urkunde in ihr gesamtes Vermögen. Der Verkäufer ist berechtigt, sich jederzeit ohne Nachweis der Fälligkeit eine vollstreckbare Ausfertigung dieser Urkunde erteilen zu lassen. Eine Beweislastumkehr soll dadurch nicht bewirkt werden.

§ 3 Besitzübergang, Gewährleistung

(1) Der Besitzübergang mit der Befugnis zur Nutzung des Kaufobjekts, der Verpflichtung zur Lastentragung und der Gefahr des zufälligen Untergangs oder der zufälligen Verschlechterung des Kaufobjekts erfolgt am 1.8.2019 in geräumtem Zustand.
(2) Der Verkäufer leistet keine Gewähr für die Beschaffenheit des Grundstücks, den baulichen Zustand vorhandener Gebäude und die Flächenmaßrichtigkeit. Das Grundstück geht über wie es steht und liegt; die Käuferin hat es besichtigt. Der Verkäufer haftet für verborgene Mängel nur, soweit sie ihm bekannt sind. Er versichert, dass ihm versteckte Mängel nicht bekannt sind. Der Verkäufer gewährleistet, dass sich das Kaufobjekt ab heute bis zum Gefahrübergang gegenüber dem heutigen Zustand nicht mehr verschlechtert.
(3) Der Verkäufer haftet dafür, dass der Kaufgegenstand frei von Rechten jeglicher Art ist, soweit diese nicht ausdrücklich übernommen oder zum Zwecke der Finanzierung von der Käuferin oder in ihrem Einverständnis bestellt worden sind.
(4) Der Verkäufer versichert, dass keine Rückstände an privaten und öffentlichen Lasten und Abgaben bestehen, alle Baulichkeiten genehmigt wurden und bisher angeforderte Erschließungsbeiträge und Anliegerkosten bezahlt sind. Erschließungsbeiträge nach BauGB sowie Beiträge und Kostenerstattungspflichten nach Kommunalabgabengesetz, die bis zum Tag des Besitzübergangs in Rechnung gestellt sind, trägt der Verkäufer. Später in Rechnung gestellte Beträge und Lasten dieser Art trägt die Käuferin. Der Verkäufer versichert, dass ihm keine Maßnahmen bekannt sind, die zu Anlieger- oder Erschließungsbeiträgen führen könnten.

§ 4 Grundschuldbestellung
(1) Der Verkäufer ist verpflichtet, zur Sicherung des Darlehens der B-Bank an die Käuferin in Höhe von 500 000 € nebst Zinsen, das von der Käuferin zur Finanzierung des Kaufpreises verwandt wird, der B-Bank eine Grundschuld gemäß ihren Bedingungen zu bestellen. Die Käuferin weist hiermit die B-Bank unwiderruflich an, den aufgrund des Darlehens gewährten Betrag bei Vorliegen der Fälligkeitsvoraussetzungen unmittelbar an den Verkäufer zu zahlen. Bis zur vollständigen Zahlung des Kaufpreises dient das Grundpfandrecht lediglich der Sicherung der Kaufpreiszahlung. Eine etwaige sonstige Zweckbestimmung darf erst mit vollständiger Kaufpreiszahlung in Kraft treten. Der Notar wird beauftragt, der B-Bank eine beglaubigte Abschrift dieser Urkunde und eine beglaubigte Abschrift der Grundpfandrechtsbewilligung zur Herbeiführung der Bindung gem. § 873 II BGB zuzusenden und in einem Begleitschreiben auf die sonstigen obigen Bedingungen und Auflagen hinzuweisen.
(2) Der Verkäufer hat diese Belastungsverpflichtung heute durch Mitbestellung folgender Grundschuld erfüllt:
Grundschuld in Höhe von 500 000 € (in Worten: fünfhunderttausend Euro) zugunsten der B-Bank.

§ 5 Auflassungsvormerkung
Der Verkäufer bewilligt heute unwiderruflich die Eintragung einer Eigentumsvormerkung für die Käuferin. Die Vormerkung erhält den Rang nach Finanzierungspfandrechten der Käuferin. Die Löschung der Auflassungsvormerkung wird schon jetzt für den Fall bewilligt und beantragt, dass der Verkäufer wegen nicht rechtzeitiger Zahlung des Kaufpreises von diesem Vertrag zurücktritt. Die Löschung der Auflassungsvormerkung wird außerdem bewilligt und beantragt für den Fall der Eigentumsumschreibung unter der Voraussetzung, dass keine Zwischeneintragungen ohne Mitwirkung der Käuferin erfolgt oder beantragt sind.

§ 6 Auflassung
(1) Die Vertragsbeteiligten sind sich über den Eigentumsübergang nach § 1 einig; der Verkäufer bewilligt und die Käuferin beantragt die Eigentumsumschreibung im Grundbuch. Die Erschienenen weisen den Notar unwiderruflich an, die Eigentumsumschreibung erst dann zu beantragen, wenn der Kaufpreis auf dem Konto des Verkäufers eingegangen ist. Bis zu diesem Zeitpunkt verzichten die Beteiligten auf eine Ausfertigung der Auflassung. Alle anderen Ausfertigungen und Abschriften dieses Vertrags sind bis dahin ohne den Text der Auflassung herauszugeben.
(2) Der Antrag auf Eigentumsumschreibung kann ausschließlich von dem beurkundenden Notar oder seinem Vertreter oder seinem Nachfolger im Amt gestellt werden. Die Vertragsparteien verzichten auf ein eigenes Antragsrecht zur Umschreibung des Grundstücks im Grundbuch.

§ 7 Genehmigungen, Vorkaufsrechte
Dieser Vertrag bedarf keiner Genehmigung. Der Notar hat darauf hingewiesen, dass gesetzliche Vorkaufsrechte in Betracht kommen können. Das Grundbuchamt darf die Käuferin erst dann in das Grundbuch eintragen, wenn ihm die Nichtausübung oder das Nichtbestehen eines gesetzlichen oder satzungsmäßigen Vorkaufs-

rechts der Gemeinde nach BauGB oder Maßnahmegesetz durch eine entsprechende Bescheinigung der Gemeinde nachgewiesen ist. Der Notar wird mit der Einholung dieser Bescheinigung beauftragt.

§ 8 Auftrag an den Notar, Vollzugsvollmachten
(1) Die Beteiligten beauftragen den beurkundenden Notar mit der Durchführung des Vertrags und der Einholung aller erforderlichen Genehmigungen. Sie ermächtigen ihn zu deren Entgegennahme mit Wirkung für und gegen alle. Genehmigungen aller Art werden mit dem Eingang bei dem Notar für alle Beteiligten wirksam.
(2) Die Beteiligten erteilen jeder für sich unwiderruflich, über den Tod hinaus und unter Befreiung von den Beschränkungen des § 181 BGB den Angestellten des Notars
1. Wachter, Elfriede, geb. 13.4.1972, Notarfachgehilfin
2. Müller, Gertrude, geb. 23.8.1970, Notarfachangestellte

je einzeln Vollmacht, alle Erklärungen abzugeben und entgegenzunehmen, die mit diesem Vertrag, den Nebenurkunden wie Grundpfandrechtsbewilligungen und ihrem Vollzug in Zusammenhang stehen, insbesondere Eintragungsbewilligungen zum Grundbuch abzugeben, Eintragungsanträge zu stellen und Auflassungen zu erklären. Von der Vollmacht darf nur beim beurkundenden Notar Gebrauch gemacht werden. Sie erlischt mit der Eintragung des Eigentumsübergangs auf die Käuferin im Grundbuch.

§ 9 Kosten und Steuern
Die Kosten der Löschung nicht bestehenbleibender Rechte trägt der Verkäufer. Die übrigen Kosten dieses Vertrags und seines Vollzuges und die Grunderwerbsteuer trägt die Käuferin.

§ 10 Schriftform, Teilunwirksamkeit
(1) Änderungen und Ergänzungen zu diesem Vertrag bedürfen der Schriftform, soweit nicht gesetzlich die notarielle Beurkundung vorgeschrieben ist. Diese Formvorschrift kann nur unter Wahrung der vereinbarten Form aufgehoben oder geändert werden.
(2) Sollten eine oder mehrere Bestimmungen dieses Vertrags ungültig sein oder werden, so soll der Vertrag im Übrigen gleichwohl gelten. Die ungültigen Bestimmungen sollen durch Regelungen ersetzt werden, die den wirtschaftlichen Interessen der Parteien am besten entsprechen.

§ 11 Hinweise des Notars
Die Beteiligten erklären, vom Notar eingehend belehrt worden zu sein, insbesondere darüber, dass
(1) der Eigentumsübergang erst mit der Eintragung der Käuferin in das Grundbuch erfolgt und die Eintragung erst beantragt werden kann, wenn die Unbedenklichkeitsbescheinigung des Finanzamts für die Grunderwerbsteuer und die Bescheinigung der Stadt Neustadt über das Nichtbestehen oder die Nichtausübung eines Vorkaufsrechts vorliegen;
(2) alle Vereinbarungen beurkundet sein müssen und dass bei einem Verstoß gegen diese Bestimmung (§ 311b BGB) der Vertrag in seinem ganzen Inhalt unwirksam sein kann;

(3) der Verkäufer wesentliche ihm bekannte Sachmängel der Käuferin zu offenbaren hat. Der Notar hat die Käuferin darauf hingewiesen, dass sie etwaige Mängel, die unter den vereinbarten Gewährleistungsausschluss fallen, dulden oder auf eigene Kosten beseitigen muss, ohne deswegen den Verkäufer in Anspruch nehmen zu können. Er hat weiter darauf hingewiesen, dass der Haftungsausschluss von der gesetzlichen Regelung abweicht;
(4) die Beschaffung des Kaufpreises sowie etwaiger Darlehen zur Kaufpreisfinanzierung einschließlich der Schaffung der rechtlichen Voraussetzungen für die Darlehenssicherung allein Sache der Käuferin ist.
(5) Außer den in dieser Urkunde enthaltenen Belehrungen wurde auch im Übrigen auf Inhalt und Rechtswirkungen jeder einzelnen der vorstehenden Vereinbarungen hingewiesen.
Vorstehende Verhandlung wurde den Erschienenen vorgelesen, von ihnen genehmigt und eigenhändig von ihnen und dem Notar wie folgt unterschrieben:

§ 7. Vertragsgestaltung bei Schenkungen

Literatur (siehe auch das Verzeichnis der abgekürzt zitierten Literatur, S. XVII): *Forster,* Die vorweggenommene Erbfolge in der Kautelarklausur, JA 2016, 701; *Götz,* Rückgängigmachung von Schenkungen, ZEV 2017, 371; *Haslach,* Rechtlich nachteilhafte Grundstücksübertragung an einen Minderjährigen ohne die Mitwirkung eines Ergänzungspflegers?, JA 2017, 490; *Jeep,* Schenkung oder nicht Schenkung, das ist oft die Frage, NZFam 2014, 293; *Kölmel,* Der Minderjährige in der notariellen Praxis – unentgeltlicher Erwerb von Grundstücken, RNotZ 2010, 618; *Liebrecht,* Abschied von der unbenannten Zuwendung, AcP 217 (2017), 886; *Meincke/Hannes/Holtz,* Erbschaftsteuer- und Schenkungsteuergesetz: ErbStG, 17. Aufl. 2018; *Poelzig,* Die Dogmatik der unbenannten unentgeltlichen Zuwendungen im Zivilrecht, JZ 2012, 425; *Schlinker,* Sachmängelhaftung bei gemischter Schenkung, AcP 206 (2006), 28; *Stürner,* Die Haftungsprivilegierung bei der Schenkung und anderen unentgeltlichen Verträgen, Jura 2017, 921; *Troll/Gebel/Jülicher/Gottschalk,* Erbschaftsteuer- und Schenkungsteuergesetz: ErbStG, (Stand: 15.12.2018); *Wilhelm,* Das Merkmal „lediglich rechtlich vorteilhaft" bei Verfügungen über Grundstücksrechte, NJW 2006, 2353; *Wever,* Die Rückabwicklung der Schwiegerelternschenkung in der Praxis, FamRZ 2016, 857; *Wolfskeel/Trommler,* Grundstücksrecht in der Kautelarklausur, JA 2016, 453.

Für den Notar gehört die Gestaltung eines Schenkungsvertrags zu den typischen Aufgaben, da das Schenkungsversprechen gem. § 518 I BGB der notariellen Beurkundung bedarf. Eine besondere Rolle in der notariellen Praxis spielt dabei die Schenkung zur vorweggenommenen Erbfolge, die gegenüber einer rein erbrechtlichen Lösung der Vermögensverteilung an die Nachfolgegenerationen u. a. steuerrechtliche Vorteile bieten kann. 1

I. Allgemeine Überlegungen

Die Schenkung zählt zu den unentgeltlichen Rechtsgeschäften. Das BGB unterscheidet die **Handschenkung** (§ 516 BGB) und die Versprechensschenkung, d. h. den **auf spätere Erfüllung gerichteten Schenkungsvertrag** (§ 518 BGB). Im Fall der Handschenkung fällt die unentgeltliche Zuwendung des Gegenstands entweder mit dessen Weggabe zusammen (§ 516 I BGB) oder folgt auf dessen Weggabe (§ 516 II BGB). Bei der Versprechensschenkung wird der Schenkungsvertrag geschlossen, bevor es zur Zuwendung an den Beschenkten kommt. Gegenstand einer Schenkung kann jeder Vermögenswert sein.[1] Die Schenkung kann also z. B. auch im Erlass einer Forderung liegen.[2] 2

1. Hand- und Versprechensschenkung, Formbedürftigkeit

Mit der Handschenkung geht der Schenker keine Verpflichtung ein, seine Erklärung ist nicht anspruchsbegründend. Dennoch erfolgt bei der Handschenkung eine schuldrechtliche Einigung. Die Parteien einigen sich über die Unentgeltlichkeit der Zuwendung und setzen damit einen Rechtsgrund für die Leistung.[3] Die **Handschenkung** ist **formfrei** wirksam, § 518 I BGB betrifft allein das Schenkungsversprechen. 3

---

[1] *Erman/Hähnchen,* § 516 BGB Rn. 3.

[2] Im Folgenden ist der Einfachheit halber von „Gegenständen" und von „Weggabe" die Rede, auch wenn das sprachlich nicht sämtliche Schenkungsgegenstände und sämtliche Arten der Zuwendung – ein Recht wird z. B. nicht „weggegeben" – erfasst.

[3] MünchKomm-BGB/*Koch,* § 516 BGB Rn. 14f.

4 Während der Schenker bei der Handschenkung den Gegenstand (spätestens) in dem Moment verliert, in dem er ihn dem Beschenkten unentgeltlich zuwendet, ist das bei der Versprechensschenkung nicht der Fall. Hier gibt der Zuwendende zunächst eine Verpflichtungserklärung ab, die Weggabe des Gegenstands soll erst später erfolgen. Diese Verpflichtung stellt § 518 I BGB unter einen Formzwang. Der Schenker soll vor einer übereilten Erklärung, deren Konsequenzen ihn erst später treffen, geschützt werden.[4] Das **Schenkungsversprechen** bedarf zu seiner Wirksamkeit gem. § 518 I 1 BGB der **notariellen Beurkundung.** Das Formerfordernis erfasst nur die Verpflichtung des Zuwendenden. Die Annahme der Zuwendung kann formfrei erfolgen, wenn sich nicht aus einer anderen Norm ein Formerfordernis ergibt.[5]

2. Haftung des Schenkers

5 Der Schenker haftet gem. § 521 BGB nur für Vorsatz und grobe Fahrlässigkeit. Diese **Haftungsprivilegierung** gegenüber § 276 I 1 BGB ist vor dem Hintergrund der einseitigen Leistungsverpflichtung gerechtfertigt.[6] Sie spielt vor allem bei der Versprechensschenkung eine Rolle.

6 § 521 BGB gilt für **Schadensersatzansprüche aufgrund** anfänglicher oder nachträglicher **Unmöglichkeit sowie für den Verzugsschadensersatzanspruch** gem. den §§ 280 I, II, 286 BGB.[7] Während des Verzugs gilt jedoch der Verschuldensmaßstab des § 287 BGB.[8] Ob § 521 BGB auch bei der **Verletzung vertraglicher oder vorvertraglicher Schutzpflichten** anzuwenden ist, ist umstritten. Ein Teil der Literatur will stets § 276 I BGB anwenden,[9] während andere sich für die uneingeschränkte Anwendung des § 521 BGB aussprechen[10]. Der BGH und weitere Stimmen aus der Literatur differenzieren und wenden § 521 BGB nur auf solche Schutzpflichten an, die im Zusammenhang mit dem Leistungsgegenstand stehen. Bei Verletzung allgemeiner Schutzpflichten – wenn also Rechtsgüter geschützt werden, mit denen der Schenker zwar aufgrund der Schenkung in Berührung kommt, diese aber nicht im Zusammenhang mit dem Leistungsgegenstand stehen – findet § 276 BGB Anwendung.[11] Die Haftung für Mängel ist in den §§ 523 f. BGB gesondert geregelt.

3. Rückforderung, Widerruf

7 **a)** Der Schenker kann das Geschenk unter bestimmten Umständen zurückfordern. § 528 BGB regelt den Fall der **Verarmung des Schenkers.** Die Norm erfasst einen Sonderfall der Störung der Geschäftsgrundlage.[12] Gem. § 528 I 1 BGB kann der Schenker den zugewendeten Gegenstand nach den bereicherungsrechtlichen Vorschriften zurückfordern, soweit er nach der Vollziehung der Schenkung außerstande

[4] BeckOK-BGB/*Gehrlein,* § 518 BGB Rn. 1; MünchKomm-BGB/*Koch,* § 518 BGB Rn. 1.
[5] BeckOGK/*Harke,* § 518 BGB Rn. 12 (Stand: 1.12.2018); *Staudinger/Chiusi,* § 518 BGB Rn. 7.
[6] MünchKomm-BGB/*Koch,* § 521 BGB Rn. 1.
[7] *Staudinger/Chiusi,* § 521 BGB Rn. 5 ff.
[8] *Staudinger/Chiusi,* § 521 BGB Rn. 7.
[9] *Staudinger/Chiusi,* § 521 BGB Rn. 10.
[10] *Larenz,* Schuldrecht BT, § 47 IIa.
[11] *BGH* vom 20.11.1984 – IVa ZR 104/53, NJW 1985, 794; BeckOK-BGB/*Gehrlein,* § 521 BGB Rn. 5; *Erman/Hähnchen,* § 521 Rn. 3.
[12] MünchKomm-BGB/*Koch,* § 528 BGB Rn. 1.

ist, seinen angemessenen Unterhalt zu bestreiten und seine gesetzlichen Unterhaltspflichten zu erfüllen. § 528 BGB ergänzt die in § 519 I BGB geregelte Einrede des Notbedarfs. Während diese vor Vollzug der Schenkung geltend gemacht werden kann, greift § 528 BGB nach vollzogener Schenkung ein. In der Praxis hat § 528 BGB vor allem in den Fällen Bedeutung, in denen der Zuwendende seinen Bedarf nicht mehr aus eigener Kraft decken kann und Sozialhilfeleistungen in Anspruch nimmt. Der Anspruch aus § 528 BGB kann dann gem. § 93 I 1 SGB XII auf den **Sozialhilfeträger** übergeleitet werden.[13]

Beispiel: Mutter M schenkt ihrer Tochter T ihre große Eigentumswohnung und mietet eine kleine Wohnung. Als sie drei Jahre später in ein Pflegeheim umziehen muss, stellt sich heraus, dass ihre Rente und die noch zurückgehaltenen Vermögenswerte nicht ausreichen, um die Kosten für den Heimplatz und den weiteren Bedarf der M zu decken. Daher beantragt M Sozialhilfe. – Hier kommt eine Überleitung gem. § 93 I 1 SGB XII in Betracht.

Der Anspruch ist unter bestimmten Umständen gem. § 529 BGB ausgeschlossen. 8
Nach dieser Norm kann die Herausgabe u. a. nicht verlangt werden, wenn zwischen der Zuwendung und dem Eintritt der Bedürftigkeit **zehn Jahre** verstrichen sind oder der standesmäßige Unterhalt des Beschenkten durch die Herausgabe gefährdet wäre. § 528 BGB findet ferner keine Anwendung auf Pflicht- und Anstandsschenkungen, § 534 BGB.

b) Nach § 530 BGB hat der Schenkende ein Widerrufsrecht, wenn der Beschenkte 9
sich aufgrund einer schweren Verfehlung **groben Undanks** schuldig macht. Ausschlussgründe enthalten die §§ 532, 534 BGB. § 530 BGB regelt ebenso wie § 528 BGB einen Sonderfall der Störung der Geschäftsgrundlage.[14] Die Prüfung, ob eine schwere Verfehlung vorliegt, gestaltet sich zweistufig. Zunächst muss **objektiv** festgestellt werden, ob der Beschenkte Dankbarkeit erwarten durfte. Daraufhin ist **subjektiv** zu beurteilen, ob das Verhalten des Beschenkten aus Sicht des Schenkers eine schwere Verfehlung darstellt.[15] Das Vorliegen des groben Undanks wird durch die schwere Verfehlung indiziert, wenn es sich nicht um Kleinstschenkungen handelt.[16] Relevante Fallgruppen sind insbesondere die Bedrohung des Lebens, eine schwere körperliche Misshandlung oder grundlose Strafanzeigen.[17] Die Rechtsfolge des Widerrufs regelt § 531 II BGB. Danach kann der Zuwendende die Leistung nach den Vorschriften über die Herausgabe einer ungerechtfertigten Bereicherung herausverlangen.

Eine Rückforderung des geschenkten Gegenstands kommt nach den §§ 528ff. BGB nur unter engen Voraussetzungen in Betracht. § 528 BGB regelt die Rückforderung bei Verarmung des Schenkers, § 530 BGB den Widerruf bei grobem Undank des Beschenkten.

[13] Ausführlicher *Staudinger/Chiusi,* § 528 BGB Rn. 51 ff.
[14] MünchKomm-BGB/*Koch,* § 530 BGB Rn. 1; *Staudinger/Chiusi,* § 530 BGB Rn. 1.
[15] *BGH* vom 25.3.2014 – X ZR 94/12, NJW 2014, 3020 (3021).
[16] MünchKomm-BGB/*Koch,* § 530 BGB Rn. 7; *Staudinger/Chiusi,* § 530 BGB Rn. 10.
[17] *Erman/Hähnchen,* § 530 BGB Rn. 5; *Palandt/Weidenkaff,* § 530 BGB Rn. 6.

4. Schenkung unter Auflage

10 Wenn eine Schenkung unter Auflage erfolgt, ist gem. § 525 I BGB nicht allein der Zuwendende, sondern **auch der Begünstigte zu einer Leistung verpflichtet.** Das Formerfordernis des § 518 I BGB erstreckt sich in einem solchen Fall auch auf die Vereinbarung der Auflage.[18] Der Begünstigte kann durch die Auflage zur einer **Leistung materieller oder immaterieller Art** verpflichtet werden.[19] Die zu erbringende Leistung des Beschenkten soll i. d. R. auf der Grundlage und aus dem Wert der Zuwendung erfolgen.[20]

Beispiel: Großvater G kann altersbedingt nicht mehr Auto fahren. Er schenkt seinem 21-jährigen Enkel E seinen Pkw unter der Auflage, dass E ihn einmal im Monat zur Skatrunde fährt.

11 Bei der Schenkung unter Auflage stehen die Pflichten der Parteien **nicht in einem Gegenseitigkeitsverhältnis.** Insbesondere ist die Verpflichtung des Schenkers nicht von der Leistungspflicht des Auflagenverpflichteten abhängig.[21] Daher ist der Schenkende gem. § 525 I BGB grundsätzlich zur Vorleistung verpflichtet, ihm steht weder ein Zurückbehaltungsrecht noch die Einrede des nicht erfüllten Vertrags zu. § 525 I BGB ist allerdings dispositiv, sodass die Parteien eine Leistung Zug um Zug vereinbaren können.[22]

12 § 525 I BGB räumt dem Zuwendenden einen durchsetzbaren **Anspruch auf Vollziehung** der vereinbarten Auflage ein. Der Begünstigte hat seinerseits gem. § 526 1 BGB ein Leistungsverweigerungsrecht, wenn der Wert des Schenkungsgegenstands aufgrund eines Sach- oder Rechtsmangels nicht zur Erfüllung der Auflage ausreicht. Wenn der Begünstigte die Auflage nicht vollzieht, kann der Zuwendende das Geschenk gem. § 527 I BGB unter den für das Rücktrittsrecht geltenden Voraussetzungen herausverlangen, wobei die Herausgabe nach den bereicherungsrechtlichen Regeln erfolgt. Die Herausgabe kann dabei nur insoweit verlangt werden, als das Geschenk zur Vollziehung der Auflage hätte verwendet werden müssen.

Beispiel: Großvater G schenkt seinem Enkel E 10 000 € unter der Auflage, ihm zu seinem 80. Geburtstag einen selbst gebackenen Kuchen, finanziert von einem Teil des geschenkten Geldes, zu schenken. E vergisst den Geburtstag. Die Vollziehung der Auflage ist E unmöglich geworden. G kann aber gem. § 527 I i. V. m. § 326 V nur den Betrag zurückverlangen, der für die Vollziehung der Auflage notwendig gewesen wäre. In diesem Fall also nur den Betrag, den E für die Herstellung des Kuchens hätte aufwenden müssen.

13 Die Schenkung unter Auflage ist von der sog. **Zweckschenkung** abzugrenzen. Bei der Zweckschenkung verfolgt der Schenkende mit der Zuwendung einen für den Beschenkten erkennbaren Zweck. Im Unterschied zur Schenkung unter Auflage ist die getroffene „Zweckvereinbarung" keine einklagbare Verpflichtung. Es besteht lediglich eine Willensübereinstimmung über den verfolgten Zweck.[23] Ob eine Schenkung un-

[18] MünchKomm-BGB/*Koch,* § 525 BGB Rn. 1.
[19] BeckOGK/*Harke,* § 525 BGB Rn. 8 (Stand: 1.12.2018).
[20] MünchKomm-BGB/*Koch,* § 525 BGB Rn. 2; *Palandt/Weidenkaff,* § 525 BGB Rn. 1.
[21] *Brox/Walker,* Besonderes Schuldrecht, § 9 Rn. 24.
[22] MünchKomm-BGB/*Koch,* § 525 BGB Rn. 13; BeckOK-BGB/*Gehrlein,* § 525 BGB Rn. 5; *Palandt/Weidenkaff,* § 525 BGB Rn. 12.
[23] *BGH* vom 23.9.1983 V ZR 67/82, NJW 1984, 233; *Brox/Walker,* Besonderes Schuldrecht, § 9 Rn. 23; *Staudinger/Chiusi,* § 525 BGB Rn. 45.

ter Auflage oder lediglich eine Zweckschenkung gewollt ist, richtet sich nach dem durch Auslegung zu ermittelnden Parteiwillen.[24]

Bei der Schenkung unter Auflage ist auch der Beschenkte zu einer Leistung verpflichtet, § 525 BGB. Vollzieht er die Auflage nicht, kann der Schenker den Gegenstand nach § 527 BGB zurückfordern. Bei der Zweckschenkung besteht demgegenüber keine einklagbare Verpflichtung des Beschenkten.

5. Gemischte Schenkung

Eine gemischte Schenkung ist anzunehmen, wenn das Rechtsgeschäft teilweise unentgeltlich ist.[25] Die Parteien schließen also einen Austauschvertrag, bei dem für einen unteilbaren Gegenstand (z. B. eine Kaufsache) eine Gegenleistung vereinbart wird, die hinter dem Wert des Gegenstands zurückbleibt.[26] Dabei müssen sie sich darüber einig sein, dass der **überschießende Wert als unentgeltliche Zuwendung** gelten soll.[27] Eine gemischte Schenkung ist nicht gegeben, wenn die Parteien lediglich einen gewollt günstigen Preis für den Käufer vereinbart haben.[28] 14

Beispiel: A möchte B seine Uhr schenken, die einen Wert von 5 000 € hat. Da B die Uhr nicht einfach so annehmen möchte, vereinbaren A und B, dass B als Gegenleistung 50 € zahlt.

Bei einem derartigen aus zwei Vertragstypen zusammengesetzten Rechtsgeschäft stellt sich die Frage, ob das Schenkungsrecht oder die Regeln des entgeltlichen Vertrags anwendbar sind. Nach der heute im Schrifttum überwiegend vertretenen **Zweckwürdigungstheorie** erfolgt keine generelle Zuordnung zu einem der beiden im Rechtsgeschäft enthaltenen Vertragstypen. Vielmehr sind jeweils die Normen anzuwenden, die dem Vertragszweck und dem Parteiwillen am besten entsprechen.[29] Der BGH hat sich zwar nicht ausdrücklich dieser Theorie angeschlossen, stellt aber ähnlich wie die Zweckwürdigungstheorie unter Berücksichtigung der Parteiinteressen auf den wirtschaftlichen Zweck des Rechtsgeschäfts ab.[30] 15

Unumstritten ist, dass die in der gemischten Schenkung enthaltene Zusage der **unentgeltlichen Zuwendung** nach § 518 I BGB **formbedürftig** ist. Auch in diesen Fällen muss der Zuwendende vor einem übereilten Vorgehen gewarnt werden.[31] Wird die Form nicht gewahrt, ergibt sich die **Unwirksamkeit des entgeltlichen Teils** des Vertrags nach einer Ansicht aus § 139 BGB.[32] Nach anderer Ansicht soll sich die Unwirk- 16

---

[24] MünchKomm-BGB/*Koch*, § 525 BGB Rn. 8.
[25] *BGH* vom 19.7.2002 – V ZR 240/01, NJW 2002, 3165; *Palandt/Weidenkaff*, § 516 BGB Rn. 13.
[26] MünchKomm-BGB/*Koch*, § 516 BGB Rn. 34. Siehe auch *Huber/Bach*, Examens-Repetitorium Besonderes Schuldrecht 1, 6. Aufl. 2018, Rn. 699f.
[27] *BGH* vom 6.3.1996 – IV ZR 374/94, NJW-RR 1996, 754 (755); *Palandt/Weidenkaff*, § 516 BGB Rn. 13.
[28] *BGH* vom 18.10.2011 – X ZR 45/10, NJW 2012, 605 (606).
[29] MünchKomm-BGB/*Koch*, § 516 BGB Rn. 38f.; BeckOK-BGB/*Gehrlein*, § 516 BGB Rn. 14.
[30] *BGH* vom 2.7.1990 – II ZR 243/89, NJW 1990, 2616 (2617); *BGH* vom 23.5.1959 – V ZR 140/58, NJW 1959, 1363f. Zustimmend *Erman/Hähnchen*, § 516 BGB Rn. 34.
[31] *Brox/Walker*, Besonderes Schuldrecht, § 9 Rn. 29.
[32] *Palandt/Weidenkaff*, § 516 BGB Rn. 15.

samkeit schon aus Gründen der Rechtssicherheit auf den entgeltlichen Vertrag erstrecken, weshalb es der Anwendung des § 139 BGB nicht bedürfe.[33]

17 Wie bei der gemischten Schenkung mit **Rückforderungsansprüchen** umzugehen ist, ist umstritten. Der Streit dreht sich darum, ob der Schenker den **Gegenstand** herausverlangen kann oder lediglich den **unentgeltlichen Mehrwert.** Nach der Rechtsprechung des BGH kann der Schenker den Gegenstand nur herausverlangen, wenn der unentgeltliche Charakter des Geschäfts überwiegt.[34] Ein Teil der Literatur lässt dem Beschenkten dagegen die Wahl, ob er den Gegenstand herausgibt oder Wertersatz in Höhe des Mehrwerts leistet. Nur im Fall eines Widerrufs nach § 530 BGB soll es i. S. d. Rechtsprechung auf das Wertverhältnis des unentgeltlichen und des entgeltlichen Vertragsteils ankommen, da es in diesen Fällen nicht allein um wirtschaftliche Erwägungen geht.[35]

18 Schwierigkeiten bereiten schließlich auch Fragen der **Mängelgewährleistung und Haftung** bei gemischten Schenkungen. Nach einer Auffassung ist die Leistung in einen entgeltlichen und einen unentgeltlichen Teil aufzuspalten. Die schenkungsrechtlichen Haftungs- und Gewährleistungsregeln werden dann allein auf den unentgeltlichen Teil angewandt.[36] Nach anderer Ansicht sind diejenigen Regeln anwendbar, die für den Vertragstyp gelten, der den Schwerpunkt der gemischten Schenkung ausmacht.[37] Bei einer Kombination aus Kauf und Schenkung kommt es nach dieser Auffassung also darauf an, ob das kaufvertragliche oder das schenkungsvertragliche Element überwiegt.

Die gemischte Schenkung ist ein Vertrag, der entgeltliche und unentgeltliche Elemente enthält. Damit stellt sich die Frage, ob hinsichtlich der Leistungsstörungen die schenkungsrechtlichen Regeln eingreifen oder diejenigen des entgeltlichen Rechtsgeschäfts. Die Rechtsprechung wendet die schenkungsrechtlichen Rückforderungsregeln an, wenn der unentgeltliche Charakter des Vertrags überwiegt.

6. Zuwendungen unter Eheleuten

19 Zuwendungen zwischen Eheleuten können je nach den Umständen als **Schenkungen** oder als sog. **ehebedingte Zuwendungen** einzuordnen sein.[38] Bei ehebedingten Zuwendungen stellt der geplante Fortbestand der Ehe die Geschäftsgrundlage der Zuwendung dar. Somit fehlt es, in Abgrenzung zur Schenkung unter Eheleuten, am subjektiven Element der Einigung über die Unentgeltlichkeit.[39] Erfolgt die Zuwendung

[33] MünchKomm-BGB/*Koch,* § 516 BGB Rn. 40.

[34] *BGH* vom 15.5.2012 – X ZR 5/11, ZEV 2013, 213 (2014); *BGH* vom 7.4.1989 – V ZR 252/87, NJW 1989, 2122.

[35] MünchKomm-BGB/*Koch,* § 516 BGB Rn. 41 ff. Siehe auch *Huber/Bach,* Examens-Repetitorium Besonderes Schuldrecht 1, 6. Aufl. 2018, Rn. 703.

[36] MünchKomm-BGB/*Koch,* § 516 BGB Rn. 44; *Palandt/Weidenkaff,* § 516 BGB Rn. 17.

[37] BeckOK-BGB/*Gehrlein,* § 516 BGB Rn. 17; *Staudinger/Chiusi,* § 516 BGB Rn. 84.

[38] Vertiefend hierzu *Jeep,* NZFam 2014, 293. Ablehnend zur Figur der unbenannten Zuwendung *Erman/Hähnchen,* § 516 Rn. 11 ff., die Rn. 22 ff. eine Lösung der Rechtsprobleme unabhängig von der Form des Zusammenlebens und vom Güterstand der Parteien vorschlägt.

[39] *BGH* vom 13.7.1994 – XII ZR 1/93, NJW 1994, 2545 f.; BeckOK-BGB/*Gehrlein,* § 516 BGB Rn. 9; MünchKomm-BGB/*Koch,* § 516 BGB Rn. 62.

nach dem Willen der Parteien unentgeltlich i. S. echter Freigiebigkeit und wird die Zuwendung nicht an das Fortbestehen der Ehe geknüpft, sondern erhält der Beschenkte die Zuwendung zur freien Verfügung, liegt eine Schenkung unter Ehegatten vor.[40] Bei einer **Scheidung** von Eheleuten, die im **gesetzlichen Güterstand** leben, werden die erfolgten ehebedingten Zuwendungen grundsätzlich im Wege des Zugewinnausgleichs ausgeglichen.[41] Im Güterstand der **Gütertrennung** bestimmt sich der Ausgleich nach den Grundsätzen des Wegfalls der Geschäftsgrundlage.[42] Im Verhältnis zu Dritten wird die ehebedingte Zuwendung zum Schutz der Gläubiger als Schenkung behandelt.[43]

Beispiel: Erblasser E ist mit F verheiratet. Sie haben einen gemeinsamen Sohn (S). E hat F testamentarisch als Alleinerbin eingesetzt. Als E verstirbt, hat sein Nachlass einen Wert von 100 000 €. Acht Monate vor seinem Tod hat er F 20 000 € überlassen, ohne dass dafür eine Gegenleistung vereinbart wurde.

S ist gem. § 2303 I 1 BGB pflichtteilsberechtigt. Ihm steht gem. § 2325 I BGB gegen die Erbin F ein Pflichtteilsergänzungsanspruch zu, wenn die Zuwendung der 20 000 € von E an F eine Schenkung i. S. d. Norm ist. Ob es sich bei der Zuwendung im Innenverhältnis um eine ehebedingte Zuwendung handelte, ist im Rahmen des § 2325 BGB irrelevant. Es genügt, wenn die Zuwendung objektiv unentgeltlich erfolgte. Andernfalls wäre der durch diese Norm bezweckte Schutz des Pflichtteilsberechtigten gefährdet.[44] Die Zuwendung des Geldes von E an F erfolgte unentgeltlich, sodass S ein Pflichtteilsergänzungsanspruch zusteht.

7. Schenkung auf den Todesfall

Wenn der Begünstigte das Eigentum am Schenkungsgegenstand erst mit dem Tod des 20
Zuwendenden erhalten soll, ist zu klären, ob die Zuwendung **schenkungsrechtlichen oder erbrechtlichen** Regeln unterliegt. Erteilt der Schenkende sein Schenkungsversprechen unter der Bedingung, dass der Beschenkte den Schenker überlebt, sollen gem. § 2301 I 1 BGB die Vorschriften über Verfügungen von Todes wegen Anwendung finden. Ziel des § 2301 I 1 BGB ist es, die Umgehung erbrechtlicher Vorschriften zu verhindern.[45] § 2301 I BGB greift ausdrücklich nur ein, wenn das Überleben des Begünstigten zur Bedingung gemacht wurde. Ist die Schenkung lediglich aufschiebend auf den Tod des Schenkers befristet, ohne dass die Schenkung durch das Überleben des Begünstigten bedingt ist, findet die Norm keine Anwendung. Dasselbe gilt, wenn nur die Erfüllung auf die Zeit nach dem Tod des Schenkers hinausgeschoben ist.[46] In beiden Fällen gelten die schenkungsrechtlichen Regelungen.

---

[40] *BGH* vom 9.7.2008 – XII ZR 179/05, NJW 2008, 3277 (3278); BeckOK-BGB/*Gehrlein,* § 516 BGB Rn. 9.

[41] *BGH* vom 10.7.1991 – XII ZR 114/89, NJW 1991, 2553 (2554); Staudinger/*Thiele,* § 1363 BGB Rn. 22f.

[42] *BGH* 19.9.2012 – XII ZR 136/10, NJW 2012, 3374, 3375f.; *BGH* vom 15.2.1989 – ZR 105/87, NJW 1989, 1986 (1987).

[43] BeckOK-BGB/*Gehrlein,* § 516 BGB Rn. 10; *Staudinger/Chiusi,* § 516 BGB Rn. 104. S. z. B. aus jüngerer Zeit für Pflichtteilsergänzungsansprüche nach § 2325 BGB *BGH* vom 14.3.2018 – IV ZR 170/16, NJW 2018, 1475 (1476).

[44] MünchKomm-BGB/*Lange,* § 2325 BGB Rn. 23.

[45] *Frank/Helms,* Erbrecht, 7. Aufl. 2018, § 14 Rn. 3; MünchKomm-BGB/*Musielak,* § 2301 BGB Rn. 1.

[46] MünchKomm-BGB/*Musielak,* § 2301 BGB Rn. 12; *Staudinger/Chiusi,* § 516 BGB Rn. 152.

II. Beispiel: Zuwendung von Grundeigentum an eine Minderjährige

21 Gerlinde Groß (G) ist Eigentümerin eines Grundstücks in Neustadt, das mit einem Einfamilienhaus bebaut ist. Das Grundstück hat einen Wert von 200 000 €. G hat ihren einzigen Sohn Sören Groß (S) und ihr einziges Enkelkind, die 16-jährige Emma Groß (E), testamentarisch als Erben eingesetzt. Da sie vermögend ist, ist damit zu rechnen, dass im Erbfall für S und E trotz der vorgesehenen Freibeträge Erbschaftsteuer anfällt. Um die Steuern möglichst gering zu halten, möchte G bereits jetzt ihr Grundstück auf E übertragen. S hat vor einigen Jahren selbst ein Grundstück erworben und bebaut, weshalb E das Grundstück der G erhalten soll. Bis zu ihrem Lebensende möchte G das Haus weiterhin selbst nutzen. Sie beauftragt den Notar Norbert Northeim (N) mit dem Entwurf eines Vertrags, durch den diese Ziele erreicht werden können.

1. Informationsgewinnung

22 N muss zunächst weitere Informationen einholen. Bei der Übertragung eines Grundstücks ist das Grundstück gem. § 28 GBO entsprechend seiner Eintragung im Grundbuch zu bezeichnen. Ferner sind die **rechtlichen Verhältnisse des Grundstücks** zu ermitteln (Eigentümerstellung, Belastung des Grundstücks).[47] Da E minderjährig ist und den Vertrag möglicherweise nicht selbst wirksam schließen kann, ist zu klären, ob sie selbst handeln soll und wer ihr gesetzlicher Vertreter ist.

1. Nachfrage: Wie lautet die grundbuchmäßige Bezeichnung des Grundstücks?

Informationsmittel: Nachfrage bei G.

Ergebnis der 1. Nachfrage (unterstellt): G erklärt, dass das Grundstück in Bd. 1 des Grundbuchs des Amtsgerichts Neustadt, Blatt 312, Flur 1, Flst. Nr. 210 verzeichnet ist. Sie legt eine Abschrift des entsprechenden Grundbuchblatts aus dem Vorjahr vor.

2. Nachfrage: Ist das Grundstück in irgendeiner Form belastet, bestehen Verfügungsbeschränkungen?

Informationsmittel: Nachfrage bei G; Einsicht in das Grundbuch.

Ergebnis der 2. Nachfrage (unterstellt): G erklärt, dass sie für die Renovierung des Hauses vor zwei Jahren ein Darlehen in Höhe von 30 000 € aufgenommen hat, weil die Darlehenszinsen gerade niedrig waren und ihr der Verkauf von Aktien nicht sinnvoll erschien. Zur Sicherung habe sie das Grundstück mit einer Grundschuld belastet. Sie erklärt zudem, dass sie sich hinsichtlich der Grundschuld der sofortigen Zwangsvollstreckung mit Wirkung gegen jeden künftigen Eigentümer unterworfen hat.

Ein beglaubigter Auszug des Grundbuchs bestätigt die Angaben der G. Sowohl die Grundschuld als auch die sofortige Unterwerfung unter die Zwangsvollstreckung sind im Grundbuch des Amtsgerichts Neustadt eingetragen.

3. Nachfrage: Soll E persönlich am Vertragsschluss beteiligt sein? Wer sind ihre gesetzlichen Vertreter? Wie sind die Verwandtschaftsverhältnisse zwischen den Vertragsparteien und den Vertretern?

Informationsmittel: Nachfrage bei G und E.

Ergebnis der 3. Nachfrage (unterstellt): E soll nach den Plänen der G den Vertrag selbst schließen. Ihr gesetzlicher Vertreter ist S, der Sohn der G, der für E allein sorgeberechtigt ist.

[47] Siehe zu diesen Punkten bereits oben § 6 Rn. 4–5, 7, 31–32. Siehe dort Rn. 9–11, 23–28 zur Formbedürftigkeit von Grundstücksgeschäften und den Pflichten des Notars.

2. Problemübersicht und Rohentwurf

Nach den ersten Erkundigungen hat der Notar folgende Informationen gesammelt: G möchte bis zu ihrem Lebensende das Haus nutzen, das auf dem Grundstück steht, welches sie E zuwenden möchte. Insofern sind **verschiedene Gestaltungsvarianten** möglich, die zum einen den Zeitpunkt des Eigentumsübergangs, zum anderen die weiteren Rechte und Pflichten der Vertragsparteien betreffen. Außerdem kann **E als Minderjährige** ihre Vertragserklärungen möglicherweise nicht selbst wirksam abgeben. Sollte dies der Fall sein, ist zu klären, ob S sie wirksam vertreten kann oder ob eine andere Lösung erforderlich ist. 23

Daraus ergibt sich folgender Rohentwurf: 24

§ 1 Vertragsparteien, gegebenenfalls Vertretung der E
§ 2 Gegenstand der Übertragung, Belastungen
§ 3 Regelung zum Eigentumsübergang
§ 4 Regelung zur Nutzung des Hauses durch G
§ 5 Auflassung
§ 6 Auftrag an den Notar, Vollzugsvollmachten
§ 7 Kosten
§ 8 Hinweise

3. Rechtsanwendung und Einzelheiten des Vertrags

Im Rahmen der Rechtsanwendung ist zu klären, nach welcher Gestaltungsvariante G das Haus bis zu ihrem Tod nutzen kann und zugleich für E hinsichtlich des für sie geltenden Steuerfreibetrags eine günstige Regelung gegeben ist. Ferner ist zu prüfen, ob E ihre Vertragserklärungen wirksam abgeben kann und von wem sie gegebenenfalls zu vertreten wäre. Diese Gestaltungssituation ist vergleichsweise kompliziert, da sie **verschiedene Rechtsgebiete** berührt, die **gebietsspezifische Detailfragen** aufwerfen. 25

a) Schenkung auf den Todesfall oder Übertragung unter Vorbehalt eines Nutzungsrechts

aa) Da G das Haus zunächst noch weiter nutzen möchte, ist an eine **Schenkung auf den Todesfall** zu denken. Dabei kann es sich um eine Schenkung handeln, die unter der Bedingung steht, dass der Begünstigte den Schenker überlebt. Denkbar ist auch eine Gestaltung als Schenkung, die auf den Tod des Schenkers aufschiebend befristet ist oder bei der die Erfüllung auf einen Zeitpunkt nach dem Tod des Schenkers hinausgeschoben ist.[48] Sämtliche Varianten der Schenkung auf den Todesfall würden das Interesse der G an einer lebenslangen Nutzung befriedigen, verfehlen aber ihr steuerliches Ziel. 26

Die **Schenkung auf den Todesfall mit Überlebensbedingung** i. S. d. § 2301 I 1 BGB ist nach § 3 I Nr. 2 ErbStG erbschaftsteuerrechtlich als **Erwerb von Todes wegen** einzuordnen. Die Steuer entsteht gem. § 9 I Nr. 1 ErbStG mit dem Tod des Erblassers. Zu diesem Zeitpunkt fällt für E auch die Steuer aufgrund des Erbanfalls an 27

[48] MünchKomm-BGB/*Musielak,* § 2301 BGB Rn. 9, 12; *Staudinger/Chiusi,* § 516 BGB Rn. 152.

(§§ 3 I Nr. 1, 9 I Nr. 1 ErbStG). Mit einer Steuerbefreiung des Erwerbs nach § 13 I Nr. 4c ErbStG ist nicht zu rechnen. Dieser Befreiungstatbestand erfasst nur Kinder verstorbener Kinder, würde hier also nur greifen, wenn S vor G verstirbt. Das ist zwar nicht ausgeschlossen, als bloße Möglichkeit der Vertragsgestaltung aber nicht zugrunde zu legen. Es ist also von einer Steuerpflicht der E auszugehen. Da außerdem nach den Angaben der G damit zu rechnen ist, dass der für E geltende Freibetrag nicht ausreicht, wenn sie das, was sie im Fall des Todes von G erhält, zu diesem Zeitpunkt versteuern muss, ist eine Gestaltung als Schenkung auf den Todesfall mit Überlebensbedingung nicht interessengerecht.[49]

28 Wird das **Überleben der E nicht zur Bedingung** gemacht, ergibt sich steuerlich im Ergebnis kein Unterschied. Es handelt sich dann zwar um eine **Schenkung unter Lebenden** i. S. d. § 7 I Nr. 1 ErbStG. Die Steuer für diese Schenkung entsteht aber ebenfalls mit dem Tod der G: Nach § 9 I Nr. 2 ErbStG kommt es bei Schenkungen unter Lebenden auf den Zeitpunkt an, zu dem die **Zuwendung ausgeführt** wird. Da sie erst vollzogen wird, wenn G stirbt, ist der Todeszeitpunkt der Zeitpunkt, zu dem die Steuer entsteht.[50] Den Freibetrag aus § 16 I Nr. 3 ErbStG (gegebenenfalls aus § 16 I Nr. 2 ErbStG) kann E nicht jeweils für die Schenkung und den Erbanfall getrennt geltend machen, weil mehrere innerhalb von zehn Jahren von derselben Person anfallende Vermögensvorteile gem. § 14 I 1 ErbStG zusammengerechnet werden. Keine der Varianten der Schenkung auf den Todesfall wird daher den steuerrechtlichen Interessen der G gerecht, sodass von einer derartigen Gestaltung abzusehen ist.

29 **bb**) Steuerrechtlich günstiger kann sich eine Gestaltung auswirken, nach der E bereits jetzt – und damit zu Lebzeiten der G – Eigentümerin des Grundstücks wird. Bei dieser Lösung wird unter Umständen ihr **Erwerb durch die Schenkung steuerrechtlich gesondert von ihrem Erwerb im Erbfall behandelt,** was dazu führen würde, dass E den Freibetrag zwei Mal in Anspruch nehmen könnte. Ob das der Fall ist, hängt von zwei Faktoren ab: Zum einen darf der Erwerb durch Schenkung nicht mit dem erneuten Erwerb durch Erbanfall zusammenfallen. Zum anderen darf es nicht zu einer Zusammenrechnung beider Erwerbe kommen.

30 Die erste Voraussetzung ist erfüllt, weil der Erwerb durch Schenkung unter Lebenden von einem späteren Erwerb weiteren Vermögens durch Erbfall **zeitlich getrennt** ist. Bei einer solchen Gestaltung fällt also zum einen gem. § 9 I Nr. 2 ErbStG mit der Ausführung der Zuwendung Schenkungsteuer an.[51] Zum anderen ist im Erbfall der Erwerb durch Erbschaft nach den §§ 3 I Nr. 1, 9 I Nr. 1 ErbStG zu versteuern. Hinsichtlich der zweiten Voraussetzung kommt es auf die Umstände des Einzelfalls an, da **mehrere Erwerbe** nach § 14 I 1 ErbStG unter schenkungs- und erbschaftsteuerlichen Gesichtspunkten **unter bestimmten Umständen zusammengerechnet werden.** Wenn das geschieht, kann der Freibetrag nur einmal in Anspruch genommen werden. Ob die Erwerbe zusammengerechnet werden, hängt davon ab, wie viel Zeit zwischen Schenkung und Erbfall verstrichen ist. Die Zusammenrechnung erfolgt nach § 14 I 1 ErbStG, wenn der Erbfall innerhalb von zehn Jahren nach dem Erwerb durch Schen-

[49] Der Freibetrag für E beträgt gem. § 16 I Nr. 3 ErbStG 200.000 €, wenn ihr Vater im Zeitpunkt des Todes der G noch lebt. Verstirbt S vor G, beläuft er sich gem. § 16 I Nr. 2 ErbStG auf 400.000 €.

[50] Siehe zum Zeitpunkt der Entstehung der Steuer bei der Schenkung *Meincke/Hannes/Holtz,* § 9 ErbStG, 17. Aufl. 2018, Rn. 44, 46.

[51] Siehe dazu noch unten Rn. 34.

kung eintritt. Verstirbt der Zuwendende erst später, werden die Erwerbe steuerrechtlich getrennt behandelt. Wenn also E das Grundstück jetzt schon im Wege der Schenkung erwirbt und die Erbschaft nicht innerhalb von zehn Jahren anfällt, kann sie den Freibetrag sowohl bei der Schenkung als auch im Erbfall in Anspruch nehmen. Ob der **Erbfall innerhalb von zehn Jahren nach dem Erwerb durch Schenkung** eintritt oder nicht, lässt sich zwar nicht vorhersagen. Bei dieser Gestaltung besteht aber immerhin die Möglichkeit, dass die steuerlichen Ziele der G erreicht werden. Sie ist daher unter steuerlichen Gesichtspunkten vorzugswürdig. Damit stellt sich die Frage, ob bei einer zeitnahen Übertragung des Grundstücks an E auch das Interesse der G, das Haus bis zu ihrem Lebensende weiterhin selbst zu nutzen, gesichert werden kann.

Zugunsten der G könnte ein **Wohnungsrecht** i. S. d. § 1093 I 1 BGB bestellt werden. 31
Dabei handelt es sich um eine **beschränkte persönliche Dienstbarkeit,** nach der dem Begünstigten das Recht zusteht, ein Gebäude oder einen Teil eines Gebäudes unter Ausschluss des Eigentümers als Wohnung zu benutzen. Alternativ könnte das Grundstück zugunsten der G mit einem **Nießbrauch** belastet werden. Dann wäre G gem. § 1030 BGB berechtigt, die Nutzungen des Grundstücks zu ziehen. Das durch den Nießbrauch eingeräumte Nutzungsrecht reicht weiter als das Wohnungsrecht. Zum einen bezieht sich das Wohnungsrecht nur auf die Nutzung eines Gebäudes oder Gebäudeteils, nicht auf das Grundstück insgesamt. Zum anderen kann der Wohnungsberechtigte das Gebäude nicht **Dritten überlassen,** es also insbesondere nicht vermieten.[52] Denn während für das Wohnungsrecht § 1092 I 2 BGB gilt, nach dem die Ausübung der Dienstbarkeit einem anderen nur überlassen werden kann, wenn die Überlassung gestattet ist, kann gem. § 1059 2 BGB die Ausübung des Nießbrauchs ohne Gestattung einem anderen überlassen werden. Die Frage des Überlassungsrechts kann z. B. eine Rolle spielen, wenn der Berechtigte in ein Pflegeheim umziehen muss. Im Fall des Nießbrauchs kann er das belastete Grundstück vermieten und so Einnahmen erzielen, die den Umzug ins Pflegeheim (mit)finanzieren. Da die Ausübungsüberlassung beim Nießbrauch abbedungen und beim Wohnungsrecht vereinbart werden kann, ist dieser Unterschied in einer Gestaltungssituation nicht entscheidend. Die **unterschiedliche Reichweite der Nutzungsberechtigung** kann jedoch nicht durch Gestaltung beseitigt werden, da § 1030 II BGB der Beschränkung des Nießbrauchs Grenzen setzt. Der Charakter des Nießbrauchs als grundsätzlich umfassendes Nutzungsrecht darf durch beschränkende Abreden nicht verlorengehen.[53]

Die gesetzliche **Verteilung der Lasten** ist für das Wohnungsrecht und den Nießbrauch 32
ebenfalls **unterschiedlich geregelt.** Der Nießbraucher hat nach § 1041 BGB die Sache in ihrem wirtschaftlichen Bestand zu erhalten, wobei er Ausbesserungen und Erneuerungen nur vorzunehmen hat, soweit sie zur gewöhnlichen Unterhaltung der Sache gehören. Nach § 1047 BGB trägt der Nießbraucher auch einen erheblichen Teil der Lasten. Durch diese Regelung werden dem Nießbraucher die Lasten zugewiesen, deren Begleichung aus dem Ertrag des Grundstücks erwartet werden kann. Dem Nießbraucher soll nur der Reinertrag des Grundstücks zustehen.[54] Abweichende Abreden sind sowohl zugunsten als auch zulasten des Nießbrauchers mit dinglicher Wirkung möglich.[55] § 1041 BGB gilt

[52] MünchKomm-BGB/*Mohr,* § 1093 BGB Rn. 1.
[53] *Palandt/Herrler,* § 1030 Rn. 6.
[54] MünchKomm-BGB/*Pohlmann,* § 1047 BGB Rn. 1; *Staudinger/Heinze,* § 1047 BGB Rn. 1.
[55] *Erman/Bayer,* § 1047 BGB Rn. 2; MünchKomm-BGB/*Pohlmann,* § 1047 BGB Rn. 18.

im Wege des Verweises aus § 1093 I 2 BGB auch für das Wohnungsrecht, nicht dagegen § 1047 BGB, der in dieser Norm nicht genannt ist. Ob eine abweichende Lastenverteilung nur mit schuldrechtlicher oder auch mit dinglicher Wirkung vereinbart werden kann, wird nicht einheitlich beantwortet.[56]

33 Aus der Rechtsanwendung hat sich weiterer Informationsbedarf ergeben. N wird G die Gestaltungsmöglichkeiten erläutern und klären, ob sie lediglich ein Wohnungsrecht am Haus haben möchte oder ob für sie ein Nießbrauchrecht am Grundstück bestellt werden soll. Dabei ist auch zu klären, wie G sich die Lastenverteilung vorstellt.

4. Nachfrage: Möchte G sich vor dem Hintergrund der unterschiedlichen Reichweite der Rechte den Nießbrauch am Grundstück oder lediglich ein Wohnungsrecht vorbehalten? Will sie gegebenenfalls über die gesetzlichen Regelungen hinaus die Unterhaltskosten und Lasten übernehmen?

Informationsmittel: Nachfrage bei G.

Ergebnis der 4. Nachfrage (unterstellt): G geht es in erster Linie darum, die Steuerlast gering zu halten, die für E beim unentgeltlichen Erwerb von ihr anfällt. Bis sie stirbt, möchte sie das Grundstück möglichst weitgehend nutzen können. Das Haus zu bewohnen ist für sie zwar die Hauptsache. Sie sieht aber keinen Grund, mehr Rechte aufzugeben als nötig. Da sie dann letztlich das Grundstück in vollem Umfang nutzt und sie ihrer Enkelin keine Belastung auferlegen will, will sie auch die Kosten und Lasten vollständig tragen.

34 Aus der Antwort der G ergibt sich, dass die Bestellung eines Nießbrauchrechts die passende Lösung für G ist. Dabei ist das Nießbrauchrecht so zu gestalten, dass G die Lasten vollständig trägt (sog. **Nettonießbrauch**[57]). Da es um eine steuerlich günstige Gestaltung geht, ist zu überprüfen, ob die Zuwendung eines Grundstücks, das mit einem Nießbrauchrecht zugunsten des Zuwendenden belastet ist, tatsächlich schon **mit der Eintragung der E in das Grundbuch** i. S. d. § 9 I Nr. 2 ErbStG **ausgeführt** wird, sodass die **Schenkungsteuer in diesem Zeitpunkt** entsteht. Sollte das nicht der Fall sein, könnte die zweifache Verwertung des Freibetrags scheitern. Nach Auffassung des BFH verbleibt bei einer Grundstücksübertragung unter Nießbrauchvorbehalt für den bisherigen Grundstückseigentümer kein erbschaftsteuerrechtlich bedeutsames wirtschaftliches Eigentum.[58] Die Schenkung ist damit mit der Eintragung der G vollzogen, sodass die erneute Nutzung des Freibetrags möglich ist, wenn der Erbfall nicht innerhalb von zehn Jahren nach der Eintragung eintritt.

35 **In terminologischer Hinsicht** ist anzumerken, dass ein derartiger Vertrag in der notariellen Praxis oft nicht als Schenkungsvertrag, sondern als Übertragungsvertrag, Überlassungsvertrag oder Übergabevertrag bezeichnet wird. Diese Bezeichnungen sind unabhängig von der konkreten Ausgestaltung im Einzelfall sinnvoll, weil der Zuwendende sich oft Leistungen vorbehält oder sich gewisse Gegenleistungen versprechen lässt. Gemeinsam ist diesen Verträgen die Überlassung eines Grundstücks ohne Gegenleistung, die dem Verkehrswert des Grundstücks entspricht.

[56] Siehe Beck'sches Notar-Handbuch/*Herrler,* 6. Aufl. 2015, A.V. Rn. 362; *Staudinger/Reymann,* § 1093 BGB Rn. 47.

[57] Siehe zu diesem Begriff *Promberger,* MittBayNot 2010, 22; *Staudinger/Heinze,* Vorbemerkungen zu § 1030 BGB Rn. 23.

[58] *BFH* vom 2.9.1982 – II R 61/80, BB 1983, 1019.

b) Flankierende Regelungen

Wird ein Grundstück unter Bestellung eines Nießbrauchrechts unentgeltlich auf einen Verwandten übertragen, sind neben den Kernpunkten und der Lastentragung gegebenenfalls weitere Punkte zu regeln, um etwaige **Konflikte zu vermeiden oder Lösungsmechanismen für Konfliktfälle zu schaffen.** Es geht dabei zum einen um die Absicherung der G. So ist zu klären, ob E das Grundstück nach der Übertragung frei veräußern und belasten kann und wenn ja, ob sie in diesen Möglichkeiten beschränkt werden soll. Außerdem möchte G sich vielleicht vorbehalten, unter bestimmten Umständen das Grundstück von E zurückzufordern. Diese Punkte dienen der **Konfliktvermeidung und Konfliktlösung in Bezug auf das zu gestaltende Rechtsgeschäft.** Zum anderen sind denkbare **Konflikte außerhalb dieser Vertragsbeziehung** in den Blick zu nehmen: Möglicherweise ist eine Regelung über die erbrechtlichen Folgen der Übertragung des Grundstücks zu treffen. 36

aa) Ab dem Erwerb des Eigentums an dem Grundstück hat E die Möglichkeit, es zu veräußern oder zu belasten.[59] Auch wenn der Nießbrauch dadurch in seinem Bestand nicht beeinträchtigt wird, ist das G möglicherweise nicht recht. Wenn das der Fall ist, sollte in den Vertrag ein **Belastungs- und Veräußerungsverbot** aufgenommen werden. Zwar ist eine rechtsgeschäftliche Verfügungsbeschränkung gem. § 137 1 BGB mit dinglicher Wirkung nicht möglich. Der Verfügungsberechtigte kann sich aber gem. § 137 2 BGB wirksam verpflichten, eine solche Verfügung zu unterlassen. Für den Fall der Zuwiderhandlung kann ein **Rückübertragungsanspruch** der G vorgesehen und durch eine **Auflassungsvormerkung** gesichert werden. 37

Zudem sieht das Schenkungsrecht **Rückforderungsrechte des Schenkers nur in engen Grenzen** vor.[60] § 528 BGB regelt die Rückforderung wegen **Notbedarfs.** Die Norm setzt voraus, dass der Schenker außerstande ist, seinen angemessenen Unterhalt zu bestreiten und seine gesetzlichen Unterhaltspflichten zu erfüllen, § 528 I 1 BGB. In § 529 BGB sind zudem Ausschlussgründe bestimmt. In den §§ 530ff. BGB ist ferner der Widerruf der Schenkung geregelt. Ein Widerruf kommt nach § 530 I BGB in Betracht, wenn sich der Beschenkte durch eine schwere Verfehlung gegen den Schenker oder einen nahen Angehörigen des Schenkers des **groben Undanks** schuldig gemacht hat. Die Schwelle für einen Widerruf ist damit hoch angesetzt. Der Schenker möchte sich daher möglicherweise für bestimmte Fälle die Rückforderung vorbehalten, z. B. für den Fall des Todes oder der Insolvenz des Begünstigten oder wenn dieser heiratet, ohne Gütertrennung zu vereinbaren.[61] 38

5. Nachfrage: Möchte G die Belastung und Veräußerung des Grundstücks durch E ausschließen? Möchte sie sich ein Rückforderungsrecht vorbehalten?

Informationsmittel: Nachfrage bei G.

Ergebnis der 5. Nachfrage (unterstellt): G möchte, dass das Grundstück zu ihren Lebzeiten in der Familie bleibt. E soll es weder belasten noch veräußern können. Der Fall der Zwangsvollstreckung soll dem gleichgestellt werden. Für den Fall, dass E sich nicht entsprechend verhält, möchte sie das Grundstück zurück-

---

[59] Solange E noch minderjährig ist, bedürfte sie dazu der Zustimmung ihres gesetzlichen Vertreters, weil beide Verfügungen für sie nachteilige Rechtsgeschäfte wären.

[60] Siehe oben Rn. 7–9.

[61] Siehe zu Rückforderungsgründen Becksches Notar-Handbuch/*Herrler,* 6. Aufl. 2015, A.V. Rn. 473ff.; *Heidel/Pauly/Amend/Schmidt/von Lilien-Waldau,* AnwaltFormulare, § 15 Rn. 64.

verlangen können. Andere Rückforderungsgründe möchte sie nach einer Information über gängige Gestaltungsformen nicht vorsehen.

39 **bb**) Bei der Gestaltung sind zudem erbrechtliche Folgefragen zu bedenken. Das betrifft zum einen den **Ausgleich von Zuwendungen unter Abkömmlingen (§ 2050 BGB),** zum anderen den Pflichtteilsergänzungsanspruch bei Schenkungen (§ 2325 BGB). Hinsichtlich des Ausgleichs von Zuwendungen unter Abkömmlingen gilt Folgendes: Wenn G keine entsprechende Regelung trifft, ist die Zuwendung des Grundstücks der E bei Anfall der Erbschaft nicht auszugleichen. Zwar regelt § 2050 BGB die Ausgleichspflicht für bestimmte Zuwendungen, die Abkömmlinge vom Erblasser zu Lebzeiten erhalten haben. Abgesehen davon, dass die Zuwendung des Grundstücks bei Anwendbarkeit der Norm nicht nach § 2050 I, II BGB ausgleichspflichtig wäre, sondern unter § 2050 III BGB fiele, demzufolge ein Ausgleich nur erfolgt, wenn der Erblasser **bei der Zuwendung die Ausgleichung angeordnet** hat, ist die Norm unter den vorliegenden Umständen bereits nicht anwendbar. Sie gilt allein für den Fall, dass die **gesetzliche Erbfolge** eingreift. Allerdings ist denkbar, dass G ihr Testament vernichtet, sodass die gesetzliche Erbfolge eintritt. Auch dann wäre allerdings nach der jetzigen Situation § 2050 BGB nicht anwendbar, da er den Ausgleich zwischen Abkömmlingen regelt, die als gesetzliche Erben zur Erbfolge gelangen. Wenn im Todesfall der G die gesetzliche Erbfolge eingreift und S und E beide noch leben, erbt aber allein S. E ist gem. § 1924 II BGB von der Erbfolge ausgeschlossen. Die Ausgleichsfrage im Rahmen der gesetzlichen Erbfolge würde sich nur stellen, wenn die gesetzliche Erbfolge eintritt, S vorverstorben ist und inzwischen ein weiteres Kind gezeugt hat (im Zeitpunkt der Beratung ist E sein einziges Kind). Aber auch bei der hier gegebenen gewillkürten Erbfolge ist darüber nachzudenken, ob die Zuwendung im Erbfall berücksichtigt werden soll.

6. Nachfrage: Möchte G die Zuwendung an E in ihrem Testament berücksichtigen?

Informationsmittel: Nachfrage bei G.

Ergebnis der 6. Nachfrage (unterstellt): G ist der Meinung, dass für E und S unabhängig von dem Grundstück genug Erbmasse verbleiben wird und es nicht nötig ist, die Grundstückzuwendung testamentarisch auszugleichen.

40 Zu berücksichtigen ist ferner das Pflichtteilsrecht. Die Zuwendung an E könnte im Fall des Todes der G zu einem **Pflichtteilsergänzungsanspruch des S führen, § 2325 I BGB.**[62] Das Pflichtteilsrecht dient dazu, nahen Angehörigen einen Mindestanteil zu sichern. Das soll der Erblasser nicht durch Zuwendungen unter Lebenden vereiteln können.[63] Die Anwendbarkeit des § 2325 I BGB setzt nicht voraus, dass S tatsächlich einen Pflichtteils*anspruch* hat. Es genügt, dass er zu dem Personenkreis gehört, der nach § 2303 BGB **pflichtteils*berechtigt*** ist.[64] Das ist bei S als Abkömmling der G der Fall. Bei einer Schenkung unter Nießbrauchvorbehalt ist nach der Rechtsprechung des BGH nur die Differenz aus Gegenstands- und Nutzungswert ergänzungspflichtig.[65] Gem. § 2325 III BGB wird allerdings eine Schenkung lediglich ein-

[62] Dritter i. S. d. Norm kann auch der Erbe sein, MünchKomm-BGB/*Lange,* § 2325 BGB Rn. 14, sodass der Pflichtteilsergänzungsanspruch nicht daran scheitern würde, dass E Erbin der G ist.

[63] BGH vom 25.6.1997 – IV ZR 233/96, NJW 1997, 2676; Becksches Notar-Handbuch/*Krauß,* 6. Aufl. 2015, A.V. Rn. 106.

[64] *BGH* vom 21.3.1973 – IV ZR 157/71, NJW 1973, 995 f.

[65] *BGH* vom 30.5.1990 – IV ZR 254/88, NJW-RR 1990, 1158 (1159). Kritisch *Reiff,* NJW 1992, 2857 (2860 f.). Siehe zur Diskussion auch MünchKomm-BGB/*Lange,* § 2325 BGB Rn. 39 f.

geschränkt berücksichtigt, wenn der Erbfall nicht innerhalb des ersten Jahres nach der Schenkung eintritt. Wenn zehn Jahre seit der Leistung des verschenkten Gegenstands verstrichen sind, bleibt die Schenkung gänzlich unberücksichtigt. Möglicherweise sinkt also nach dieser Vorschrift der Betrag, der aufgrund der Zuwendung des Grundstücks im Rahmen eines Pflichtteilsergänzungsanspruchs des S zu berücksichtigen ist. Eine Leistung, die die **Zehnjahresfrist** in Gang setzt, ist nach der Rechtsprechung des BGH aber nur gegeben, wenn der Erblasser nicht nur seine Rechtsstellung als Eigentümer endgültig aufgibt, sondern auch darauf verzichtet, den verschenkten Gegenstand im Wesentlichen weiterhin zu nutzen.[66] Das ist nicht der Fall, wenn ein Grundstück unter Bestellung eines uneingeschränkten Nießbrauchrechts zugewandt wird, weil der Zuwendende sich damit vorbehält, es im Wesentlichen weiter zu nutzen. Die Zuwendung des mit dem Nießbrauch belasteten Grundstücks wäre also im Erbfall für den Pflichtteilsergänzungsanspruchs des S auch nach Ablauf von zehn Jahren noch zu berücksichtigen. Das ließe sich durch einen Pflichtteilsverzicht nach § 2346 II BGB vermeiden, der auch auf den Pflichtteilsergänzungsanspruch beschränkt sein kann.[67] G sollte über die pflichtteilsrechtlichen Folgen der Schenkung unterrichtet und gefragt werden, ob sie auf einen Verzicht des S hinwirken möchte (der allerdings letztlich in der Hand des S läge).

Ferner ist zu klären, ob die Zuwendung gegebenenfalls auf den **Pflichtteil der E** anrechenbar sein soll. Eine solche Anrechnung findet nur statt, wenn sie vom Erblasser bei der Zuwendung angeordnet wurde, § 2315 I BGB.[68] 41

7. Nachfrage: Möchte G nach Information über die pflichtteilsrechtlichen Folgen der Zuwendung auf einen (beschränkten) Pflichtteilsverzicht des S hinwirken? Möchte sie anordnen, dass E sich die Zuwendung auf den Pflichtteil anrechnen lassen muss?

Informationsmittel: Nachfrage bei G.

Ergebnis der 7. Nachfrage (unterstellt): G ist an beiden Regelungen nicht interessiert. Es kommt ihr nicht so sehr darauf an, welche Anteile an ihrem Vermögen E und S im Fall ihres Ablebens genau erhalten. Sie geht davon aus, dass nach ihrem Tod keine Streitigkeiten zwischen E und S um die Erbschaft entstehen und möchte keine Regelung für den Fall treffen, dass es doch zum Streit kommt.

c) Abschluss des Verpflichtungsgeschäfts durch E

Zu klären ist ferner, ob E ihre Vertragserklärungen wirksam selbst abgeben kann und wer gegebenenfalls für sie als Vertreter auftreten kann. E ist **gem. den §§ 2, 106 BGB in der Geschäftsfähigkeit beschränkt.** Sie kann das auf den Abschluss der Schenkung des Grundstücks gerichtete Angebot der G gem. § 107 BGB nur dann wirksam ohne Einwilligung ihres gesetzlichen Vertreters annehmen, wenn das Rechtsgeschäft für sie **lediglich rechtlich vorteilhaft** ist. Bestünde das Verpflichtungsgeschäft darin, dass G sich verpflichtet, E das Grundstück unentgeltlich zuzuwenden, und E dieses Angebot annimmt, wäre es für E lediglich rechtlich vorteilhaft. Das entspricht aber nicht dem Gestaltungswunsch der G. Der Vertrag wird ein Rückforderungsrecht der G für den 42

[66] *BGH* vom 27.4.1994 – IV ZR 132/93, NJW 1994, 1791 (1792).

[67] BeckOGK/*Everts,* § 2346 BGB Rn. 69 (Stand: 1.2.2019); BeckOK/*Poseck,* § 2346 BGB Rn. 24.

[68] Pflichtteilsberechtigt sind gem. § 2303 BGB die Abkömmlinge des Erblassers. Das gilt aber nur dann, wenn sie ohne die Verfügung des Erblassers auch tatsächlich als gesetzliche Erben berufen wären. Entferntere Abkömmlinge werden also durch nähere Abkömmlinge ausgeschlossen (*Staudinger/Otte,* § 2303 BGB Rn. 4). Regelungsbedarf besteht hier also nur für den Fall, dass S vorverstirbt und inzwischen ein weiteres Kind gezeugt hat.

Fall enthalten, dass E das Grundstück belastet oder veräußert. Das kann Ansprüche der G gegen E aus den §§ 280ff., 346ff. BGB auslösen. Ein derartiges Rückforderungsrecht führt zu einer Belastung des Begünstigten, sodass das schuldrechtliche Rechtsgeschäft nicht lediglich rechtlich vorteilhaft ist.[69] E kann das Verpflichtungsgeschäft also nicht wirksam selbst schließen.

d) Abschluss des Verfügungsgeschäfts durch E

43 Auf die Einigungserklärung im Rahmen des Verfügungsgeschäfts ist § 107 BGB ebenfalls anwendbar. E kann daher die Erklärung nur dann wirksam ohne Einwilligung ihres gesetzlichen Vertreters abgeben, wenn der **Erwerb des Eigentums an dem Grundstück** für sie **lediglich rechtlich vorteilhaft** ist. Ein Geschäft ist dann nicht lediglich rechtlich vorteilhaft, wenn den Minderjährigen durch Abschluss des Geschäfts Pflichten treffen, die ihm zuvor nicht auferlegt waren und er für diese Verpflichtungen nicht nur mit der erworbenen Sache dinglich haftet, sondern auch persönlich.[70]

44 **aa**) E soll das Grundstück belastet mit einem **Nießbrauch** zugunsten der G erwerben, weshalb der Erwerb möglicherweise nicht lediglich rechtlich vorteilhaft ist. Das Recht des Nießbrauchers, Nutzungen zu ziehen, ist für sich betrachtet nachteilig. Allerdings **mindert** dieses Recht **lediglich den Wert der unentgeltlichen Zuwendung,** zu einer persönlichen Belastung der E führt es nicht.

45 Nießbrauch kann aber zu **Aufwendungs- und Verwendungsersatzansprüchen** des Nießbrauchers gegen den Eigentümer nach den §§ 1049, 677ff. BGB führen. Sind solche Ansprüche nicht ausgeschlossen, ist der Erwerb **rechtlich nachteilig.**[71] Hier ist allerdings vorgesehen, dass **G die Kosten und Lasten zu tragen hat,** E also keinen Aufwendungs- oder Verwendungsersatzansprüchen ausgesetzt sein wird. Wenn der Nießbraucher über die §§ 1041 2, 1047 BGB hinaus die Kosten außergewöhnlicher Ausbesserungen und Erneuerungen sowie die außergewöhnlichen Grundstückslasten zu tragen hat, ist die Belastung eines geschenkten Grundstücks mit einem Nießbrauch nach Auffassung des BGH nicht nachteilig. Der Nießbrauch führt bei dieser Ausgestaltung nicht zu einer persönlichen Verpflichtung des Begünstigten und beseitigt daher den mit dem Eigentumserwerb verbundenen Vorteil nicht.[72]

46 Nicht lediglich rechtlich vorteilhaft könnte der Erwerb ferner sein, weil die Möglichkeit besteht, dass G einen **Miet- oder Pachtvertrag** über das Grundstück schließen könnte, in den E jedenfalls mit der Beendigung des Nießbrauchs gem. § 1056 I BGB einträte.[73] Der BGH sieht einen derartigen Erwerb als nachteilig an, wenn das Grundstück **im Zeitpunkt der Auflassung** bereits vermietet oder verpachtet ist. Dann besteht die hinreichend konkrete Möglichkeit, dass der Minderjährige bei Beendigung des Nießbrauchs mit Pflichten aus dem Miet- oder Pachtvertrag belastet werden kann, weshalb ein Rechtsnachteil gegeben ist. Die **bloß theoretische Möglichkeit**

[69] Siehe *BGH* vom 25.11.2004 – V ZB 13/04, NJW 2005, 415 (416). Aus der Literatur MünchKomm-BGB/*Spickhoff,* § 107 BGB Rn. 84; *Staudinger/Klumpp,* § 107 BGB Rn. 39. Die Rückforderung kann so ausgestaltet werden, dass sie nicht zu einem rechtlichen Nachteil führt, siehe dazu *Wurm/Wagner/Zartmann/Fröhler,* Rechtsformularbuch, Kap. 15 Rn. 54.

[70] *BGH* vom 25.11.2004 – V ZB 13/04, NJW 2005, 415 (417).

[71] *Kölmel,* RNotZ 2010, 618 (639f.); MünchKomm-BGB/*Spickhoff,* § 107 BGB Rn. 58.

[72] *BGH* vom 25.11.2004 – V ZB 13/04, NJW 2005, 415 (417).

[73] Siehe zum Zeitpunkt des Eintritts des Eigentümers in die Miet- oder Pachtverträge in einer derartigen Konstellation *BGH* vom 3.2.2005 – V ZB 44/04, NJW 2005, 1430 (1431).

einer zukünftigen Belastung lässt das Gericht jedoch nicht genügen. Der Erwerb ist daher nicht bereits deshalb nachteilig, wenn zwar keine Miet- oder Pachtverträge bestehen, aber nicht ausgeschlossen werden kann, dass solche Verträge zukünftig vom Nießbraucher geschlossen werden.[74]

bb) Das Grundstück ist überdies mit einer **Grundschuld** belastet. Daraus folgt kein rechtlicher Nachteil i. S. d. § 107 BGB. Eine Grundschuld ist **rechtlich nicht nachteilig,** weil der Eigentümer gem. den §§ 1192 I, 1147 BGB lediglich die Zwangsvollstreckung des Gläubigers in das Grundstück zu dulden hat. Insofern ist die Haftung auf das Grundstück selbst beschränkt. Die Belastung mindert nur den Vorteil, der dem Minderjährigen durch den Eigentumserwerb entsteht. Allerdings kann sich eine den Eigentümer persönlich treffende Zahlungspflicht daraus ergeben, dass er die **Kosten des zur Zwangsvollstreckung** in das Grundstück **erforderlichen Titels** tragen muss. Ob sich daraus ergibt, dass das Rechtsgeschäft nicht lediglich rechtlich vorteilhaft ist, hat der BGH offen gelassen.[75] In der Literatur ist diese Frage umstritten.[76] Solche Kosten können aber nicht entstehen, wenn der Eigentümer der sofortigen Zwangsvollstreckung unterworfen ist. G hat sich bei Eintragung der Grundschuld gem. § 800 ZPO der sofortigen Zwangsvollstreckung mit Wirkung gegen jeden künftigen Eigentümer unterworfen. Kosten für den Vollstreckungstitel können E daher nicht entstehen. 47

cc) Eigentum an Grundstücken verpflichtet den Eigentümer zur Tragung von **öffentlichen Lasten.** Diese unterteilen sich wiederum in **ordentliche und außerordentliche Lasten.** Unter ordentlichen Lasten versteht man u. a. Grundsteuern und Gemeindeabgaben sowie Gebühren für Kanalisation, Straßenreinigung und Müllabfuhr. Außerordentliche Lasten sind solche, die nicht ständig wiederkehren, sondern nur ausnahmsweise anfallen, wie z. B. Anliegerbeiträge.[77] Auch aus der Pflicht zur Lastentragung könnte sich ein rechtlicher Nachteil i. S. d. § 107 BGB ergeben. 48

Im vorliegenden Fall soll zwar das Eigentum an E übertragen, zugleich aber für G ein Nießbrauch bestellt werden. Dabei will G die Lasten tragen. Mit Ende des Nießbrauchs treffen die öffentlichen Lasten allerdings E als Eigentümerin. Der Eigentümer haftet insoweit nicht nur dinglich, sondern auch persönlich.[78] Ordentliche Lasten bewirken aber nicht, dass ein Rechtsgeschäft als rechtlich nachteilig einzustufen ist. Nach Auffassung des BGH können bestimmte Rechtsnachteile, die typischerweise nur ein ganz unerhebliches Gefährdungspotenzial haben, als vom Anwendungsbereich des § 107 BGB nicht erfasst angesehen werden. Das gelte jedenfalls für solche gesetzlichen Verpflichtungen des Minderjährigen, die begrenzt und wirtschaftlich so unbedeutend sind, dass sie unabhängig von den Umständen des Einzelfalls eine Verweigerung der Genehmigung durch den gesetzlichen Vertreter oder durch einen Ergänzungspfleger nicht rechtfertigen könnten.[79] Die **laufenden öffentlichen Grundstückslasten** sind 49

[74] *BGH* vom 3.2.2005 – V ZB 44/04, NJW 2005, 1430 (1431). Kritisch *Kölmel,* RNotZ 2010, 618 (640f.).

[75] *BGH* vom 25.11.2004 – V ZB 13/04, NJW 2005, 415 (417).

[76] Für unbeachtlich halten diese Kosten MünchKomm-BGB/*Spickhoff,* § 107 BGB Rn. 57; *Staudinger/Klumpp,* § 107 BGB Rn. 46. Für beachtlich hält sie *Kölmel,* RNotZ 2010, 618 (637).

[77] BeckOGK/*Servatius,* § 1047 BGB Rn. 16 (Stand: 1.9.2018); *Erman/L. Michalski,* § 1047 BGB Rn. 4; MünchKomm-BGB/*Pohlmann,* § 1047 BGB Rn. 7; NK-BGB/*Lemke,* § 1047 Rn. 12.

[78] *BGH* vom 25.11.2004 – V ZB 13/04, NJW 2005, 415 (417).

[79] *BGH* vom 25.11.2004 – V ZB 13/04, NJW 2005, 415 (417f.).

mit diesen Erwägungen im Rahmen des § 107 BGB als **unbeachtlich** anzusehen.[80] Ob das auch für außerordentliche Grundstückslasten gilt, insbesondere für Erschließungs- oder Anliegerbeiträge, hat der BGH offen gelassen. Die **bloße Möglichkeit,** dass der Minderjährige zu Anliegerbeiträgen oder ähnlichen außerordentlichen Lasten herangezogen werden könnte, **stellt als solche** jedenfalls **keinen Rechtsnachteil dar.**[81] Ein Teil Literatur steht dieser Rechtsprechung kritisch bis ablehnend gegenüber.[82] Für die Vertragsgestaltung ist mit der Rechtsprechung des BGH davon auszugehen, dass die öffentlichen Lasten, die E treffen könnten, wenn der Nießbrauch entfällt, der Einordnung des Rechtsgeschäfts als lediglich rechtlich vorteilhaft nicht entgegenstehen.

50 Ob das auch für eine eventuell anfallende **Schenkungsteuer** gilt, ist zweifelhaft. Zwar heißt es in der Literatur, dass auch diese Belastung des Minderjährigen unbeachtlich sei, weil er die Steuerschuld jedenfalls durch Veräußerung des Grundstücks decken kann.[83] Im vorliegenden Fall soll E sich aber verpflichten, das Grundstück nicht zu veräußern, sodass ihr dieser Weg nicht offen steht. Allerdings kann die Frage, welche Rolle die Schenkungsteuer bei der Beurteilung des Erwerbs als lediglich rechtlich vorteilhaft spielt, dahinstehen, weil der Wert der Zuwendung den **Freibetrag nach § 16 I Nr. 3 ErbStG** nicht überschreitet und daher keine Schenkungsteuer anfällt. Zwar fällt der Grundstückswert mit 200 000 € genau mit diesem Freibetrag zusammen, sodass bei vorsichtiger Vertragsgestaltung zu erwägen wäre, ob nicht doch aufgrund einer abweichenden Bewertung eine Steuerpflicht droht. Allerdings ist steuerpflichtiger Erwerb gem. § 10 I 1 ErbStG nur die Bereicherung des Begünstigten. Bei der Zuwendung eines Grundstücks unter Nießbrauchvorbehalt ist deshalb die **Zuwendung unter Abzug des Werts des Nießbrauchs zu versteuern.** Bei der Bewertung des Erwerbs wird nach § 12 I ErbStG i. V. m. den § 14 I BewG der Kapitalwert des lebenslänglichen Nießbrauchs mit „dem Vielfachen" des Jahreswerts angesetzt, wobei sich „das Vielfache" für den konkreten Fall aus der vom Bundesministerium der Finanzen gem. § 14 I 4 BewG veröffentlichten Tabelle ergibt. Der Faktor hängt von der zu erwartenden Laufzeit des Nießbrauchs, also von der im Berechnungszeitpunkt zugrunde zu legenden durchschnittlichen Lebenserwartung des Nießbrauchers ab.[84] Der Jahreswert des Nießbrauchs wird nach § 15 BewG bestimmt. Grundlage der Berechnung ist die erzielbare Nettokaltmiete.[85]

8. Nachfrage: Mit welchem Betrag ist der Jahreswert des Nießbrauchs anzusetzen? Wann wurde G geboren?

Informationsmittel: Nachfrage bei G.

Ergebnis der 8. Nachfrage (unterstellt): G gibt den Jahreswert des Nießbrauchs mit 8 000 € an. Sie wurde am 25.9.1959 geboren, hat also ihr 59. Lebensjahr vollendet. Nach der vom Bundesministerium der Finanzen für 2019 ausgegebenen Tabelle[86] ist der Vervielfältiger in diesem Fall mit dem Wert 14,078 anzusetzen.

---

[80] *BGH* vom 25.11.2004 – V ZB 13/04, NJW 2005, 415 (418); *Erman/Müller,* § 107 BGB Rn. 7; *Köhler,* BGB Allgemeiner Teil, § 10 Rn. 16; *Kölmel,* RNotZ 2010, 618 (627ff.).

[81] *BGH* vom 25.11.2004 – V ZB 13/04, NJW 2005, 415 (418).

[82] *Benecke,* ZJS 2008, 217 (219f.); *Haslach,* JA 2017, 490 (492f.); *Staudinger/Klummp,* § 107 BGB Rn. 51.

[83] *Kölmel,* RNotZ 2010, 618 (630).

[84] Näher zur Berechnung *Ivens,* ZEV 2012, 71 (73f.).

[85] MünchVertragshandbuch-BGB/*Spiegelberger/Wartenburger,* VIII. 21, Rn. 13. Näher zur Berechnung *Götze,* RNotZ 2013, 147, 157f.

[86] Veröffentlicht in BStBl I 2018, S. 1306. Außerdem abrufbar unter https://www.bundesfinanzministe rium.de/Content/DE/Downloads/BMF_Schreiben/Steuerarten/Erbschaft_Schenkungsteuerrecht/2

Der Kapitalwert des Nießbrauchs beträgt damit im vorliegenden Fall 112 624 €, sodass der Wert des Erwerbs lediglich mit 87 376 € anzusetzen ist. Der Wert des Erwerbs der E liegt also deutlich unter ihrem Freibetrag.

Insgesamt ist die Einigungserklärung der E hinsichtlich des Eigentumserwerbs am Grundstück als lediglich rechtlich vorteilhaft einzuordnen. E kann die Auflassung selbst erklären.[87] 51

e) Vertretung der E beim Verpflichtungsgeschäft

Da E das Verpflichtungsgeschäft nicht wirksam selbst abschließen kann, ist die Frage ihrer Vertretung zu klären. **S ist** als allein sorgeberechtigte Person gem. § 1629 I 1, 3 BGB **gesetzlicher Vertreter** der E. Er kann allerdings nicht wirksam für E handeln, wenn er im konkreten Fall **von der Vertretung ausgeschlossen** ist. Ein Ausschluss ergibt sich möglicherweise aus den **§§ 1629 II 1, § 1795 I Nr. 1 BGB.** Nach dieser Norm können Eltern bei Rechtsgeschäften mit Verwandten in gerader Linie einerseits und ihrem Kind andererseits grundsätzlich nicht als Vertreter handeln. 52

Hier geht es um ein Rechtsgeschäft zwischen der Tochter des S und seiner Mutter, sodass S die E grundsätzlich nicht vertreten kann. Eine **Ausnahme** besteht für den Fall, dass das Rechtsgeschäft ausschließlich in der **Erfüllung einer Verbindlichkeit** besteht. Soweit es um das im Übertragungsvertrag enthaltene Verpflichtungsgeschäft geht, ist das jedoch nicht der Fall, sodass diese Ausnahme vom Vertretungsverbot nicht eingreift.[88] Der BGH erkennt allerdings noch eine weitere Ausnahme vom Vertretungsverbot an. Über den Wortsinn der §§ 1629 II 1, § 1795 I Nr. 1 BGB hinaus ist der gesetzliche Vertreter bei den in Rede stehenden Rechtsgeschäften auch dann nicht von der Vertretung ausgeschlossen, wenn das Kind durch das Rechtsgeschäft **lediglich einen rechtlichen Vorteil** erlangt. Das Verbot diene dazu, den Vertreter bei möglichen Interessenkollisionen auszuschließen. Wenn eine solche Interessenkollision nach der Natur des Rechtsgeschäfts allgemein ausgeschlossen ist, trifft der Schutzzweck der Norm auf diese Fallgruppe nicht zu.[89] Hier wurde aber bereits geklärt, dass die Annahme der Zuwendung des Grundstücks für E nicht lediglich rechtlich vorteilhaft ist, weil der Vertrag ein Rückforderungsrecht der G enthält. S kann E bei diesem Rechtsgeschäft nicht wirksam vertreten. 53

Damit der schuldrechtliche Teil des Übertragungsvertrags wirksam zustande kommt, muss E durch einen **Ergänzungspfleger** vertreten werden. Er wird gem. § 1909 I 1 54

018-11-22-bewertung-eine-lebenslaenglichen-nutzung-oder-leistung-fuer-stichtage-ab-1-1-2019.html (zuletzt abgerufen: 4.3.2019).

[87] *Wolffskeel von Reichenberg/Trommler,* JA 2016, 453 (457) weisen darauf hin, dass es darauf in der Praxis in Fällen, in denen das schuldrechtliche Rechtsgeschäft wegen eines Rückforderungsvorbehalts nicht lediglich rechtlich vorteilhaft ist, nicht ankommt, weil das schuldrechtliche und das dingliche Rechtsgeschäft i. d. R. in einer Urkunde enthalten sind.

[88] Im umgekehrten Fall, in dem das Verpflichtungsgeschäft lediglich rechtlich vorteilhaft ist, das Verfügungsgeschäft aber nicht (z. B. bei Schenkung eines vermieteten Grundstücks ohne Rückforderungsvorbehalt), stellt sich die Frage, ob der gesetzliche Vertreter gem. den §§ 1629 II 1, 1795 I Nr. 1 BGB für den Minderjährigen handeln kann, weil das Verfügungsgeschäft ausschließlich in der Erfüllung einer Verbindlichkeit besteht. Die h. M. spricht sich in solchen Fällen für eine teleologische Reduktion des § 1795 I Nr. 1 BGB aus. Die Norm sei nicht anwendbar, wenn das Erfüllungsgeschäft nicht lediglich rechtlich vorteilhaft ist. *BGH* vom 3.2.2005 – V ZB 44/04, NJW 2005, 1430 (1431); *Erman/Schulte-Bunert,* § 1795 BGB Rn. 9; *Medicus/Petersen,* Allgemeiner Teil, Rn. 565.

[89] *BGH* vom 16.4.1975 – V ZB 15/74, NJW 1975, 1885 (1886).

BGB in solchen Angelegenheiten für den Minderjährigen bestellt, an deren Besorgung die Eltern oder der Vormund verhindert sind. Zuständig für die **Bestellung** ist nach § 151 Nr. 5 FamFG das **Familiengericht.** N wird die Beteiligten darüber informieren, dass die Bestellung eines Ergänzungspflegers nötig ist.[90]

f) Familiengerichtliche Genehmigung

55 Auf die Pflegschaft finden gem. § 1915 I 1 BGB die für die Vormundschaft geltenden Vorschriften Anwendung. Der Übertragungsvertrag bedarf daher möglicherweise gem. § 1821 I BGB der Genehmigung des Familiengerichts. Im Übertragungsvertrag soll ein Rückforderungsanspruch der G für den Fall vorgesehen werden, dass E das Grundstück belastet oder veräußert. Damit geht E die **Verpflichtung zu einer Verfügung** über das Grundstück ein, § 1821 I Nr. 4 BGB.[91] N wird darauf hinweisen, dass die familiengerichtliche Genehmigung zu beantragen ist und die Genehmigung nach den §§ 1915 I 1, 1829 I 2 BGB dem anderen Vertragsteil gegenüber erst wirksam wird, wenn sie ihm vom Ergänzungspfleger mitgeteilt wurde.

g) Form

56 Gem. § 311b I BGB bedarf ein Vertrag, durch den sich der eine Teil verpflichtet, das Eigentum an einem Grundstück zu übertragen oder zu erwerben, der **notariellen Beurkundung.**

h) Behördliche Genehmigungen, Vorkaufsrecht, Vollzugsvollmachten

57 Bei der Gestaltung von Grundstücksgeschäften ist ferner an behördliche Genehmigungen und Vorkaufsrechte zu denken.[92] Weder ein Vorkaufsrecht nach § 24 BauGB noch ein Vorkaufsrecht nach § 463 BGB kommt aber bei einer Schenkung in Betracht, da beide Normen einen Kaufvertrag voraussetzen. Die Beteiligten sollten außerdem Vollzugsvollmachten erteilen.[93]

i) Kosten und Steuern

58 Wer die Kosten der Beurkundung des Übertragungsvertrags und der Auflassung, der Eintragung ins Grundbuch und der zu der Eintragung ins Grundbuch erforderlichen Erklärungen sowie die Kosten der erforderlichen Genehmigungen zu tragen hat, unterliegt der **Parteivereinbarung.**[94]

9. Nachfrage: Wer soll die anfallenden Kosten tragen?

Informationsmittel: Nachfrage bei den Parteien.

Ergebnis der 9. Nachfrage (unterstellt): Die Kosten trägt G.

---

[90] In diesem Verfahren kann sich der Antragsteller durch einen Notar vertreten lassen, § 10 II Nr. 3 FamFG.

[91] Eine Genehmigungspflicht bei Rückübertragungsansprüchen bejahen *OLG München* vom 17.7.2007 – 31 Wx 18/07, BWNotZ 2007, 168 (169); *Fembacher,* MittBayNot 2004, 24 (25); *Wolffskeel von Reichenberg/Trommler,* JA 2016, 453 (457). A. A. MünchKomm-BGB/*Kroll-Ludwigs,* § 1821 BGB Rn. 4; *Staudinger/Veit,* § 1821 BGB Rn. 65.

[92] Siehe dazu § 6 Rn. 49–50.

[93] Siehe dazu § 6 Rn. 51.

[94] Siehe zu der Frage, ob die Notarkosten und die beim Grundbuchamt entstehenden Kosten ein rechtlich relevanter Nachteil i. S. d. § 107 BGB sind, *Kölmel,* RNotZ 2010, 618 (630ff.).

Wie bereits erwähnt, ist bei der Gestaltung des Übertragungsvertrags die **Schenkungsteuer** zu berücksichtigen. Im vorliegenden Fall wird angesichts des Grundstückswerts, des Kapitalwerts des Nießbrauchs und des Freibetrags der E keine Schenkungsteuer anfallen.[95] Zu bedenken ist ferner die Grunderwerbsteuer. Gem. § 3 Nr. 2 1 GrEStG fällt bei Grundstücksschenkungen unter Lebenden i. S. d. ErbStG keine **Grunderwerbsteuer** an. Wenn aber die Schenkung unter einer Auflage erfolgt, die bei der Schenkungsteuer abziehbar ist, unterliegt die Schenkung hinsichtlich des Werts der Auflage nach § 3 Nr. 2 2 GrEStG der Besteuerung nach diesem Gesetz. Der Nießbrauchvorbehalt ist eine Auflage i. S. d. Norm.[96] Sein Wert ist, wie bereits erläutert, bei der Ermittlung der Schenkungsteuer abziehbar.[97] Grundsteuer fällt in diesem Fall dennoch nicht an, weil der Erwerb eines Grundstücks durch Personen, die mit dem Veräußerer in gerader Linie verwandt sind, gem. § 3 Nr. 6 GrEStG von der Besteuerung ausgenommen ist. Diese Voraussetzungen sind hier erfüllt. 59

4. Vertragsentwurf

Nummer … der Urkundenrolle für 2019 60
Verhandelt
zu Neustadt am 16.5.2019
Vor dem unterzeichnenden Notar
Dr. Norbert Northeim
mit dem Amtssitz in Neustadt
erschienen heute:

1. Frau Gerlinde Groß, geb. 25.9.1959, Ahornweg 12, 12345 Neustadt, ausgewiesen durch Personalausweis Nr …,

– nachstehend die Erschienene zu 1 –

2. deren Enkelin Frau Emma Groß, geb. 12.3.2003, Parkstr. 22, 12347 Neustadt, ausgewiesen durch Personalausweis Nr …,

– nachstehend die Erschienene zu 2 –

vertreten durch … als Ergänzungspfleger, bestellt durch Beschluss des Familiengerichts Neustadt vom …, ausgewiesen durch Personalausweis Nr …,
Der Notar fragte die Erschienenen nach einer Vorbefassung i. S. v. § 3 I Nr. 7 BeurkG, d. h. ob er oder eine Person, mit der er sich zur gemeinsamen Berufsausübung verbunden oder mit der er gemeinsame Geschäftsräume hat, außerhalb seiner oder ihrer Amtstätigkeit in dieser Angelegenheit bereits vorher tätig war oder ist. Die Erschienenen erklärten, dass eine Vorbefassung nicht vorliegt.
Die Erschienenen erklären zu öffentlicher Urkunde folgenden

95 Siehe oben Rn. 50.

96 *Sontheimer/Kollmar,* Vertragsgestaltung und Steuerrecht, 3. Aufl. 2017, Rn 285. Zu beachten ist, dass der Wert der Auflage aufgrund unterschiedlicher Bewertungsvorschriften bei der Bemessung der Grunderwerbsteuer höher sein kann als der bei der Schenkungsteuer abziehbare Wert, siehe dazu *BFH* vom 9.2.2017 – II B 38/15, ZEV 2017, 291 (292).

97 Siehe oben Rn. 50.

Übertragungsvertrag

§ 1 Übertragungsgegenstand, Belastungen

(1) Die Erschienene zu 1 ist im Grundbuch des Amtsgerichts Neustadt, Blatt 312 als Alleineigentümerin folgenden Grundstücks eingetragen:
Flur 1, Flst. Nr. 210, Gebäude und Freifläche mit 555 qm, Ahornweg 12 – nachstehend Grundstück genannt –

(2) Das Grundstück ist nach dem Grundbuch wie folgt belastet:
III. Abt. lfd. Nr. 1: 30 000 € Briefgrundschuld zugunsten der A-Bank
Weitere Einträge sind in Abt. II und III des Grundbuchs nicht enthalten.

(3) Die Erschienene zu 1 überträgt das Grundstück schenkweise an die Erschienene zu 2. Die Erschienene zu 2 nimmt die Übertragung an.

§ 2 Besitzübergang, Gewährleistung

(1) Der Besitz und die Sachgefahr des Grundstücks gehen mit Abschluss dieses Vertrags auf die Erschienene zu 2 über.

(2) Die Erschienene zu 1 leistet keine Gewähr für die Beschaffenheit des Grundstücks, den baulichen Zustand vorhandener Gebäude und die Flächenmaßrichtigkeit.

§ 3 Auflassung

Die Erschienenen zu 1 und 2 sind sich über den Eigentumsübergang nach § 1 einig. Die Erschienene zu 1 bewilligt und die Erschienene zu 2 beantragt die Eigentumsumschreibung im Grundbuch von Neustadt Blatt 312. Nach Belehrung über die Bedeutung verzichtet die Erschienene zu 2 auf die Eintragung einer Auflassungsvormerkung zu ihren Gunsten.

§ 4 Nießbrauch

(1) Die Erschienene zu 1 behält sich den unentgeltlichen Nießbrauch an dem Grundstück vor. Sie ist berechtigt, sämtliche Nutzungen aus dem Grundbesitz zu ziehen und verpflichtet, sämtliche auf dem Grundbesitz ruhenden privaten und öffentlichen Lasten einschließlich der außerordentlichen öffentlichen und der von Gesetzes wegen eigentlich dem Eigentümer obliegenden privaten Lasten zu tragen, insbesondere die außergewöhnlichen Ausbesserungen und Erneuerungen.

(2) Die Erschienenen zu 1 und 2 bewilligen und beantragen die Eintragung des Nießbrauchs im Grundbuch von Neustadt Blatt 312 mit dem Vermerk, dass zur Löschung des Rechts der Nachweis des Todes des Berechtigten genügt.

§ 5 Belastungs- und Veräußerungsverbot

(1) Die Erschienene zu 2 verpflichtet sich, das Grundstück bis zum Tod der Erschienenen zu 1 ohne deren Zustimmung weder zu belasten noch zu veräußern und auch keine Verpflichtung dazu einzugehen.

(2) Im Fall des Verstoßes hiergegen ist die Erschienene zu 2 verpflichtet, das übertragene Grundstück gegen Übernahme der etwaigen dinglich gesicherten Verbindlichkeiten, im Übrigen unentgeltlich an die Erschienene zu 1 zu übertragen. Dasselbe gilt, wenn die Zwangsvollstreckung in das Grundstück betrieben wird.

(3) Zur Sicherung dieses etwaigen Auflassungsanspruchs bewilligen und beantragen die Erschienenen zu 1 und 2 die Eintragung einer Auflassungsvormerkung im

Grundbuch von Neustadt Blatt 312 mit Rang nach dem in § 4 dieses Vertrags geregelten Nießbrauchs.

§ 6 Auftrag an den Notar, Vollzugsvollmachten
(1) Die Erschienenen zu 1 und 2 beauftragen den beurkundenden Notar mit der Durchführung des Vertrags und der Einholung aller erforderlichen Genehmigungen. Sie ermächtigen ihn zu deren Entgegennahme mit Wirkung für und gegen alle Beteiligten. Genehmigungen aller Art werden mit dem Eingang bei dem Notar für alle Beteiligten wirksam.
(2) Der Notar hat die Beteiligten darüber belehrt, dass der Vertrag der Genehmigung des Familiengerichts bedarf und diese erst wirksam wird, wenn der Genehmigungsbeschluss nach dessen formeller Rechtskraft dem anderen Vertragsteil von dem Ergänzungspfleger mitgeteilt worden ist. Der Ergänzungspfleger bevollmächtigt den Notar, die Erteilung der gerichtlichen Genehmigung zu beantragen, diese Genehmigung für ihn in Empfang zu nehmen und sie der Erschienenen zu 1 mitzuteilen. Diese bevollmächtigt den Notar zur Entgegennahme der Mitteilung des Ergänzungspflegers.
(3) Die Erschienenen zu 1 und 2 erteilen jeder für sich unwiderruflich, über den Tod hinaus und unter Befreiung von den Beschränkungen des § 181 BGB den Angestellten des Notars

1. Wachter, Elfriede, geb. 13.4.1972, Notarfachgehilfin
2. Müller, Gertrude, geb. 23.8.1970, Notarfachangestellte

je einzeln Vollmacht, alle Erklärungen abzugeben und entgegenzunehmen, die mit diesem Vertrag und seinem Vollzug in Zusammenhang stehen, insbesondere Eintragungsbewilligungen zum Grundbuch abzugeben, Eintragungsanträge zu stellen und Auflassungen zu erklären. Von der Vollmacht darf nur beim beurkundenden Notar Gebrauch gemacht werden. Sie erlischt mit der Eintragung des Eigentumsübergangs auf die Käuferin im Grundbuch.

§ 7 Kosten
Die Kosten dieses Vertrags und seines Vollzuges trägt die Erschienene zu 1.

§ 8 Schriftform, Teilunwirksamkeit
(1) Änderungen und Ergänzungen zu diesem Vertrag bedürfen der Schriftform, soweit nicht gesetzlich die notarielle Beurkundung vorgeschrieben ist. Diese Formvorschrift kann nur unter Wahrung der vereinbarten Form aufgehoben oder geändert werden.
(2) Sollten eine oder mehrere Bestimmungen dieses Vertrags ungültig sein oder werden, soll der Vertrag im Übrigen gleichwohl gelten. Die ungültigen Bestimmungen sollen durch Regelungen ersetzt werden, die den wirtschaftlichen Interessen der Parteien am besten entsprechen.

§ 9 Hinweise des Notars
Die Beteiligten erklären, vom Notar eingehend belehrt worden zu sein, insbesondere darüber, dass
(1) der Eigentumsübergang erst mit der Eintragung der Erschienenen zu 2 in das Grundbuch erfolgt;

(2) alle Vereinbarungen beurkundet sein müssen und dass bei einem Verstoß gegen diese Bestimmung (§ 311b BGB) der Vertrag in seinem ganzen Inhalt unwirksam sein kann;
(3) steuerliche Auskünfte und Belehrungen nicht Gegenstand der Beratung durch den Notar sind und die Parteien gegebenenfalls entsprechende Berater hinzuzuziehen haben;
(4) er gem. § 34 I, II Nr. 3 ErbStG verpflichtet ist, dem für die Verwaltung der Erbschaftsteuer zuständigen Finanzamt schriftlich Anzeige über die beurkundete Schenkung zu erstatten.
(5) Außer den in dieser Urkunde enthaltenen Belehrungen wurde auch im Übrigen auf Inhalt und Rechtswirkungen jeder einzelnen der vorstehenden Vereinbarungen hingewiesen.

§ 10 Wertangaben
(1) Den Wert des Grundstücks geben die Erschienen zu 1 und 2 mit 200 000 € an.
(2) Den Jahreswert des Nießbrauchs geben sie mit 8 000 € an.
Vorstehende Verhandlung wurde den Erschienenen vorgelesen, von ihnen genehmigt und eigenhändig von ihnen und dem Notar wie folgt unterschrieben:

§ 8. Vertragsgestaltung im Arbeitsrecht

Literatur (siehe auch das Verzeichnis der abgekürzt zitierten Literatur, S. XVII): *Bauer,* Einführung in die Vertragsgestaltung im Arbeitsrecht, JuS 1999, 356, 452, 557, 660, 765; *Bauer/Krieger/Arnold,* Arbeitsrechtliche Aufhebungsverträge, 9. Aufl. 2014; *Bauerdick/Hettche,* Aktuelle Rechtsprechung zu Allgemeinen Geschäftsbedingungen im Arbeitsrecht, NZA-RR 2018, 337; *Düwell/Dahl,* Die Leistungs- und Verhaltensbeurteilung im Arbeitsverhältnis, NZA 2011, 958; *Hromadka,* Die betriebliche Übung: Vertrauensschutz im Gewande eines Vertrags, NZA 2011, 65; *Kamanabrou,* Das Weisungsrecht des Arbeitgebers, Jura 2018, 457; *Kössl,* Die Gestaltung der Vergütung in Formulararbeitsverträgen, DB 2016, 2963; *Kuhn/Becker,* Arbeits- und sozialversicherungsrechtliche Aspekte bei Aufhebungsverträgen, DB 2016, 1994; *Maschmann/Sieg/Göpfert,* Vertragsgestaltung im Arbeitsrecht, 2. Aufl. 2016; *Preis/Greiner,* Vertragsgestaltung bei Bezugnahmeklauseln nach der Rechtsprechung des BAG, NZA 2007, 1073; *Preis/Ulber,* Die Wiederbelebung des Ablösungs- und Ordnungsprinzips?, NZA 2014, 6; *Reinfelder,* Der Rücktritt von Aufhebungsvertrag und Prozessvergleich, NZA 2013, 62; *Vogt/Oltmanns,* Sprachanforderungen und Einführung einer einheitlichen Sprache im Konzern, NZA 2014, 181; *Waltermann,* „Ablösung" arbeitsvertraglicher Zusagen durch Betriebsvereinbarung?, RdA 2016, 296; *Weber/Ehrich/Burmester/Fröhlich,* Handbuch der arbeitsrechtlichen Aufhebungsverträge, 5. Aufl. 2009.

1 Im Arbeitsrecht besteht sowohl im individuellen als auch im kollektiven Bereich Gestaltungsbedarf. Auf der individuellen Ebene ist der **Arbeitsvertrag** (§ 611 a BGB) angesiedelt, in dem Arbeitnehmer und Arbeitgeber die Bedingungen des Arbeitsverhältnisses festlegen. Er gibt aber nur ein unvollständiges Bild des Arbeitsverhältnisses, denn seine Regelungen werden durch arbeitnehmerschützendes **Gesetzesrecht** und durch **Kollektivvereinbarungen** (Betriebsvereinbarungen, Tarifverträge) ergänzt; diese Normen begrenzen zugleich den individuellen Gestaltungsrahmen. Auch wenn sich die Arbeitsbedingungen aus dem Zusammenspiel unterschiedlicher Rechtsquellen ergeben, nimmt der Arbeitsvertrag die Schlüsselrolle ein, weil er die Grundlage des Arbeitsverhältnisses bildet.[1]

2 Im Folgenden geht es deshalb um Fragen der **Gestaltung und Aufhebung von Arbeitsverträgen,** die Formulierung von Tarifverträgen und Betriebsvereinbarungen bleibt ausgeklammert. In der Praxis werden Arbeitsverträge i. d. R. nicht individuell ausgehandelt. Vielmehr werden **vorformulierte Arbeitsvertragsmuster** verwendet.[2] Sie haben für den Arbeitgeber Vorteile, weil sie zu einer Rationalisierung im Personalwesen und zu einer Gleichbehandlung der Arbeitnehmer führen.[3] In der Gleichbehandlung liegt zugleich der Nachteil vorformulierter Arbeitsverträge: Sie verhindern eine individuelle, die rechtlichen Gestaltungsspielräume nutzende Vertragsgestaltung.[4]

I. Allgemeine Überlegungen

3 Der Vertragsjurist kann sich bei der Gestaltung eines Arbeitsvertrags an den üblichen **Denkschritten der Vertragsgestaltung** orientieren.[5] Der Informationsgewinnung folgt ein erster Rohentwurf des Vertrags; die Rückkopplung des Vertragsentwurfs im

---

[1] Zur Funktion der Vertragsgestaltung im Arbeitsrecht, insbesondere in Arbeitsverträgen *Maschmann/Sieg/Göpfert/Maschmann,* Vertragsgestaltung im Arbeitsrecht, A) Rn. 1 ff.

[2] *Junker,* Grundkurs Arbeitsrecht, Rn. 76; *Preis,* Vertragsgestaltung, S. 54 ff.

[3] *Preis,* Vertragsgestaltung, S. 105 f.; *Zöllner/Loritz/Hergenröder,* Arbeitsrecht, § 1 Rn. 5.

[4] Vgl. *Preis/Preis,* Arbeitsvertrag, Teil I A Rn. 111 ff.

[5] Siehe dazu oben § 1 Rn. 12–69.

dispositiven und im zwingenden Recht – hier kommen im Arbeitsrecht zum Gesetzesrecht Betriebsvereinbarungen und Tarifverträge hinzu – erfolgt anhand von **Gestaltungskriterien** wie dem Gebot des sicheren Weges.

1. Fragen der Informationsgewinnung

4 Wie bei anderen Verträgen stehen auch bei Arbeitsverträgen die wesentlichen Vertragsbestandteile **(essentialia negotii)** im Vordergrund. Dazu zählt zunächst die Bezeichnung der Vertragsparteien, d. h. des Arbeitgebers und des Arbeitnehmers (vgl. § 2 I 2 Nr. 1 NachwG). Besondere Aufmerksamkeit verdienen die vom Arbeitnehmer geschuldete Tätigkeit, die Regelungen über die Arbeitszeit und die Abrede über die Vergütung.

a) Tätigkeitsbeschreibung

5 Nach § 2 I 2 Nr. 5 NachwG ist die **Tätigkeit,** die der Arbeitnehmer zu leisten hat, in der Niederschrift des Arbeitsvertrags kurz zu charakterisieren oder zu beschreiben. Die Tätigkeitsbeschreibung steckt den Rahmen der Beschäftigungsmöglichkeiten des Arbeitnehmers ab, indem sie das Weisungsrecht des Arbeitgebers begrenzt.[6] Das Weisungsrecht gibt dem Arbeitgeber die Befugnis, Inhalt, Ort und Zeit der Arbeitsleistung im Rahmen des höherrangigen Rechts nach billigem Ermessen zu bestimmen, § 106 1 GewO.[7] Genügt die Weisung nicht billigem Ermessen, so ist diese für den Arbeitnehmer nicht verbindlich und muss nicht befolgt werden.[8] Aus Arbeitgebersicht ist auf den ersten Blick die Vereinbarung eines möglichst **weiten Tätigkeitsbereichs** sinnvoll, damit der Arbeitnehmer nach den jeweiligen betrieblichen Bedürfnissen eingesetzt werden kann.[9] Dieser Flexibilisierungseffekt lässt sich auch dadurch erzielen, dass ein konkretes Tätigkeitsgebiet mit einer **Versetzungsklausel** kombiniert wird. Beide Gestaltungsvarianten – weite Tätigkeitsbeschreibung und (wirksame) Versetzungsklausel – halten dem Arbeitgeber die Möglichkeit offen, dem Arbeitnehmer kraft seines **Weisungsrechts** (Direktionsrechts) andere Tätigkeiten zuzuweisen.

Beispiele für eine weite und eine enge Tätigkeitsbeschreibung (mit Versetzungsklausel): „Herr X wird als Sachbearbeiter im Bereich Versicherungen tätig."

„Herr X wird als Sachbearbeiter in der Sparte Feuerversicherung tätig. Die Arbeitgeberin ist berechtigt, ihm eine andere gleichwertige Tätigkeit im Bereich Versicherungen zuzuweisen."

6 Eine Versetzungsklausel unterliegt allerdings der **Inhaltskontrolle** nach den §§ 307 ff. BGB, wenn sie über den Inhalt des § 106 1 GewO hinausgeht. Das Klauselverbot des § 308 Nr. 4 BGB findet auf eine arbeitsvertragliche Versetzungsklausel keine Anwendung, da es nicht um die Leistung des Klauselverwenders, sondern um diejenige des Vertragspartners geht.[10] Die Unwirksamkeit der Versetzungsklausel ergibt sich aber aus § 307 I 1 BGB, wenn der Arbeitgeber sich vorbehält, einseitig die vertraglich ver-

[6] *Hromadka/Maschmann,* Arbeitsrecht I, § 6 Rn. 6; *Löwisch/Caspers/Klumpp,* Arbeitsrecht, Rn. 207; *Waltermann,* Arbeitsrecht, Rn. 176.

[7] Siehe zu den Grenzen des Weisungsrechts *Hromadka,* NZA 2012, 233; *Kamanabrou,* Jura 2018, 457 (458 ff.).

[8] *BAG* vom 18.10.2017 – 10 AZR 330/16, NZA 2017, 1452 (1459 f.); anders noch *BAG* vom 2.2.2012 – 5 AZR 249/11, NZA 2012, 858 (860).

[9] *Preis,* Individualarbeitsrecht, Rn. 1098. Vgl. auch *Maschmann/Sieg/Göpfert/Vetter,* Vertragsgestaltung im Arbeitsrecht, 2. Aufl. 2016, C.550 Rn. 1.

[10] *BAG* vom 11.4.2006 – 9 AZR 557/05, NZA 2006, 1149 (1151).

einbarte Tätigkeit des Arbeitnehmers ändern zu können, ohne dass die Änderungsmöglichkeit auf gleichwertige Tätigkeiten beschränkt ist.[11] Entspricht die Versetzungsklausel materiell § 106 1 GewO, so unterliegt sie mangels Abweichung von Rechtsvorschriften nicht der Inhaltskontrolle, § 307 III BGB. Eine Transparenzkontrolle findet dennoch statt.

Beispiel: „Frau Y wird als Personalsachbearbeiterin bei Z beschäftigt. Falls erforderlich, kann Z nach Abstimmung der beiderseitigen Interessen Art und Ort der Tätigkeit des/der Angestellten ändern."

Diese Klausel geht über § 106 1 GewO hinaus, weil Frau Y auch eine andere Tätigkeit als die einer Personalsachbearbeiterin zugewiesen werden kann. Sie benachteiligt die Arbeitnehmerin unangemessen i. S. d. § 307 I 1, II Nr. 1 BGB, weil sie nicht die Einschränkung enthält, dass nur eine gleichwertige Tätigkeit zugewiesen werden darf.[12]

Die **Kehrseite des flexiblen Einsatzes** des Arbeitnehmers sind für den Arbeitgeber negative Auswirkungen auf den Kündigungsschutz. Im Fall einer betriebsbedingten Kündigung ist der Kreis der in die **Sozialauswahl nach § 1 III KSchG** einzubeziehenden Arbeitnehmer umso größer, je flexibler die Arbeitnehmer einsetzbar sind.[13] Mit der Anzahl der in die Sozialauswahl einzubeziehenden Arbeitnehmer wächst die Gefahr einer fehlerhaften Sozialauswahl.[14] 7

Die arbeitsvertragliche Tätigkeitsbeschreibung beeinflusst einerseits die Versetzungsmöglichkeiten, andererseits den Kreis der bei einer Kündigung in die Sozialauswahl einzubeziehenden Arbeitnehmer.

Im Zusammenhang mit den Versetzungsmöglichkeiten des Arbeitgebers wird auch die sog. Konkretisierung der Arbeitspflicht diskutiert. Selbst wenn der Arbeitsvertrag ein weites Einsatzgebiet des Arbeitnehmers eröffnet, kann durch die tatsächliche Beschäftigung mit bestimmten Aufgaben eine **Konkretisierung der Arbeitspflicht** des Arbeitnehmers auf eine **bestimmte Tätigkeit** eintreten. Allerdings legt die Rechtsprechung insoweit einen strengen Maßstab an. Soweit ersichtlich hat das BAG eine Konkretisierung noch nie bejaht.[15] 8

Beispiel: Der Arbeitnehmer Z wird als „Schlosser" eingestellt. Sechs Jahre lang wurde er als Kunstschlosser eingesetzt, nun soll er als Maschinenschlosser tätig werden.

Allein die langjährige Beschäftigung in einem bestimmten Arbeitsgebiet schränkt das Direktionsrecht nicht ein. Es müssen besondere Umstände hinzukommen, aus denen sich ergibt, dass künftig eine anderweitige Beschäftigung des Arbeitnehmers nicht gegen seinen Willen erfolgen wird.[16]

---

[11] *BAG* vom 9.5.2006 – 9 AZR 424/05, NZA 2007, 145 (147).

[12] Siehe *BAG* vom 9.5.2006 – 9 AZR 424/05, NZA 2007, 145 (147).

[13] Die Grenze der Sozialauswahl ist jedoch stets der Betrieb („Betriebsbezogenheit der Sozialauswahl") *BAG* vom 2.6.2005 – 2 AZR 158/04, NZA 2005, 1175 (1175 f.); APS/*Kiel*, 5. Aufl. 2017, § 1 KSchG Rn. 596.

[14] Zur (fehlenden) Möglichkeit des Arbeitgebers, sich im Rahmen der Sozialauswahl auf die Unwirksamkeit einer Versetzungsklausel zu berufen siehe *Zaumseil*, NZA 2016, 1112 einerseits; *Repey*, NZA 2016, 1444 andererseits.

[15] Siehe *Kamanabrou*, Arbeitsrecht, Rn. 812.

[16] *BAG* vom 17.8.2011 – 10 AZR 202/10, NZA 2012, 265 (266); *BAG* vom 13.6.2012 – 10 AZR 296/11, NZA 2012, 1154 (1156); siehe auch *Junker*, Grundkurs Arbeitsrecht, Rn. 208; *Krause*, Arbeitsrecht, § 9 Rn. 14.

b) Vergütungsabrede

9 Nach § 2 I 2 Nr. 6 NachwG sind die Zusammensetzung und die Höhe des **Arbeitsentgelts** in die Niederschrift des Arbeitsvertrags aufzunehmen. Die Vergütungsvereinbarung darf im Anwendungsbereich des MiLoG den gesetzlichen Mindestlohn nicht unterschreiten. Fehlt es an einer ausdrücklichen oder stillschweigenden Vergütungsabrede, bleibt der Arbeitsvertrag – anders als z. B. ein Kaufvertrag – dennoch wirksam: Nach § 612 I BGB gilt eine Vergütung dann als stillschweigend vereinbart, wobei sich die Höhe gem. § 612 II BGB nach der **üblichen Vergütung** richtet (insbesondere nach der betriebs-, hilfsweise der branchenüblichen Vergütung). Die Regelung spielt u. a. bei der Vergütung von Mehrarbeit eine Rolle, wenn es dazu keine (kollektiv)vertragliche Regelung gibt.

c) Weitere Regelungen

10 Zu den notwendigen Vertragsbestandteilen zählen ferner der **Beginn des Arbeitsverhältnisses und der Umfang der Arbeitszeit.** Bei befristeten Arbeitsverhältnissen ist die Befristungsabrede schriftlich festzuhalten (§ 14 IV TzBfG). Außerdem können die Arbeitsvertragsparteien zusätzliche Regelungen als weitere Vertragsbestandteile wünschen, die wiederum Informationsbedarf auslösen (z. B. betriebliche Altersversorgung, Sonderzuwendungen, Nebentätigkeits- oder Wettbewerbsverbote). Das **NachwG** zählt zu den Mindestangaben der Niederschrift des Arbeitsvertrags noch den Arbeitsort, die Urlaubsdauer, die Kündigungsfristen und einen Hinweis auf anwendbare Tarifverträge oder Betriebsvereinbarungen (§ 2 I 2 Nr. 4, 8, 9 und 10 NachwG).

Beispiele: „Das Arbeitsverhältnis beginnt am 1. 10. 2019.“

„Die regelmäßige wöchentliche Arbeitszeit beträgt 38,5 Stunden.“

„Die Arbeitnehmerin erhält jedes Jahr am 15.11. eine Weihnachtsgratifikation in Höhe eines halben Bruttomonatsgehalts. Der Anspruch besteht nicht, wenn die Arbeitnehmerin am 1.11. eines Jahres seit weniger als zwölf Monaten bei der X-AG angestellt ist. Scheidet die Arbeitnehmerin vor dem 1.11. eines Jahres aus dem Betrieb aus, so erhält sie eine anteilige Gratifikation, wenn sie im Zeitpunkt ihres Ausscheidens wenigstens zwölf Monate bei der X-AG beschäftigt war.“

2. Probleme der Rechtsanwendung

11 Um einen Vertrag rechtswirksam gestalten zu können, muss sich der Vertragsjurist mit den rechtlichen Rahmenbedingungen vertraut machen. Zusätzlich zum **Gesetzesrecht** sind bei der Gestaltung von Arbeitsverträgen die einschlägigen **Betriebsvereinbarungen** und **Tarifverträge** zu beachten. Ferner spielt die **AGB-Kontrolle** von Arbeitsvertragsbedingungen eine Rolle.

a) Gesetzesrecht

12 Zahlreiche arbeitsrechtliche Gesetze dienen dem Arbeitnehmerschutz und sind deshalb einseitig zwingend oder sogar beidseitig zwingend ausgestaltet. Von einer **einseitig zwingenden Norm** können die Parteien zugunsten des Arbeitnehmers abweichen, bei **beidseitig zwingenden Regelungen** ist jegliche Abweichung vom Gesetz unzulässig. Da das Arbeitsrecht seiner Natur nach Arbeitnehmerschutzrecht darstellt, besteht bei der Vertragsgestaltung im Arbeitsrecht weniger Freiraum als in anderen Rechtsgebieten.

Beispiel: Der Arbeitsvertrag eines Sachbearbeiters sieht eine 5-Tage-Woche mit einer wöchentlichen Arbeitszeit von 45 Stunden vor. – Die Vereinbarung verstößt gegen § 3 ArbZG. Da eine Anwendung der Teilnichtigkeitsregel des § 139 BGB dem Schutzzweck des Gesetzes zuwiderliefe, ist die Rechtsfolge des Verstoßes, dass die nach dem ArbZG (höchst-) zulässige Arbeitszeit von acht Stunden täglich (also bei einer 5-Tage-Woche 40 Stunden wöchentlich) als vereinbart gilt.[17]

Arbeitsrechtliche Sondervorschriften gelten auch bei **Leistungsstörungen.** Da die Arbeitsleistung des Arbeitnehmers i. d. R. eine absolute Fixschuld darstellt, tritt **im Regelfall bei Nichtleistung** nicht lediglich Verzug, sondern **Unmöglichkeit** ein.[18] Die Ansprüche der Arbeitsvertragsparteien würden sich ohne arbeitsrechtliche Sondervorschriften nach den §§ 275, 326 I, II BGB richten. Der aus diesen Vorschriften resultierende Grundsatz „kein Lohn ohne Arbeit" ist jedoch in den meisten Fällen unverschuldeter Arbeitsverhinderung durch Sondervorschriften durchbrochen (z. B. durch § 615 3 BGB oder durch das EFZG). 13

Beispiel: Der Arbeitnehmer A kann infolge einer Grippe 10 Tage nicht zur Arbeit erscheinen. Sein Arbeitgeber möchte den Lohn kürzen. – Gem. § 326 I 1, 1. Hs. BGB entfällt der Anspruch des A auf sein Arbeitsentgelt. Ihm steht aber gem. § 3 I 1 EFZG ein Anspruch auf Entgeltfortzahlung zu, dessen Höhe sich nach § 4 EFZG richtet.

b) Kollektivvereinbarungen

Tarifverträge, die aufgrund einer Tarifgebundenheit der Arbeitsvertragsparteien gem. § 3 TVG oder kraft Allgemeinverbindlicherklärung (§ 5 TVG) im konkreten Arbeitsverhältnis anwendbar sind, **wirken** gem. § 4 I TVG **unmittelbar und zwingend.** Die Tarifvertragsparteien können aber nach § 4 III Alt. 1 TVG **Öffnungsklauseln** vorsehen, die den Arbeitsvertragsparteien und vor allem auch den Betriebspartner vom Tarifvertrag abweichende Regelungen – auch zu Lasten des Arbeitnehmers – ermöglichen. Soweit eine arbeitsvertragliche Abrede für den Arbeitnehmer bessere Arbeitsbedingungen vorsieht als der Tarifvertrag, ist sie nach dem **Günstigkeitsprinzip** gem. § 4 III Alt. 2 TVG ohne tarifvertragliche Öffnungsklausel wirksam.[19] Betriebsvereinbarungen wirken ebenfalls unmittelbar und zwingend (§ 77 IV 1 BetrVG). Obwohl das BetrVG keine ausdrückliche Regelung dazu enthält, gilt im Verhältnis zum Arbeitsvertrag ebenfalls das Günstigkeitsprinzip.[20] 14

Die arbeitsvertragliche Regelung einer bereits kollektivvertraglich normierten Materie kann folglich zu **Konkurrenzproblemen** führen. Nicht immer ist klar, ob die arbeitsvertragliche Lösung für den Arbeitnehmer günstiger ist.[21] Außerdem weist der Arbeitsvertrag gegenüber Kollektivverträgen eine höhere Bestandskraft auf: Während Arbeitsverträge eher statisch sind, werden Kollektivverträge häufiger angepasst. 15

Bei der Gestaltung von Arbeitsverträgen sind neben gesetzlichen Regelungen Tarifverträge und Betriebsvereinbarungen zu beachten. Im Verhältnis zum Arbeitsvertrag gilt das Günstigkeitsprinzip.

[17] *Anzinger/Koberski,* ArbZG, 4. Aufl. 2014, § 1 Rn. 31, 32.

[18] Siehe dazu *Kamanabrou,* Arbeitsrecht, Rn. 1055 ff.

[19] Zum tariflichen Günstigkeitsprinzip *Hromadka/Maschmann,* Arbeitsrecht II, § 13 Rn. 277 ff.; *Kamanabrou,* Arbeitsrecht, Rn. 1804 ff.

[20] *BAG* vom 5.3.2013 – 1 AZR 417/12, NZA 2013, 916 (920); NK-GA/*Schwarze,* 2016, § 77 BetrVG Rn. 47.

[21] Beispiele bei *Kamanabrou,* Arbeitsrecht, Rn. 1813 ff.; *Preis,* Vertragsgestaltung, S. 123.

16 Wenn das Arbeitsverhältnis in den räumlichen, sachlichen und persönlichen Geltungsbereich eines Tarifvertrags fällt, ist insbesondere bei Tarifbindung des Arbeitgebers eine arbeitsvertragliche **Bezugnahme auf den Tarifvertrag** zu erwägen. Der Arbeitgeber kann so die Gleichstellung seiner tarifgebundenen und nicht tarifgebundenen Arbeitnehmer bewirken.[22] Für Arbeitnehmer, die nicht Mitglieder der tarifschließenden Gewerkschaft sind, wirkt der Tarifvertrag zwar nicht normativ wie bei den Gewerkschaftsmitgliedern (§§ 3 I, 4 I 1 TVG). Die Bezugnahmeklausel führt aber zu einer schuldrechtlichen Wirkung, weil durch sie der Inhalt des Tarifvertrags zum Inhalt des Arbeitsverhältnisses wird.

Beispiele für Bezugnahmeklauseln: „Auf das Arbeitsverhältnis findet der jeweils gültige Manteltarifvertrag für das private Bankgewerbe Anwendung."

„Das Arbeitsverhältnis unterliegt den Tarifbestimmungen für die Niedersächsische Metallindustrie in ihrer jeweiligen Fassung."

17 Die vorstehenden Bezugnahmeklauseln sind sog. **dynamische Klauseln,** die auf den jeweils gültigen Tarifvertrag verweisen. Das ist grundsätzlich eine sinnvolle Gestaltung, weil so auch zukünftige Tarifabschlüsse im Arbeitsverhältnis schuldrechtlich Wirkung entfalten. Zu bedenken ist allerdings, dass solche Klauseln ihre Dynamik auch dann nicht verlieren, wenn der Arbeitgeber die Branche wechselt, wenn er aus dem tarifschließenden Arbeitgeberverband austritt oder wenn ein Betriebsübergang stattfindet und der neue Inhaber nicht an denselben Tarifvertrag gebunden ist.[23] In diesen Fällen reichen die Bezugnahmeklauseln über ihren **Gleichstellungszweck** hinaus. Denn obwohl die tarifgebundenen Arbeitnehmer mangels Tarifbindung des Arbeitgebers keine Ansprüche aus Tarifverträgen ableiten können, die erst nach der Veränderung in Kraft getreten sind, entfalten diese Tarifverträge über die arbeitsvertraglichen Bezugnahmeklauseln für die Arbeitnehmer schuldrechtliche Wirkung.[24]

18 Will der Arbeitgeber vorsorgen und für diese Fälle die **Dynamik der Klausel beenden,** muss er sie so formulieren, dass sie nur für die Dauer seiner Tarifbindung gilt und nur so lange, wie er selbst Betriebsinhaber ist. In der Literatur gibt es dazu verschiedene Formulierungsvorschläge.[25]

Beispiel: Arbeitgeberin X verwendet folgende Bezugnahmeklausel: „Es gelten die Bestimmungen der für den Einsatzort einschlägigen Tarifverträge für die Beschäftigten im Einzelhandel – soweit sie für X verbindlich sind – in ihrer jeweils geltenden Fassung."

---

22 *BAG* vom 26.9.2001 – 4 AZR 544/00, NZA 2002, 634 (635 f.).

23 *BAG* vom 14.12.2005 – 4 AZR 536/04, NZA 2006, 607 (609); *BAG* vom 18.4.2007 – 4 AZR 652/05, NZA 2007, 965 (967); *BAG* vom 30.08.2017 – 4 AZR 95/14, NZA 2018, 255 (259 f.). Siehe zur Wirkung von Bezugnahmeklauseln bei Änderung der Tarifbindung auch *Kamanabrou,* Arbeitsrecht, Rn. 1929 ff.

24 Das gilt auch für die tarifgebundenen Arbeitnehmer, da der Arbeitgeber, der Arbeitsverträge mit Bezugnahmeklauseln verwendet, diese durchgängig benutzt. Abgesehen davon, dass die Tarifbindung des einzelnen Arbeitnehmers sich ändern kann, darf der Arbeitgeber bei der Einstellung nicht nach der Gewerkschaftszugehörigkeit des Arbeitnehmers fragen, so dass er im Zeitpunkt des Vertragsschlusses dessen Tarifbindung nicht kennt.

25 *Bauer/Günther,* NZA 2008, 6 (7); *Giesen,* NZA 2006, 625 (629 ff.); *Jacobs,* in: Festschrift Birk, 2008, S. 243 (261 ff.).

Eine derartige Klausel lässt nach Auffassung des BAG hinreichend klar erkennen, dass die Tarifgebundenheit des Arbeitgebers auflösende Bedingung der Vereinbarung ist.[26]

c) AGB-Kontrolle von Arbeitsverträgen

Die Klauseln des einzelnen Arbeitsvertrags werden in aller Regel nicht individuell mit dem Arbeitnehmer ausgehandelt, sondern vom Arbeitgeber vorformuliert. Verwendet der Arbeitgeber solche **AGB** – oft auch als „arbeitsvertragliche Einheitsregelungen" bezeichnet – finden die §§ 305ff. BGB Anwendung. Dabei sind gem. § 310 IV 2 BGB die im Arbeitsrecht geltenden Besonderheiten angemessen zu berücksichtigen. Außerdem sind die Einbeziehungsregeln des § 305 II, III BGB nicht anzuwenden, es genügt, wenn die Arbeitsvertragsparteien sich über die Einbeziehung der AGB einigen. 19

Wer Arbeitsverträge gestaltet, muss demnach zum einen die allgemein geltenden Regeln des AGB-Rechts kennen,[27] zum anderen muss er wissen, welche **Besonderheiten des Arbeitsrechts** i. S. d. § 310 IV 2 BGB die Rechtsprechung anerkennt. Das BAG greift auf diese Regelung allerdings nicht sehr häufig zurück. 20

Beispiel: Die Vereinbarung einer **Vertragsstrafe** für den Fall, dass der andere Vertragsteil sich vom Vertrag löst, ist nach **§ 309 Nr. 6 BGB** unwirksam. Im Arbeitsrecht besteht jedoch die Besonderheit, dass nach § 888 III ZPO ein Urteil auf Erbringung der geschuldeten Arbeitsleistung nicht vollstreckbar ist. Die Vertragsstrafe stellt in vielen Fällen die einzig wirksame Möglichkeit dar, um den Arbeitnehmer zur Erfüllung der vertraglichen Hauptpflicht anzuhalten. Die Berücksichtigung dieser arbeitsrechtlichen Besonderheit führt zu dem Ergebnis, dass § 309 Nr. 6 BGB der Wirksamkeit formularmäßiger Vertragsstrafen in Arbeitsverträgen nicht entgegensteht.[28] Die Inhaltskontrolle richtet sich allein nach § 307 BGB. Nach § 307 I, II BGB unwirksam ist danach z. B. eine Klausel, durch die der Arbeitgeber sich für den Fall des Nichtantritts der Arbeit oder der Nichteinhaltung der Kündigungsfrist einen Betrag versprechen lässt, der die Vergütung für die Dauer der Kündigungsfrist überschreitet.[29]

Ferner ist nach der Rechtsprechung des BAG der Arbeitnehmer „Verbraucher" i. S. d. § 13 BGB. Der Arbeitsvertrag ist folglich ein **Verbrauchervertrag i. S. v. § 310 III BGB.**[30] Die Sonderregeln der AGB-Kontrolle von Verbraucherverträgen[31] sind daher auch bei der AGB-Kontrolle von Arbeitsverträgen anzuwenden. 21

Erhebliche Bedeutung hat in der arbeitsrechtlichen Rechtsprechung zum AGB-Recht das **Transparenzgebot, § 307 I 2 BGB.** Es gilt gem. § 307 III 2 BGB für sämtliche Regelungen in AGB, nicht nur für solche, die von Rechtsvorschriften abweichen oder diese ergänzen. Aufgrund des Transparenzgebots muss der Arbeitgeber Tatbestand und Rechtsfolgen der vertraglichen Regelung möglichst genau beschreiben.[32] Die Klausel darf die Rechtslage zudem nicht irreführend darstellen.[33] 22

[26] *BAG* vom 5.7.2017 – 4 AZR 867/16, NZA 2018, 47 (49).

[27] Dazu oben § 3.

[28] *BAG* vom 4.3.2004 – 8 AZR 196/03, NZA 2004, 727 (729); *BAG* vom 18.8.2005 – 8 AZR 65/05, NZA 2006, 34 (36); *BAG* vom 14.8.2007 – 8 AZR 973/06, NZA 2008, 170 (172). Siehe auch *Waltermann,* Arbeitsrecht, Rn. 116.

[29] *BAG* vom 4.3.2004 – 8 AZR 196/03, NZA 2004, 727 (732ff.); *BAG* vom 17.3.2016 – 8 AZR 665/14, NZA 2016, 945 (948).

[30] *BAG* vom 25.5.2005 – 5 AZR 572/04, NZA 2005, 1111 (1115); *BAG* vom 19.5.2010 – 5 AZR 253/09, NZA 2010, 939 (941f.).

[31] Siehe oben § 3 Rn. 31–35.

[32] *BAG* vom 22.2.2012 – 5 AZR 765/10, NZA 2012, 861 (862).

[33] *BAG* vom 18.9.2018 – 9 AZR 162/18, NZA 2018, 1619 (1622).

Beispiele: Ein Formulararbeitsvertrag enthält folgende Klausel: „Der Arbeitnehmer ist bei betrieblicher Erfordernis auch zu Mehrarbeit verpflichtet. Er erhält dafür keine gesonderte Vergütung."

Eine derartige Regelung ist intransparent. Zum einen sind die Voraussetzungen, unter denen Mehrarbeit zu leisten ist, nicht klar festgelegt. Zum anderen ist der Umfang der geschuldeten Mehrarbeit weder bestimmt noch bestimmbar.[34]

Ein im Jahr 2016 geschlossener Formulararbeitsvertrag enthält folgende Klausel: „Alle Ansprüche aus dem Arbeitsverhältnis verfallen, wenn sie nicht innerhalb von drei Monaten nach Fälligkeit gegenüber der anderen Vertragspartei in Textform geltend gemacht worden sind."

Die Klausel ist intransparent, weil sie trotz des Verbots des § 3 1 MiLoG auch den Anspruch auf den gesetzlichen Mindestlohn umfasst, obwohl sie nach Inkrafttreten des MiLoG vereinbart wurde.[35]

23 Die Rechtsprechung hat eine Vielzahl **typischer Arbeitsvertragsklauseln** auf ihre Vereinbarkeit mit den §§ 307–309 BGB überprüft. Einige in der Praxis häufig verwendete Klauseln seien besonders hervorgehoben:

24 – **Ausschlussklauseln** bestimmen einen Zeitraum, in dem die Vertragsparteien entstandene Ansprüche geltend machen müssen. Wird dieser Zeitraum versäumt, geht der Anspruch vollständig unter. Derartige Klauseln dienen dem Rechtsfrieden, indem in relativ kurzer Zeit Klarheit darüber geschaffen wird, ob die Vertragspartei einen Anspruch geltend macht oder nicht.[36] Dabei darf nach der Rechtsprechung die Frist, innerhalb derer der Anspruch geltend zu machen ist, drei Monate nicht unterschreiten.[37] Bei zweistufigen Ausschlussklauseln, nach denen der Anspruch nicht nur fristgemäß gegenüber dem Vertragspartner geltend zu machen, sondern gegebenenfalls innerhalb einer weiteren Frist einzuklagen ist, gilt die **drei-Monats-Frist** für beide Stufen.[38] Darüber hinaus sind formularvertragliche Klauseln in Verträgen, die nach dem 31.12.2014 geschlossen wurden, intransparent, wenn sie den **Anspruch auf Zahlung des Mindestlohns** nicht ausnehmen. Ist die Klausel – wie meist – nicht teilbar, führt das zur Gesamtunwirksamkeit der Ausschlussfristenregelung.[39] Problematisch ist ferner die **Vereinbarkeit mit § 309 Nr. 7 BGB,** der bestimmte Formen der Haftungsbegrenzung verbietet. Nach einer Auffassung kann sich aus dieser Vorschrift die Unwirksamkeit zu weit gefasster Ausschlussklauseln ergeben.[40] Nach Ansicht des BAG ist es aber aufgrund der im Arbeitsrecht geltenden Besonderheiten, die nach § 310 Abs. IV BGB angemessen zu berücksichtigen sind, unschädlich, wenn die Parteien dieses Klauselverbot nicht beachten.[41] Dem Gebot des sicheren Weges folgend, sollten bei einer Ausschlussklausel die von § 309 Nr. 7 BGB erfassten Fälle dennoch ausgenommen werden. Soll die Geltendmachung eines Anspruchs förmlich erfolgen, muss sich die Regelung schließlich in den Grenzen des § 309 Nr. 13 BGB halten.[42]

[34] Zu einer ähnlichen Klausel *BAG* vom 22.2.2012 – 5 AZR 765/10, NZA 2012, 861 (862).

[35] Zu einer ähnlichen Klausel *BAG* vom 18.9.2018 – 9 AZR 162/18, NZA 2018, 1619, (1623).

[36] *Clemenz/Kreft/Krause/Klumpp,* AGB-Arbeitsrecht, 2013, § 307 BGB Rn. 112.

[37] *BAG* vom 28.9.2005 – 5 AZR 52/05, NZA 2006, 149 (152); *BAG* vom 12.3.2008 – 10 AZR 152/07, NZA 2008, 699 (701).

[38] *BAG* vom 25.5.2005 – 5 AZR 572/04, NZA 2005, 1111 (1113); *BAG* vom 12.3.2008 – 10 AZR 152/07, NZA 2008, 699 (701).

[39] *BAG* vom 18.9.2018 – 9 AZR 162/18, NZA 2018, 1619 (1623f.).

[40] So u. a. *LAG Hamm* vom 25.11.2014 – 14 Sa 463/14, ZTR 2015, 294; *LAG Hamm* vom 25.9.2012 – 14 Sa 280/12.

[41] *BAG* vom 28.9.2017 – 8 AZR 67/15, NZA 2018, 589 (595f.).

[42] Ausführlicher *Lipinski/Kaindl,* BB 2016, 2487.

– Häufiger Gegenstand der Inhaltskontrolle sind Klauseln über die **Rückerstattung von Ausbildungs- und Fortbildungskosten** bei Ausscheiden aus dem Arbeitsverhältnis. Nach § 307 I, II BGB unwirksam ist z. B. eine Klausel, nach der der Arbeitnehmer die vom Arbeitgeber getragenen Fortbildungskosten bei Beendigung des Arbeitsverhältnisses ohne Rücksicht auf den Beendigungsgrund zurückzahlen muss.[43] Enge Grenzen setzt das BAG auch formularvertraglichen Klauseln, die die **Rückzahlung von Sonderzuwendungen** (z. B. Weihnachtsgratifikationen) bei Ausscheiden des Arbeitnehmers vorsehen. Wenn die Sonderzuwendung nicht ausschließlich die Betreibstreue belohnt, ist eine Rückzahlungsklausel unangemessen benachteiligend.[44] 25

– Gegenstand der AGB-Kontrolle sind ferner **Änderungsvorbehalte,** insbesondere solche Vorbehalte, nach denen der Arbeitgeber eine freiwillig gewährte Leistung vollständig zurücknehmen kann **(Widerrufsvorbehalt).** Soweit es um den Widerruf von Vergütungsbestandteilen geht, darf sich der Vorbehalt nur auf einen bestimmten Teil der Vergütung beziehen (maximal 25%); ferner muss der Arbeitgeber die möglichen Widerrufsgründe zumindest in Umrissen deutlich machen. Nach § 308 Nr. 4 BGB unwirksam ist jedenfalls eine Klausel, nach der dem Arbeitgeber ohne Angabe von Gründen das Recht zustehen soll, übertarifliche Lohnbestandteile jederzeit unbeschränkt zu widerrufen.[45] 26

– Ein **Freiwilligkeitsvorbehalt** soll verhindern, dass für die Zukunft ein Anspruch auf eine Leistung entsteht. Bei laufendem Arbeitsentgelt ist ein solcher Freiwilligkeitsvorbehalt nicht zulässig.[46] Für **Sondervergütungen** (Gratifikationen, z. B. Weihnachtsgeld) schließt das BAG formularvertragliche Freiwilligkeitsvorbehalte zwar nicht generell aus. Unangemessen benachteiligend ist aber eine Klausel, die alle zukünftigen Leistungen unabhängig von ihrer Art und ihrem Entstehungsgrund erfasst.[47] Schwierigkeiten wirft zudem die transparente Gestaltung einer solchen Klausel auf. Intransparent ist z. B. eine formularvertragliche Regelung, die eine Sonderzahlung für den Arbeitnehmer vorsieht und zugleich einen Freiwilligkeitsvorbehalt enthält.[48] Intransparent ist auch die Kombination aus Freiwilligkeits- und Widerrufsvorbehalt.[49] 27

Beispiel: Ein Formulararbeitsvertrag enthält folgende Klausel: „Falls der Arbeitgeber eine gesetzlich oder kollektivvertraglich nicht geschuldete Sonderzuwendung (z. B. Weihnachtsgeld) erbringt, ist diese Leistung freiwillig und jederzeit widerruflich."

[43] *BAG* vom 11.4.2006 – 9 AZR610/05, = NZA 2006, 1042 (1044); *BAG* vom 13.12.2011 – 3 AZR791/09, NZA 2012, 738 (740). Zur Rückzahlung von Sonderzahlungen vertiefend *Dornbusch/ Fischermeier/Löwisch/Kamanabrou,* § 611a BGB Rn. 177ff; MünchHandbuch-ArbR/*Krause,* § 66 Rn. 35ff.

[44] Vgl. *BAG* vom 18.1.2012 – 10 AZR 612/10, NZA 2012, 561 (563f.) (zu einer Stichtagsklausel).

[45] *BAG* vom 12.1.2005 – 5 AZR 364/04, NZA 2005, 465 (468); *BAG* vom 21.3.2012 – 5 AZR 651/10, NZA 2012, 616 (617). Einen Formulierungsvorschlag für eine Widerrufsklausel für eine jährliche Sonderzuwendung macht *Stoffels,* NZA 2017, 1217 (1224).

[46] *BAG* vom 25.4.2007 – 5 AZR 627/06, NZA 2007, 853 (855).

[47] *BAG* vom 14.9.2011 – 10 AZR 526/10, NZA 2012, 81 (83ff.). Einen Formulierungsvorschlag für einen Freiwilligkeitsvorbehalt, der Individualabreden ausschließt, machen *Preis/Sagan,* NZA 2012, 697 (704).

[48] *BAG* vom 24.10.2007 – 10 AZR 825/06, NZA 2008, 40 (42).

[49] *BAG* vom 14.9.2011 – 10 AZR 526/10, NZA 2012, 81 (83).

Eine derartige Regelung stellt eine freiwillige Leistung unter einen Widerrufsvorbehalt. Nach Auffassung des BAG ist unklar, ob die zukünftige Bindung ausgeschlossen werden soll oder ob der Arbeitgeber sich lediglich offenhält, sich später von einer vertraglichen Bindung zu lösen.[50]

Bei der AGB-Kontrolle im Arbeitsrecht sind gem. § 310 IV 2 BGB die Besonderheiten des Arbeitsrechts angemessen zu berücksichtigen. Daher ist z. B. bei der Kontrolle arbeitsvertraglicher Vertragsstrafenklauseln § 309 Nr. 6 BGB nicht anwendbar. Eine große Rolle spielt bei Formulararbeitsverträgen die Transparenzkontrolle nach § 307 I 2 BGB. Auf eine transparente Gestaltung ist insbesondere bei der Formulierung von Ausschlussklauseln und Freiwilligkeitsvorbehalten zu achten.

d) Formvorschriften

28 Arbeitsverträge bedürfen nach dem Gesetz nicht der Schriftform. Schriftformerfordernisse können sich jedoch aus Tarifverträgen ergeben. Tarifliche Formvorschriften sind freilich in aller Regel nicht **konstitutiv,** sondern **deklaratorisch,** dienen also lediglich Beweiszwecken.[51] Ein Verstoß gegen ein deklaratorisches Formerfordernis hat nicht die Unwirksamkeit des Arbeitsvertrags nach § 125 Satz 1 BGB zur Folge. Bei einem **befristeten Arbeitsverhältnis** bedarf zwar nicht der gesamte Arbeitsvertrag, wohl aber die Befristungsabrede der Schriftform **(§ 14 IV TzBfG).** Bei einem Verstoß gegen dieses Formerfordernis kommt ein unbefristetes Arbeitsverhältnis zustande **(§ 16 TzBfG).** Wird die Schriftform nicht gewahrt, so kann die Unwirksamkeit der Befristung nicht durch eine nachträgliche schriftliche Niederlegung der formunwirksamen Vereinbarung geheilt werden.[52]

Praxis: In der Praxis werden Arbeitsverträge oft schriftlich abgeschlossen. Einen mittelbaren Zwang zum Abschluss schriftlicher Arbeitsverträge erzeugt das NachwG von 1995. Gem. § 2 I 1 NachwG hat der Arbeitgeber spätestens einen Monat nach dem vereinbarten Beginn des Arbeitsverhältnisses die wesentlichen Vertragsbedingungen schriftlich niederzulegen, die Niederschrift zu unterzeichnen und dem Arbeitnehmer auszuhändigen. Einen Katalog der mindestens in die Niederschrift aufzunehmenden Vertragsbedingungen enthält § 2 I 2 NachwG. Ein **Verstoß** gegen die Vorschriften des NachwG hat zwar keinen Einfluss auf die Wirksamkeit des Arbeitsvertrags, kann aber **Schadensersatzansprüche** des Arbeitnehmers auslösen, wenn er z. B. wegen des fehlenden Hinweises auf einen Tarifvertrag (§ 2 I 2 Nr. 10 NachwG) einen Rechtsverlust erleidet.[53]

29 Häufig wird im **Arbeitsvertrag** vereinbart, dass Vertragsänderungen oder -ergänzungen schriftlich erfolgen müssen. Handelt es sich um eine **einfache Schriftformklausel,** so ist eine mündliche Vereinbarung trotz des Formerfordernisses wirksam. Die Rechtsprechung interpretiert in diesen Fällen eine mündliche Vertragsänderung oder -ergänzung als stillschweigende Aufhebung des Formerfordernisses für die gewünschte Änderung oder Ergänzung des Vertrags.[54] Dagegen können mündliche Abreden nicht wirksam getroffen werden, wenn der Vertrag eine **doppelte Schriftformklausel** ent-

[50] Zu einer ähnlichen Klausel *BAG* vom 14.9.2011 – 10 AZR 526/10, NZA 2012, 81 (83).

[51] *BAG* vom 10.6.1988 – 2 AZR 7/88, AP Nr. 5 zu § 1 BeschFG; *BAG* vom 25.7.1996 – 6 AZR 179/95, NZA 1997, 620 (621).

[52] *BAG* vom 14.12.2016 – 7 AZR 797/14, NZA 2017, 638 (640); *BAG* vom 15.2.2017 – 7 AZR 223/15, NZA 2017, 908 (912).

[53] *BAG* vom 17.4.2002 – 5 AZR 89/01, NZA 2002, 1096 (1098f.); *BAG* vom 5.11.2003 – 5 AZR 676/02, NZA 2005, 64 (65). Ausführlich hierzu NK-GA/*Schaub,* 2016, Vor NachwG Rn. 24ff.

[54] *BAG* vom 10.1.1989 – 3 AZR 460/87, NZA 1989, 797 (798).

hält.[55] Eine solche Klausel ist allerdings in vorformulierten Arbeitsverträgen nach **§ 307 I 1 BGB** insgesamt unwirksam, wenn aus ihr nicht hervorgeht, dass individuelle Vertragsabreden nach **§ 305 b BGB** den Vorrang haben.[56] Enthält die vorformulierte doppelte Schriftformklausel einen solchen Vorbehalt, sind individuelle mündliche Abreden wirksam, sodass die Klausel einen Teil der gewünschten Wirkung einbüßt. Es kann jedoch keine betriebliche Übung entstehen, denn eine solche kommt regelmäßig nicht durch eine Individualabrede i. S. d. § 305 b BGB zustande.[57]

3. Anwendung der Gestaltungskriterien

30 Bei der Vertragsgestaltung sind insbesondere das Gebot des sicheren Weges und das Gebot der Konfliktvermeidung als Gestaltungskriterien zu berücksichtigen.[58] Außerdem sind Konfliktlösungsmechanismen und Regelungen zur Bewältigung von Unsicherheiten einzuplanen. Spezielle Regelungen zur Konfliktlösung bieten sich in Arbeitsverträgen nicht an, zumal das ArbGG Schiedsvereinbarungen weitgehend ausschließt.[59] Dagegen sind Fragen der **Vertragsbeendigung (als eine Form der Konfliktlösung i.w.S.)** und der **Vertragsanpassung (zur Bewältigung von Unsicherheiten)** auch für das Arbeitsverhältnis von Bedeutung.

a) Kündigung und Freistellung

31 Wird der Arbeitsvertrag auf unbestimmte Zeit geschlossen, können Regelungen über die Vertragsbeendigung sinnvoll sein. In den Grenzen des § 622 BGB und einschlägiger Tarifverträge können die **Kündigungsfristen** einzelvertraglich geregelt werden. In der Praxis werden häufig die für arbeitgeberseitige Kündigungen geltenden verlängerten Kündigungsfristen des § 622 II BGB auf die Kündigung durch den Arbeitnehmer erstreckt (zulässig nach § 622 VI BGB).[60] Möglicherweise soll die **Kündigung vor Arbeitsantritt** ausgeschlossen werden.[61]

Beispiele: „Verlängerte Kündigungsfristen für die arbeitgeberseitige Kündigung nach § 622 II BGB gelten auch für den Arbeitnehmer."

„Das Arbeitsverhältnis kann vor dem vorgesehenen Zeitpunkt seines Beginns nicht gekündigt werden."

32 Ferner kann der Arbeitgeber an einer **Freistellungsvereinbarung** für den Fall der Kündigung interessiert sein, damit er den Mitarbeiter nach dem Ausspruch einer ordentlichen Kündigung bis zum Ablauf der Kündigungsfrist nicht weiter im Betrieb beschäftigen muss. Aufgrund des Beschäftigungsanspruchs des Arbeitnehmers ist die

[55] *BAG* vom 24.6.2003 – 9 AZR 302/02, NZA 2003, 1145 (1147).

[56] *BAG* vom 20.5.2008 – 9 AZR 382/07, NZA 2008, 1233 (1235f). Nach Auffassung des *BGH* sind doppelte Schriftformklauseln ohne Wirkung, weil eine Individualabrede vorrangig berücksichtigt wird, *BGH* vom 25.1.2017 – XII ZR 69/16, NJW 2017, 1017 (1018); siehe auch HWK/*Roloff,* Anhang §§ 305–310 Rn. 43.

[57] *Fischinger,* Arbeitsrecht, Rn. 14; NK-GA/*Peterhänsel,* 2016, § 305 b BGB Rn. 6, 8. Kritisch HWK/*Roloff,* Anhang §§ 305–310 Rn. 43.

[58] Dazu oben § 1 Rn. 32–35 und 36–41.

[59] Zu den Möglichkeiten und Grenzen der Mediation im Arbeitsrecht siehe *Albrecht,* Mediation im Arbeitsrecht, 2001.

[60] Eine formularvertragliche Verlängerung der Kündigungsfristen für beide Vertragsparteien auf 3 Jahre verstößt hingegen gegen § 307 BGB, *BAG* vom 26.10.2017 – 6 AZR 158/16, NZA 2018, 297 (299).

[61] *Junker,* Grundkurs Arbeitsrecht, Rn. 388.

Freistellung ohne vertragliche Grundlage grundsätzlich nur mit dessen Zustimmung möglich. Eine vertragliche Freistellungsabrede kann aber bereits bei Abschluss des Arbeitsvertrags wirksam getroffen werden.[62]

Beispiel: „Bei einer Beendigung des Arbeitsverhältnisses durch Kündigung ist der Arbeitgeber berechtigt, den Arbeitnehmer für die Dauer der Kündigungsfrist unter Fortzahlung seines Gehalts von der Arbeit freizustellen. Etwaige Urlaubsansprüche des Arbeitnehmers werden angerechnet."

b) Aufhebungs- und Abwicklungsvertrag

33 Statt einer Vertragsbeendigung durch **Kündigung** kommt es in der Praxis – insbesondere bei einer arbeitgeberseitig veranlassten Beendigung des Arbeitsverhältnisses – häufig zum Abschluss eines **Aufhebungsvertrags.** Wenn sich die Parteien auf einen Aufhebungsvertrag einigen, machen sie erneut von ihrer Vertragsfreiheit Gebrauch, anstatt auf das Gestaltungsrecht der Kündigung zurückzugreifen.[63] Der Aufhebungsvertrag bedarf nach § 623 BGB zu seiner Wirksamkeit der **Schriftform.**

34 Ein Aufhebungsvertrag bringt gegenüber einer Kündigung für beide Parteien **Vorteile.**
- Für den **Arbeitgeber** ist von Interesse, dass das Arbeitsverhältnis auf diesem Wege auch beendet werden kann, wenn der betroffene Arbeitnehmer Sonderkündigungsschutz genießt. Außerdem braucht der Arbeitgeber weder den Betriebsrat anzuhören noch muss er Kündigungsfristen beachten.[64]
- Der **Arbeitnehmer** erhält die Möglichkeit, sich kurzfristig vom Arbeitsverhältnis zu lösen. Beruht die Kündigung auf einem Fehlverhalten, scheidet er in ungekündigter Stellung aus dem Unternehmen aus und vermeidet unter Umständen eine außerordentliche verhaltensbedingte Kündigung mit einem „krummen" Austrittsdatum.
- Außerdem ist i. d. R. **beiden Parteien** damit gedient, dass kein langwieriger und im Ergebnis ungewisser Kündigungsschutzprozess über die Beendigung des Arbeitsverhältnisses geführt wird. Wegen des drohenden Annahmeverzugslohns überwiegt diesbezüglich allerdings das Arbeitgeberinteresse.[65]

35 Sozialversicherungsrechtlich droht dem Arbeitnehmer eine **zwölfwöchige Sperrzeit** vor dem ersten Bezug von Arbeitslosengeld, wenn er durch einen Aufhebungsvertrag das Beschäftigungsverhältnis gelöst hat, ohne für sein Verhalten einen wichtigen Grund zu haben (§ 159 I 1 Nr. 1 SGB III). Einen wichtigen Grund für den Abschluss eines Aufhebungsvertrags hat der Arbeitnehmer nach der Rechtsprechung des BSG, wenn der Arbeitgeber mit einer objektiv rechtmäßigen ordentlichen Kündigung gedroht hat und dem Arbeitnehmer die Hinnahme dieser Kündigung nicht zuzumuten war. In der Praxis der Bundesagentur für Arbeit kommt das Vorliegen eines wichtigen Grundes jedoch nicht in Betracht, wenn die drohende Kündigung auf verhaltensbedingte Gründe gestützt wird.[66] Wenn im Aufhebungsvertrag eine Abfindung vereinbart ist, die sich in den Grenzen des § 1 a II KSchG hält, verzichtet das BSG grundsätzlich darauf, die Rechtmäßigkeit der drohenden Arbeitgeberkündigung zu prüfen.[67]

---

[62] *Fischinger,* Arbeitsrecht, Rn. 667; *Junker,* Grundkurs Arbeitsrecht, Rn. 393.

[63] *Waltermann,* Arbeitsrecht, Rn. 291.

[64] *Bauer,* JuS 1999, 557; *Krause,* Arbeitsrecht, § 20 Rn. 1.

[65] *Bauer/Krieger/Arnold,* Aufhebungsverträge, A. Rn. 1; *Hromadka/Maschmann,* Arbeitsrecht I, § 10 Rn. 6.

[66] Geschäftsanweisung zu § 159 SGB III, Std. 4/2018, 15 Rn. 159.1.2.1.1. Siehe dazu *Fuhlrott,* NZA 2017, 226.

[67] *BSG* vom 2.5.2012 – B 11 AL 6/11 R, NZS 2012, 874 (876).

c) Anpassungsmöglichkeiten

Beim Arbeitsverhältnis als Dauerschuldverhältnis stellt sich in besonderem Maße die Frage nach der Anpassung der Vertragsbedingungen. Für den Arbeitgeber geht es in erster Linie um den flexiblen Einsatz des Arbeitnehmers und um die Kürzung freiwilliger Sonderleistungen bei verschlechterter Unternehmenslage.[68] Eine **Änderungskündigung, § 2 KSchG,** ist nur bedingt zur Anpassung von Vertragsbedingungen geeignet, da Kündigungsbeschränkungen bestehen können. Außerdem kann es zu einer unerwünschten Beendigung des Arbeitsverhältnisses kommen, wenn der Arbeitnehmer sich auf das Änderungsangebot nicht einlässt. 36

Änderungen sind eher durchsetzbar, wenn der Arbeitgeber sich den Widerruf oder die Änderung bestimmter Vertragsbedingungen vorbehält. Wie bereits erwähnt, unterliegen derartige Klauseln in Formulararbeitsverträgen der AGB-Kontrolle.[69] Das gilt auch für eine Versetzungsklausel, die über den Inhalt des § 106 I GewO hinausgeht.[70] Ferner muss der Arbeitgeber bei der Ausübung von Anpassungsklauseln unter Umständen **Beteiligungsrechte des Betriebsrats** beachten, z. B. bei einer Versetzung das Zustimmungsverweigerungsrecht nach § 99 BetrVG und bei einer Kürzung von Sonderleistungen die Mitbestimmung nach § 87 I Nr. 10 BetrVG. Die Mitbestimmung spielt zwar bei der Vereinbarung der Anpassungsklausel noch keine Rolle, ist aber zu beachten, wenn von der Klausel Gebrauch gemacht wird. 37

II. Beispiel: Aufhebungsvertrag

Die Softwareingenieurin Wilhelmine Tore (T) ist seit zweieinhalb Jahren bei der Connect-AG in Köln (C) beschäftigt. C ist ein Unternehmen der IT-Branche, das vor allem Dienstleistungen im Bereich der Netzwerktechnik anbietet. Aufgrund der flachen Hierarchie des Unternehmens sieht T bei C keine Aufstiegschancen. Sie hat sich daher bei anderen Unternehmen, die auf demselben Gebiet tätig sind, beworben. Zu den Unternehmen, die an einer Einstellung der T interessiert sind, gehört die Networks-GmbH (N), eine direkte Konkurrentin der C. N bietet T Anfang Januar 2019 eine bessere Position zu einem höheren Gehalt an und möchte T als Projektleiterin einsetzen. N legt Wert darauf, dass T ihre Arbeit bereits zum 1. 2. 2019 aufnimmt. 38

Am 4. 1. 2019 wendet sich T daher an C mit der Bitte um Abschluss eines Aufhebungsvertrags zum Ablauf des 31. 1. 2019. Der für T zuständige Personalgebietsleiter der C, Erwin Albrecht (A), ist dazu grundsätzlich bereit. Aufgrund des Arbeitskräftemangels in der IT-Branche kommt ihm eine kurzfristige Beendigung des Arbeitsverhältnisses aber ungelegen. Er wendet sich an die Rechtsabteilung der C, um in Erfahrung zu bringen, zu welchem Termin T kündigen könnte. Von dieser Auskunft will er seine Bereitschaft abhängig machen, T zum 1. 2. 2019 gehen zu lassen. Die Rechtsabteilung soll A nach Rücksprache über den Beendigungstermin einen Vertragsentwurf vorlegen, durch den alle Fragen geregelt werden, die durch das Ausscheiden der T aus dem Unternehmen entstehen.

[68] *Zöllner/Loritz/Hergenröder,* Arbeitsrecht, § 8 Rn. 1 ff.; *Hromadka/Maschmann,* Arbeitsrecht I, § 5 Rn. 169 ff.

[69] Dazu oben Rn. 26.

[70] Dazu oben Rn. 6.

1. Vorfrage: Kündigungsmöglichkeit der T

39 Für Arbeitsverhältnisse enthält **§ 622 BGB** eine gesetzliche Regelung der Kündigungsfristen. Die Vorschrift erlaubt abweichende Absprachen über die Kündigungsfrist durch Tarifvertrag oder Arbeitsvertrag, wobei die tarifvertraglichen Regelungsmöglichkeiten weiter gehen als der arbeitsvertragliche Gestaltungsspielraum (vgl. § 622 IV–VI BGB).

a) Informationsgewinnung

40 Zunächst ist zu klären, ob für das Arbeitsverhältnis der T **einzel- oder tarifvertragliche Regelungen** zur Kündigungsfrist bestehen. Wenn ja, sind sie auf ihre Vereinbarkeit mit § 622 BGB zu überprüfen.

1. Nachfrage: Regelt der Arbeitsvertrag der T Kündigungsfristen?

Informationsmittel: Einsicht in den Arbeitsvertrag.

2. Nachfrage: Gelten für das Arbeitsverhältnis der T Tarifverträge, die Normen über Kündigungsfristen enthalten? Nimmt der Arbeitsvertrag auf solche Tarifverträge Bezug?

Informationsmittel: Nachfrage bei der Personalabteilung/Einsicht in den Arbeitsvertrag.

Ergebnis der 1. Nachfrage (unterstellt): Der Arbeitsvertrag der T enthält zum Thema Kündigungsfristen eine Klausel, die auszugsweise lautet: „Beide Parteien können das Arbeitsverhältnis mit einer Frist von vier Wochen zum Fünfzehnten oder zum Ende eines Kalendermonats kündigen. Hat das Arbeitsverhältnis im Betrieb oder Unternehmen zwei Jahre bestanden, so beträgt die Kündigungsfrist einen Monat zum Ende eines Kalendermonats."

Ergebnis der 2. Nachfrage (unterstellt): Weder C noch T sind tarifgebunden. Der Arbeitsvertrag der T enthält auch keine Bezugnahme auf Tarifverträge.

41 Aus den eingeholten Informationen ergibt sich, dass T – die Gültigkeit der arbeitsvertraglichen Kündigungsfristenregelung vorausgesetzt – ihr Arbeitsverhältnis nicht zum 31.1.2019 kündigen kann. Der nächstmögliche Kündigungstermin ist vielmehr der 28.2.2019. Damit die Kündigung der T zu diesem Termin wirksam wird, müsste die Kündigungserklärung spätestens am 31.1.2019 der Arbeitgeberin zugehen (§§ 187 I, 188 II, III BGB).

b) Rechtsanwendung

42 Nach § 622 I BGB gilt für den Arbeitnehmer während der gesamten Dauer des Arbeitsverhältnisses eine Kündigungsfrist von **vier Wochen zum Fünfzehnten oder zum Ende eines Kalendermonats.** Danach käme eine Kündigung seitens der T zum 15.2.2019 in Betracht. Die arbeitsvertragliche Regelung über Kündigungsfristen und -termine steht einer Kündigung der T zum 15.2.2019 nur entgegen, wenn sie mit § 622 BGB vereinbar ist.

43 Die Arbeitsvertragsparteien können einzelvertraglich **längere** als die in § 622 I–III BGB vorgesehenen **Kündigungsfristen** vereinbaren, wenn die Frist für die Kündigung durch den Arbeitnehmer nicht länger ist als die Frist für die Arbeitgeberkündigung (§ 622 V 2, VI BGB). Nach h. M. können auch die **Kündigungstermine** verändert werden, obwohl in § 622 V 2 BGB nur von längeren Kündigungsfristen die Rede ist.[71]

[71] *Palandt/Weidenhaff,* § 622 BGB Rn. 24.

Im Arbeitsvertrag der T ist für die Kündigung der T eine längere Frist vorgesehen als in § 622 I BGB. Auch die möglichen Termine für eine Kündigung sind gegenüber der gesetzlichen Regelung zuungunsten der T verändert worden. Die vertragliche Regelung sieht aber **für Arbeitnehmer und Arbeitgeber gleiche Kündigungsfristen und -termine** vor, sie ist deshalb mit § 622 BGB vereinbar. Durch Kündigung kann T ihr Arbeitsverhältnis erst zum 28.2.2019 beenden. 44

c) Belehrung und Beratung

Obwohl C die Möglichkeit hat, T bis Ende Februar an ihrem Arbeitsvertrag festzuhalten, liegt ein entsprechendes Vorgehen unter Umständen nicht im Interesse der C. Zunächst ist fraglich, ob T tatsächlich verpflichtet wäre, im Februar eine Arbeitsleistung zu erbringen. Möglicherweise könnte sie aufgrund von **Resturlaubsansprüchen** im Februar (teilweise) der Arbeit fernbleiben. Um diese Frage zu klären, müssen erneut Informationen eingeholt werden. 45

3. Nachfrage: Hat T noch Urlaubsansprüche aus dem Jahr 2018? Wenn ja, in welcher Höhe? Wie viele Urlaubstage stehen ihr anteilig bei einer Beendigung des Arbeitsverhältnisses zum 28.2.2019 zu?

Informationsmittel: Nachfrage bei der Personalabteilung.

Ergebnis der 3. Nachfrage (unterstellt): T hat aus dem Jahr 2018 einen Resturlaubsanspruch von zehn Arbeitstagen, der erst am 31.3.2019 verfällt. Ihr steht nach ihrem Arbeitsvertrag pro Jahr ein Urlaub von 30 Arbeitstagen zu, sodass gem. § 5 I lit. c BUrlG bis Ende Februar ein Teilanspruch von weiteren fünf Arbeitstagen entsteht.

T könnte demnach für den überwiegenden Teil des Monats Februar Urlaubsansprüche geltend machen, sodass C sie im Februar auch bei Fortbestehen des Arbeitsverhältnisses nicht den ganzen Monat einsetzen könnte. Zudem ist nicht auszuschließen, dass T, die eigentlich zum 1.2.2019 den Arbeitgeber wechseln möchte, im Februar bei C nicht mehr den gewünschten Arbeitseinsatz zeigt. Aus diesen Gründen wird die Rechtsabteilung der C dem Personalgebietsleiter A davon abraten, T einen Aufhebungsvertrag erst zum 28.2.2019 anzubieten. 46

Ergebnis zur Belehrung und Beratung (unterstellt): A hält unter diesen Umständen eine weitere Beschäftigung der T ebenfalls nicht für ratsam. Er ist bereit, einen Aufhebungsvertrag zum 31.1.2019 abzuschließen.

2. Aufhebungsvertrag: Informationsgewinnung

Durch den Aufhebungsvertrag sollen alle Fragen geregelt werden, die durch das Ausscheiden der T entstehen. Deshalb genügt es nicht, im Aufhebungsvertrag allein die **Beendigung des Arbeitsverhältnisses** zum 31.1.2019 festzulegen. Vielmehr ist zu klären, ob den Parteien noch **Ansprüche aus dem Arbeitsverhältnis** zustehen und wie diese Ansprüche gegebenenfalls erfüllt werden sollen. Da keine Tarifverträge bestehen, die auf das Arbeitsverhältnis der T Anwendung finden, kommen als Anspruchsgrundlagen außer dem Gesetz vor allem der Arbeitsvertrag der T und im Betrieb der C geltende Betriebsvereinbarungen in Betracht. 47

4. Nachfrage: Welche Ansprüche der T ergeben sich aus ihrem Arbeitsvertrag gegen C? Hat C Ansprüche gegen T?

Informationsmittel: Einsicht in den Arbeitsvertrag der T/Nachfrage bei der Personalabteilung.

5. Nachfrage: Gelten bei C Betriebsvereinbarungen, aus denen sich Ansprüche der T gegen C ergeben können?

Informationsmittel: Nachfrage bei der Personalabteilung.

Ergebnis der 4. Nachfrage (unterstellt): T erhält von C eine Vergütung von monatlich 8 000 € brutto. Weitere Bezüge (z. B. gesonderte Vergütung von Überstunden, Gewinnbeteiligung) sind nicht vorgesehen. Wie bereits geklärt wurde, hat T aus dem Jahr 2018 einen Resturlaubsanspruch von zehn Tagen. Außerdem stehen T für den Monat Januar des Jahres 2019 von den im Arbeitsvertrag vorgesehenen 30 Urlaubstagen gem. § 5 I lit. c BUrlG zweieinhalb weitere Urlaubstage zu. C hat T für die Dauer des Arbeitsverhältnisses einen Dienstwagen zur Verfügung gestellt. Bei Beendigung des Arbeitsverhältnisses hat C Anspruch auf Rückgabe des Dienstwagens sowie von sonstigen Arbeitsmitteln und -unterlagen. Weitere Ansprüche der C gegen T ergeben sich aus dem Arbeitsvertrag nicht.

Ergebnis der 5. Nachfrage (unterstellt): Bei C gibt es eine Betriebsvereinbarung über eine Sonderzuwendung am Jahresende. Weitere Betriebsvereinbarungen (z. B. eine Betriebsvereinbarung zur betrieblichen Altersvorsorge) bestehen nicht. Der Anspruch auf die Sonderzuwendung ist wie folgt geregelt: „Alle Arbeitnehmer, die am 30.11. eines Jahres mindestens seit einem Jahr dem Betrieb angehören, erhalten am 15.12. des Jahres eine Sonderzuwendung in Höhe eines halben Bruttomonatsgehalts. Die Sonderzuwendung ist zur Hälfte zurückzuzahlen, wenn der Arbeitnehmer vor dem 31.3. des Folgejahres aus dem Betrieb ausscheidet."

3. Problemübersicht und Rohentwurf

48 Bevor Überlegungen zu den Einzelheiten des Aufhebungsvertrags angestellt werden, empfiehlt es sich, die verschiedenen regelungsbedürftigen Punkte zu sammeln und in einem Rohentwurf festzuhalten. Welche Fragen abzuhandeln sind, ergibt sich zum Teil bereits aus dem Arbeitsvertrag und der Betriebsvereinbarung. Aus diesen Rechtsgrundlagen können Ansprüche bestehen, auf deren Erfüllung im Aufhebungsvertrag einzugehen ist.

49 Am Anfang des Aufhebungsvertrags steht die Klausel über die **Beendigung des Arbeitsverhältnisses.** Aus der Informationsgewinnung haben sich weitere Regelungsgegenstände ergeben: Der **Urlaubsanspruch** der T ist zu erfüllen oder abzugelten. Die **Rückgabe von Arbeitsmitteln,** insbesondere des Dienstfahrzeugs, ist zu regeln. Geklärt werden sollte, ob T die letzte **Sonderzuwendung** zurückzahlen soll. Falls Vergütungs- oder Entgeltfortzahlungsansprüche offen sind, sind auch diese im Aufhebungsvertrag abzuhandeln.[72]

50 Ein Aufhebungsvertrag könnte demnach wie folgt gegliedert sein:

§ 1 Beendigung des Arbeitsverhältnisses
§ 2 Abfindung
§ 3 Freistellung des Arbeitnehmers
§ 4 Urlaub
§ 5 Offene Vergütung/Entgeltfortzahlung
§ 6 Rückgabe von Arbeitsmitteln
§ 7 Arbeitgeberdarlehen

[72] In Musterverträgen werden noch weitere Regelungsgegenstände vorgeschlagen. Checklisten, Musterverträge und Formulierungsbeispiele finden sich z. B. bei *Bauer/Krieger/Arnold,* Aufhebungsverträge; *Schaub/Schrader/Straube/Vogelsang/Siebert,* Arbeitsrechtliches Formularhandbuch, Rn. 621 ff.; *Tschöpe,* Arbeitsrecht Handbuch, 10. Aufl. 2017, 3. Teil, C.; *Weber/Ehrich/Burmester/Fröhlich/Fröhlich,* Handbuch der arbeitsrechtlichen Aufhebungsverträge, 5. Aufl. 2009, Teil 2 Rn. 389.

§ 8 Werkswohnung
§ 9 Wettbewerbsverbot
§ 10 Zeugnis
§ 11 Betriebliche Altersversorgung
§ 12 Belehrung
§ 13 Erledigungsklausel
§ 14 Salvatorische Klausel

4. Einzelheiten des Aufhebungsvertrags

Im Folgenden werden die Regelungsgegenstände aus dem Rohentwurf darauf untersucht, ob sie im Aufhebungsvertrag zwischen T und C zu berücksichtigen sind. Dabei gehen je nach Bedarf Informationsgewinnung, Rechtsanwendung und der Vorschlag einer Gestaltungsmöglichkeit ineinander über. 51

a) Abfindung

Soll der Arbeitnehmer eine Abfindung erhalten, so ist die **Einkommensteuerpflicht** zu beachten. Abfindungen unterliegen ebenso wie das reguläre Arbeitseinkommen der Einkommensteuerpflicht. Zu beachten ist weiterhin, dass die Zahlung einer Abfindung Einfluss auf den Arbeitslosengeldanspruch haben kann.[73] 52

Praxis: Da im Einkommensteuerrecht das Zuflussprinzip gilt (§ 11 I EStG), kann die Steuerlast des ausscheidenden Arbeitnehmers unter Umständen dadurch verringert werden, dass laut Aufhebungsvertrag die Abfindung erst im nächsten Kalenderjahr ausgezahlt wird (in welchem der Arbeitnehmer z. B. als Arbeitsuchender insgesamt wesentlich weniger Einkommen zu versteuern hat).

Im vorliegenden Fall geht die Vertragsbeendigung allein auf Wunsch und Veranlassung der T zurück. Eine gesetzliche Abfindung bei Beendigung des Arbeitsverhältnisses sieht das deutsche Recht nicht vor. C hat **keinen Anlass, T eine Abfindung anzubieten.** T ist auch nicht auf eine Abfindung angewiesen, da sie nahtlos eine neue Stelle antreten wird. 53

b) Sozialversicherungsrechtliche Aspekte

aa) Wie bereits erwähnt droht dem Arbeitnehmer nach **§ 159 III 1 Nr. 1 SGB III** eine **zwölfwöchige Sperrzeit** vor dem ersten Bezug von Arbeitslosengeld, wenn er durch einen Aufhebungsvertrag das Beschäftigungsverhältnis gelöst hat, ohne für sein Verhalten einen wichtigen Grund zu haben.[74] In den Aufhebungsvertrag wäre ein entsprechender Hinweis aufzunehmen, wenn C verpflichtet ist, T auf diese mögliche Konsequenz der Vereinbarung aufmerksam zu machen. Grundsätzlich ist es Sache des Arbeitnehmers, sich vor Abschluss eines Aufhebungsvertrags über die damit verbundenen Folgen zu informieren.[75] **Hinweis- und Aufklärungspflichten des Arbeitgebers** kommen u. a. in Betracht, wenn er im betrieblichen Interesse den Aufhebungsvertrag vorschlägt.[76] Im vorliegenden Fall hat die Arbeitnehmerin T die Initiative zum Ab- 54

---

[73] Ausführlicher BeckOK-SozR/*Michalla-Munsche,* § 157 SGB III Rn. 3 (51. Edition Stand: 1.12.2018).
[74] Siehe oben Rn. 35.
[75] *BAG* vom 3.7.1990 – 3 AZR 382/89, NZA 1990, 971 (972).
[76] *BAG* vom 16.11.2005 – 7 AZR 86/05, NZA 2006, 535 (538); *BAG* vom 17.10.2000 – 3 AZR 605/99, NZA 2001, 206 (207).

schluss des Aufhebungsvertrags ergriffen, weil sie eine andere Stelle antreten möchte. C ist nicht verpflichtet, sie über die mögliche Sperrzeit nach § 159 I 1 Nr. 1 SGB III zu unterrichten.

55 **bb)** Nach § 38 I SGB III sind Personen, deren Arbeitsverhältnis endet, verpflichtet, sich umgehend persönlich **bei der zuständigen Agentur für Arbeit arbeitsuchend zu melden.** Der Meldepflicht hat der Arbeitnehmer nach § 38 I 1 SGB III spätestens drei Monate vor dem Beendigungstermin nachzukommen. Erfährt er erst innerhalb dieser Frist von der Beendigung des Arbeitsverhältnisses, hat die Meldung innerhalb von drei Tagen nach Kenntnis zu erfolgen, § 38 I 2 SGB III. Versäumt der Arbeitnehmer die Meldung, kann das gem. § 159 I 1 Nr. 7, VI SGB III eine Sperrzeit von einer Woche zur Folge haben. Obwohl der Arbeitnehmer Adressat der Regelung ist, hat sie Auswirkungen auf die Gestaltung von Aufhebungsverträgen. Das beruht auf § 2 II 2 Nr. 3 SGB III, der vorsieht, dass der Arbeitgeber den Arbeitnehmer **über die Meldepflicht aufklären** soll. Auch wenn ein Verstoß des Arbeitgebers gegen diese Sollvorschrift keinen Schadensersatzanspruch des Arbeitnehmers auslöst,[77] wird in der Praxis eine solche Belehrung routinemäßig in den Aufhebungsvertrag aufgenommen.[78] Das gilt auch, wenn der Arbeitnehmer – wie im vorliegenden Fall – wegen des Antritts einer neuen Stelle voraussichtlich keinen Anlass haben wird, sich arbeitsuchend zu melden (Gebot des sicheren Weges).

c) Freistellung und Urlaub

56 In einigen Fällen ist der Arbeitgeber an einer Freistellung des Arbeitnehmers bis zum Zeitpunkt der Beendigung des Arbeitsverhältnisses interessiert. Außerdem sind Urlaubsansprüche des Arbeitnehmers zu berücksichtigen.

57 **aa)** An der **Freistellung** des Arbeitnehmers ist der Arbeitgeber interessiert, wenn ein Fehlverhalten des Arbeitnehmers den Anlass für den Abschluss des Aufhebungsvertrags gegeben hat. In anderen Fällen zieht er möglicherweise es möglicherweise vor, dass der Arbeitnehmer bis zum Beendigungszeitpunkt seine Tätigkeit fortsetzt. Für den Fall einer Freistellung wird i. d. R. eine Klausel aufgenommen, wonach **Urlaubsansprüche** des Arbeitnehmers mit der Freistellung abgegolten werden.[79] Ist eine Freistellung nicht vorgesehen, ist zu klären, wie mit Resturlaubsansprüchen des Arbeitnehmers verfahren werden soll.

6. Nachfrage: Soll T bis zur Beendigung des Arbeitsverhältnisses freigestellt werden? Wie soll mit den Urlaubsansprüchen der T verfahren werden?

Informationsmittel: Nachfrage bei A und T.

Ergebnis der 6. Nachfrage (unterstellt): A möchte T nicht freistellen. Darüber hinaus wäre es ihm lieber, wenn T bis zum 31.1.2019 tatsächlich ihre Arbeitsleistung erbringt, also ihren Resturlaub nicht nimmt. T möchte dagegen ihren Resturlaub in Anspruch nehmen, weil sie bei N zunächst die Wartezeit des § 4 BUrlG abwarten muss, bevor sie Urlaub nehmen kann.

58 **bb)** Nach diesen Informationen ist eine Freistellungsvereinbarung nicht erforderlich. Auch wenn A der T nur ungern Urlaub gewähren möchte, sollte angesichts des Ur-

[77] *BAG* vom 29.9.2005 – 8 AZR 571/04, NZA 2005, 1406 (1409).

[78] Siehe z. B. *Weber/Ehrich/Burmester/Fröhlich/Fröhlich,* Handbuch der arbeitsrechtlichen Aufhebungsverträge, 5. Aufl. 2009, Teil 6 Rn. 24.

[79] MAH ArbR/*Bengelsdorf,* § 49 Rn. 232; MünchHandbuch-ArbR/*Reichold,* § 41 Rn. 19.

laubswunsches der T in den Aufhebungsvertrag eine Klausel aufgenommen werden, nach der sie ihren **Resturlaub** bis zum 31.1.2019 **nehmen wird.** Selbst wenn sie dazu bereit wäre, könnte T auf den Urlaubsanspruch nach § 13 I BUrlG nicht wirksam verzichten. Eine Abgeltung kommt gem. § 7 IV BUrlG nur in Betracht, wenn der Urlaub wegen der Beendigung des Arbeitsverhältnisses ganz oder teilweise nicht mehr gewährt werden kann. Das ist aber nicht ersichtlich, zumal dem Arbeitgeber hinsichtlich des übertragenen Urlaubs aus dem Jahr 2018 gem. § 7 III 3 BUrlG kein Leistungsverweigerungsrecht zusteht.

d) Sonstige Regelungen

aa) Die Rechtsabteilung muss sich ferner über offene Ansprüche auf **Vergütung oder Entgeltfortzahlung** informieren und gegebenenfalls eine Regelung in den Aufhebungsvertrag aufnehmen. 59

7. Nachfrage: Ist C mit der Vergütung im Rückstand? Hat T Entgeltfortzahlungsansprüche gegen C?

Informationsmittel: Nachfrage bei der Personalabteilung.

Ergebnis der 7. Nachfrage (unterstellt): C ist mit der Vergütung nicht im Rückstand. Bei T sind in den letzten Monaten keine Fehlzeiten mit Entgeltfortzahlungsansprüchen aufgetreten. Ältere Entgeltfortzahlungsansprüche sind erfüllt.

Da keine offenen Vergütungs- oder Entgeltfortzahlungsansprüche bestehen, erübrigt sich eine Regelung im Aufhebungsvertrag.

bb) Nach der bei C geltenden „Betriebsvereinbarung über eine Sonderzuwendung am Jahresende" stand T im Dezember 2018 eine **Sonderzuwendung** in Höhe eines halben Bruttomonatsgehalts zu. Die Rechtsabteilung hat zu klären, ob T die Sonderzuwendung tatsächlich erhalten hat. 60

8. Nachfrage: Wurde die Sonderzuwendung bereits ausgezahlt?

Informationsmittel: Nachfrage bei der Personalabteilung.

Ergebnis der 8. Nachfrage (unterstellt): Die Sonderzuwendung wurde T Ende 2018 ausgezahlt.

Die Betriebsvereinbarung enthält eine **Rückzahlungsklausel,** die eine hälftige Rückzahlung der Sonderzuwendung vorsieht, wenn der Arbeitnehmer vor dem 31.3. des Folgejahres das Arbeitsverhältnis beendet. Wenn diese Regelung wirksam ist, kann C die Sonderzuwendung von T hälftig zurückzufordern. Eine Inhaltskontrolle nach den §§ 307ff. BGB findet nicht statt, da die Sonderzuwendung in einer Betriebsvereinbarung geregelt ist und das AGB-Recht auf diese gem. § 310 IV 1 BGB keine Anwendung findet. Die Rechtsprechung hat aber unabhängig von AGB-rechtlichen Fragen Regeln dazu aufgestellt, wie stark der Arbeitnehmer durch **Rückzahlungsklauseln** an den Betrieb gebunden werden darf. Welches Maß an Bindung zulässig ist, hängt von der Höhe der Sonderzuwendung ab. Beträgt die Gratifikation zwischen 100 € und einem Monatsverdienst, kann die Rückzahlung für den Fall vereinbart werden, dass das Arbeitsverhältnis vor Ablauf des ersten Quartals des Folgejahres endet.[80] Die Sonderzuwendung der T liegt in diesem Rahmen, sodass die in der Betriebsvereinbarung vorgesehene Bindung bis zum 31.3. des Folgejahres zulässig ist. C muss jedoch von der 61

[80] *BAG* vom 21.5.2003 – 10 AZR 390/02, NZA 2003, 1032 (1033); *BAG* vom 8.4.2004 – 10 AZR 356/03, NZA 2004, 924 (924f.).

Rückzahlungsoption keinen Gebrauch machen, sondern kann aus Image- oder Kulanzgründen auf die hälftige Rückforderung des Weihnachtsgelds verzichten.

9. Nachfrage: Soll die Hälfte der Sonderzuwendung von T zurückgefordert werden?

Informationsmittel: Nachfrage bei der Personalabteilung.

Ergebnis der 9. Nachfrage (unterstellt): Bei Ausscheiden eines Arbeitnehmers nach dem 31.12. eines Jahres verzichtet C i. d. R. darauf, die Sonderzuwendung zurückzufordern. Auf die Rückforderungsklausel beruft C sich nur, wenn besondere Umstände (z. B. Vertrauensbruch des Arbeitnehmers) vorliegen. Dementsprechend soll die Sonderzuwendung von T nicht zurückgefordert werden.

Aufgrund dieser Auskunft wird die Rechtsabteilung im Aufhebungsvertrag der T keine Klausel über die Rückzahlung der Gratifikation vorsehen.

62 **cc)** Der Vollständigkeit halber sollte der Aufhebungsvertrag eine Regelung zur Rückgabe von **Arbeitsunterlagen** und sonstigen vom Arbeitgeber zur Verfügung gestellten Arbeitsmitteln enthalten.[81] Dabei hat eine Regelung über die Rückgabe oder die Übernahme eines **Dienstfahrzeugs** in der Praxis häufig besondere Bedeutung. Die Rechtsabteilung wird entsprechende Erkundigungen einholen.

10. Nachfrage: Soll der Dienstwagen T zur Übernahme angeboten werden? Falls nein: Soll T den Dienstwagen vor Beendigung des Arbeitsverhältnisses zurückgeben?

Informationsmittel: Nachfrage bei der Personalabteilung.

Ergebnis der 10. Nachfrage (unterstellt): C will T den Dienstwagen nicht zur Übernahme anbieten. Da T nicht freigestellt wird, soll sie den Dienstwagen bis zum 31.1.2019 nutzen dürfen.

63 **dd)** Falls der Arbeitgeber dem Arbeitnehmer ein **Darlehen** gewährt oder ihm eine **Werkswohnung** zur Verfügung gestellt hat, sind auch diese Rechtsverhältnisse im Aufhebungsvertrag zu ordnen.

11. Nachfrage: Hat C der Arbeitnehmerin T ein Darlehen gewährt oder ihr eine Werkswohnung zur Verfügung gestellt?

Informationsmittel: Nachfrage bei der Personalabteilung.

Ergebnis der 11. Nachfrage (unterstellt): C hat der Arbeitnehmerin T weder ein Darlehen gewährt, noch wohnt T in einer Werkswohnung.

64 **ee)** Möglich sind in Aufhebungsverträgen auch Regelungen über ein nachvertragliches **Wettbewerbsverbot.** Haben die Arbeitsvertragsparteien bereits bei Abschluss des Arbeitsvertrags ein nachvertragliches Wettbewerbsverbot vereinbart, ist zu klären, ob das Wettbewerbsverbot gelten soll, oder ob die Parteien es aufheben wollen. Dabei ist auch zu prüfen, ob das Wettbewerbsverbot überhaupt wirksam und verbindlich ist. Wenn die Arbeitsvertragsparteien kein nachvertragliches Wettbewerbsverbot vereinbart haben, können sie dies im Aufhebungsvertrag nachholen. Die Gestaltung muss sich in den Grenzen der §§ 74ff. HGB halten. Dabei ist insbesondere § 74 II HGB zu beachten. Nach dieser Norm ist das Wettbewerbsverbot nur verbindlich, wenn der Arbeitgeber sich zur Zahlung einer **Karenzentschädigung** verpflichtet. Ist keine Karenzentschädigung zugesagt, ist das Wettbewerbsverbot nichtig.

[81] *Bauer/Krieger/Arnold* Aufhebungsverträge, C. Rn. 366.

12. Nachfrage: Haben T und C ein nachvertragliches Wettbewerbsverbot vereinbart? Wenn nein: Ist C an einem Wettbewerbsverbot interessiert?

Informationsmittel: Nachfrage bei der Personalabteilung.

Ergebnis der 12. Nachfrage (unterstellt): T und C haben kein nachvertragliches Wettbewerbsverbot vereinbart. C ist an einem Wettbewerbsverbot allenfalls interessiert, wenn ihr dadurch keine Kosten entstehen. Sie weist im Übrigen darauf hin, dass T ab 1.2.2019 beim Konkurrenten N arbeiten möchte.

Da ein Wettbewerbsverbot für C Kosten verursachen und T sich aufgrund ihrer neuen Stelle ohnehin nicht darauf einlassen würde, ist in den Aufhebungsvertrag kein Wettbewerbsverbot aufzunehmen.

ff) Der Arbeitnehmer hat gem. § 109 I 1 GewO bei Beendigung des Arbeitsverhältnisses Anspruch auf ein **Zeugnis.** Gem. § 109 I 2 GewO kann er ein qualifiziertes Zeugnis verlangen, das Auskunft über seine Leistungen und seine Führung im Dienst gibt. In den Aufhebungsvertrag kann der Hinweis auf ein Arbeitszeugnis aufgenommen werden.[82] Das Zeugnis, das dann separat erstellt wird, muss einerseits wohlwollend sein, andererseits der Wahrheit entsprechen.[83] 65

gg) Wenn eine **betriebliche Altersversorgung** besteht, gelten die Regeln des BetrAVG. Nach § 1b I 1 BetrAVG sind Anwartschaften aus einer betrieblichen Altersversorgung unverfallbar, wenn das Arbeitsverhältnis vor Eintritt des Versorgungsfalls und nach Vollendung des 21. Lebensjahres endet und die Versorgungszusage zu diesem Zeitpunkt mindestens drei Jahre bestand. Die Unverfallbarkeit bei Ausscheiden aufgrund einer Vorruhestandsregelung regelt § 1b I 2 BetrAVG. Für eine Leistungszusage vor dem 1. Januar 2001 gilt § 30f BetrAVG. Sind die Voraussetzungen dieser Normen nicht erfüllt, so ist die Anwartschaft verfallbar. **Verfallbare Anwartschaften** erlöschen mit dem Ausscheiden des Arbeitnehmers aus dem Unternehmen. **Unverfallbare Anwartschaften** bleiben nach Beendigung des Arbeitsverhältnisses bestehen, sie können nur in den Grenzen des § 3 BetrAVG abgefunden werden. 66

Die 4. und 5. Nachfrage haben ergeben, dass bei C eine Altersversorgung weder einzelvertraglich noch durch Betriebsvereinbarung vorgesehen ist. Es sei ferner unterstellt, dass für T auch durch betriebliche Übung keine Ansprüche auf Altersversorgung entstanden sind.

ii) Aufhebungsverträge enthalten in den Schlussbestimmungen häufig eine **Erledigungsklausel** (allgemeine Ausgleichsklausel). Eine solche Klausel käme der C entgegen, weil sie durch den Aufhebungsvertrag alle Fragen, die durch das Ausscheiden der T aus dem Unternehmen entstehen, endgültig geregelt wissen möchte. Solche Klauseln sind aber entgegen ihrer Bezeichnung nicht geeignet, alle Ansprüche aus dem Arbeitsverhältnis im Rechtssinne zu erledigen.[84] Sie können z. B. den **Mindestlohnanspruch nicht wirksam erfassen.**[85] Sollen bestimmte Ansprüche der Erledigungsklausel nicht unterfallen, sollten diese, dem **Gebot des sicheren Wegs** folgend, ausdrücklich ausgenommen werden, denn Erledigungsklauseln werden grundsätzlich weit ausgelegt.[86] Da C den Aufhebungsvertrag entwirft und T vorlegt, unterliegen seine Regelungen zudem der **AGB-Kontrolle.** Allerdings sind Ausgleichsklauseln, die 67

[82] *Bauer/Krieger/Arnold,* Aufhebungsverträge, C. Rn. 235ff.; *Düwell/Dahl,* NZA 2011, 958.
[83] HWK/*Gäntgen,* § 109 GewO Rn. 4f.
[84] *Bauer,* JuS 1999, 356 (359).
[85] APS/*Rolfs,* 5. Aufl. 2017, Aufhebungsvertrag Rn. 55.
[86] BeckOGK/*Günther,* § 626 BGB Rn. 30.1. (Stand: 1.2.2019).

die Ansprüche beider Parteien erfassen, AGB-rechtlich zulässig.[87] Dennoch ist hier letztlich von einer Ausgleichsklausel abzuraten, weil die Arbeitsvertragsparteien das Arbeitsverhältnis nicht im Zeitpunkt des Abschlusses des Aufhebungsvertrags beenden. Es können also noch Ansprüche entstehen, die durch die Erledigungsklausel erfasst wären, obwohl das möglicherweise nicht gewollt ist.[88] Die Rechtsabteilung der C wird deshalb keine Erledigungsklausel in den Aufhebungsvertrag aufnehmen. Mangels einer allgemeinen Erledigungsklausel sollte festgehalten werden, dass T die im Dezember 2018 ausgezahlte Sonderzuwendung endgültig behalten darf.

68 **jj)** Bei längeren Aufhebungsverträgen wird die Vereinbarung einer **salvatorischen Klausel** empfohlen. Sie bewirkt, dass bei Nichtigkeit einer Vertragsklausel entgegen § 139 BGB der Vertrag im Übrigen bestehen bleibt. Da eine der Parteien erhebliche Nachteile erleiden könnte, wenn eine unwirksame Klausel ersatzlos wegfällt, sollten die Parteien sich verpflichten, unwirksame Klauseln zu ersetzen.[89]

e) Vertragsentwurf

69

Aufhebungsvertrag

Zwischen
der Connect-AG, Martinstraße 125, 50667 Köln
und
Frau Wilhelmine Tore, Fischerweg 12, 51143 Köln
wird folgender Aufhebungsvertrag geschlossen:

§ 1 Beendigung des Arbeitsverhältnisses
Die Parteien sind sich darüber einig, dass das Arbeitsverhältnis im gegenseitigen Einvernehmen mit Ablauf des 31.1.2019 endet.

§ 2 Urlaub
Frau Tore wird den ihr zustehenden Resturlaub aus dem Jahr 2018 (10 Arbeitstage) und den ihr anteilig für das Jahr 2019 zustehenden Urlaub (3 Arbeitstage) bis zum 31.1.2019 nehmen.

§ 3 Sonderzuwendung
Die Connect-AG wird von ihrem Recht, die im Dezember 2018 an Frau Tore ausgezahlte Sonderzuwendung zurückzufordern, keinen Gebrauch machen.

§ 4 Dienstwagen
Frau Tore ist verpflichtet, den Dienstwagen am 31.1.2019 mit allen Fahrzeugpapieren, Schlüsseln und sämtlichem Zubehör an die Connect-AG zu übergeben.

§ 5 Arbeitsunterlagen und Arbeitsmittel
Unterlagen und Gegenstände, die im Eigentum der Connect-AG stehen und die Frau Tore in ihrem Besitz hat, wird Frau Tore spätestens bis zum 31.1.2019 an die Connect-AG zurückgeben.

[87] ErfK/*Preis*, § 611 a BGB Rn. 406.
[88] *Bauer/Krieger/Arnold*, Aufhebungsverträge, C Rn. 462 f.; MAH ArbR/*Bengelsdorf*, § 49 Rn. 313.
[89] Siehe oben § 1 Rn. 50–51.

§ 6 Zeugnis
Frau Tore erhält anlässlich der Beendigung des Arbeitsverhältnisses ein qualifiziertes Arbeitszeugnis, das diesem Vertrag als Anlage beigefügt ist.

§ 7 Belehrung
Frau Tore wurde über ihre Pflicht belehrt, sich binnen drei Tagen nach Kenntniserlangung vom Zeitpunkt der Beendigung des Arbeitsverhältnisses bei der zuständigen Agentur für Arbeit arbeitsuchend zu melden.

§ 8 Salvatorische Klausel
Sollte eine Klausel dieses Aufhebungsvertrags unwirksam sein oder werden, so wird dadurch die Wirksamkeit des Vertrags im Übrigen nicht berührt. Die Parteien sind verpflichtet, die unwirksame Bestimmung durch eine Abrede zu ersetzen, die dem Sinn und Zweck der unwirksamen Bestimmung möglichst nahe kommt.

§ 9. Vertragsgestaltung im Gesellschaftsrecht

Literatur (Siehe auch das Verzeichnis der abgekürzt zitierten Literatur, S. XVII): *Benecke,* Inhaltskontrolle im Gesellschaftsrecht oder – „Hinauskündigung" und das Anstandsgefühl aller billig und gerecht Denkenden, ZIP 2005, 1437; *Blasche,* Vinkulierungsklauseln in GmbH-Gesellschaftsverträgen, RNotZ 2013, 515; *Born,* Die neuere Rechtsprechung des Bundesgerichtshofs zur Gesellschaft mit beschränkter Haftung, WM 2017, Sonderbeilage 3, 4; *Butz-Seidl,* Optimale Abfindungsklauseln in Gesellschaftsverträgen, GStB 2004, 147; *Flesner,* Ausgewähltes zur Unternehmensnachfolge und -vorsorge bei der GmbH und GmbH & Co. KG, DB 2011, 2362; *Goette/Habersack* (Hrsg.), Das MoMiG in Wissenschaft und Praxis, 2009; *Heckschen,* Gründungserleichterung nach dem MoMiG – Zweifelsfragen in der Praxis, DStR 2009, 166; *Hucke/Holfter,* Die Unternehmergesellschaft (haftungsbeschränkt) – eine echte Alternative für Unternehmensgründer, JuS 2010, 861; *Leistikow,* Das neue GmbH-Recht, 2009; *Lutz,* Der Gesellschafterstreit, 5. Aufl. 2017; *Miras,* Die neue Unternehmergesellschaft, 2. Aufl. 2011; *Freiherr v. Proff,* Die Erbfolge in Beteiligung an Personengesellschaften – Funktionsweise und Gestaltungsmöglichkeiten, DStR 2017, 2555; *Schindeldecker,* Insichgeschäfte im Gesellschaftsrecht – Anwendungsfälle und praktische Lösungen für die notarielle Praxis, RNotZ 2015, 533; *Seebach,* Die Unternehmergesellschaft (haftungsbeschränkt) in der notariellen Praxis, RNotZ 2013, 261; *Teichmann,* Vertragsfreiheit im Innenverhältnis der GmbH-Gesellschafter, RNotZ 2013, 346.

1 Eine Vielzahl von Gestaltungsmöglichkeiten eröffnet sich für den Vertragsjuristen bei gesellschaftsrechtlichen Fragestellungen. Der individuelle Regelungsbedarf erfasst insbesondere die **Auswahl der** für die Parteien passenden **Rechtsform,** die Beziehungen der Gesellschafter untereinander, die **Vertretung der Gesellschaft** nach außen und Fragen der Beendigung der Gesellschaft. Da die Gestaltungsmöglichkeiten der Parteien maßgeblich von der ausgewählten Rechtsform bestimmt werden, steht diese im Folgenden im Mittelpunkt.

I. Allgemeine Überlegungen

2 Die Gestaltung eines Gesellschaftsvertrags folgt den allgemeinen Denkschritten: In einem ersten Schritt hat der Vertragsjurist in tatsächlicher Hinsicht von den Parteien möglichst viele Informationen zu sammeln. Dieser Informationsgewinnung schließt sich die Rechtsanwendung an, welche neben zwingenden und dispositiven Normen auch Gestaltungskriterien wie das Gebot des sicheren Weges zu beachten hat.

1. Fragen der Informationsgewinnung

3 Wollen sich mehrere Personen zu einer Gesellschaft zusammenschließen, so bestimmt zunächst der mit der Gesellschaft angestrebte Zweck die **Wahl der Rechtsform.** Der Gesellschaftszweck kann auf den **Betrieb eines Handelsgeschäfts** oder sonstige gewerbliche oder ideelle Ziele gerichtet sein. Weiterhin ist für die Rechtsformwahl ausschlaggebend, ob die Gesellschaft maßgeblich von dem persönlichen Vertrauen der Gesellschafter untereinander bestimmt und in ihrem Fortbestand daher grundsätzlich von einer unveränderten Zusammensetzung abhängig sein soll; in einem solchen Fall wäre ein Zusammenschluss zu einer **Personengesellschaft** naheliegend. Soll hingegen die Gesellschaft in ihrem Handeln und Fortbestand nicht von den Personen der Gesellschafter, sondern von der Höhe der finanziellen Beteiligung an ihr geprägt sein,

kommt die Gründung einer **Kapitalgesellschaft** in Betracht.[1] Um ihre individuellen Ziele zu verfolgen, stehen den Parteien insbesondere die nachfolgend beschriebenen „klassischen" Formen einer Personengesellschaft (Gesellschaft bürgerlichen Rechts, offene Handelsgesellschaft und Kommanditgesellschaft)[2] sowie einer Kapitalgesellschaft (Gesellschaft mit beschränkter Haftung, Aktiengesellschaft)[3] zur Verfügung.

a) Gesellschaft bürgerlichen Rechts (GbR)

Gesetzlicher **Grundtyp einer Personengesellschaft** ist die Gesellschaft bürgerlichen Rechts (GbR), §§ 705 ff. BGB. Sie ist auf **die Erreichung eines gemeinsamen Zwecks gerichtet.** Dieser Zweck ist von Gesetzes wegen nicht näher definiert und kann ein erwerbswirtschaftlicher oder ein ideeller sein. Nur wenn er auf den Betrieb eines kaufmännischen Gewerbes gerichtet ist, kann die Gesellschaft keine GbR sein.[4] Stattdessen kommt im Bereich der Personengesellschaften der Zusammenschluss zu einer OHG oder KG, ansonsten die Gründung einer Kapitalgesellschaft in Betracht. Für die GbR ist kennzeichnend, dass ein rechtsgeschäftliches Handeln der Gesellschaft im Verhältnis der Gesellschafter untereinander (Innenverhältnis) wie im Verhältnis zu Dritten (Außenverhältnis) grundsätzlich der Zustimmung sämtlicher Gesellschafter bedarf (Grundsatz der **Gesamtgeschäftsführung** bzw. -vertretung). Neben der Gesellschaft selbst haften auch die Gesellschafter unbeschränkt für Verbindlichkeiten der Gesellschaft.[5] 4

Beispiel: Die Studienfreunde A, B und C möchten nicht mehr auf öffentliche Verkehrsmittel angewiesen sein. Daher schaffen sie sich einen Pkw zur gemeinsamen Nutzung an.

b) Die offene Handelsgesellschaft (OHG)

Die OHG ist **strukturverwandt mit der GbR.** Soweit sich aus den Vorschriften der §§ 105–160 HGB nichts anderes ergibt, sind gem. § 105 II HGB die im BGB befindlichen Vorschriften über die GbR ergänzend anzuwenden. Der Gesellschaftszweck der OHG besteht, in Abgrenzung zur GbR, im **Betrieb eines vollkaufmännischen Gewerbes,** § 105 I HGB. Ein weiterer entscheidender Unterschied zwischen beiden Gesellschaftsformen liegt darin, dass bei der OHG grundsätzlich jeder Gesellschafter allein zur Geschäftsführung und Vertretung berechtigt ist, §§ 115 I und 125 I HGB. Wie bei der GbR **haften** bei der OHG **sowohl die Gesellschaft als auch die Gesell-** 5

---

[1] Dem Begriff der Personengesellschaft wird üblicherweise der der Körperschaft entgegengesetzt. Diese umfasst sowohl Kapitalgesellschaften als auch Genossenschaften sowie den eingetragenen Verein. Aus Gründen des Umfangs und der praktischen Relevanz beschränkt sich die Darstellung jedoch auf die Kapitalgesellschaften.

[2] Weitere Personengesellschaften sind die stille Gesellschaft, die Partnerschaftsgesellschaft und als deren Variante die Partnergesellschaft mit beschränkter Berufshaftung, die Partenreederei, die freiberufliche Partnerschaft sowie die Europäische Wirtschaftliche Interessenvereinigung.

[3] Neben GmbH und AG sind auch die Kommanditgesellschaft auf Aktien, die Societas Europaea sowie die Unternehmergesellschaft (haftungsbeschränkt) als Sonderform der GmbH Kapitalgesellschaften.

[4] *Eisenhardt/Wackerbarth,* Gesellschaftsrecht I, Rn. 60; *Kindler,* Grundkurs Handels- und Gesellschaftsrecht, § 10 Rn. 11; *Kübler/Assmann,* Gesellschaftsrecht, § 6 I 1c; *Windbichler,* Gesellschaftsrecht, § 5 Rn. 3.

[5] Sog. Akzessorietätstheorie, der sich inzwischen auch der BGH angeschlossen hat, vgl. *BGH* vom 27.9.1999 – II ZR 371/98, BGHZ 142, 315; *BGH* vom 29.1.2001 – II ZR 331/00, BGHZ 146, 341. Anders die früher herrschende Doppelverpflichtungstheorie, die eine Haftung der Gesellschafter nur bei rechtsgeschäftlichen, nicht aber bei gesetzlich begründeten Verbindlichkeiten der Gesellschaft vorsah.

schafter selbst unbeschränkt für Verbindlichkeiten der Gesellschaft.[6] Dieser Umstand verschafft der OHG zwar einerseits Bonität,[7] macht sie seitens der Gesellschafter jedoch zu einer weniger populären Gesellschaftsform.[8]

Beispiel: Die Malermeister A, B und C wollen ihre Dienste zukünftig gemeinsam anbieten, um sich im Wettbewerb besser behaupten zu können, wobei alle drei gleichberechtigt die Geschäfte führen und mit ihrem Privatvermögen für die Verbindlichkeiten haften wollen. Zu diesem Zweck schließen sie sich zur „Regenbogen OHG" zusammen.

c) Die Kommanditgesellschaft (KG)

6 Der OHG ähnlich ist die KG, die ebenfalls auf eine erwerbswirtschaftliche Tätigkeit gerichtet ist. Für diese gelten gem. § 161 II HGB die Vorschriften über die OHG, soweit in den §§ 161 ff. HGB nichts anderes vorgeschrieben ist. Der grundlegende Unterschied zur OHG liegt darin, dass sich die KG aus zwei Arten von Gesellschaftern zusammensetzt: aus **Komplementären und Kommanditisten** (§ 161 I HGB). Damit es sich bei einer Gesellschaft um eine KG handelt, müssen deshalb jeweils mindestens ein Komplementär und ein Kommanditist beteiligt sein. Die **Komplementäre** sind in ihrer Funktion und Rechtsstellung den Gesellschaftern einer OHG weitgehend gleichgestellt; sie sind vertretungsberechtigt und **haften** persönlich und **unbeschränkt** für Gesellschaftsschulden. Anderes gilt hingegen für die **Kommanditisten.** Diese **haften nur bis zur Höhe ihrer Einlage** (§ 171 I HGB) und sind grundsätzlich weder zur Geschäftsführung befugt (§ 164 1. Hs. HGB) noch vertretungsberechtigt (§ 170 HGB).[9] Diese strukturelle Besonderheit macht die KG zu einer sehr beliebten Gesellschaftsform.[10] Sie eignet sich auch für größere Zusammenschlüsse von Gesellschaftern und macht es durch die Trennung von Kommanditisten und Komplementären möglich, eine den Kapitalgesellschaften angenäherte Personengesellschaft zu schaffen.[11]

Beispiel: S, Sohn der vermögenden M und V, möchte preiswerte Handtaschen aus chinesischer Fertigung nach Europa einführen und verkaufen. Da sein Erspartes nicht ausreicht, bittet er seine Eltern M und V sich finanziell an seinem Vorhaben zu beteiligen, sich ansonsten aber bitte „herauszuhalten". S schlägt seinen Eltern daher vor, die „Siegfried Import KG" zu gründen, wobei er selbst Komplementär und seine Eltern Kommanditisten sein sollen.

d) Die Aktiengesellschaft (AG)

7 Bei der AG handelt es sich um eine **Kapitalgesellschaft** und nicht wie bei GbR, OHG und KG um eine Personengesellschaft. Sie besitzt gem. § 1 I AktG eine eigene Rechtspersönlichkeit, ist also **juristische Person,** die selbst Träger von Rechten und Pflichten sein kann. Die Gesellschafter der AG sind die **Aktionäre,** die sich durch den Erwerb

[6] *Kindler,* Grundkurs Handels- und Gesellschaftsrecht, § 10 Rn. 90ff.; *K. Schmidt,* Gesellschaftsrecht, § 48 I 2; *Windbichler,* Gesellschaftsrecht, § 14 Rn. 16ff.

[7] *Eisenhardt/Wackerbarth,* Gesellschaftsrecht I, Rn. 286; *Klunzinger,* Grundzüge des Gesellschaftsrechts, § 5 II; *Kübler/Assmann,* Gesellschaftsrecht, § 7 I 4.

[8] *Grunewald,* Gesellschaftsrecht, § 2 Rn. 6; *Kornblum,* GmbHRdsch 2016, 691, 697; *Kübler/Assmann,* Gesellschaftsrecht, § 7 I 4; *Windbichler,* Gesellschaftsrecht, § 11 Rn. 15.

[9] Eine unbeschränkte Haftung im Innenverhältnis analog § 426 BGB nimmt der *BGH* hingegen an, wenn weitere Kommanditisten zur Sanierung der Gesellschaft beitragen, ohne dazu verpflichtet zu sein, *BGH* vom 29.09.2015 – II ZR 403/13, BGHZ 207, 54. Kritisch dazu *Altmeppen,* NJW 2016, 1761; *Menkel,* NZG 2016, 261.

[10] *Eisenhardt/Wackerbarth,* Gesellschaftsrecht I, Rn. 483; *Grunewald,* Gesellschaftsrecht, § 3 Rn. 5.

[11] *Kindler,* Grundkurs Handels- und Gesellschaftsrecht, § 13 Rn. 8; *Kübler/Assmann,* Gesellschaftsrecht, § 8 I 3c; *Windbichler,* Gesellschaftsrecht, § 17 Rn. 2.

von Anteilen in Form von Aktien finanziell in die AG einbringen und somit das Grundkapital schaffen. Die AG handelt als juristische Person durch ihre **Organe.** Als solche gesetzlich vorgesehen sind der **Vorstand** (§§ 76ff. AktG), der **Aufsichtsrat** (§§ 95ff. AktG) und die **Hauptversammlung** der Aktionäre (§§ 118ff. AktG). § 96 II AktG legt ab einer bestimmten Größe des Unternehmens (Anwendbarkeit von MitbestG, MontanMitbestG oder MitbestErgG) eine Zusammensetzung des Aufsichtsrats aus jeweils mindestens 30% Frauen und 30% Männern fest.[12] Von den genannten Organen ist allein der Vorstand geschäftsführungs- und vertretungsbefugt, §§ 76 I, 78 I AktG. Besteht der Vorstand aus mehr als einer Person, so sieht das Gesetz grundsätzlich Gesamtgeschäftsführung vor, § 77 I AktG. Die **Haftung der AG** beschränkt sich gem. § 1 I 2 AktG auf das Gesellschaftsvermögen, sodass das Haftungsrisiko des einzelnen Aktionärs auf das durch den Aktienkauf eingebrachte Vermögen beschränkt ist. Nicht nur diese Risikobeschränkung für die einzelnen Anteilseigner macht die AG zu einer in der Praxis vor allem von großen Unternehmen angenommenen Gesellschaftsform.[13] Die Gesellschaftsform der AG bietet ferner die Möglichkeit, große Mengen an Kapital zu beschaffen, das der Gesellschaft langfristig zur Verfügung steht. Anders als im Fall der Kreditaufnahme muss das aufgenommene Kapital nicht innerhalb bestimmter Fristen mit Zinsen wieder zurückgezahlt werden.[14] Aufgrund einer hohen Dichte von national- und unionsrechtlichen Bestimmungen wurde die AG zunehmend kostspieliger und schwieriger zu handhaben, was sich durchaus auf die Beliebtheit dieser Gesellschaftsform auswirkt.[15]

e) Die Gesellschaft mit beschränkter Haftung (GmbH)

Die GmbH ist wie die AG eine Körperschaft und kann wie diese als **juristische Person** Träger von Rechten und Pflichten sein, § 13 I GmbHG. Die **Organe** der GmbH sind die **Geschäftsführer,** die Gesamtheit der **Gesellschafter** und gegebenenfalls ein Aufsichtsrat. Die Geschäftsführer vertreten die GmbH im Zweifel als Gesamtvertreter, § 35 I, II GmbHG. Sie sind in ihrer Geschäftsführungsbefugnis an Weisungen der Gesellschafter gebunden, § 37 I GmbHG. Die Geschäftsführungsbefugnis kann ferner durch die Satzung beschränkt werden. Unbeschränkbar ist dagegen gem. § 37 II GmbHG die Vertretungsmacht des Geschäftsführers. Durch die weitgehende Weisungsbefugnis bleiben die Gesellschafter das entscheidende Organ der GmbH, was sie von den Aktionären der AG unterscheidet. Die **Haftung der Gesellschafter ist auf das Gesellschaftsvermögen beschränkt,** § 13 II GmbHG. Dies gilt grundsätzlich auch für die Einmann-GmbH.[16] Die GmbH hat in Deutschland eine große Bedeutung. Die Haftungsbeschränkung auf das Gesellschaftsvermögen, ihre durch weitgehend dispositives Recht geschaffene Flexibilität,[17] ein geringes Gründungskapital 8

[12] Vertiefend *Junker/Schmidt-Pfitzner,* NZG 2015, 929; MünchKomm-AktG/*Habersack,* § 96 AktG Rn. 33ff. Zur Verfassungs- und Europarechtskonformität der Norm *Drygala,* NZG 2015, 1129.

[13] *Bitter/Heim,* Gesellschaftsrecht, 4. Aufl. 2018, § 3 Rn. 8; *Klunzinger,* Grundzüge des Gesellschaftsrechts, § 8 II 1; *Windbichler,* Gesellschaftsrecht, § 25 Rn. 14ff.

[14] *Kübler/Assmann,* Gesellschaftsrecht, § 14 II 1; *K. Schmidt,* Gesellschaftsrecht, § 29 II 2.

[15] *Grunewald,* Gesellschaftsrecht, § 10 Rn. 5; *Windbichler,* Gesellschaftsrecht, § 25 Rn. 37.

[16] Die Haftungsrisiken des Alleingesellschafter-Geschäftsführers zeigen *Burgard/Heimann,* NZG 2018, 601 auf.

[17] *Grunewald,* Gesellschaftsrecht, § 13 Rn. 5; *Kindler,* Grundkurs Handels- und Gesellschaftsrecht, § 14 Rn. 1; *Kübler/Assmann,* Gesellschaftsrecht, § 18 I 2c; *Weller/Prütting,* Handels- und Gesellschaftsrecht, Rn. 453.

von 25 000 € sowie der im Vergleich zu Personengesellschaften relativ einfache Austausch von Gesellschaftern machen die GmbH zu einer der populärsten Gesellschaftsformen.[18]

f) Die Unternehmergesellschaft (haftungsbeschränkt)

9 § 5a GmbHG regelt mit der **Unternehmergesellschaft (haftungsbeschränkt)** eine weitere Gesellschaftsform. Die UG (haftungsbeschränkt) stellt allerdings keine neue Rechtsform, sondern eine Sonderform der GmbH dar.[19] Sie kann als „Einstiegsvariante" zur GmbH verstanden werden.[20] Dementsprechend finden, soweit in § 5a GmbHG nichts Abweichendes geregelt ist, die auf die GmbH anzuwendenden Vorschriften auch auf die UG (haftungsbeschränkt) Anwendung. Der Rechtsformzusatz „(haftungsbeschränkt)" darf nicht abgekürzt oder gar weggelassen werden; ansonsten haftet der Handelnde persönlich.[21]

10 Wird das Mindeststammkapital von 25 000 € für die Gründung einer GmbH (§ 5 I GmbHG) nicht erreicht, ist nach § 5a I GmbHG die Gründung einer UG (haftungsbeschränkt) möglich. In Zusammenschau mit § 5 II GmbHG, der einen Nennbetrag jedes Geschäftsanteils auf volle Euro festlegt, ergibt sich daraus, dass eine Einmann-UG (haftungsbeschränkt) **ab einem Stammkapital von einem Euro** gegründet werden kann.[22] Der Gläubigerschutz wird dadurch verwirklicht, dass bei der UG (haftungsbeschränkt) gem. § 5a III GmbHG eine gesetzliche Rücklage in Höhe eines Viertels des Jahresüberschusses zu bilden ist, bis durch Kapitalerhöhungen, für die auch die gesetzliche Rücklage genutzt werden kann, das gesetzliche Mindeststammkapital nach § 5 I GmbHG erreicht wird, § 5a V GmbHG. Ab diesem Zeitpunkt findet § 5a I-IV GmbHG keine Anwendung mehr, die Gesellschaft ist allein nach den für die GmbH allgemein geltenden Vorschriften zu behandeln.[23]

11 Ziel der Einführung der UG (haftungsbeschränkt) war die **Vereinfachung der Existenzgründung,** durch die die GmbH im internationalen bzw. europäischen Wettbewerb der Rechtsformen[24] gestärkt werden sollte.[25] Konkurrenzdruck ging in der Vergangenheit insbesondere von der englischen Private Company Limited by Shares (Ltd.) aus, die bereits ab einem Pfund Gründungskapital und ohne notarielle Mithilfe gegründet werden kann.[26] Die UG (haftungsbeschränkt) hat sich inzwischen etabliert.[27] Wäh-

[18] *Eisenhardt/Wackerbarth,* Gesellschaftsrecht I, Rn. 680; *Kübler/Assmann,* Gesellschaftsrecht, § 18 I 3.

[19] *Heckschen,* DStR 2009, 166 (169); *Windbichler,* Gesellschaftsrecht, § 21 Rn. 44, 48.

[20] *Kindler,* NJW 2008, 3249; *ders.,* Handels- und Gesellschaftsrecht, § 14 Rn. 104, 110.

[21] *BGH* vom 12.6.2012 – II ZR 256/11, NJW 2012, 2871 (2873); *Kindler,* Grundkurs Handels- und Gesellschaftsrecht, § 14 Rn. 115; *Schirrmacher,* GmbHR 2018, 942 (943); *Windbichler,* Gesellschaftsrecht, § 21 Rn. 44.

[22] *Kindler,* Grundkurs Handels- und Gesellschaftsrecht, § 14 Rn. 107, 114; *Windbichler,* Gesellschaftsrecht, § 21 Rn. 45.

[23] *Kindler,* Grundkurs Handels- und Gesellschaftsrecht, § 14 Rn. 109, 118f.

[24] Zu den konkurrierenden Rechtsformen im Einzelnen *Leistikow,* Das neue GmbH-Recht, 2009, Rn. 30ff.

[25] BT-Drs. 16/6140, S. 1; *Goette,* Einführung in das neue GmbH-Recht, Rn. 5, 9; *Kindler,* NJW 2008, 3249; *Leistikow,* Das neue GmbH-Recht, 2009, Rn. 7; *Lutter/Hommelhoff/Lutter/Hommelhoff,* GmbHG, Einl. Rn. 25ff.

[26] *Leistikow,* Das neue GmbH-Recht, 2009, Rn. 36ff.; *Müller,* DB 2006, 824.

[27] *Miras,* Die neue Unternehmergesellschaft, 2. Aufl. 2011, Rn. 146a. Kritisch *Niemeier,* in: Festschrift Roth, 2011, S. 533.

rend am 31.12.2008 noch 17 524 englische Ltds. mit Verwaltungssitz in Deutschland bestanden,[28] ist diese Zahl inzwischen deutlich zurückgegangen. Im Jahr 2018 waren nur noch ca. 7 400 Ltds. im deutschen Handelsregister eingetragen.[29] Hingegen gab es am 1.1.2018 in Deutschland 113 000 UGs (haftungsbeschränkt).[30] Mit dem bevorstehenden Austritt des Vereinigten Königreichs aus der EU sind Ltds. in Deutschland allerdings als solche nicht mehr anzuerkennen.[31]

2. Probleme der Rechtsanwendung

Ausgehend von den Interessen der Parteien ist es Aufgabe des Vertragsjuristen, die gegebenen rechtlichen Gestaltungsmöglichkeiten auszuschöpfen. Den gesetzlichen Rahmen geben die gesellschaftsrechtlichen Rechtsformen vor. Jede Gesellschaft muss einer gesetzlichen Rechtsform zugehören, sog. **numerus clausus der Rechtsformen.**[32] 12

Bei der Ausfüllung dieses Rahmens muss der Vertragsjurist sein Augenmerk auf die steuerrechtliche Ausgestaltung der einzelnen Rechtsformen richten. Ferner hat er zu beachten, von welchen gesetzlichen Vorschriften vertraglich abgewichen werden kann und welche Formvorschriften bei der Entstehung der Gesellschaft einzuhalten sind. 13

a) Steuerrechtliche Erwägungen

Von entscheidender Bedeutung für die Rechtsformwahl ist das Steuerrecht.[33] In steuerlicher Hinsicht besteht der grundlegende Unterschied zwischen Personen- und **Kapitalgesellschaften** darin, dass letztere **eigene Steuersubjekte** sind und als solche selbst der Einkommensteuerpflicht (in Form der **Körperschaftsteuer**) unterliegen. Gewinne der Kapitalgesellschaft sind daher zum einen bei dieser selbst, zum anderen nach deren Ausschüttung auch bei den Gesellschaftern im Rahmen von deren Gesamteinkommen bei der **Einkommensteuer** zu versteuern.[34] Demgegenüber werden Gewinne einer Personengesellschaft allein bei den Gesamteinkünften der Gesellschafter mit versteuert.[35] Dies gilt unabhängig davon, ob die Gewinne an die Gesellschafter ausgeschüttet werden.[36] Aufgrund dieses konzeptionellen Unterschieds ergibt sich eine grundsätzliche steuerliche Besserstellung der Personengesellschaft gegenüber der Kapitalgesellschaft.[37] Allerdings handelt es sich bei der Frage der Steuerlast im Einzelfall um eine höchst komplexe Materie, sodass in bestimmten Konstellationen auch die Besteuerung nach Grundsätzen der Kapitalgesellschaft vorteilhaft sein kann. Hier spielen Fragen der Gewerbesteuer ebenso eine Rolle wie die sonstige finanzielle Situation 14

[28] *Miras,* Die neue Unternehmergesellschaft, 2. Aufl. 2011, Rn. 98; *Kornblum,* GmbHR 2009, 1056 (1063). Schätzungen gingen sogar von mehr als doppelt so vielen Ltds. aus, *Kindler,* NJW 2008, 3249.
[29] *Kornblum,* GmbHR 2018, 669.
[30] *Kornblum,* GmbHR 2018, 669.
[31] Siehe dazu unten Rn. 34.
[32] *Kindler,* Grundkurs Handels- und Gesellschaftsrecht, § 9 Rn. 21; *K. Schmidt,* Gesellschaftsrecht, § 5 II 3; *Saenger,* Gesellschaftsrecht, Rn. 36; *Windbichler,* Gesellschaftsrecht, § 1 Rn. 5.
[33] *Aderhold/Koch/Lenkaitis,* Vertragsgestaltung, § 17 Rn. 51; *K. Schmidt,* Gesellschaftsrecht, § 1 II 6c; *Windbichler,* Gesellschaftsrecht, § 4 Rn. 9.
[34] *Birk/Desens/Tappe,* Steuerrecht, Rn. 1203; *Heidel/Heidel,* Steuerrecht, § 2 Rn. 3 ff.
[35] *Birk/Desens/Tappe,* Steuerrecht, Rn. 1121; *Klunzinger,* Grundzüge des Gesellschaftsrechts, § 4 IX 1; *Windbichler,* Gesellschaftsrecht, § 4 Rn. 10.
[36] *Birk/Desens/Tappe,* Steuerrecht, Rn. 1124, 1163.
[37] *Weller/Prütting,* Handels- und Gesellschaftsrecht, Rn. 142.

des Steuerpflichtigen, d. h. insbesondere der auf ihn anwendbare Einkommensteuersatz oder die Frage, ob eine Thesaurierung stattfindet, d. h. ob die Gewinne in der Gesellschaft verbleiben oder ausgeschüttet werden.[38]

15 Auch wenn ein rechtsformneutrales Steuerrecht nicht existiert und ein solches auch nicht verfassungsrechtlich geboten ist,[39] gehen die Bestrebungen des Gesetzgebers doch dahin, steuerliche Ungleichbehandlungen aufzulösen.[40] Nach der Unternehmenssteuerreform 2001 bis zur Unternehmenssteuerreform 2008 diente diesem Zweck beispielweise das sog. Halbeinkünfteverfahren, nach dem auf die Gewinne der Kapitalgesellschaft zunächst von der Gesellschaft die Körperschaftsteuer (bis 2008: 25 %) zu zahlen war, jedoch beim Anteilseigner nur noch die Hälfte des Gewinns der Einkommensteuer unterlag. 2009 wurde das Halbeinkünfteverfahren durch die sog. **Abgeltungsteuer** in Höhe von 25 % ersetzt, die vom Anteilseigner (zusätzlich zur bei der Gesellschaft anfallenden Körperschaftsteuer in Höhe von nunmehr 15 %) grundsätzlich auf den gesamten Gewinn zu zahlen ist.[41]

b) Gesetzesrecht

16 Bei dem Abschluss eines Gesellschaftsvertrags sind die Parteien nicht frei in dessen Ausgestaltung, vielmehr **setzt das zwingende Gesetzesrecht der Privatautonomie Grenzen.** Sowohl bei den Personen-, als auch bei den Kapitalgesellschaften kann der Vertragsgestalter von den Vorschriften, die das Verhältnis der Gesellschaft zu Dritten **(Außenverhältnis)** regeln, im Wesentlichen nicht abweichen, vgl. etwa für die OHG und KG §§ 126 II, 128 HGB, für die AG § 82 I AktG und für die GmbH bzw. UG (haftungsbeschränkt) § 37 II GmbHG. Ihren Hintergrund haben diese Regelungen darin, dass Dritte auf die Gestaltung des Gesellschaftsvertrags keinerlei Einfluss haben. Daher gebietet es die Rechtssicherheit, dass die Vorschriften, die die Interessen Außenstehender berühren, im Wesentlichen zwingend sind.[42]

Beispiel: A und B gründen eine OHG und vereinbaren im Gesellschaftsvertrag, dass B für Schulden der Gesellschaft nur bis zu einer Höhe von 20 000 € mit seinem Privatvermögen haften soll. Hierauf beruft sich B, als sich der Gläubiger G wegen einer Forderung gegen die Gesellschaft in Höhe von 50 000 € unmittelbar an B wendet. – Eine solche Regelung, die die persönliche Haftung im Gesellschaftsvertrag beschränkt, ist Dritten gegenüber unwirksam. Die Vorschrift des § 128 HGB ist zwingend.

17 Unterschiede zwischen Personen- und Kapitalgesellschaften bestehen indes bei der vertraglichen Gestaltung des Verhältnisses der Gesellschafter untereinander **(Innenverhältnis).** Während die Gesellschafter einer Personengesellschaft im Wesentlichen frei sind, im Gesellschaftsvertrag von gesetzlichen Bestimmungen abzuweichen, sind für die Gesellschafter einer Kapitalgesellschaft grundsätzlich auch die das Innenverhältnis betreffenden Vorschriften nicht dispositiv, vgl. für die AG § 23 V AktG.

---

[38] Ein Beispiel zur Steuerlast bei Thesaurierung findet sich bei *Birk/Desens/Tappe,* Steuerrecht, Rn. 1100.

[39] *BVerfG* vom 21.6.2006 – BvL 2/99, NJW 2006, 2757 (2763); *Birk/Desens/Tappe,* Steuerrecht, Rn. 1118.

[40] Vgl. *Weller/Prütting,* Handels- und Gesellschaftsrecht, Rn. 143; *Windbichler,* Gesellschaftsrecht, § 4 Rn. 9.

[41] Dazu im Einzelnen *Birk/Desens/Tappe,* Steuerrecht, Rn. 1204.

[42] *Eisenhardt/Wackerbarth,* Gesellschaftsrecht I, Rn. 43 f.; *K. Schmidt,* Gesellschaftsrecht, § 5 III 1a; Münch-Komm-HGB/*K. Schmidt,* § 126 HGB Rn. 1.

c) Formvorschriften

Der Abschluss des Gesellschaftsvertrags ist allein bei den Kapitalgesellschaften formbedürftig. § 23 I 1 AktG bzw. § 2 I 1 GmbHG verlangen die **notarielle Beurkundung** des Gesellschaftsvertrags. Das gilt entgegen ursprünglicher Pläne[43] auch bei Gründung der GmbH im vereinfachten Verfahren nach § 2 Ia GmbHG. Demgegenüber bedarf der Gesellschaftsvertrag bei einer Personengesellschaft keiner Form. Aus Gründen der Rechtssicherheit sollte er jedoch schriftlich fixiert werden. 18

Darüber hinaus ist sowohl bei den Kapital- als auch grundsätzlich bei den Personengesellschaften in formaler Hinsicht die **Eintragung** der Gesellschaft **in das Handelsregister** erforderlich. Die Registereintragung ist meist von konstitutiver Bedeutung, sodass die angestrebte Gesellschaftsform erst mit Eintragung entsteht.[44] Eine Ausnahme besteht allein für die OHG und KG, weil sich deren Gesellschaftszweck auf den Betrieb eines Handelsgewerbes nach § 1 II HGB richtet. In diesem Fall ist die Eintragung deklaratorisch und die Gesellschaft entsteht bereits mit Aufnahme der Geschäfte.[45] 19

Keiner Eintragung bedarf allein die Gesellschaft bürgerlichen Rechts. Sie kann daher vollkommen formfrei errichtet werden. 20

3. Anwendung der Gestaltungskriterien

Bei der Anwendung der Gestaltungskriterien hat der Vertragsjurist in erster Linie das **Gebot des sicheren Weges** zu berücksichtigen. Kommen bei der Rechtsformwahl mehrere Gesellschaftstypen in Betracht, so sollte der Vertragsjurist denjenigen auswählen, der am sichersten dem gerecht wird, was die Parteien von dem Gesellschaftsvertrag erwarten. 21

Soll etwa die zu errichtende Gesellschaft zum einen die steuerlichen Vorteile einer Personengesellschaft, zum anderen aber auch das Haftungsprivileg einer Kapitalgesellschaft genießen, so bietet sich die Errichtung einer KG als GmbH & Co. KG an.[46] Sie ist eine Personengesellschaft (steuerliche Privilegierung), bei der die einzige persönlich haftende Gesellschafterin eine GmbH ist (haftungsrechtliche Privilegierung). 22

Ferner ist es bei den Gesellschaftstypen, die wie die GbR, die AG, die GmbH und die UG (haftungsbeschränkt) von Gesetzes wegen eine Gesamtgeschäftsführung vorsehen, häufig geboten, im Gesellschaftsvertrag hiervon abweichende Regelungen zu treffen. Gesamtgeschäftsführung setzt Einstimmigkeit voraus. Je mehr Personen zur Geschäftsführung berechtigt sind, desto seltener wird Einstimmigkeit zu erzielen sein. Aus Gründen der Praktikabilität empfiehlt es sich daher, im Gesellschaftsvertrag vom Grundsatz der Gesamtgeschäftsführung abzuweichen. Die gesetzlichen Regeln der 23

---

43 RegE, BT-Drs. 16/6140, S. 5.

44 Tritt die Gesellschaft bereits vor Eintragung in das Handelsregister im Rechtsverkehr auf, so handelt es sich um eine Vorgesellschaft. Näher hierzu *Weller/Prütting,* Handels- und Gesellschaftsrecht, Rn. 153, 477 ff.; *K. Schmidt,* Gesellschaftsrecht, § 11 II.

45 *Baumbach/Hopt/Roth,* § 106 HGB Rn. 1, § 162 HGB Rn. 1; *K. Schmidt,* Handelsrecht, § 9 Rn. 8, § 10 Rn. 51.

46 *Aderhold/Koch/Lenkaitis,* Vertragsgestaltung, § 8 Rn. 83. Nach dem MoMiG ist auch die UG (haftungsbeschränkt) & Co. KG denkbar, *Windbichler,* Gesellschaftsrecht, § 21 Rn. 44.

§§ 709ff. BGB (GbR), § 35 I 2 GmbHG (GmbH/UG (haftungsbeschränkt)) und des § 77 I 1 AktG (AG) stellen insoweit dispositives Recht dar. Denkbar wäre es, anstelle der Einstimmigkeit die bloße Stimmenmehrheit ausreichen zu lassen, nur bestimmten Personen die Geschäftsführungsbefugnis (als Gesamtgeschäftsführung) einzuräumen oder anstelle der Gesamtgeschäftsführung Einzelgeschäftsführung vorzusehen. Zu beachten ist, dass die Vertretungsmacht nach den §§ 126 II HGB, 37 II 1 GmbHG, 82 I AktG bei der OHG, der GmbH und der AktG nicht wirksam beschränkt werden kann.

II. Beispiel: Errichtung einer GmbH

24 Franz Ammer (A), Gisela Berg (B) und Dieter Casper (C) waren Beschäftigte der „Bike 2000 OHG" in Neustadt. Nachdem diese wegen finanzieller Schwierigkeiten in Insolvenz gefallen und aufgelöst worden ist, beschließen sie, sich selbständig zu machen und ein kleines Fahrradgeschäft zu eröffnen. Zur Beratung begeben sie sich in die Sozietät von Eller, Hüttwitz und Rotstein. Beim ersten Beratungsgespräch mit Notar Rotstein (R) schildern sie ihm, welche Punkte ihnen besonders wichtig sind: Da keiner von ihnen über großes Vermögen verfügt, welches er zur Gründung des Fahrradgeschäfts einbringen könnte, ist es für sie wesentlich, das finanzielle Risiko bei einem möglichen Misserfolg des Geschäfts von vornherein überschauen zu können. Ferner beruht der Entschluss zur Eröffnung eines eigenen Geschäfts maßgeblich auf dem zwischen ihnen bestehenden Vertrauen, sodass sie Wert darauf legen, dass nicht ohne Weiteres einer von ihnen ausscheiden und ein Außenstehender in das Geschäft „einsteigen" kann.

A, B und C fragen R, welche Gesellschaftsform ihren Interessen am ehesten gerecht wird und beauftragen ihn, den Gesellschaftsvertrag zu entwerfen.

1. Informationsgewinnung

25 Um einen Gesellschaftsvertrag interessengerecht gestalten zu können, sind in einem ersten Schritt weitere Informationen von A, B und C einzuholen, da sich aus ihnen die Weichenstellung für die Vertragsgestaltung ergibt.

a) Gesellschaftszweck

26 Nach den Angaben der Mandanten ist der Zweck der zu errichtenden Gesellschaft kein ideeller, sondern ein erwerbswirtschaftlicher in Form eines Handelsgewerbes. Ein **Handelsgewerbe** betreibt, wer selbständig, planmäßig und auf Dauer mit Gewinnerzielungsabsicht tätig wird (allgemeiner Gewerbebegriff) und dessen Unternehmen nach Art und Umfang eine kaufmännische Einrichtung erfordert[47] (Handelsgewerbe). Ob das Unternehmen eine kaufmännische Einrichtung erfordert, ist anhand

[47] Diese Definition ist kennzeichnend für den sog. Istkaufmann nach § 1 HGB. § 2 HGB erweitert diese Definition dahingehend, dass als Handelsgewerbe auch derjenige Gewerbebetrieb gilt, der zwar nach Art und Umfang keine kaufmännische Einrichtung erfordert, dessen Firma aber in das Handelsregister eingetragen ist, sog. Kannkaufmann. Da es hier schon an der Eintragung der (noch zu errichtenden) Gesellschaft fehlt, bestimmt sich die Eigenschaft des Gewerbes als Handelsgewerbe allein nach § 1 HGB.

einer Gesamtschau des Geschäftsbetriebs zu ermitteln.[48] Vorliegend entspricht die dauerhafte erwerbswirtschaftliche Tätigkeit der Mandanten nicht nur dem allgemeinen Gewerbebegriff, vielmehr ist davon auszugehen, dass sie auf den Betrieb eines Handelsgewerbes gerichtet ist.

b) Finanzielle Ausstattung der Gesellschaft und Haftung

27 Aus dem Beratungsgespräch hat sich ferner ergeben, dass es für A, B und C von entscheidender Bedeutung ist, nur einen bestimmten Betrag zur Gründung der Gesellschaft beizutragen, ohne sich einer unbegrenzten Haftung auszusetzen. Der **Wunsch nach einer beschränkten Haftung wird die Auswahl aus den Gesellschaftsformen begrenzen.**[49] Da ferner einige Gesellschaftsformen eine bestimmte Kapitalausstattung erfordern, ist noch zu klären, wie hoch jeweils die finanzielle Beteiligung ausfallen soll und ob die von A, B und C zur Verfügung gestellten Mittel ausreichen oder weiteres Kapital erforderlich ist.

1. Nachfrage: In welcher Höhe möchten sich A, B und C an der Gesellschaft beteiligen? Benötigen sie über diese Eigenmittel hinaus weiteres Kapital?

Informationsmittel: Nachfrage bei den Mandanten.

Ergebnis der 1. Nachfrage (unterstellt): A und B sind bereit, jeweils 5 000 € in die Gesellschaft einzubringen, wohingegen sich C mit 10 000 € beteiligen möchte. Weiteres Kapital benötigen sie nicht.

c) Name und Sitz der Gesellschaft

28 Schließlich muss der Notar für die Abfassung eines Gesellschaftsvertrags in Erfahrung bringen, wie die Gesellschaft heißen und in welcher Stadt das Geschäft eröffnet werden soll.

2. Nachfrage: Wie soll der Name der Gesellschaft lauten und wo soll sie ihren Sitz haben?

Informationsmittel: Nachfrage bei den Mandanten.

Ergebnis der 2. Nachfrage (unterstellt): Die Gesellschaft soll „Fahrradwelt" heißen und ihren Sitz in Neustadt haben.

2. Auswahl der Gesellschaftsform

29 Auf Grundlage der gewonnen Informationen erfolgt die Auswahl der den Mandanten zu empfehlenden Gesellschaftsform. Zu unterscheiden ist zwischen **Gesellschaftsformen,** die aufgrund der Angaben der Mandanten schon von Gesetzes wegen **nicht zulässig** sind und solchen, die zwar zulässig, unter Berücksichtigung der Interessenlage der Mandanten aber **nicht zweckmäßig** sind.

30 **a)** Aus den Informationen der Mandanten ergibt sich, dass diese ein Handelsgewerbe betreiben wollen. Da dies mit einer **GbR** von Gesetzes wegen nicht möglich ist, scheidet diese Gesellschaftsform als **unzulässig** aus.

31 **b)** Weiterhin ist jeder von ihnen bereit, nur einen bestimmten Geldbetrag in die Gesellschaft einzubringen; über diesen Betrag hinaus möchten sie kein finanzielles Risiko

[48] Kriterien hierfür sind etwa Gegenstand und Art der Unternehmenstätigkeit, Umsatz, Kapital sowie Anzahl der beschäftigten Arbeitnehmer.

[49] *Saenger,* Gesellschaftsrecht, Rn. 22. Dazu unten Rn. 30–36.

tragen. Aufgrund dieser Interessenlage entfallen als Gesellschaftsformen auch die Personengesellschaften der **OHG** und der „reinen" **KG,** bei denen eine **Haftungsbeschränkung für sämtliche Gesellschafter nicht möglich** ist. In Betracht käme aber die Gründung einer **GmbH & Co. KG.** Bei ihr handelt es sich um eine KG, bei welcher der (zumeist einzige) persönlich haftende Gesellschafter eine GmbH ist.[50] Sie hat den **Vorteil,** dass die **steuerliche Privilegierung der Personengesellschaft** (KG) mit der **Haftungsprivilegierung einer Kapitalgesellschaft** (GmbH) kombiniert werden kann, auch wenn die steuerlichen Nachteile der GmbH aufgrund der steuerrechtlichen Reformen heute nur noch in geringerem Umfang bestehen.[51] Da die GmbH & Co. KG eine Verbindung dieser Gesellschaftsformen ist, bedarf es zu ihrer Entstehung der Gründung zweier Gesellschaften, für welche jeweils z. B. getrennte Bücher geführt und Jahresabschlüsse erstellt werden müssen.[52] Das führt im Vergleich zur Gründung einer GmbH zu einem Mehraufwand. In finanzieller Hinsicht hätte die Gründung einer GmbH & Co. KG darüber hinaus den **Nachteil,** dass sowohl für die Errichtung der GmbH als auch der KG Gründungskosten (Notarkosten, Kosten der Eintragung in das Handelsregister etc.) entstünden. In Anbetracht des relativ geringen Umfangs der wirtschaftlichen Betätigung der geplanten Gesellschaft erscheint die Gründung einer GmbH & Co. KG **in der praktischen Handhabung** als zu **aufwendig und kompliziert.**

32 **c)** Denkbar wäre indes die Errichtung der Gesellschaft als **UG (haftungsbeschränkt), GmbH** oder **AG.** Während bei der GmbH nach § 5 I GmbHG das **Stammkapital** mindestens 25 000 € beträgt und für die Gründung einer AG nach § 7 AktG ein **Grundkapital** von mindestens 50 000 € erforderlich ist, bedarf es zur Gründung einer UG (haftungsbeschränkt) mit drei Gesellschaftern lediglich eines Kapitals von 3 € (mindestens drei Geschäftsanteile zu je 1 €, vgl. § 5 II GmbHG). Da A, B und C als Kapitaleinlage zusammen nur 20 000 € aufbringen können, wäre die Gründung sowohl einer „echten" GmbH als auch einer AG schon aus diesem Grund unzulässig, wenn das Stammkapital nicht erhöht werden kann. Darüber hinaus wäre die **Errichtung einer AG** auch **nicht zweckmäßig.** Grundsätzlich ist die AG bei Gesellschaften mit großem Kapitalbedarf und Gesellschaftern ohne persönliche Bindung ratsam, wohingegen sich die Gründung einer GmbH bzw. einer UG (haftungsbeschränkt) für Gesellschaften geringeren Kapitalbedarfs und mit nur einigen wenigen Gesellschaftern anbietet.[53] Anders als bei der GmbH/UG (haftungsbeschränkt) muss etwa bei der AG zwingend ein Aufsichtsrat gebildet werden, dessen Hauptfunktion die Überwachung des Vertretungsorgans der Gesellschaft ist.[54] Die Schaffung eines solchen Kontrollorgans und damit auch die Gründung der Gesellschaft als AG entsprechen nicht den Interessen der Mandanten. Vielmehr sprechen der verhältnismäßig geringe Kapitalbedarf sowie die persönliche Bindung von A, B und C untereinander für die Errichtung der Gesellschaft als GmbH bzw. UG (haftungsbeschränkt).

[50] Vgl. zur GmbH & Co. KG *Bitter/Heim,* Gesellschaftsrecht, 4. Aufl. 2018, § 7 Rn. 49 ff; *Grunewald,* Gesellschaftsrecht, § 3 Rn. 70 ff.; *Weller/Prütting,* Handels- und Gesellschaftsrecht, Rn. 575 ff.

[51] *Kübler/Assmann,* Gesellschaftsrecht, § 20 I 2b aa; *Weller/Prütting,* Handels- und Gesellschaftsrecht, Rn. 142 f., 577.

[52] MünchVertragshandbuch-GesR/*Götze,* Muster III.7 Anm. 2 (1); *Saenger,* Gesellschaftsrecht, Rn. 421.

[53] *Grunewald,* Gesellschaftsrecht, § 10 Rn. 3, § 13 Rn. 3; *Weller/Prütting,* Handels- und Gesellschaftsrecht, Rn. 452.

[54] *Klunzinger,* Grundzüge des Gesellschaftsrechts, § 8 V 1, VIII; *Windbichler,* Gesellschaftsrecht, § 26 Rn. 5, § 28 Rn. 32 ff.

Anders als die Gründung einer AG wäre die Rechtsform der GmbH für A, B und C 33
allerdings nicht unzweckmäßig, sondern allein aufgrund des fehlenden Startkapitals nicht möglich. In Anbetracht der relativ geringen Differenz zwischen dem verfügbaren Kapital (20 000 €) und dem Mindeststammkapital einer GmbH (25 000 €) ist allerdings zu überlegen, ob nicht doch die Gründung einer GmbH unter Aufnahme kleinerer Kredite der Gründung einer UG (haftungsbeschränkt) vorzuziehen wäre, soweit unter Berücksichtigung möglicher Vorteile einer GmbH A, B und C zu einer entsprechenden Kreditaufnahme bereit wären.[55] Ein großer **Nachteil der UG (haftungsbeschränkt)** liegt darin, dass sie in der Praxis einigen Vorbehalten begegnet.[56] So kommt es vor, dass Banken die Eröffnung von Konten verweigern, weil sie Zweifel an der Seriosität oder am Unternehmenskonzept haben. Auch fordern Geschäftspartner die Übernahme persönlicher Bürgschaften oder Sicherheiten,[57] was die Haftungsbeschränkung der Rechtsform der UG (haftungsbeschränkt) stark relativiert. Zu beachten ist auch die Zurückhaltung des Geschäftsverkehrs gegenüber einer Gesellschaftsform, die von Anfang an jedenfalls möglicherweise praktisch vermögenslos ist, den Rückgriff auf die Gesellschafter aber ausschließt.[58] In der Praxis beträgt das Stammkapital bei der UG (haftungsbeschränkt) regelmäßig zwischen 100 € und 1 000 €; nur ausnahmsweise wird der Wert von 5 000 € überschritten.[59] Damit geht einher, dass die UG besonders insolvenzanfällig zu sein scheint. Die Skepsis ist also zumindest nicht ganz unbegründet. Aufgrund dieser Nachteile ist ernsthaft zu erwägen, ob es für A, B und C denkbar wäre, das fehlende Kapital in Höhe von 5 000 € durch auf drei Personen aufgeteilte Kredite zu beschaffen, was allerdings die persönliche Haftung in dem entsprechenden Umfang zur Folge hätte. Auch ist eine entsprechende Kreditaufnahme wegen der entstehenden Belastungen nur zu empfehlen, wenn das zusätzliche Kapital, wenn es auch nicht unbedingt benötigt wird, doch trotzdem gewinnbringend im Unternehmen investiert werden kann, sodass die Kreditschuldner diese aus den ihnen zufließenden (gesteigerten) Gewinnen wieder begleichen können. Diesbezüglich ist auch zu berücksichtigen, dass bei einer UG (haftungsbeschränkt) eine Rücklage in Höhe von einem Viertel des Gewinns zu bilden wäre, § 5a III GmbHG.

3. Nachfrage: Wäre es den Mandanten möglich, zusätzliches Kapital in Höhe von 5 000 € über Kredite zu beschaffen und wären sie bereit insofern eine persönliche Haftung auf sich zu nehmen? Wenn ja, kann das Kapital sinnvoll im Unternehmen eingesetzt werden, sodass sich die Kreditaufnahme in absehbarer Zeit rentiert? Wollen die Mandanten trotz des erforderlichen Mehraufwands eine GmbH & Co. KG statt einer GmbH gründen?

Ergebnis der 3. Nachfrage (unterstellt): Die Mandanten können ohne Weiteres entsprechenden Kredit bekommen. Angesichts der Höhe des auf jeden entfallenden Teils der Gesamtkreditsumme von 5 000 €

[55] In der Praxis wird regelmäßig die Gründung einer regulären GmbH vorgezogen, sofern das Kapital zumindest an 12 500 € heranreicht, *Kindler,* Grundkurs Handels- und Gesellschaftsrecht, § 14 Rn. 113; *Niemeier,* in: Festschrift Roth, 2011, S. 533 (546).

[56] *Goette/Habersack/Wachter,* Das MoMiG in Wissenschaft und Praxis, Rn. 1150; *Heckschen,* DStR 2009, 167f.; *Ries/Schulte,* NZG 2018, 571 (571).

[57] *Baumbach/Hueck/Fastrich,* § 5a GmbHG Rn. 6; *Heckschen,* DStR 2009, 166 (169); *Miras,* Die neue Unternehmergesellschaft, 2. Aufl. 2011, Rn. 56a.

[58] *Miras,* Die neue Unternehmergesellschaft, 2. Aufl. 2011, Rn. 63f., 79.

[59] *Gude,* ZInsO 2010, 2385 (2386f.); *Goette/Habersack/Wachter,* Das MoMiG in Wissenschaft und Praxis, Rn. 1151; MünchKomm-GmbHG/*Rieder,* § 5a GmbHG Rn. 11; *Niemeier,* in: Festschrift Roth, 2011, S. 533 (546ff.); *Seebach,* RNotZ 2013, 261 (265).

sind die Mandanten auch bereit, das Risiko einer entsprechenden persönlichen Haftung auf sich zu nehmen. Nach dem Unternehmenskonzept wäre es auch möglich, die Produktpalette sinnvoll zu erweitern. A und B sind der Einfachheit halber bereit, die Kreditsumme unter sich aufzuteilen. Die Gründung einer GmbH & Co. KG erscheint den Mandanten nach den Erläuterungen des Notars als zu aufwendig.

34 **d)** Der GmbH/UG (haftungsbeschränkt) sehr ähnlich ist schließlich die **englische Ltd.**[60] Auch bei der Ltd. ist die **Haftung** den Gläubigern gegenüber auf das Gesellschaftskapital **beschränkt.** Gegenüber der GmbH hat die Ltd. insbesondere den Vorteil, dass ihr **Mindestkapital** nicht 25 000 €, sondern lediglich **1 £** betragen muss.[61] Mit dem anstehenden Austritt des Vereinigten Königreichs aus der EU sind Ltds. in Deutschland als solche aber nicht mehr anzuerkennen, weil sie sich nicht mehr auf die Niederlassungsfreiheit berufen können. Eine Ltd. kommt daher als Gesellschaftsform im vorliegenden Fall nicht in Betracht.[62] Nach alledem empfiehlt sich für die Mandanten die Errichtung der Gesellschaft in Form einer GmbH, während ihnen von der UG (haftungsbeschränkt) eher abzuraten wäre.

3. Gründung im vereinfachten Verfahren

35 Nachdem nun die GmbH als passende Gesellschaftsform bestimmt wurde, muss ein entsprechender Gesellschaftsvertrag entworfen werden. § 2 Ia GmbHG eröffnet die Möglichkeit, die GmbH bzw. UG (haftungsbeschränkt) in einem **vereinfachten Verfahren** zu gründen. Das vereinfachte Verfahren kann angewandt werden, wenn die Gesellschaft nicht mehr als drei Gesellschafter und einen Geschäftsführer haben soll. Allerdings besteht im vereinfachten Verfahren eine Bindung an die zwei **Musterprotokolle,** die dem GmbHG angehängt sind. Im Anhang zum GmbHG finden sich ein Protokoll zur Gründung einer Einpersonengesellschaft sowie eine Vorlage für die Gründung einer Mehrpersonengesellschaft mit bis zu drei Gesellschaftern. Da mit A, B und C drei Gesellschafter beteiligt sein sollen, käme die Nutzung der Muster grundsätzlich in Betracht. Allerdings ist die Gründung im vereinfachten Verfahren, soweit sie überhaupt möglich ist, nicht immer zu empfehlen.[63]

36 Die Verwendung der Musterprotokolle hat den **Vorteil,** dass mehrere Dokumente, die im normalen Verfahren getrennt gehandhabt werden müssten, in einem zusammengefasst werden. Umfasst bzw. ersetzt werden namentlich die Gründungsurkunde, die Satzung, die Bestellung des Geschäftsführers und die Liste der Gesellschafter.[64] Insofern kann ein Vorteil in der Einfachheit und Übersichtlichkeit der sehr kurzen Muster gesehen werden. Keinen Vorteil bringt die Verwendung des Protokolls in zeitlicher

[60] Siehe zur Ltd. *Just,* BC 2006, 25 ff.; *Kessler/Eicke,* DStR 2005, 2101 ff.

[61] *Kessler/Eicke,* DStR 2005, 2101.

[62] Im Zeitpunkt der Drucklegung sind das Datum und sogar das „Ob" des Austritts noch ungewiss. Für zum Zeitpunkt des Austritts in Deutschland bestehende Ltds. wurde Folgendes geregelt: Um den Ltds. einen geordneten Wechsel in eine inländische Gesellschaftsform zu ermöglichen, wurden zum 1.1.2019 die Möglichkeiten der grenzüberschreitenden Umwandlung nach den §§ 122a ff. UmwG erweitert. Außerdem ermöglicht § 122m UmwG unter bestimmten Umständen den Abschluss begonnener, aber nicht rechtzeitig vor Wirksamwerden des Austritts oder Ablauf einer eventuellen Übergangsfrist abgeschlossener Umwandlungen. Ltds., die diesen Weg nicht gewählt haben, werden in Anwendung der Sitztheorie auf die Rechtsform umqualifiziert, deren Gründungsvoraussetzungen erfüllt sind (GbR oder OHG).

[63] Kritisch dazu *Goette/Habersack/Wachter,* Das MoMiG in Wissenschaft und Praxis, Rn. 1.60 ff.; *Heckschen,* DStR 2009, 167 f.; *Kindler,* NJW 2008, 3247 f.; *Verspay,* MDR 2009, 117.

[64] *Heckschen,* DStR 2009, 166.

Hinsicht. Die Verwendung des Musterprotokolls hat keine beschleunigende Wirkung in Bezug auf die Registereintragung.[65] Auch bleibt es bei dem Erfordernis einer notariellen Beurkundung. Vorteilhaft kann die Verwendung der Musterprotokolle allein im Hinblick auf die durch die Gründung entstehenden Kosten sein. Dieser potentielle Kostenvorteil ergibt sich aus den §§ 105 VI 1 Nr. 1, 107 I 2 GNotKG. Danach richtet sich bei Verwendung des Musterprotokolls der Geschäftswert der Gesellschaftsgründung allein nach dem Stammkapital und der ansonsten geltende Mindestgeschäftswert von 30 000 € (vgl. §§ 3 I, 105 I 1 Nr. 1, I 2, 107 I 1 GNotKG) findet keine Anwendung. Dieser Kostenvorteil wirkt sich allerdings vor allem bei der Gründung einer UG (haftungsbeschränkt) aus, da das Mindeststammkapital einer GmbH bereits 25 000 € beträgt.[66] Darüber hinaus ist aber mit der Verwendung des Musterprotokolls, insbesondere soweit eine Mehrpersonengesellschaft gegründet werden soll, der erhebliche **Nachteil der fehlenden Flexibilität** verbunden. Von den Musterprotokollen darf, damit die (eventuellen) Vorteile des vereinfachten Verfahrens erhalten bleiben, inhaltlich nicht abgewichen werden. Nur rein sprachliche Abweichungen sind nach § 105 VI 2 GNotKG möglich. Die Parteien werden in ein enges Korsett gezwängt, das den individuellen Gestaltungsbedürfnissen der Unternehmensgründer nicht immer gerecht wird.[67] Insbesondere bezüglich des Innenverhältnisses der Gesellschafter besteht oft zusätzlicher Regelungsbedarf. So ist es beispielweise nicht möglich, eine Regelung über die Übertragung der Geschäftsanteile auf Dritte zu treffen. Deshalb ist in Fällen, in denen wie hier eine Mehrpersonengesellschaft gegründet werden soll, insgesamt von der Verwendung des Musterprotokolls abzuraten.

4. Problemübersicht und Rohentwurf

Der **Mindestinhalt eines Gesellschaftsvertrags** einer GmbH ergibt sich aus § 3 I 37
GmbHG. Darüber hinaus sollte der Gesellschaftsvertrag jedenfalls Regelungen zur Geschäftsführung und Vertretung, zum Geschäftsjahr, den gesetzlich vorgeschriebenen Bekanntmachungen, den Gründungskosten sowie eine salvatorische Klausel enthalten. Ferner wird der Entschluss zur Gründung der Gesellschaft entscheidend durch das Vertrauensverhältnis der Mandanten untereinander bestimmt. Daher sollte zum einen der Erwerb von Geschäftsanteilen durch Dritte erschwert, zum anderen die Vertretung der Gesellschaft durch jeweils nur einen der drei Mandanten ermöglicht werden.

Zu beachten ist, dass der Gesellschaftsvertrag einer GmbH nach § 2 GmbHG der **no- 38
tariellen Form** bedarf und von allen Gesellschaftern zu unterzeichnen ist. Neben dem gesetzlichen Mindestinhalt nach § 3 GmbHG sind die Gründer einer Gesellschaft in der Regelung weiterer Bestimmungen frei. Die hier genannten stellen insoweit nur ein Grundgerüst möglicher Regelungsgegenstände dar.[68]

65 *Goette/Habersack/Wachter,* Das MoMiG in Wissenschaft und Praxis, Rn. 1.64; *Heckschen,* DStR 2009, 167 f. Der Gesetzgeber ist allerdings von einer beschleunigenden Wirkung ausgegangen BR-Drs. 354/07, S. 70.

66 Vgl. zur Vorgängerregelung in der KostO, welche noch einen Mindestgeschäftswert von 25 000 € vorsah, *Heckschen,* DStR 2009, 167 f.; *ders.,* Das MoMiG in der notariellen Praxis, 2009, Rn. 308 ff.

67 *Goette/Habersack/Wachter,* Das MoMiG in Wissenschaft und Praxis, Rn. 1.69; *Heckschen,* DStR 2009, 167 f.; *Heckschen/Heidinger/Heidinger/Knaier,* GmbH, Kap. 2 Rn. 154; *Kindler,* NJW 2008, 3247 f.; *Verspay,* MDR 2009, 117.

68 Ausführlichere Verträge finden sich etwa in MünchVertragshandbuch-GesR, Kap. IV; *Wurm/Wagner/Zartmann/Langenfeld,* Rechtsformularbuch, Muster 120.38.

39 Ein Gesellschaftsvertrag[69] könnte demnach folgendermaßen aussehen:

§ 1 Firma und Sitz
§ 2 Unternehmensgegenstand
§ 3 Stammkapital, Zahl und Nennbeträge der Geschäftsanteile
§ 4 Geschäftsführung, Vertretung
§ 5 Dauer und Geschäftsjahr
§ 6 Verfügung über Geschäftsanteile
§ 7 Bekanntmachungen
§ 8 Kosten
§ 9 Salvatorische Klausel

5. Einzelheiten des Gesellschaftsvertrags

40 Nachstehend werden die Einzelheiten des Vertragsentwurfs dargestellt. Der Vertragsjurist hat die Aufgabe, innerhalb des gesetzlichen Rahmens den Interessen der Mandanten zu größtmöglicher Geltung zu verhelfen.

a) Firma und Sitz

41 Die Firma bezeichnet den Namen der Gesellschaft, unter der sie am Rechtsverkehr teilnimmt, § 17 HGB. Sie kann sich auf den Gegenstand des Unternehmens beziehen **(Sachfirma),** die Namen der Gesellschafter oder den Namen zumindest eines Gesellschafters unter Hinweis auf seine Gesellschafterstellung enthalten **(Personenfirma)** oder unter einem Phantasienamen am Rechtsverkehr teilnehmen.[70] Der von den Mandanten gewählte Firmenname „Fahrradwelt" ist als Sachfirma zulässig. Ferner hat die Firma nach § 4 GmbHG die Bezeichnung „Gesellschaft mit beschränkter Haftung" oder eine allgemein verständliche Abkürzung dieser Bezeichnung zu enthalten.

42 Darüber hinaus muss die Firma dem Grundsatz der Unterscheidbarkeit nach § 30 HGB genügen. Hat das Registergericht Zweifel an der Eintragungsfähigkeit, holt es eine Stellungnahme der zuständigen IHK ein.[71] Um den Eintragungsantrag vorzubereiten, sollte der Notar daher bei der zuständigen IHK nachfragen, ob gegen die gewünschte Firma Bedenken bestehen.[72]

[69] Der Gesellschaftsvertrag kann entweder in das Gründungsprotokoll des Notars mit aufgenommen oder diesem als Anlage beigefügt werden, § 9 I BeurkG. Hier wird aus Gründen der Übersichtlichkeit die letztgenannte Möglichkeit gewählt. Soll die Gesellschaft schließlich zur Eintragung in das Handelsregister angemeldet werden, sind der Anmeldung neben dem Gesellschaftsvertrag noch eine Vielzahl weiterer Unterlagen beizufügen, vgl. § 8 GmbHG. Zu der Gestaltung einer Anmeldung einer GmbH siehe *Heckschen/Heidinger/Heckschen,* GmbH, Kap. 2 Rn. 132; *Schachner/Winkler,* Rechtsformularbuch, 1 I 4. Seit dem 1.1.2007 werden die zur Gründung erforderlichen Unterlagen nicht mehr in Papierform, sondern elektronisch beim Handelsregister eingereicht.

[70] *Eisenhardt/Wackerbarth,* Gesellschaftsrecht I, Rn. 687; MünchVertragshandbuch-GesR/*Böhm/Frowein,* Muster IV.2 Anm. 3; *Oetker,* Handelsrecht, § 4 Rn. 21.

[71] *Heckschen/Heidinger/Heidinger,* GmbH, Kap. 4 Rn. 148.

[72] *Heidel/Pauly/Amend/Heidel,* AnwaltFormulare, § 14 Rn. 28 empfehlen, die Frage der Firmierung auch mit dem Registergericht formlos zu klären. Dagegen hält Beck'sches Formularbuch GmbH-Recht/*Pfisterer,* 2010, B. I. 4. selbst die Anfrage bei der IHK nicht in jedem Fall für erforderlich. Sie sei nur zu stellen, wenn Bedenken gegen die firmenrechtliche Zulässigkeit der gewählten Firma nicht ausgeschlossen werden können. Ähnlich Becksches Notar-Handbuch/*Mayer/Weiler,* 6. Aufl. 2015, D.I. Rn. 208.

5. Nachfrage: Bestehen gegen die Bezeichnung „Fahrradwelt GmbH“ firmenrechtliche Bedenken?

Informationsmittel: Nachfrage bei der IHK Neustadt.

Ergebnis der 5. Nachfrage (unterstellt): Da es in Neustadt keine eingetragene Firma vergleichbaren Namens gibt, bestehen gegen die Firma „Fahrradwelt GmbH“ keine Bedenken.

Schließlich muss der Gesellschaftsvertrag den Satzungssitz des Unternehmens bestimmen. In der Wahl ihres Sitzes ist die Gesellschaft frei, solange sich dieser im Inland befindet. Vorliegend soll das Unternehmen ausschließlich in Neustadt einen Betrieb haben und von dort aus tätig werden. Daher bietet es sich an, Neustadt als Satzungssitz zu benennen. 43

b) Unternehmensgegenstand

Auch die Bezeichnung des Unternehmensgegenstands ist zwingender Bestandteil des Gesellschaftsvertrags (§ 3 I Nr. 2 GmbHG). Aus ihr muss sich der **Schwerpunkt der Geschäftstätigkeit** klar und deutlich erkennen lassen.[73] Bei einer Sachfirma muss der Unternehmensgegenstand mit der Firma übereinstimmen. Bislang haben A, B und C nur angegeben, dass sie ein eigenes Fahrradgeschäft eröffnen wollen. Unklar ist z. B., ob neben dem Verkauf von Fahrrädern auch Reparaturarbeiten oder Fahrradvermietungen angeboten werden sollen. Zur genaueren Bestimmung des Unternehmensgegenstands bedarf es einer Rückfrage bei den Mandanten. 44

6. Nachfrage: Welche Geschäftstätigkeit soll Gegenstand des Unternehmens sein?

Informationsmittel: Nachfrage bei den Mandanten.

Ergebnis der 6. Nachfrage (unterstellt): Gegenstand des Unternehmens soll der An- und Verkauf von Fahrrädern sowie von Fahrradzubehör sein.

c) Stammkapital, Zahl und Nennbeträge der Geschäftsanteile

Der Gesellschaftsvertrag muss ferner nach § 3 I Nr. 3 und 4 GmbHG das Stammkapital, die Zahl und die Nennbeträge der Geschäftsanteile, die jeder Gesellschafter gegen Einlage auf das Stammkapital (Stammeinlagen) übernimmt, ausweisen. Das **Stammkapital** bezeichnet das durch die Einlagen der Gesellschafter einzubringende **Gesellschaftsvermögen.** Gem. § 5 I GmbHG muss das Stammkapital bei der GmbH 25 000 € betragen, wenn nicht die Unterform der UG (haftungsbeschränkt) vorliegt. Es setzt sich aus den Stammeinlagen zusammen. Als Stammeinlage genügt 1 €, was sich daraus ergibt, dass jeder Geschäftsanteil auf volle Euro lauten muss, § 5 II GmbHG. Jeder Gesellschafter kann gem. § 5 II 2 GmbHG mehrere Geschäftsteile übernehmen. Diese Regelung dient dazu, die Übertragung von Geschäftsanteilen zu erleichtern.[74] Vorliegend haben A, B und C aufgrund des besonderen persönlichen Vertrauens aber gerade kein besonderes Interesse daran, die Übertragbarkeit von Geschäftsanteilen zu begünstigen. Daher bietet sich eine Regelung im Gesellschaftsvertrag an, bei der jeder Gesellschafter nur einen Geschäftsanteil übernimmt. 45

---

[73] *Heckschen/Heidinger/Heckschen,* § 3 GmbHG Rn. 19f.; *Miras,* Die neue Unternehmergesellschaft, 2. Aufl. 2011, Rn. 296ff.; MünchVertragshandbuch-GesR/*Böhm/Frowein,* Muster IV.2 Anm. 5; *Wurm/Wagner/Zartmann/Langenfeld,* Rechtsformularbuch, Kap. 120 Rn. 23. Hingegen plädieren *Heidel/Pauly/Amend/Heidel,* AnwaltFormulare, § 15 Rn. 30 dafür, eine sehr allgemeine Definition des Unternehmensgegenstands ausreichen zu lassen.

[74] BT-Drs. 16/6140, S. 29f.

46 Die jeweilige Stammeinlage kann von den Gesellschaftern entweder in Geld **(Bareinlage)** oder durch Einbringung vermögenswerter Gegenstände **(Sacheinlage)** erbracht werden. Sofern eine Stammeinlage von einem Gesellschafter nicht erbracht werden kann, haften die übrigen Gesellschafter anteilig für diesen Fehlbetrag **(Ausfallhaftung),** § 24 GmbHG. Die Gesellschaft wird erst dann in das Handelsregister eingetragen, wenn mindestens die Hälfte des gesetzlichen Stammkapitals (also 12 500 €) durch die Gesellschafter geleistet wurde, § 7 II 2 GmbHG. Daher sollte der Notar sinnvollerweise im Gesellschaftsvertrag festschreiben, dass alle Gesellschafter die Hälfte ihrer jeweiligen Stammeinlage sofort zu leisten haben. Wer nach Abschluss des Gesellschaftsvertrags und vor Eintragung der GmbH in das Handelsregister (sog. **Vor-GmbH**) für sie handelt, haftet persönlich und mit seinem gesamten Vermögen, § 11 II GmbHG.[75]

47 Vorliegend wollen sich sowohl A als auch B und C finanziell an der Gesellschaft beteiligen und einen Geschäftsanteil übernehmen. Jeder von ihnen kann somit Gesellschafter der GmbH sein. Ferner erreicht die Summe der von ihnen sämtlich als Bareinlagen erbrachten Stammeinlagen das gesetzliche Mindestkapital von 25 000 €, sodass die Errichtung einer GmbH auch nicht an unzureichender finanzieller Ausstattung scheitert.

d) Geschäftsführung, Vertretung

48 **aa)** Da A, B und C die Gesellschaft gründen, ist weiter zu klären, ob auch eine Vertretung der GmbH allein durch diese drei Personen in Betracht kommen soll. Als juristische Person wird die GmbH im Rechtsverkehr durch den oder die **Geschäftsführer** vertreten. Zu Geschäftsführern können sowohl Gesellschafter als auch außenstehende Dritte bestellt werden.

7. Nachfrage: Wollen A, B und C selbst Geschäftsführer der Gesellschaft sein?

Informationsmittel: Nachfrage bei den Mandanten.

Ergebnis der 7. Nachfrage (unterstellt): A, B und C wollen sich nicht nur finanziell an der Gesellschaft beteiligen, sondern diese auch als Geschäftsführer nach außen vertreten.

49 Die **Bestellung der Geschäftsführer** kann bereits im Gesellschaftsvertrag selbst erfolgen, wird jedoch üblicherweise durch gesonderten Beschluss der Gesellschafter vorgenommen.[76] Neben die Bestellung tritt die **Anstellung der Geschäftsführer.** Während die Bestellung den körperschaftlichen Organisationsakt bezeichnet, mittels dessen der Geschäftsführer Vertretungsorgan der Gesellschaft wird, erfolgt die Anstellung durch Abschluss eines Dienstvertrags zwischen dem Geschäftsführer und der Ge-

[75] Hiervon zu unterscheiden ist die sog. Vorgründungsgesellschaft. Sie liegt vor, wenn die Gesellschafter bereits vor Abschluss des Gesellschaftsvertrags verbindliche Vereinbarungen treffen. I. d. R. ist die Vorgründungsgesellschaft eine GbR, deren Zweck auf die Errichtung einer GmbH gerichtet ist und die mit Abschluss des Gesellschaftsvertrags endet. Lediglich dann, wenn bereits die Vorgründungsgesellschaft ein Handelsgewerbe betreibt, ist sie eine OHG. Für die Haftung der Gesellschafter bzw. der Vorgründungsgesellschaft selbst kommen die allgemeinen Regeln über die GbR bzw. OHG zur Anwendung, vgl. etwa *Eisenhardt/Wackerbarth,* Gesellschaftsrecht I, Rn. 694ff.; MünchHandbuch-GesR/*Priester,* Bd. 3, § 15 Rn. 36.

[76] *Heidel/Pauly/Amend/Heidel,* AnwaltFormulare, § 15 Rn. 99; *Schachner/Winkler,* Rechtsformularbuch, 1 I 1 Anm. 2.

sellschaft. Auf Seiten der Gesellschaft setzt der Abschluss des Vertrags nach § 46 Nr. 5 GmbHG einen entsprechenden Beschluss der Gesellschafter voraus.

bb) Weiterhin ist zu beachten, dass bei Bestellung mehrerer Geschäftsführer diese die Gesellschaft grundsätzlich gemeinschaftlich vertreten **(Gesamtvertretung),** § 35 I GmbHG. Der Gesellschaftsvertrag kann hiervon jedoch abweichen und die Möglichkeit der Vertretung durch einen Geschäftsführer allein **(Einzelvertretung)** oder mehrere Geschäftsführer vorsehen, § 35 II 1, 1. Hs. GmbHG. Daher stellt sich hier ferner die Frage, ob die Gesellschaft nur durch A, B und C gemeinsam oder durch jeden von ihnen allein vertreten werden soll. 50

8. Nachfrage: Sollen A, B und C als Geschäftsführer die Gesellschaft nur gemeinsam oder auch jeweils allein vertreten können?

Informationsmittel: Nachfrage bei den Mandanten.

Ergebnis der 8. Nachfrage (unterstellt): Der Entschluss zur Eröffnung eines eigenen Fahrradgeschäfts beruht maßgeblich auf dem persönlichen Vertrauen, das A, B und C einander entgegenbringen. Daher soll jeder allein zur Vertretung berechtigt sein.

Ebenso wie die Bestellung der Geschäftsführer erfolgt auch die Einräumung einer vom Gesetz abweichenden Vertretungsregelung meist nicht im Gesellschaftsvertrag, sondern durch gesonderten Gesellschafterbeschluss.[77] 51

cc) Schließlich sollte der Gesellschaftsvertrag die Möglichkeit zur **Befreiung vom Verbot des Insichgeschäfts nach § 181 BGB** enthalten. So wird gewährleistet, dass die Geschäftsführer A, B und C im Namen der Gesellschaft mit sich im eigenen Namen ein Rechtsgeschäft vornehmen können. Der Gesellschaftsvertrag selbst enthält meist nur eine entsprechende Ermächtigung, die tatsächliche Befreiung des jeweiligen Geschäftsführers von dem Verbot des § 181 BGB erfolgt per Gesellschafterbeschluss. 52

e) Dauer und Geschäftsjahr

Eine GmbH kann **auf bestimmte oder unbestimmte Zeit** errichtet werden. Soll die Gesellschaft nur von bestimmter Dauer sein, bedarf es nach § 3 II GmbHG einer entsprechenden Bestimmung im Gesellschaftsvertrag. Mit Ablauf dieser Zeit wird die Gesellschaft aufgelöst, § 60 I Nr. 1 GmbHG. Die Bestimmung des Geschäftsjahres gehört nicht zum zwingenden Inhalt des Gesellschaftsvertrags. Das Geschäftsjahr kann mit dem Kalenderjahr identisch sein, muss es aber nicht. Bei Übereinstimmung mit dem Kalenderjahr stellt das erste Geschäftsjahr i. d. R. ein Rumpfgeschäftsjahr dar, es umfasst nicht volle zwölf Monate.[78] 53

f) Übertragung von Geschäftsanteilen; Kündigung

aa) Nach § 15 I GmbHG sind **Geschäftsanteile grundsätzlich frei veräußerlich.** Die Abtretung bedarf lediglich der **notariellen Beurkundung,** § 15 III GmbHG. Um zu verhindern, dass gegen den Willen der Gesellschafter ein Außenstehender Geschäftsanteile erwirbt, kann nach § 15 V GmbHG die Abtretung an weitere Voraussetzungen geknüpft werden. Diese Möglichkeit bietet sich stets dann an, wenn die Gesellschaft einerseits durch einen kleinen Personenkreis, andererseits durch ein 54

[77] Vgl. *Heckschen/Heidinger/Heidinger,* § 4 GmbHG Rn. 11.
[78] *Schachner/Winkler,* Rechtsformularbuch, 1 I 1 Anm. 17; MünchVertragshandbuch-GesR/*Böhm/Frowein,* Muster IV.2 Anm. 19.

erforderliches großes Vertrauen der Gesellschafter untereinander gekennzeichnet ist. Denkbar ist es, in diesen Fällen die Veräußerung an die Zustimmung eines oder mehrerer Gesellschafter zu knüpfen. Die Voraussetzungen an die Veräußerung eines Geschäftsanteils sind klar und deutlich im Gesellschaftsvertrag zu benennen.

55 A, B und C haben im Beratungsgespräch deutlich gemacht, dass ein Wechsel in den Personen der Gesellschafter nicht ohne Weiteres möglich sein soll. Der Notar sollte daher in den Gesellschaftsvertrag eine Regelung aufnehmen, nach der eine Verfügung über Geschäftsanteile nur nach vorheriger Zustimmung sämtlicher Gesellschafter möglich ist.

56 **bb)** Darüber hinaus wäre es denkbar, in den Gesellschaftsvertrag eine **Regelung für den Fall des Todes eines der Gesellschafter** aufzunehmen. Nach § 15 I GmbHG sind Geschäftsanteile nicht nur veräußerlich, sondern auch vererblich. Gem. § 1922 I BGB ginge der Geschäftsanteil auf den oder die Erben über, ohne dass es einer Mitwirkung der anderen Gesellschafter bedürfte. In der Wahl ihrer Erben sind die Gesellschafter frei. Die freie Vererblichkeit kann auch nicht durch den Gesellschaftsvertrag beschränkt werden. Die Satzung kann aber etwa vorsehen, dass die Gesellschaft im Fall des Todes eines Gesellschafters dessen Gesellschaftsanteil vom Erben einziehen darf.[79] Ohne eine solche Regelung ist die Einziehung nicht möglich.[80] Zu klären ist daher, ob die Mandanten im Gesellschaftsvertrag eine gesonderte Regelung für den Todesfall wünschen.

9. Nachfrage: Soll der Gesellschaftsvertrag besondere Regelungen für den Fall des Todes eines oder mehrerer Gesellschafter enthalten?

Informationsmittel: Nachfrage bei den Mandanten.

Ergebnis der 9. Nachfrage (unterstellt): A, B und C meinen, dass es im Gesellschaftsvertrag keiner gesonderten Regelung für den Todesfall bedarf. Vielmehr sind sie der Auffassung, dass ihre Erben uneingeschränkt an ihre Stelle treten und die Gesellschaft fortführen können sollen. Eine ausdrückliche Regelung für den Todesfall ist im Gesellschaftsvertrag daher nicht erforderlich.

57 Schließlich ist zu erwägen, als Ausgleich für die erschwerte Veräußerung eines Geschäftsanteils die Möglichkeit einer ordentlichen Kündigung für die Gesellschafter in den Gesellschaftsvertrag aufzunehmen. Das GmbHG selbst sieht ausdrücklich weder die Möglichkeit einer ordentlichen noch einer außerordentlichen Kündigung der Mitgliedschaft durch den Gesellschafter vor. Jedoch ist allgemein anerkannt, dass – wie bei allen Dauerschuldverhältnissen – auch beim Gesellschaftsvertrag eine **außerordentliche Kündigung** des Gesellschaftsverhältnisses aus wichtigem Grund zulässig ist.[81] Einer ausdrücklichen Regelung hierzu im Gesellschaftsvertrag bedarf es nicht. Anders verhält es sich mit dem Recht auf eine **ordentliche Kündigung.** Diese ist allein beim Vorliegen einer entsprechenden Klausel im Gesellschaftsvertrag möglich. Bei A, B und

---

79 *Eisenhardt/Wackerbarth,* Gesellschaftsrecht I, Rn. 801; *Lutter/Hommelhoff/Bayer,* § 15 GmbHG Rn. 20; *Wurm/Wagner/Zartmann/Langenfeld,* Rechtsformularbuch, Kap. 119 Rn. 107a. Die Frage, ob einer Einziehung von Geschäftsanteilen das Kongruenzgebot i. S. v. § 5 III 2 GmbHG entgegensteht, hat der BGH verneint *BGH* vom 2.12.2014 – II ZR 322/13, BGHZ 203, 303.

80 *Heckschen/Heidinger/Heckschen,* § 8 GmbHG Rn. 69.

81 *BGH* vom 1.4.1953 – II ZR 235/52, BGHZ 9, 157; *Eisenhardt/Wackerbarth,* Gesellschaftsrecht I, Rn. 807; MünchHandbuch-GesR/*Kort,* Bd. 3, § 29 Rn. 3, 6.

C ist daher nachzufragen, ob der Gesellschaftsvertrag die Möglichkeit einer ordentlichen Kündigung vorsehen soll.

10. Nachfrage: Ist den Gesellschaftern im Gesellschaftsvertrag die Möglichkeit einer ordentlichen Kündigung des Gesellschaftsverhältnisses einzuräumen?

Informationsmittel: Nachfrage bei den Mandanten.

Ergebnis der 10. Nachfrage (unterstellt): A, B und C sind der Ansicht, dass die Möglichkeit einer außerordentlichen Kündigung ausreichend ist. Eine darüber hinausgehende Regelung einer ordentlichen Kündigung ist nicht erforderlich.

Folglich ist in den Gesellschaftsvertrag allein eine Regelung über die Veräußerung von 58 Gesellschaftsanteilen aufzunehmen. Regelungen bei Tod oder Kündigung eines Gesellschafters sind entbehrlich.

g) Bekanntmachungen

Vereinzelt schreibt das GmbHG, etwa bei der Kapitalherabsetzung (§ 58 GmbHG) 59 oder der Gesellschaftsauflösung (§ 65 II GmbHG), die öffentliche Bekanntmachung durch die Gesellschaft vor. Soweit der Gesellschaftsvertrag nichts anderes bestimmt, erfolgt die Bekanntmachung nach den §§ 8 I, 10 HGB elektronisch in dem von der Landesjustizverwaltung bestimmten Informations- und Kommunikationssystems.[82]

h) Kosten

Die Errichtung einer Gesellschaft verursacht Kosten, sog. **Gründungsaufwand.** Der 60 Gründungsaufwand ist zum Teil von der Gesellschaft selbst, zum Teil von den Gesellschaftern zu tragen. Die Gesellschaft selbst übernimmt die Kosten der Eintragung (§§ 22 I, 58 I 1 Nr. 1 GNotKG i. V. m. der Handelsregistergebührenverordnung) sowie der öffentlichen Bekanntmachung (§ 3 II i. V. m. Anlage 1 Nr. 31004 GNotKG). Die übrigen Kosten, insbesondere die der notariellen Beurkundung (§ 29 Nr. 1 GNotKG), sind von den Gesellschaftern zu tragen. Im Gesellschaftsvertrag kann jedoch bestimmt werden, dass die Gesellschaft die den Gesellschaftern entstehenden Kosten übernimmt, § 26 II AktG analog.[83] Dazu ist der Gesamtbetrag, bis zu dessen Höhe die Gesellschaft aus eigener wie übernommener Verpflichtung die Kosten der Gründung trägt, im Gesellschaftsvertrag anzugeben. Da durch die Übernahme der Kosten das im Gesellschaftsvertrag ausgewiesene Gründungskapital von vorneherein gemindert ist, genügt es nicht, lediglich die Kostenarten ohne einen Gesamtbetrag zu nennen.[84] Die über diesen Betrag hinausgehenden Kosten haben die Gesellschafter zu tragen. Der Gründungsaufwand hängt maßgeblich vom Beratungsbedürfnis und auch davon ab, ob die Gründung von einem Anwalt abgewickelt wird. Inklusive Notargebühren, Eintragungskosten sowie Kosten der Bekanntmachung genügen bei einem Stammkapital von 25 000 € jedenfalls 2 000 €.

---

[82] Kostenlos einsehbar über die Plattform www.handelsregisterbekanntmachungen.de, zu der sich die Länder zusammengeschlossen haben (zuletzt abgerufen: 4.3.2019).

[83] *BGH* vom 20.2.1989 – II ZB 10/88, NJW 1989, 1610 (1611); MünchHandbuch-GesR/*Freitag*, Bd. 3, § 5 Rn. 18.

[84] *BGH* vom 20.2.1989 – II ZB 10/88, NJW 1989, 1610 (1611). Mit den Anforderungen im Einzelnen setzt sich *Cramer*, NZG 2015, 373 auseinander.

i) Salvatorische Klausel

61 Schließlich empfiehlt sich die Aufnahme einer salvatorischen Klausel. So kann entgegen der Regelung des § 139 BGB verhindert werden, dass bei Unwirksamkeit einer vertraglichen Bestimmung der gesamte Vertrag nichtig ist.

6. Belehrung und Beratung

62 Ausgehend von den gewonnenen Informationen sind die Mandanten darüber zu **belehren,** warum die GmbH für sie die passende Gesellschaftsform ist. Neben den Vorzügen (insbesondere Haftungsbeschränkung) sind sie auch auf deren Risiken (z. B. die Ausfallhaftung und die Haftung nach § 11 II GmbHG) eingehend hinzuweisen. Bei der Gestaltung des Gesellschaftsvertrags sind sie dahingehend zu **beraten,** dass ihren Interessen bestmöglich Rechnung getragen wird.

7. Vertragsentwurf

63 Anlage zur Urkundenrolle … des Notars Rotstein

Gesellschaftsvertrag der Fahrradwelt GmbH

§ 1 Firma und Sitz
Die Firma der Gesellschaft lautet: Fahrradwelt GmbH.
Die Gesellschaft hat ihren Sitz in Neustadt.

§ 2 Unternehmensgegenstand
Gegenstand des Unternehmens ist der An- und Verkauf von Fahrrädern sowie von Fahrradzubehör.

§ 3 Stammkapital, Zahl und Nennbeträge der Geschäftsanteile
Das Stammkapital der Gesellschaft beträgt 25 000 € (in Worten: fünfundzwanzigtausend Euro) und wird wie folgt übernommen:
a) Herr Fritz Ammer übernimmt einen Geschäftsanteil in Höhe von 7 500 €.
b) Frau Gisela Berg übernimmt einen Geschäftsanteil in Höhe von 7 500 €.
c) Herr Dieter Casper übernimmt einen Geschäftsanteil in Höhe von 10 000 €.

Die Einlagen sind bar zu erbringen. Die Hälfte ist sofort, der Rest auf Anforderung durch die Gesellschaft fällig.

§ 4 Geschäftsführung, Vertretung
Die Gesellschaft hat einen oder mehrere Geschäftsführer.
Durch Gesellschafterbeschluss kann jedem Geschäftsführer Einzelvertretungsbefugnis sowie Befreiung von den Beschränkungen des § 181 BGB erteilt werden.

§ 5 Dauer und Geschäftsjahr
Die Gesellschaft ist auf unbestimmte Zeit errichtet.
Das Geschäftsjahr ist das Kalenderjahr.

§ 6 Verfügung über Geschäftsanteile
Zur Veräußerung von Geschäftsanteilen oder Teilen von Geschäftsanteilen bedarf es der vorherigen schriftlichen Einwilligung aller Gesellschafter.

§ 7 Bekanntmachungen
Die gesetzlich vorgeschriebenen Bekanntmachungen der Gesellschaft erfolgen allein in dem von der Landesjustizverwaltung bestimmten elektronischen Informations- und Kommunikationssystem.

§ 8 Kosten
Die Gesellschaft trägt die mit der Gründung verbundenen Kosten (Notarkosten sowie Eintragungskosten einschließlich der Veröffentlichungskosten) bis zu einem Betrag von insgesamt 2 200 €; darüber hinausgehende Kosten tragen die Gesellschafter.

§ 9 Salvatorische Klausel
Sollte eine Bestimmung dieses Vertrags unwirksam sein oder werden, so wird dadurch die Wirksamkeit des Vertrags im Übrigen nicht berührt. Die Gesellschafter sind verpflichtet, die betreffende Bestimmung durch eine wirksame zu ersetzen, die dem Zweck der Gesellschaft möglichst nahe kommt.

Sachverzeichnis

Die **fett** gesetzten Ziffern verweisen auf die Paragrafen dieses Buches, die mageren auf deren Randnummern. Hauptfundstellen sind *kursiv* gesetzt.